용서와 회개

용서와 회개

이종록 지음

한국학술정보㈜

용서와 회개, 그 놀라운 은총

　이 세상에 태어나 결코 적지 않은 날들을 살면서 항상 느끼는 것은 용서하기가 쉽지 않다는 것이고, 회개하기는 더욱 쉽지 않다는 것이다. 우리는 어린 시절부터 알게 모르게 부모와 형제들을 비롯해서 여러 사람들이 우리에게 베푸는 갖가지 용서를 경험하며 사는데, 우리는 그 사실을 잘 알지도 못할 뿐만 아니라 안다고 해도 그다지 고마워하지도 않는다. 그래서 우리는 언제나 "작은 용서" "하찮은 은혜"만을 경험한다. 그러다보니 우리는 한 번도 제대로 회개하지 않는다. 그러면서 다른 사람이 나에게 범한 겨자씨만한 잘못에는 견딜 수 없을 만큼 분노하고, 쉽게 용서하지 않고, 쉽게 잊지도 않는다. 그러다보니 내가 간혹 마지못해 하는 용서는 언제나 "큰 용서"이다. 그런데 나이 들면서 조금씩 철이 들다보니, 용서와 회개가 얼마나 아름답고 귀한 것인지를 몸서리칠 만큼 섬뜩하게 깨닫는다.

　　언제나 그랬던 것처럼
　　미련스럽게 너무도 미련스럽게
　　먼 길을 돌고 돌아서
　　나는 다시 이곳에 도착했다
　　항상 아련한 먼 곳을
　　헛되이 그리면서

애써 피하려고만 했던 이곳에
결국 돌아왔다

이제 나는
이곳에서 다시 삶을 시작 한다
여전히 쉽지는 않겠지만
또 다른 나일 수밖에 없는 타인들
바로 그대들과
함께 사는 법을 배우고
함께 살기를 실천할 것이다

이제 나는
몸으로 용서하고
몸으로 사랑하고
몸으로 화해하고
몸으로 포옹하며 살아갈 것이다
이곳에서
바로 이곳에서
몸으로
내 몸으로

그러기 위해
나는 다시 삶을 시작 한다.

내 온 삶을 그렇게 살다
미련함을 조금이라도 떨쳐버릴
저 먼 날에
내 삶이 다하는 그 시에
나 어느 곳에 있든
다시 이곳을 가슴 시리게 그리며
거기엔 삶이 있었노라

그대들과 함께 했던 참된 삶이 있었노라
그렇게 그렇게 추억해 볼 것이다

그래, 용서와 회개 없이 우리는 결코 함께 어우러져 살 수 없을 것이다. 그런데 놀라운 사실은 회개가 용서를 일으키는 것이 아니고, 용서가 회개를 이끌어낸다는 것이다. 논리적으로 보면, 회개해야 용서를 받을 수 있지만, 살다보면 그 반대라는 사실을 몸으로 체험할 것이다.

그런데 용서를 통해서 회개를 이끌어내는 삶을 가장 완벽하게 보여주시는 분은 우리 하나님이시고, 가장 결정적인 사건은 하나님이 십자가에 못 박혀 돌아가신 것이다. 그래서 사도 바울은 이렇게 말한다.

> "우리가 아직 죄인 되었을 때에 그리스도께서 우리를 위하여 죽으심으로 하나님께서 우리에게 대한 자기의 사랑을 확증 하셨느니라"(로마서 5장 8절).

이 얼마나 감동적인 말씀인가. 이 구절은 성서를 관통하는 핵심적인 말씀이다. "용서와 회개"는 몇 해 전에 내가 쓴 박사학위논문을 책으로 펴낸 것인데, 하나님이 우리에게 보여주시는 사랑, 즉 인간들의 회개를 앞서는 하나님의 용서를 에스겔서를 중심으로 살피는 데 목적을 둔다. 10년 묵은 원고를 책으로 엮어내면서, 그동안 내가 인격적으로, 학문적으로, 신앙적으로 그만큼 숙성되었는지 생각한다.

용서와 회개, 이것은 참으로 놀라운 은총이다. 오늘도 모든 사람들이 큰 용서를 경험하고 잘못을 진심으로 회개하면서 아름다운 삶을 함께 누리기를 빈다. 무더운 여름 내내 이 책을 만드느라 고생하신 한국학술정보의 신재훈 선생과 여러분에게 고마운 마음을 전한다. 지금까지 사는 동안, 이 부족한 종을 용서해주신 모든 분들에게 고마운 마음을 전한다. 그리고 언제나 우리를 먼저 용서해주시는 하나님께 감사하고 찬송을 드린다. 할렐루야!

2007년 8월 어두리(魚頭理)에서

이종록

차   례

Ⅰ장 서론 │ 15

1. 연구목적　16
   1) 연구주제　16
   2) 연구사　26
   3) 연구범위　39

2. 연구방법론　43

Ⅱ장 「용서」와 「회개」의 개념정의 │ 57

1. 「용서」　58
   1) 살라흐⟨סלח⟩　59
   2) 살라흐⟨סלח⟩의 동의어들　64
   3) 용서(또는 용서간청)의 수사법　91
   4) 「용서」의 정의　121

2. 「회개」　123
   1) 슈브⟨שוב⟩　125
   2) 슈브⟨שוב⟩의 동의어들　129
   3) 회개의 두 시점　142
   4) 「회개」의 정의　144

Ⅲ장 「용서 → 회개」의 문학구조 │ 147

1. 에스겔서 36장 16~38절　148
   1) 에스겔서 36장 16~38절의 내용개관　149
   2) 에스겔서 36장 16~38절의 구성　157
   3) 에스겔서 36장 16~38절의 형성시기　161
   4) 에스겔서 36장 16절, 17~19절　170
   5) 에스겔서 36장 20~21절　182
   6) 에스겔서 36장 22~23절　192

7) 에스겔서 36장 24~28절　　199

8) 에스겔서 36장 29~32절　　262

9) 에스겔서 36장 33~36절　　269

10) 에스겔서 36장 37~38절　　277

11) 연구결과　　281

2. 기타 본문들　　290

1) 에스겔서 16장 59~63절　　291

2) 에스겔서 20장 40~44절　　300

3) 에스겔서 39장 25~29절　　307

4) 연구결과　　316

Ⅳ장 결론　319

참고문헌　327

일러두기

1. 각주표기방식

1. 처음 나온 출처는 자세히 기록하지만, 그 다음부터는 저자명과 쪽수만 기재하기로 한다.
2. 한 저자에게서 인용한 것이 하나 이상이면, 처음 인용할 때는 자세히 기록하고, 그 다음에는 저자명 다음에 책 제목과 쪽수만을 기재한다.
3. 같은 책을 한 번 인용하고 바로 이어서 인용할 때, 쪽수가 같을 경우에는 'ibid.'로 표기하고, 쪽수가 다를 경우에는 'ibid.' 다음에 쪽수를 기록한다.
4. 책 표시는 한국서는 고딕체로 표기하고, 외국서는 책명의 처음과 마지막에 '『'과 '』' 표기를 해서, 책명이 두드러져 보이게 한다. 단, 약어에는 '『'과 '』' 표기를 하지 않는다.
5. 신학잡지들은 약어로 표기하므로, 별도로 제시한 약어표를 보라.
6. 인명은 한글로 표기하고 그 옆 괄호 안에 원어를 표기한다.

2. 성경구절

1. 에스겔서 36장 16~38절은 사역하고, 기타 본문들은 개역성경 본문을 사용한다.
2. 본문을 제시하는 경우, 히브리어 본문을 먼저 제시하고 그 다음에 개역성경 본문을 제시한다. 히브리어는 자음표기를 주로 하고, 필요한 경우 모음도 표기한다.

약 어 표

ABD	Anchor Bible Dictionary
ANET	Ancient Near Eastern Texts Relating to the Old Testament
BETL	Bibliotheca Ephemeridum Theologicarum Lovaniensium
BHS	Biblica Hebraica Stuttgartensia
BKAT	Biblischer Kommentar Altes Testament
BZAW	Beiheft zur Zeitschrift für die alttestamentliche Wissenschaft
FOTL	The Forms of the Old Testament Literature
Hermeneia	Hermeneia—A Critical and Historical Commentary on the Bible
ICC	International Critical Commentary
IDB	Interpreter's Dictionary of the Bible,
IDBS	Interpreter's Dictionary of the Bible Supplementary Volume
JBL	Journal of Biblical Literature
JSOT	Journal for the Study of the Old Testament
JSOTS	Journal for the Study of the Old Testament Supplement Series
LB	Lutherbibel erklärt
LXX	Septuagint
MT	Masoretic Text
NJB	New Jerusalem Bible
NICOT	New International Commentary on the Old Testament
NRSV	New Revised Standard Version
OTL	Old Testament Library
SB	La Sainte Bible
SBL	Society of Biblical Literature

THAT	Theologisches Handwörterbuch zum Alten Testament,
TRE	Theologische Realenzyklopadie
TWAT	Theologisches Wörterbuch zum Alten Testament
VT	Vetus Testamentum
VTS	Vetus Testamentum Supplements
WBC	Word Bible Commentary
WMANT	Wissenschaftliche Monographien zum Alten und Neuen Testament
ZAW	Zeitschrift für die alttestamentliche Wissenschaft

I 장 서 론

이 연구는 하나님의 구원사역 또는 '용서(容恕)'의 결과로서 나타나는 '회개(悔改)'의 신학사상과 이것을 표현해 주는 문학구조(「용서 → 회개」)를 에스겔서에서 찾아내는 데 목적이 있다.[1]

서론에서는 에스겔서의 연구주제들과 최근의 연구경향을 살펴봄으로써, 에스겔서에 나타나는 '「용서 → 회개」신학'의 문학구조를 연구주제로 택한 이유를 밝히고, 그 문학구조를 찾아내는 데 사용할 연구방법론을 제시하고자 한다.

---

1) 여기서 '용서'와 '회개'라는 용어를 쓰는 것은 너무 이른 감이 없지 않다. 연구대상 본문들에 나오는 하나님의 사역과 인간의 행위를 무엇이라고 부를 것인가 하는 문제가 있기 때문이다. 아직 정확한 용어규정을 하지 않았지만, 여기서는 이야기를 풀어 나가기 위해서 편의상 '용서'와 '회개'라는 용어를 미리 사용하기로 한다.

1. 연구목적

1) 연구주제

(1) 에스겔서의 연구주제들

에스겔서 연구자들이 연구주제로 삼는 것은 무엇들인가?[2] 지금까지 에스겔서 연구자들은 에스겔서의 구성문제,[3] 에스겔서 본문 연구,[4] 에스겔서 특정부분 연구,[5] 에스겔의 활동지역,[6] 공동체 내에서

---

2) 에스겔서의 여러 가지 연구주제들에 대한 학자들의 논의에 대해서는 Lawrence Boadt, "Ezekiel, Book of", ABD. V.2, 714~720과 Bernhard Lang, 『Ezechiel』, Erträge der Forschung 153(Darmstadt: Wissenschaftliche Buchgesellschaft, 1981), Walther Zimmerli, "Ezechiel / Ezekielbuch", TRE 10(1982), 766~781, 그리고 J. Lust, ed. 『Ezekiel and His Book－Textual and Literary Criticism and their Interrelation』, BETL LXXIV(Leuven: Leuven University Press, 1986)을 보라.

3) 최근의 연구로는, Frank Lothar Hossfeld, 『Untersuchungen zu Komposition und Theologie des Ezechielbuches』(Würzburg: Echter Verlag, 1977, 19832)가 있다.

4) J. Ziegler, "Zur Textgestaltung der Ezechiel－Septuaginta", Biblica 34(1953), 435~455. G. R. Driver, "Ezekiel: Linguistic and Textual Problems", Biblica 35(1954), 145~159, 299~312. Lawrence Boadt, "Textual Problems in Ezekiel and Poetic Analysis of Paired Words", JBL 97 / 4(1978), 489~99. David J. Halpern, "Merkabah Midrash in the Septuagint", JBL 101 / 3(1982), 351~363. Leslie John McGregor, 『The Greek Text of Ezekiel－An Examination of its Homogeneity』, Septuagint and Cognate Studies 18(Atlanta, Georgia: Scholars Press, 1985). 에스겔서의 특수한 어휘들에 대해서는 C. F. Keil, 『Introduction to the Old Testament』 v.1, tr. G.C.M. Douglas(T & T Clark, 1869)(reprint by Hendrickson Publishers, Inc., 1988), 356ff.을 보라.

5) 예를 들면, J. D. Levenson, 『Theology of the Program of Restoration of Ezekiel 40－48』(Missoula: Scholars Press, 1976), Moshe Greenberg, "The Design and Themes of Ezekiel's Program of Restoration", in James Luther Mays and Paul J. Actemeier ed., 『Interpreting the Prophets』(Philadelphia: Fortress Press, 1987), 215~236, Steven Shawn Tuell, 『The Law of the Temple in Ezekiel 40－48』, Harvard Semitic Monographs 49(Atlanta, Georgia:

의 에스겔의 역할과 위치,[7] 그리고 에스겔에게 영향을 미친 전승의 문제,[8] 예를 들면, 에스겔과 신명기 전승과의 관계, 에스겔과 예레미야,[9] 에스겔과 제2이사야,[10] 에스겔과 제사문서들의 관계,[11] 에스겔 학파[12]의 존재 여부, 에스겔과 요한계시록의 관계[13]들에 대해서 연

Scholars Press, 1992). 투엘은 기어츠(Clifford Geertz)의 문화와 종교에 대한 기호학적 이론을 사용해서 에스겔 40~48장을 연구한다(15쪽). 그는 이 본문이 이상적인 계획(ideal projection)이 아니고, 페르시아 시대, 특히 제2성전기의 실제 사회상황(actual society)을 그대로 기술하고 있다고 주장한다. 유다회복을 언급하는 에스라-느헤미야서의 본문도 동일한 사회상황을 묘사하고 있다고 말한다(176쪽). 47장 15~20절에 나오는 경계도 유다가 그 일부로 되어 있는 페르시아의 아바르-나하라(Abar-Nahara) 지역경계와 거의 일치한다는 것이다(177쪽). 그리고 에스겔과 제사문서와의 관계도 서로 독자적인 흐름으로 보고, 둘 사이에 문학적인 의존관계가 있는 것은 아니라고 말한다(177~178쪽).

6) 에스겔의 활동지역에 대해서 브라운리는 매우 독특한 견해를 제시한다. 그는 에스겔이 이집트에도 가고 유다에 돌아와서 활동했다고 말한다(William H. Brownlee, 『Ezekiel 1-19』, WBC 28(Waco, Texas: Word Books Publisher, 1986), xxiii~xxxii).

7) 에스겔이 포로공동체 내에서 중요한 위치를 차지하고 있었다고 여러 학자가 주장하는 반면, 윌슨은 에브라임 전승을 따르는 에스겔이 이전의 예언자들처럼 바벨론 포로공동체에서 주변 예언자였다고 말한다(Robert R. Wilson, 『Prophecy and Society in Ancient Israel』(Philadelphia: Fortress Press, 1980), 283~286).

8) 여기에 대해서 조금 오래된 자료이기는 하지만 잘 요약된 것을 보려면, W. Zimmerli, 『Ezekiel』, I. Teilband, R. E. Clements, tr., 『Ezekiel 1-A Commentary on the Book of the Prophet Ezekiel Chapters 1-24』, Hermeneia(Philadelphia: Fortress Press, 1979), 43~52를 보라. 그리고 보다 최근의 자료로는 R. E. Clements, "The Ezekiel Tradition: Prophecy in a Time of Crisis", Richard Coggins, Anthony Phillips and Michael Knibb, ed. 『Israel's Prophetic Tradition』, Essays in Honour of Peter R. Ackroyd(Cambridge: Cambridge University Press, 1982), 119~136을 보라.

9) John Wolf Miller, 『Das Verhältnis Jeremias und Hesekiels sprachlich und theologisch untersucht』(Assen: Van Gorcum, 1955).

10) Peter R. Ackroyd, 『Exile and Restoration-A Study of Hebrew Thought of the Sixth Century B.C.』(Philadelphia: The Westminster Press, 1968), 115. Dieter Baltzer, 『Ezechiel und Deuterojesaja』, BZAW 121(Berlin and New York: Walter de Gruyter, 1971).

11) Avi Hurvitz, 『A Linguistic Study of the Relationship between the Priestly Source and the Book of Ezekiel-A New Approach to an Old Problem』(Paris: J. Gabalda et Cie, Editeurs, 1982).

12) 에스겔의 학파에 대해서는 침멀리가 많은 연구를 했다(W. Zimmerli, 『Ezekiel 1』,

구를 해 왔다. 이러한 연구는 아직도 계속되고 있다.

(2) 최근의 에스겔서 연구주제들

최근[14]의 에스겔서 연구는 에스겔이 개인응보사상을 말하는가 아니면 공동체응보사상을 말하는가 하는 문제[15]와 에스겔은 구두선포 자인가 편집자인가 아니면 저자인가 하는 문제[16], 그리고 첫째 주제와 관련해서 인간의 책임과 하나님의 주권과의 관계[17]를 규명하는데에 초점을 모은다.

학자들은 에스겔이 개인응보사상이 아닌 공동체응보사상을 말하며[18], 에스겔이 저자라는 점을 주장한다.[19] 그리고 하나님의 주권보

70f. Rolf Rendtorff, 『Das Alte Testament: Eine Einführung』(Neukirchen−Vluyn: Neukirchener Verlag, 1983), 221. Werner H. Schmidt, 『Einführung in das Alte Testament』(Berlin: Walter de Gruyter, 1982), 247도 보라.

13) A. Vanhoye, "L'utilisation du livre d'Ezechiel dans l'Apocalypse", 『Biblica』 43(1962), 436∼476.

14) 최근의 예언서 연구경향에 대해서는 Hans M. Barstad, "No Prophets? Recent Developments in Biblical Prophetic Research and Ancient Near Eastern Prophecy", 『JSOT』 57(1993) 39∼60을 보라.

15) Gordon H. Matties, 『Ezekiel 18 and the Rhetoric of Moral Discourse』(Atlanta: Scholars Press, 1990).

16) Ellen F. Davis, 『Swallowing the Scroll−Textuality and the Dynamics of Discourse in Ezekiel's Prophecy』, JSOTS 78(Sheffield: Almond Press, 1989).

17) Paul Joyce, 『Divine Initiative and Human Response in Ezekiel』, JSOTS 51(Sheffield: Sheffield Academic Press, 1989).

18) 과거에는 에스겔에게서 개인주의적인 사상이 나타난다는 점을 강조했다. 그래서 이전에 쓰인 책들에는 '개인의 책임(individual responsibility)'라는 용어가 나타난다('Another striking side of Ezekiel's message is the importance he attaches to **individual responsibility**': Lawrence Boadt, 『Reading the Old Testament−An Introduction』(Mahwah, N.J.: Paulist Press, 1984), 393. 두꺼운 글씨체는 필자가 한 것이다). 그러나 이러한 주장을 비판하면서, 에스겔이 개인의 책임보다는 공동체의 책임을 강조하고 있다는 주장이 최근 들어 제기되고 입증되고 있다. 갓월드는 에스겔이 공동체응보사상에서 개인적인 응보사상으로 넘어가고 있다고

다는 인간의 책임을 강조하거나[20] 아니면 이 둘의 조화를 말하면서
공동체에 속한 인간의 책임을 강조하는 방향으로 나아가는 것으로
보이는데,[21] 이러한 연구결과는 윤리적인 측면에서 구약성경을 연구
하려는 최근의 경향을 보여준다.[22]

(3) 문제제기와 연구주제 확정

최근의 에스겔서 연구자 가운데서 조이스(Joyce)는 에스겔서 18장
과 36장이 전혀 상반된 이야기를 한다는 사실을 지적한다.[23] 에스겔
서 18장은 인간의 책임을 강조하고 36장은 하나님의 사역을 강조한
다는 것이다. 이것을 연구의 시발점으로 삼는다.

① 에스겔서 18장 30~32절

먼저 에스겔서 18장을 보면, "너희는 범한 모든 죄악을 버리고 마

생각하는 것은 잘못이라고 말한다(Norman K. Gottwald, 『The Hebrew Bible: A Socio-Literary Introduction』(Philadelphia: Fortress Press, 1985), 486f.).

19) 데이비스는, 주전 8세기부터 글쓰기는 예언의 한 특징이었으며, 서기관들에 의한 전수와 편집을 위해서뿐만 아니라(이사야서 8장 16절, 예레미야서 36장), 선포를 하면서 알기 쉽게 설명을 하고 강조하기 위해서 글을 사용했다고 말한다(이사야서 8장 1절, 하박국 2장 2절, cf. 17장 1절). 그리고 에스겔은 다른 예언자들에 비해서 글쓰기 재능을 충분히 발휘했으며, 포로기 때는 이스라엘 사람들의 대다수가 글을 알았고, 여기저기 흩어져 있는 사람들에게 효과적으로 말을 전하기 위해서는 글을 사용할 수밖에 없었음을 여러 가지 증거를 제시하면서 입증해 낸다(E. F. Davis, 37~45).

20) G. H. Matties, 219~224. 마티스도 하나님의 사역을 강조하지만, 전체적으로는 인간공동체의 책임을 강조하는 입장을 보인다.

21) P. Joyce, 125~129.

22) 여기에 대해서는 Douglas A. Knight and Carol Meyers, ed., 『Ethics and Politics in the Hebrew Bible』, Semeia 66(Atlanta, GA.: Scholars Press, 1995), 특히 24쪽을 보라.

23) 조이스는 자신의 책 첫 부분을 에스겔서 18장 31절과 36장 26절을 비교하면서 시작한다(P. Joyce, 11). 조이스의 입장에 대해서는 아래 22~23쪽을 보라.

음과 영을 새롭게 할지어다. 이스라엘 족속아 너희가 어찌하여 죽고
자 하느냐?"31절)라고 말한다. 이 구절의 주어는 하나님이시다. 그런
데 여기서 문제가 되는 것은 하나님의 이러한 말씀이 뜻하는 바를
무엇이라고 규정할 수 있겠느냐는 것이다. 이 문제를 해결하기 위해
서 이 구절이 속한 본문(18장 30~32절)을 보도록 하자. 본문의 내
용은 하나님의 권고이다.

> 30나 주 여호와가 말하노라. 이스라엘 족속아 내가 너희 각 사람의
> 행한 대로 국문할지라(에쉬포트<אֶשְׁפֹּט>). 너희는 돌이켜 회개하고(슈부
> <שׁוּבוּ>) 모든 죄에서 떠날지어다(웨하쉬부<וְהָשִׁיבוּ>). 그리한즉 죄악이
> 너희를 패망케 아니하리라. 31너희는 범한 모든 죄악을 버리고 마음과
> 영을 새롭게 할지어다. 이스라엘 족속아 너희가 어찌하여 죽고자 하느
> 냐? 32나 주 여호와가 말하노라. 죽는 자의 죽는 것은 내가 기뻐하지
> 아니하노니 너희는 스스로 돌이키고(웨하시부<וְהָשִׁיבוּ>) 살찌니라.

여기서 보는 것처럼, 이 본문에는 '회개하다'로 직접 옮길 수 있는
슈브<שׁוּב>가 세 번(30절에 2회, 32절에 1회) 쓰였다. 그래서 에스겔
서 18장 30~32절은 전체적으로 보면 분명한 회개명령과 회개촉구
이다. 그런데 조이스가 인용하는 31절에는 슈브<שׁוּב>가 나오지 않는
다. 또 36장 26절에도 슈브<שׁוּב>는 나오지 않는다. 그래서 18장 31
절과 36장 26절의 내용을 무엇으로 규정해야 하는가 하는 문제가
생긴다.

18장 31절에 슈브<שׁוּב>가 나오지 않지만, 18장 30~32절의 문맥
에 의하면, '죄를 떨쳐버리고' '마음과 영을 새롭게 하는 것'은 인간
의 '회개'로 규정될 수 있다. 18장 31절의 내용을 회개로 보는 까닭
은 이렇다. 에스겔서 18장 30절에는 "너희는 돌이켜 회개하고 모든
죄에서 떠날지어다"로 되어 있고, 31절에는 "너희는 범한 모든 죄악

을 버리고 마음과 영을 새롭게 할지어다"로 되어 있다. 이 두 구절이 평행을 이루고 있어서, 회개는 바로 모든 죄악을 버리고 마음과 영을 새롭게 하는 것이다. 그리고 하나님은 32절에서 '너희는 스스로 돌이키고 살찌니라'고 말씀하시는데, 이것은 31절과 같은 구조를 보인다.

- "너희는 스스로 돌이키고"(32절)="너희는 범한 모든 죄악을 버리고 마음과 영을 새롭게 할지어다"(31절)
- "살찌니라"(32절)= "너희가 어찌하여 죽고자 하느냐?"(31절)

이런 사실로 인해서, 일단 에스겔서 18장 31절의 내용을 '회개(촉구)'로 규정할 수 있다. 구약성경에서 '회개' 또는 '회개촉구'를 일차적으로는 슈브<שוב>로 표현하지만, 그렇다고 해서 슈브<שוב>만 회개의 의미를 갖고 있는 것은 아니며, 슈브<שוב> 이외의 다른 단어들로도 회개를 표현하고, 또 성경 기자들은 자신들의 성향에 따라서 각기 독특한 어휘들을 사용함을 알 수 있다.[24]

이렇게 해서 우리는 일단 에스겔서 18장 31절을 '회개'로 규정한다. 이 구절이 속한 본문의 문맥에 따르면, 회개는 전적으로 인간의 책임이며, 인간은 회개를 해야만 심판과 죽음에서 벗어날 수 있다.[25] 하나님은 회개를 촉구하시는 것 이외에는 인간의 회개에 개입하지 않으시고, 그래서 하나님의 구원사역은 인간의 회개 이후에나 가능한 것처럼 보인다.

이렇듯이 인간이 심판과 죽음에서 벗어나기 위해서는 반드시 회개

---

24) 이것은 'Ⅱ장 「용서」와 「회개」의 개념정의 2. 회개'에서 다룰 것이다.
25) 이러한 내용은 33장 10~20절에도 나온다.

를 해야만 한다.26) 회개하지 않으면 심판과 죽음을 면치 못한다. 그래서 회개가 심판과 죽음을 피하는 필수적인 전제조건(前提條件)이 되는 것이다. 이것을 도식화(圖式化)하면 「회개 → □」27)가 된다.

② 에스겔서 36장 16~38절

그러나 하나님의 구원약속을 담고 있는 에스겔서 36장 16~38절은 "또 새 영을 너희 속에 두고 새 마음을 너희에게 주되 너희 육신에서 굳은 마음을 제하고 부드러운 마음을"(26절) 주겠다고 말한다. 여기서도 말씀하시는 이는 하나님이시다. 그런데 에스겔서 18장에서는 하나님이 이스라엘 족속들에게 "마음과 영을 새롭게 하라"고 명령하시는데, 여기서는 하나님이 그러한 마음을 이스라엘 백성들에게 주시겠다고 약속하신다. 앞에 인용한 에스겔서 18장의 본문에 근거해서, '인간이 새로운 마음을 갖게 되는 것'을 '회개'라고 규정한다면, 이 구절이 속한 본문에서는, 인간이 회개하도록 명령을 받는 것이 아니다. 그리고 이 본문은 '인간이 회개를 해야만 하나님의 심판과 죽음에서 벗어날 수 있고 그렇지 않으면 심판과 죽음을 벗어날 수 없다.'고 말하지 않는다. 이 구절에서는 회개가 심판과 죽음을 피할 수 있는 전제조건(前提條件)이 아니고, 인간이 하나님의 사역에 의해서 심판과 죽음을 피하게 된 결과(結果)로서 나타난다. 그리고

---

26) 예언자들에게 있어서 용서는 회개에 달려 있는데, 그들은 악행을 중지하고(이사야서 33장 15절) 선을 행하는 것(아모스서 5장 14~15절, 예레미야서 26장 13절)을 회개로 생각했다(David E. Aune, "Repentance", 『The Encyclopedia of Religion』, v.12, 340).

27) '□'로 표기하는 것은 본 연구의 진행상 지금 단계에서는 회개의 결과로서 나타나는 것을 정확하게 무엇이라고 명명하기 어렵기 때문이다. 물론 필자는 □를 넓은 의미의 '용서'로 규정하려고 한다. 본 연구에서 다룰 에스겔서 본문들에 '용서하다'로 직접 번역할 수 있는 살라흐<חלס>는 나오지 않지만, 필자는 이 본문들이 언급하는 하나님의 사역을 넓은 의미의 '용서'로 규정할 수 있다고 전제하고, 그것을 Ⅱ장에서 밝히려고 한다.

이러한 과정, 즉 인간이 심판과 죽음을 피하는 것과 회개하는 것은 모두 인간이 아닌 하나님에 의해서 촉발된다.28) 이것을 도식화하면 「□29) → 회개」가 된다.

③ 문제제기

이처럼 에스겔서 18장과 36장은 반대되는 이야기를 하는 것으로 보인다. 그런데 우리가 여기서 제기할 수 있는 문제는, 이 두 본문이 실제로 서로 다른 이야기를 하는 것인가, 인간이 새로운 마음을 갖게 되는 것은 과연 인간 스스로의 책임인가, 아니면 하나님에 의해서 인간에게 주어지는 하나님의 사역인가, 그리고 인간이 새로운 마음을 갖게 되는 것은 심판과 죽음을 피하는 전제조건인가 아니면 결과인가30) 하는 것이다.

얼핏 보기에도 이러한 질문들이 다분히 신학적인 것으로 여겨진다. 이 논문에서는 이러한 문제제기방식이 신학적인 모습을 띠고 있음을 부인하지 않으며, 오히려 에스겔서 18장과 36장 본문에서, 이 문제는 신학적일 뿐만 아니라, 동시에 그 본문들 속에 내재된 본질적인 문학구조에 관한 것으로 여기고, 그 신학구조를 담고 있는 문

---

28) 필자는, 인간이 스스로 회개하는 것이 아니고 인간의 회개가 하나님의 용서사역에 포함되며 하나님의 용서에 의해서 촉발되는 전적인 하나님의 사역임을 말한다고 해서, 현실 세계에서 인간이 담당해야 할 모든 책임을 약화시킬 의도는 없다. 다만 에스겔서 36장 16~38절과 같은 본문들에서 '하나님의 죄용서의 결과로서의 회개'가 나타난다는 점을 말하고자 할 따름이다. 다른 본문들에서는 어떨지 몰라도, 에스겔서 36장 16~38절과 같은 본문들에서는 회개에 있어서 인간의 책임보다는 하나님의 전권적인 사역이 강조되는 것이다.

29) 인간으로 하여금 회개케 하시는 하나님의 사역을 무엇으로 규정할 것인지가 아직 결정되지 않았기 때문에, 당분간 '□'로 표기한다.

30) 에스겔서 18장 27절에는 "만일 악인이 그 행한 악을 떠나 법과 의를 행하면 그 영혼을 보전하리라."고 되어 있는데, 36장 27절에는 "또 내 신을 너희 속에 두어 너희로 내 율례를 행하게 하리니 너희가 내 규례를 지켜 행할지라."고 되어 있다.

학구조를 찾아내는 데 주력하게 될 것이다.

어쨌든 이 문제들을 풀어 나가기 위해서는 조금 전에 에스겔서 18장 31절을 다루면서 언급했지만, 용어문제가 해결되어야 한다. 먼저 에스겔서에서의 회개의 개념이 정립되어야 한다. 앞에서 '인간이 새로운 마음을 갖는 것'을 임시적으로 '회개'로 정의했는데, 어떤 것이 인간의 회개인지, 또 그것을 표현해 주는 에스겔서 특유의 어휘들은 무엇인지가 더 분명하고 자세하게 규명되어야 한다.

그리고 이스라엘 백성들에게 새로운 마음을 주시는 하나님의 행동, 즉 인간으로 하여금 회개케 하시는 하나님의 구원사역, 특히 에스겔서 36장에 나오는, 이스라엘을 정결케 하시는 하나님의 사역을 무엇이라고 규정할 것인가? 그것을 넓은 의미의 '용서(容恕)'라고 할 수 있는가? 회개촉발요인이 되는 하나님의 구원사역들 가운데 '용서'로 규정할 수 있는 것들이 에스겔서에 나타나는가? 에스겔서에는 용서사상의 핵심단어인 살라흐<סלח>가 나타나지 않는데, 그렇다면 에스겔서에는 용서사상이 없는 것인가? 혹시 에스겔은 다른 단어들로 용서를 표현한 것은 아닌가? 에스겔서에는 살라흐<סלח> 이외에 용서의 의미를 갖는 에스겔서 특유의 어휘들이 있는가? 그 단어들은 어떻게 용서의 의미를 갖는가? '결과로서의 회개'가 나타나는 에스겔서 본문들에 '용서'로 볼 수 있는 하나님의 사역들이 나타나고, 그래서 에스겔서 18장의 도식을 「범죄 → 심판」과 「회개 → 용서」[31]의

---

31) 이렇게 도식화시키면, 혹자는 성경 본문과는 동떨어진 조직신학적인 전제를 가지고 본문을 읽는 것(eisegesis)으로 생각하기 쉬울 것이다. 그리고 구약성경의 여러 본문이 이러한 도식적인 이야기를 하려는 것이 아니고, 인간의 범죄성을 부각시키고 특히 죄를 용서하시는 하나님의 은혜를 강조하는 데 중점을 두고 있기 때문에, 이러한 도식화가 억지주장으로 보일 수도 있을 것이다. 그러나 성경독자가 신학적인 개념을 갖는 어떤 용어를 사용한다고 해서, 그 독자가 반

형태라고 한다면, 그것과 정반대로 에스겔서 36장 16~38절의 도식을 「용서 → 회개」32)의 형태라고 할 수 있는가? 「회개 → 용서」의 형태를 '일반적인 형태'로, 그리고 「용서 → 회개」를 '특수한 형태'로 규정할 수 있는가? 이런 여러 문제도 반드시 해명되어야 할 것이다. 이러한 여러 문제가 먼저 해결되어야만, 하나님의 구원과 용서의 전제조건으로서의 회개가 아닌, '결과로서의 회개'와 이것을 표현해 주는 「용서 → 회개」의 문학구조가 에스겔서에 나타나는지를 구체적으로 밝혀내는 작업을 할 수 있다.33)

드시 조직신학적인 전제를 가지고 본문을 읽는다고 말할 수는 없다. 구약성경 본문이 언급하는 것을 규정할 때 편의상 우리가 자주 사용하는 용어들, 예를 들면 「회개」와 「용서」로 명명하는 것일 수도 있다(물론 무엇을 회개로 또는 용서로 규정할 수 있는가 하는 문제가 있다). 또 이 용어들을 조직신학적인 용어로만 국한해서 사용하도록 못 박아 놓을 수도 없다. 이 용어들은 조직신학적인 용어일 뿐만 아니라 성경신학적인 용어이기도 하고, 또 문학적인 용어이기도 하다. 그보다는 우리 인간들이 널리 사용하는 일반적인 용어라고 해야 할 것이다. 그리고 성경 본문에서 말하는 인간의 범죄와 하나님의 용서의 관계는 다양하기 때문에, 그 다양한 것을 본문의 문학적인 구성에 따라서 여러 가지로 도식화시켜서 구별해 보는 작업이 유용할 것이라고 생각한다. 인간의 범죄와 하나님의 죄용서 사이의 다양한 관계는 크게 나누면 「회개 → 용서」와 「용서 → 회개」로 도식화할 수 있다는 것이 필자의 견해이다. 그런데 지금까지 구약신학자들은 하나님의 은혜만을 일방적으로 강조하고, 이러한 관계양상을 문학적으로 구별해내는 데 관심을 기울이지 않음으로써 인간의 범죄와 하나님의 용서의 관계를 모호하게 만들어 왔으며, 최근 들어 하나님의 죄용서 이후에 나타나는 인간의 회개를 이야기하는 사람들도 「용서 → 회개」의 문학적인 형태에 대해서 깊이 있게 논의하지 않는다고 판단한다.

32) 죄·심판·회개·용서의 여러 가지 형태 가운데서 하나님의 미래적인 죄용서(일반적인 '용서'와 구별하기 위해서 「용서」로 표기하겠다) 이후에 그 죄용서의 결과로서 오는 인간의 회개(일반적인 '회개'와 구별하기 위해서 「회개」로 표기하겠다)의 형태를 다른 형태들과 구별하기 위해서 「용서 → 회개」로 표시하기로 한다. 그리고 「용서」와 「회개」의 요소가 나타나기는 하지만 명확하지 않을 때는 「(용서)」와 「(회개)」로 표기한다.

33) 나는 「회개 → 용서」나 「용서 → 회개」를 신학적인 체계로만 보지 않고, 문학적인 구조나 형태로도 간주하려고 한다.

2) 연구사

죄·심판·회개·용서의 관계에 대해서 구약신학자들은 하나님의 용서의 은혜를 부각시키느냐 아니면 하나님의 용서의 전제나 결과로서 나타나는 인간의 회개를 부각시키느냐에 따라서 대체로 다음과 같은 두 가지의 입장을 보인다. 첫째 입장은, 고대 이스라엘 사람들은 죄·심판·회개·용서의 관계에 대해서 우리가 생각하는 것만큼 그렇게 조직적이고 체계적인 신학을 세우지 않았다는 것이다. 그래서 이들은 죄·심판·회개·용서의 관계양태를 명확하게 도식화시키지 않는다. 이들 외에 「범죄 → 심판」, 「회개 → 용서」의 형태를 은연중에 견지하면서, 용서하시는 하나님의 은혜를 강조하는 사람들도 여기에 속할 것이다. 이들은 인간이 어떤 자격이 있어서 하나님의 용서를 받는 것이 아니며, 용서는 하나님의 주도적이고 독자적인 사역임을 역설한다. 그러나 이들은 하나님의 용서만을 강조하고 여러 가지 요소들을 여기에 포함시킴으로써 인간의 회개가 하나님의 용서의 결과로서 나타날 수 있음을 언급하지 않았다.

그리고 둘째 입장은, 구약성경에 '결과로서의 회개', 즉 '용서 이후의 회개'가 나타난다고 보는 것이다. 물론 이 입장에 속한 사람들도 용서에 있어서 하나님의 은혜와 하나님의 주도적인 사역을 강조한다. 이런 점에서는 앞의 입장과 차이가 없다. 그러나 그들은 여기서 한 단계 더 나아가서 하나님의 은혜라는 포괄적인 개념에서 인간의 회개의 측면을 구별해 내고 인간의 회개의 문제를 부각시키는데, 인간의 회개가 하나님의 용서의 전제조건인가 아니면 하나님의 용서의 결과인가 하는 문제를 제기하면서, 인간의 회개가 하나님의 용서의 결과로 나타날 수 있음을 말한다.

이러한 두 입장은 프록쉬와 뷔르트바인에게서 분명하게 나타난다. 구약성경에 용서 이후의 회개, 즉 하나님의 용서 / 구원사역의 결과로서 나타나는 회개가 있는가 하는 논란은 프록쉬와 뷔르트바인의 글에서 찾아볼 수 있다. 이 둘의 주장을 살피면서, 그들과 같은 입장을 갖는 학자들의 견해를 보도록 하겠다.[34)]

(1) 프록쉬

프록쉬(Otto Procksch)는 그의 구약신학(1950)[35)] 2부 3장("하나님과 인간")에서 속죄문제를 다룬다. 죄, 하나님의 진노(저주, 고통, 죽음), 구속(양심의 가책, 회개, 용서)의 순서로 내용을 전개한다. 그는 시편 51편을 예로 들면서 인간이 용서를 받기 위해서는 먼저 죄를 인식해야 한다고 말한다.[36)] 그래서 프록쉬는 뷔르트바인이 용서 이후의 회개를 담고 있는 것으로 말하는 이사야서 6장 11~13절은 "구원이 아닌 회개에 강조점을 두고 있어서, 회개가 전제조건이 아니고 구원의 결과라는 주장[37)]은 옳지 못하"며, "구원은 회개 속에 포함된다"고 말한다.[38)]

그러나 프록쉬는 뷔르트바인을 비판하면서도 용서와 구원에 있어

---

34) 프록쉬가 「회개→용서」 구조를 처음 말한 것도 아니고, 또 뷔르트바인이 「용서→회개」 구조를 처음 말한 것도 아니다. 프록쉬를 「회개→용서」 입장의 주 인물로 삼은 것은 그가 뷔르트바인의 주장을 반박했기 때문이다. 그리고 「용서→회개」는 필자가 아는 범위에서는 디트리히가 처음인 것으로 보이지만, 프록쉬가 뷔르트바인의 주장을 반박했다는 점에서 그 대응 인물로 제시한다.

35) 『Theologie des Alten Testaments』(Gütersloh: C. Bertelsmann Verlag, 1950).

36) ibid., 657.

37) 프록쉬는 뷔르트바인의 주장을 비판한다("Würthwein in ThWNT Ⅳ 1942, S.983", ibid., 659 각주 2번).

38) ibid., 659.

서 하나님의 은혜와 하나님의 주도적인 사역을 강조한다. 프록쉬는 예레미야에게서 회개의 촉구가 강하게 나타나며, 하나님의 주도권에 강조점이 주어진다고 말한다.[39]

그의 생각을 정리하면 이렇다. 하나님 자신이 회개를 일으키시며 그래서 그것이 인간에게서 작용을 하고 기능을 발휘한다. 예레미야에 의하면 이러한 선취된 은혜가 없으면 회개가 불가능하다. 여호와께서는 자신의 은혜를 회개의 가능성을 위한 동인(動因)으로 주신다. 그러나 그렇다고 해서 인간이 해야 할 일이 전혀 없어진 것은 아니다.[40] 용서의 주도자는 하나님 한 분이시며 이 점에 있어서 인간은 아무런 일도 할 수 없다. 온전히 하나님의 능력과 은혜로써 가능할 뿐이다.[41] 인간이 죽을 수밖에 없는 죄인이면서도 용서함을 받을 수 있는 것은 전적으로 하나님의 은혜에 의한 것이다. 그래서 하나님의 은혜를 강조할 수밖에 없다.

여기서 보는 것처럼 프록쉬는 인간의 죄를 용서하시는 하나님의 은혜를 부각시키면서 하나님의 은혜가 아니면 인간은 용서를 받을 수 없음을 말한다. 이러한 점은 구약신학자들의 주장에서 공통적으로 나타난다.[42]

모든 학자들의 글을 다 검토해 본 것은 아니지만, 접한 글들을 통해서 판단하기에는 앞으로 우리가 다룰 뷔르트바인을 비롯해서 「용

---

39) ibid., 660.
40) ibid.
41) ibid., 667.
42) 그러나 프록쉬는 용서에 있어서 하나님의 주도적인 역할을 강조하면서도 인간의 회개가 하나님의 용서의 결과로서 나타날 수도 있다는 것을 분명하게 부인한다.

서→회개」 신학사상을 언급하는 몇몇 학자들을 제외하고는 거의 대다수의 학자들이 죄·심판·회개·용서의 관계와 그 신학에 대해서 프록쉬와 비슷한 생각을 하는 것으로 보인다. 그 학자들 가운데 우리가 잘 아는 학자들을 몇몇 들면, 욀러,[43] 쾨버레,[44] 쾨니히,[45] 하

---

43) 욀러(Gustav Friedrich Oehler)는 자신의 구약신학(George E. Day, tr., 『Theology of the Old Testament』(New York: Funk & Wagnalis Publishers, 1883))에서 죄(158~166, 455~459), 용서와 구원(505~516)에 대해서 이야기하지만 이것들의 관계를 도식화시키지는 않는다. 욀러는 예언자들이 인간의 죄성이 심각하다는 사실(458)과 인간이 율법을 준수할 수도 없고, 율법으로는 의로움을 얻을 수도 없다는 사실을 인식하게 되어서 하나님의 '새로운 은혜의 부여'(a new dispensation of grace: 455)를 말하게 되었다고 주장한다.

44) 죄·심판·회개·용서의 문제를 연구하는 데 있어서 쾨버레(Justus Köberle)의 죄와 은혜(『Sünde und Gnade im Religiösen Leben des Volkes Israel bis auf Christum—Eine Geschichte des Vorchristlichen Heilsbewusstseins』(München: C.H. Beck'sche Verlagsbuchhandlung, 1905))는 상당히 비중 있는 책이다. 쾨버레는 이 책에서 죄와 은혜를 구약성경의 중요한 개념으로 설정하고(iv, 1, 2) 이것이 고대 이스라엘(1~95), 예언자들(96~250) 고대 유대교(251~386) 중간기 유대교(387~676)를 통해서 어떻게 전개되었는지를 역사적으로 꼼꼼하게 살핀다. 쾨버레는 각 시대마다 죄와 하나님의 은혜가 어떻게 이해되었는지를 자세하게 밝힌다. 하나님의 은혜는 하나님의 용서를 통해서 드러난다(67). 인간의 죄를 용서하시는 동인(動因)으로서의 하나님의 은혜는 이스라엘의 역사를 관통해서 나타나고, 신약 시대까지 이어진다(iv). 물론 여기에는 많은 변화가 있다. 이스라엘은 출애굽을 하나님의 은혜에 의한 사건으로 이해했다(67). 그러나 "고대 이스라엘은 야웨를 의로운 재판장으로, 그리고 그의 백성을 용서하시는 아버지로 경험했지만, 그것이 인간과 어떤 관계를 갖고 있는지를 일목요연하게 정리해 놓은 이론이나 원리를 만들지는 않았다."(86) 예언자들의 시대에 들어와서 인간의 죄와 하나님의 은혜의 문제가 더욱 부각되었으며, 그 이후에는 죄를 율법준수 여부와 관련시킴으로써 하나님의 용서하시는 은혜에 대한 강조가 약화되는 경향을 보인다. 그러나 이스라엘은 율법준수를 통해서 의롭게 되는 것을 강조하면서도 하나님의 은혜에 대한 희망을 포기하지 않는다(227). 쾨버레는 이러한 변천을 시대별로 추적해서 상세하게 밝힌다. 그러면서 쾨버레는 죄·심판·회개·용서 사이의 관계를 「회개→용서」의 구조로 다룬다(228).

45) 쾨니히(Eduard König)는 자신의 구약신학(『Theologie des Alten Testaments—kritisch und vergleichend dargestellt』(Stuttgart: Chr. Belser A. G., Verlags—buchhandlung, 1921, 1923, 3, 4). 쾨니히의 구약신학은 두 부분으로 되어 있는데, 1부에서는 이스라엘의 역사를, 2부에서는 신학을 다룬다. 신학부분은 신론, 우주론·인간론, 죄론, 구원론으로 구성되어 있다.) 2부 3장에서 죄론(223~246)을, 4장에서 구원론(246~306)을 다룬다. 쾨니히는 구원론을 전형적인 구원사(Heilsgeschichte)

이니쉬,46) 아이히로트,47) 쾰러,48) 베스터만49)이 있다.50)

측면에서 전개한다. 쾨니히는 하나님의 은혜에 대한 새로운 인식이 예언자들에 의해서 시작되었다는 윌러의 주장을 비판하면서, 윌러가 이러한 주장을 하게 된 것은 그가 구약의 종교를 모세종교와 예언자 종교로 나누었기 때문이며, 윌러의 생각과는 달리 하나님의 은혜에 의한 구원사상은 구약성경 종교의 전 역사에서 발견되는 본질적인 것이라고 말한다(298). 그는 하나님의 은혜에 구원 사상은 구약성경 종교의 전 역사에서 동일하게 발견되는 본질적인 것이라는 생각을 갖고, 인간을 구원하시려는 이러한 하나님의 뜻이 구약성경에서 어떤 방식으로 나타나는지를 추적하는데, 특히 이스라엘의 제의와 제사제도에 많은 분량을 할애한다(265~296). 이러한 서술방식으로 인해서, 쾨니히에게서 죄·심판·회개·용서의 관계에 대한 명확한 입장을 발견해 내기는 어렵지만, 근본적으로 그는 「회개→ 용서」의 입장에 서 있는 것으로 보인다.

46) 하이니쉬(Paul Heinisch)는 자신의 구약신학(『Theologie des Alten Testaments』(1940, 1949), William Heidt, tr., 『Theology of the Old Testament』(Collegeville, Minnesota: The Liturgical Press, 1950))에서 죄, 용서, 구원에 대해서 말하는데, 용서는 인간의 회개를 전제조건으로 한다는 점("메시야 시대는 야웨가 심판의 시련을 겪고 있는 백성들이 깨끗함을 받도록 하시는 때이다. 그는 '바르게 행동하실 것이다. 그럼에도 불구하고 덕 있는 사람이라고 해서 용서받을 당연한 권리를 갖고 있지는 않다. 죄인의 입장에서는 회개의 영만이 용서를 받을 수 있는 전제조건이다"(94))과 용서와 구원이 하나님의 은혜와 사랑에 의한 것임을 말한다. 그는 용서를 전적인 하나님의 은혜의 산물(産物)로 본다. 하이니쉬는 포괄적인 개념인 하나님의 용서의 은혜에 여러 가지를 포함시킴으로써 죄·심판·회개·용서 사이의 분명하고 구체적인 관계에는 관심을 기울이지 않는다.

47) 아이히로트(Walther Eichrodt)는 자신의 구약신학 23장(『Theologie des Alten Testaments』, Teil 2 / 3, John Baker, tr., 『Theology of the Old Testament』 v.2(London: SCM Press Ltd., 1967, 1982))에서 '죄와 용서'에 대해서 다루고 있다. 아이히로트 역시 죄, 회개, 용서 사이의 구체적인 관계보다는(심판 이후의 용서이든, 또는 회개 이후 또는 회개 이전의 용서이든지 간에) 용서가 하나님의 은혜의 산물(産物)임을 역설하는 데 초점을 맞춘다. 그는 용서에 있어서 하나님의 은혜를 강조하면서도 용서에 인간의 책임이 전제되어야 한다는 전형적인 구조를 포기하지는 않는다(ibid., 473("포로기 이후의 예언은 인간의 측면에서 죄로부터 떠나서 전적으로 내적인 전환을 하고 인격적인 하나님께 심각히 돌아서는 것이 죄용서의 필수불가결한 전제조건들이라는 것을 조금도 의심하지 않았으며, 외식주의와 협량한 특수은총주의를 모두 배격해 왔다.")). 그래서 '새로운 마음과 새로운 영을 갖는 것'을 용서의 전제조건인 회개의 모습으로 보았다.

48) 쾰러(Ludwig Köhler)는 자신의 구약신학(『Theologie des Alten Testaments』(Tübingen: J. C. B. Mohr(Paul Siebeck), 19665)) 3부에서 심판과 구원을 다루고 있는데, 구약신학자들이 의례히 그렇듯이 '하나님의 은혜'에 초점을 맞춘다. 뿐만 아니라 그는 용서의 어휘들을 조사한 결과를 토대로 신명기 역사서 이전의 고대 예언자들에게는 용서사상이 없었다고 주장한다(ibid., 209("So spielt bei den

(2) 뷔르트바인

뷔르트바인(Ernst Würthwein)은 TWNT 제4권(1942)[51])에 실린 μετα νοέω, μετάνοια의 항목에서 '구약성경의 회개와 회심'[52])에 대해 쓰고 있다. 이 가운데 '회개의 가능성과 그 역사적 의미'[53])라는 부분에서 회개와 용서에 대해서 언급한다.

그것을 정리하면 이렇다. 아모스에게는 회개촉구가 나타나지 않으

ältern Propheten die Vergebung überhaupt keine Rolle.")). 그리고 내적인 갱신(更新)을 언급하는 에스겔서 36장의 본문을 하나님의 구원행위의 순차적인 결과 가운데 하나로 기록한다.

49) 베스터만(Claus Westermann)은 자신의 구약신학(『Theologie des Alten Testaments』(1978), Douglas W. Stott, tr., 『Elements of Old Testament Theology』(Atlanta: John Knox Press, 1982)) 4부에서 '하나님의 심판과 하나님의 연민'(118~152)을 다룬다. 그는 죄·심판·회개·용서의 결합유형에는 여러 가지 형태들이 있다고 말한다. 그러나 이것을 구체적으로 밝히지는 않는다. 그는 하나님의 심판과 은혜가 긴장관계에 있음을 말하고, 하나님과 그의 백성 사이의 관계회복은 용서에 의해서 가능하다고 말한다. 여기서도 우리는 용서가 하나님의 은혜의 산물이라는 전형적인 입장을 발견하게 된다. 그리고 베스터만은 1987년에 출판한 '구약성경의 구원예언'(『Prophetische Heilsworte im Alten Testament』(Göttingen: Vandenhoeck & Ruprecht, 1987))에서 예언자들의 구원선포를 네 가지 유형으로 나누어서 살피는데, 죄·심판·회개·용서의 결합유형에 대해서는 말하지 않는다.

50) 여러 성경백과사전의 관련 항목들을 보아도, 기본적으로 「회개 → 용서」의 구조로 이야기를 전개하거나, 아예 죄·심판·회개·용서의 관계와 그 신학에 대해서 언급하지 않는다. 1979년에 모블리가 정리한 예언서 개론서의 마지막 장들인 18장과 19장에서 '회개, 신앙과 용서', '미래에 대한 희망'을 다루는데, 여기서도 기본적으로는 「회개 → 용서」의 차원에서 이야기를 전개한다(Harry Mowvley, 『Reading the Old Testament Prophets Today』(Atlanta: John Knox Press, 1979), 121~125, 126~130).

51) Gerhard Kittel, ed., 『Theologisches Wörterbuch zum Neuen Testament, Vierter Band』(1942), Geofrey W. Bromiley, tr. and ed., 『Theological Dictionary of the New Testament』, Volume IV(Grand Rapids, Michigan: Wm. B. Eerdmans Publishing Company, 1967, 1977).

52) ibid., 980~989.

53) ibid., 987f.

며, 아모스는 인간이 여호와께로 돌아감으로써 구원을 받을 가능성을 전혀 말하고 있지 않다. 호세아서에서도 역시 "회개는 심판을 피할 수 있는 인간의 가능성을 의미하지 않는다. 그것(회개: *역자 주*)은 하나님의 역사전개의 목표이며 그러한 것(역사전개의 목표: *역자 주*)으로서 그것(회개: *역자 주*)은 그것(회개: *역자 주*)과 더불어 구원의 약속을 가져다준다(14: 5f.)."54)

뷔르트바인의 글에서 중요한 대목은 이사야에 대한 글에서 나타난다. 이사야는 회개를 통한 구원의 가능성을 말하는 것처럼 보인다. "하지만 남은 자는 예언자 아들의 상징적인 이름인 스알야숩에게서 볼 수 있는 것처럼, 구원을 받고 돌아올 것이며, 이것은 구원이 회개에 의해서 상으로 주어지는 것이 아님을 분명히 한다. 그 반대로 재난을 피한 남은 자들은 돌아와서 여호와를 신뢰하게 된다. *회개는 구원의 결과이지 전제조건이 아니다*."55)

회개촉구는 예레미야서에서 나타난다. 그러나 예레미야가 백성들의 회개가능성을 확신한 것은 아니다(13장 23절). 그리고 에스겔서에 들어가면, 인간의 책임을 강조하면서 회개를 이야기함으로써 새로운 경향이 나타나는 것은 사실이지만 그럼에도 불구하고 인간의 회개의 불가능성과 하나님의 주도적인 역할을 언급한다.56)

여기서 보는 것처럼 뷔르트바인 역시 용서에 있어서 하나님이 주도적인 역할을 한다는 사실을 강조한다. 하나님의 은혜가 아니고서는 인간은 결코 용서함을 받을 수가 없다. 그러면서 그는 여기서 한 걸음 더 나아가서 인간의 회개불가능성을 언급하고, 인간의 회개가

---

54) ibid.
55) ibid. 이탤릭체는 첨가했다.
56) ibid., 988.

하나님의 용서의 결과로서 나타날 수도 있음을 말한다.

뷔르트바인과 비슷한 생각을 하는 구약학자들은 디트리히, 가우언, 언터만, 조이스이다.57)

① 디트리히

디트리히(Erich Kurt Dietrich)의 회개—회심과 참회(1936년)58)는 죄·회개·용서의 관계에 관한 연구, 특히 「용서 → 회개」 사상 연구에 매우 중요한 책이다. 디트리히는 이 책에서 회개에 대한 역사적인 고찰을 하고 있다. 그는 회개가 구약뿐만 아니라 신약에서도 매우 중요한 주제라고 말하면서,59) 하나님의 용서의 은혜라는 포괄적인 개념에서 회개를 분리해 내고, 회개라는 주제를 부각시켜서, 회개사상이 고대부터 랍비문학에 이르기까지 어떻게 전개되었는지를 상세하게 다룬다. 그는 회개사상이 구약의 가장 오래된 이야기들에는 나타나지 않지만 그래도 상당히 고대부터 있었던 것으로 본다.60) 회개사상은 예언자들에 의해서 본격적으로 전개되었는데 특히 호세아61)와 예레미야62)에 의해서 회개가 강조되었다. 그런데 요시야 시

---

57) 써놓은 글의 분량이 짧아서 충분히 설명하지는 못하지만, 퀸벡(W. A. Quanbeck)도 비슷한 생각을 하는 것으로 보인다. 그는 IDB 4권의 '회개' 항목('Repentance', IDB 4(1962, 1982, 13))에서 "그것(회개)은 하나님의 구속의 결과이기 때문에 인간의 가능성이다."라고 하면서, 이사야서 44장 22절, 예레미야서 31장 33절, 에스겔서 11장 19절, 36장 26절을 예문으로 든다(34).

58) 『Die Umkehr(Bekehrung und Busse) im Alten Testament und im Judentum bei besonderer Berücksichtigung der neutestamentlichen Zeit』(Stuttgart: Verlag von W. Kohlhammer, 1936).

59) ibid., 2f. 회개는 종교사상에서 주변적인 요소가 아니고 중심요소이다(ibid., 1).

60) ibid., 45.

61) ibid., 52~57.

62) ibid., 87~136. 디트리히는 예레미야만큼 회개사상을 분명하게 강력하게 전개한 예언자는 없다고 말한다(ibid., 89).

대의 종교개혁으로 인해, 하나님의 은혜가 부각되었고, 이것이 예언자들의 회개사상과 대조를 이루었다.[63] 예언자들의 회개사상과 신명기의 하나님 은혜사상은 예레미야[64]를 거쳐 에스겔[65]에 이르면서 잘 조화되었다. 예레미야와 에스겔은 회개가 인간의 책임이 아니고, 하나님의 사역임을 밝혔다. 이런 점에서 예레미야와 에스겔은 회개사상에서 일대 전환을 이룬다. 그리고 제2이사야에 이르면 하나님의 은혜가 이전과는 비교할 수 없을 정도로 부각되어서, 이제 하나님의 구속사역은 인간의 회개와는 무관해진다.[66] 회개는 구속의 전제조건이 아닌, 구속의 결과로 나타나고, 구원의 연장(延長)을 위한 조건이 된다.[67] 그래서 회개는 전혀 인간의 주도적인 일이 아니다.[68] 디트리히는 회개를 인간의 사역으로만 보는 것은 잘못임을 지적한다.[69] 이사야서 53장에서도 볼 수 있듯이 회개는 하나님에 의해서 이루어지는 것이라고 한다.[70]

② 가우언

가우언은 구약성경의 종말론(1986년)[71]에서 구약성경의 종말론[72]을

---

63) ibid., 81.

64) 디트리히는, 예레미야가 인간의 '회개불가능성'(die Unmöglichkeit der Umkehr) 을 말하면서(ibid., 114~117), 회개가 인간의 사역이 아닌 하나님의 역사임을 분명하게 밝히고 있음을 지적한다(117, 122~125).

65) ibid., 151. 디트리히는 에스겔에게서 회개사상의 두 가지 측면이 나타나고 있음을 지적하는데 하나는 예언자적인 회개사상이고, 다른 하나는 제사장적－율법적 회개사상이다. 이 두 가지 요소는 유대교에서도 나타난다. 그래서 에스겔은 예언자들과 유대교의 중간에 위치하고 있다고 할 것이다(ibid., 152).

66) ibid., 157.

67) ibid., 160.

68) ibid., 163.

69) ibid.

70) ibid.

71) Donald E. Gowan, 『Eschatology in the Old Testament』(Philadelphia: Fortress Press, 1986).

'변화될 미래에 대한 희망'[73]으로 규정하고,[74] 시온을 중심으로 한 종말사상을 네 가지로 구별한다(① 시온-구약종말론의 중심, ② 시온의 평화-인류사회의 변화, ③ 시온의 백성-인간성의 변화 ④ 모든 산보다 높아지리라-자연의 변화). 그는 더 나은 미래를 바라는 일반적인 희망과 종말론을 구별하는데, 종말론은 '본질적인 변화'(radical changes)를 말한다.[75] 가우언은 자신의 연구를 구성하는 데 두 가지가 도움을 주었다고 말한다. 하나는 에스겔서 36장 22절에서 38절로 여기서 하나님께서 세계를 변화시키는 분명한 모습을 보게 되었다고 말한다(인간성의 변화(36장 25~27절), 인간사회의 변화(36장 24절, 28절, 33~36절), 자연의 변화(36장 30절, 35절)).[76] 그는 이러한 요소들이 이상적인 미래를 말하는 구약성경 구절에서 공통적으로 나타난다고 말한다. 그러면서 가우언은 중요한 개념을 말하는데 그것은 바로 '종말론적인 용서'(eschatological forgiveness)이다.[77]

가우언의 책에서 우리가 관심을 갖는 것은 3장이다. 3장의 제목은 "시온의 백성-인간성의 변화"이다. 3장은 세 부분으로 이루어져 있다(① 과거소거(消去)-종말론적인 용서, ② 재창조의 수단들-새 마음, 새 영, 새 계약, ③ 새로운 인간성). 그는 주로 종말론적인 용서와, 회개가 용서의 결과로서 나타난다는 점들에 관심을 기울인다.

---

72) 종말론의 정의에 대해서는 이종록, 「회개의 종말론적 이해에 대한 연구」, 미간행석사학위논문, 장로회신학대학교 대학원, 1989, 1~9를 보라.

73) 이러한 정의(定義)는 약간의 차이는 있지만 브라이트의 생각과 유사한 것으로 보인다. 브라이트의 종말론에 대해서는 John Bright, 『Covenant and Promise-The Prophetic Understanding of the Future in Pre-Exilic Israel』(Philadelphia: The Westminster Press, 1976)을 보라.

74) ibid., v.

75) ibid., 2.

76) ibid.

77) ibid. 나는 앞으로 여기에 착안해서 '종말론적인 회개'(eschatological repentance)라는 말도 사용할 것이다.

③ 언터만

언터만(Unterman)의 회개에서 구속으로(1987년)[78]는 '용서와 회개'의 관계를 규명하는 데 있어서 매우 중요한 책이다. 이 책에서 언터만은 회개와 구속에 대한 예레미야의 사상이 시대적으로 어떻게 변천되는지를 살피고 있다. 그는 회개와 구속에 대한 몇 가지 문제를 제기하는데, 그중에서 "회개는 구속과정의 조건인가 아닌가?"[79] 하는 것은 바로 이 논문에서 제기하는 문제이기도 하다. 언터만은 '회개'와 '구속'의 관계에 대해서 지금까지 학자들이 명확하게 이야기하지 못한 것을 지적하고,[80] 예레미야의 사상이 회개에서 구속으로 어떻게 나아가고 있는지를 세 시대로 구분해서 살핀다(① 요시야 시대[81], ② 여호야긴 시대[82], ③ 예루살렘 함락 시대[83]). 먼저 요시야 시대는 예레미야가 구속의 결정적인 요건이 되는 회개의 가능성을 믿고 또 그 실현을 보고, 하나님의 자비하심도 체험했던 때이다.[84] 둘째 시기는 주전 597~587년으로, 예레미야가 인간의 회개의 가능성이 전무하다는 사실을 깨달은 때이다.[85] 그리고 셋째 시기는 유다의 함락 이후로, 예레미야는 구속이 전적으로 하나님의 사역임을 말하고, 인간의 의지와는 관계없이 영속되는 새 계약을 이야기한다.[86]

언터만은 회개와 구속에 대한 예레미야의 사상이 이렇게 시대적으

---

78) Jeremiah Unterman, 『From Repentance to Redemption—Jeremiah's Thought in Transition』, JSOTS 54(Sheffield: JSOT Press, 1987).
79) ibid., 12.
80) ibid., 13f.
81) ibid., 23~54.
82) ibid., 55~88.
83) ibid., 89~118.
84) ibid., 176.
85) ibid., 177.
86) ibid.

로 변천했음을 추적하고, 이것이 에스겔에까지 이어지며,[87] 고토에 돌아온 이후에는 국가적인 성공을 보장하기 위해서는 하나님께 순종해야 한다는 포로기 이전의 사상이 다시 종교의 규준이 되었다고 말한다.[88]

언터만의 이러한 연구[89]는 그가 지적한 것처럼 지금까지 학자들이 모호하게 다루어 온 회개와 용서의 관계를 예레미야서를 통해서 구체적으로 밝히고 있다는 점에서 의의를 갖는다.

④ 조이스

조이스는 『에스겔서에 나타나는 하나님의 선제권과 인간의 응답』(1989년)[90]이라는 책에서 에스겔서에서 긴장관계를 이루는 두 문제를 조화시키기 위해서 노력한다. 그는 에스겔서 18장과 36장을 비교하면서 하나님의 주권과 인간의 책임이 에스겔서에서 어떻게 나타나는지를 살핀다. 그는 에스겔서 18장이 국가멸망에 대한 이스라엘의 책임을 강조하는 것으로 이해한다.[91] 그리고 에스겔서 36장이 하나

---

87) ibid., 167~170.
88) ibid., 175.
89) 언터만의 이러한 주장은 Jeremiah Unterman, "Redemption(OT)", ABD. V.5, 653f. "C. Conceptual Meaning: The Eschatological Age of Redemption 2.Role of Repentance"에서도 반복된다.
90) 『Divine Initiative and Human Response in Ezekiel』. 이 책의 제목이 의미하는 것처럼, 조이스는 하나님의 주권적인 사역에 응답하는 인간의 책임을 강조하고자 한다.
91) 조이스는 에스겔 18장에서 '개인적인 책임'에 대한 언급은 찾아볼 수 없고, 국가멸망에 대한 이스라엘의 공동적인 책임을 분명히 보여준다고 말한다(P. Joyce, 36). 에스겔 18장은 이스라엘이 국가의 멸망에 대한 책임을 져야 한다는 사실을 강조하며, 회개의 촉구 역시 회개가 가능하기 때문이 아니라, 이스라엘에게 국가멸망의 책임이 있음을 말하려고 하는 것이라고 주장한다(ibid., 60). 침멀리는 에스겔 18장에 회개촉구가 나타나고 있고, 회개촉구는 새로운 시작을 의미한다는 점을 들어서 18장이 587년 이후에 기록된 것으로 보고 있지만 조이스는 회개촉구가 유다의 불가피한 징벌에 대한 책임을 강조하고 있다고 하면서 18장이 587년 이전에 기록되었다고 말한다(ibid., 56f.). 그리고 다른 본문들(예를 들면,

님의 절대적인 사역[92])을 강조하고 있음을 지적하지만 그럼에도 불구하고 하나님의 사역에 부응해서 나타나는 인간의 책임을 부각시킨다. 조이스는 이스라엘 회복의 약속은 이스라엘이 그만한 자격이 없음에도 불구하고 주어지는 것이며, 이스라엘의 순종은 구원의 원인이 아니고, 결과임을 지적한다.[93]) 이런 점에서 조이스는 에스겔서 36장에서 어느 정도 「용서 → 회개」의 구조를 찾아낸 것으로 보인다.

그러나 조이스는 에스겔서 18장과 36장에 나타나는 두 가지 사상을 조화시키면서 궁극적으로는 하나님의 사역에 대한 이스라엘의 응답을 강조한다("……순종이 보장되었기 때문에, 이스라엘의 책임이 여호와의 주도적인 선제행위 속에서 이미 시작된 것으로 보인다.").[94]) 그래서 조이스는 포로기에 나타난 '은혜의 신학'이 예언자들의 윤리적인 선포의 임무를 쇠퇴케 하고 '종교의 내면화'를 초래케 했다는 일부 학자들의 주장을 비판하고, 포로기의 '은혜의 신학'이 실상은 인간의 책임을 약화시키는 것이 아니며, 인간이 하나님의 은혜가 아니면 책임을 다할 수 없는 무능한 존재임을 강조하는 것일 뿐이라고 말한다.[95]) 조이스는 그의 책 제목에 반영되어 있는 순서(하나님의 선제행위-인간의 응답)대로, 하나님의 은혜에 의해서 촉발된 인간의 응답(책임)을 말한다.

14장 1~11절)에서 나타나는 회개촉구도 일차적으로는 불가피한 재난에 대한 이스라엘의 책임을 강조하는 수사적인 기법이라고 말한다(ibid., 77, 99).

92) 조이스는 'radical theocentricity'라는 용어를 사용한다(89쪽).

93) ibid., 126.

94) ibid., 127.

95) ibid., 129.

(3) 종 합

우리가 지금까지 살펴본 것처럼 구약성경이 죄·심판·회개·용서의 관계를 조직신학에서처럼 그렇게 체계적으로 정립하지는 않았으며, 용서가 회개를 전제로 하든지 그렇지 않든지 간에(그러나 이들은 대체적으로는 「회개→용서」의 형태를 은연중에 지지하는 것으로 보인다) 단지 용서가 인간의 행위를 능가하는 하나님의 은혜의 산물임을 강조하는 데 초점을 맞추는 사람들이 있다. 그리고 이들과는 달리, 용서 이후의 회개, 즉 하나님의 용서의 결과로서 나타나는 인간의 회개를 언급하는 학자들이 있고, 이러한 입장은 최근에 가우언과 언터만 그리고 조이스에 의해서 전개되고 있음을 알 수 있다.

과연 구약성경에는 회개와 용서의 관계에 대한 신학적인 입장이 정립되어 있지 않고, 단지 용서하시는 하나님의 은혜만이 강조되는가? 아니면 하나님의 용서의 결과로서의 인간의 회개사상과 그 신학사상을 표현해 주는 「용서→회개」의 문학구조가 나타나는가?

3) 연구범위

(1) 연구본문

본 연구는 하나님의 구원/용서, 그리고 인간의 회개가 갖는 여러 형태 가운데서, 하나님의 용서 이후에 하나님이 주시는 힘에 의해서 인간이 변화되어서 회개하는 모습, 즉 「용서→회개」로 표현되는 특수문학형태가 에스겔서에 나타나는지를 밝히는 데 목적을 둔다. 중점적으로 연구할 본문은 에스겔서 16장 59~63절, 20장 40~44절, 36장 16~38절, 39장 25~29절이다.

(2) 진행구조

이 연구는 다음과 같이 전개될 것이다.

Ⅰ장(서론)에서는 지금까지 이미 부분적으로 살펴본 것처럼, 에스겔서 연구주제와 최근의 연구경향을 알아보고, 용서와 회개에 대한 구약신학자들의 입장을 살펴봄으로써, 연구과제로 남아 있는 문제를 제기하고, 그것을 보다 구체화시킴으로써 본 연구의 연구주제를 확정하며, 이 연구주제를 다룰 연구방법론과 연구범위를 밝힌다.

Ⅱ장(「용서」와 「회개」의 개념정의)에서는 에스겔서에 나타나는 「용서→회개」의 신학사상과 그 문학구조를 밝혀내기 위한 본격적인 작업에 들어가기 위해서, 먼저 본 연구의 기본 어휘인 「용서」와 「회개」의 개념을 정의하고, 「용서」와 「회개」의 의미를 갖는 어휘들을 확정하는 작업을 한다. 이것을 통해서 에스겔서에서 「용서→회개」 문학구조를 갖는 본문을 찾아낸다.

Ⅲ장(「용서→회개」 문학구조)은 두 부분으로 이루어지는데, 먼저 '1. 에스겔서 36장 16~38'에서는 에스겔서 36장 16~38절을 문단별로 자세히 살펴봄으로써, 이 본문이 실제로 「용서→회개」의 형태를 갖고 있는지를 확인하고, '2. 기타 본문들'에서는 에스겔서 36장 16~38절 이외에 「용서→회개」의 문학구조를 갖고 있는 에스겔서 16장 59~63절, 20장 40~44절, 39장 25~29절을 간략하게 연구한다.

그리고 이러한 연구결과를 토대로 IV장에서 결론을 내리려고 한다.

(3) 연구목표

이 책은 '구약성경에 용서 이후의 회개가 나타난다'고 주장하는 점에서는 가우언과 언터만 그리고 조이스와 의견을 같이하지만, 이들이 「용서→회개」의 신학사상을 담고 있는 구체적인 문학형태를 드러내는 데는 미흡했음을 지적하고, 그러한 특수문학형태가 에스겔서에 나타난다는 사실을 문학적인 구조분석 작업을 통해서 밝혀내려고 한다.

또 조이스가 하나님의 용서의 은혜에 의한 인간의 회개를 말하면서도 동시에 마티스처럼 인간의 자발적인 책임을 강조함으로써 하나님의 전권적인 사역으로서 나타나는 인간의 회개의 측면을 약화시키는 것을 비판하고, 인간을 회개케 하시는 하나님의 사역을 강조하려고 한다. 이렇게 함으로써 그들의 연구를 한 단계 더 진전시키는 데 기여하려고 한다.

그리고 「용서」나 「회개」를 담고 있는 본문들의 내용구조를 서로 비교(이러한 비교작업은 '에스겔서 36장 24~28절' 부분에서 주로 할 것이다)해 봄으로써 「용서」나 「회개」를 담고 있는 예언들의 발전사를 간략하게나마 밝혀 보려고 한다. 이를 통해서 앞으로 「용서」와 「회개」 예언의 발전사를 더 깊이 연구할 수 있기를 바란다.

이러한 여러 작업을 통해서, 그동안 구약성경신학자들이 불분명하게 다루어 온 죄와 심판과 회개와 용서 사이의 관계양태를 좀더 구체화시키는 계기를 마련하려는 것이 이 연구의 의도이다.

(4) 연구한계

본 연구의 작업한계는 다음과 같다.

1. 본 연구작업은 「용서 → 회개」의 신학사상을 표현해 주는 구원예언의 문학적인 구조를 에스겔서에서 찾아내는 것에 국한한다.
2. 「용서 → 회개」 예언은 넓게 보면 구원예언에 속한다. 본 연구에서는 구원예언의 한 유형으로서 「용서 → 회개」 예언을 연구하며, 구원예언 전체를 다루지 않는다.
3. 「용서」와 「회개」의 요소들이 나타나는 구원예언의 발전사는 자세하게 언급하지 않고, 앞으로의 연구과제로 남겨둔다.
4. 「용서 → 회개」는 신학적인 구조이면서 동시에 그 신학사상을 담는 문학적인 구조이기 때문에, 본 연구는 신학적인 접근과 문학적이고 언어학적인 접근을 병행한다. 즉, 신학적인 문제를 문학적이고 언어학적으로 풀어 나가려고 한다.
5. 본 연구에서는 「회개 → 용서」와 「용서 → 회개」라는 두 신학사상의 관계, 즉 에스겔서 18장 30~32절과 36장 16~38절이 갖는 상이점을 에스겔서가 갖는 다양성으로 인정하면서, 앞으로 연구해야 할 과제로 남겨두고, 여기서는 에스겔서에 나타나는 「용서 → 회개」의 신학사상과 그것을 표현해 주는 문학적인 구조를 찾는 것을 목적으로 하기 때문에 구약성경 전체에 나타나는 회개와 용서사상을 신학적으로 정립하는 작업도 연구과제로 남겨둔다.
6. 본 연구에서는 에스겔서와 신명기 그리고 제2이사야서와의 관계는 필요한 곳에서 언급하되, 별도의 항목으로 다루거나 결론을 내리지 않는다. 이것에 관한 보다 깊은 연구도 과제로 남겨둔다.

7. 에스겔서 36장 16~38절을 비롯한 여러 본문의 형성시기만을 언급하고, 최근의 수사비평이 관심하는 그 구체적인 정황(삶의 자리), 발화자, 수화자들과 그들의 역할들에 대해서는 앞으로 다루어야 할 과제로 남겨둔다.

2. 연구방법론

에스겔서에 '결과로서의 회개'가 나타나는지를 알기 위해서 우리는 어떤 방법을 사용해야 할 것인가?

조이스는 에스겔서 연구방식을 두 가지[96]로 요약한다. 하나는 역

---

96) 일반 문학에서도 연구방식은 두 가지로 요약된다. "문학에 대한 태도는 궁극적으로 크게 두 가지 입장으로 요약된다. 하나는 문학의 합목적성을 강조하는 입장이고 다른 하나는 문학을 사회-역사적 틀 속에서 파악하려는 입장이다. 이것은 문학 전통의 관점에서 보면 고전주의와 낭만주의, 리얼리즘과 모더니즘의 형태로 나타난다. 그리고 다시 문학이론의 관점에서 본다면 이 두 입장은 형식주의와 마르크스주의의 형태로 바뀐다. 이런 이분법적 사고는 헤겔과 칸트, 마르크스와 프로이트에서 비롯되지만 사실은 이미 데카르트에게서 이론적 틀이 마련되었다. 그런데 엄밀히 따지고 보면 그것은 데카르트를 넘어 까마득히 서력기원전 플라톤과 아리스토텔레스로 거슬러 올라가는 것이다. 그러니까 현대 사상은 결국 이들 두 사상가의 이론이 서로 교차반복을 거듭하며 발전되어 왔다고 해도 결코 지나친 말이 아니다."(김욱동, 대화적 상상력-바흐친의 문학이론(서울: 문학과 지성사, 1988), vi) 최근에는 이 두 가지를 조화시키려는 시도가 이루어지고 있다. 이러한 움직임은 일반 문학에서 앞서 시도되었다. "이 책은 바로 이런 대립적인 관계에 있는 이 두 문학이론 사이에 일종의 징검다리와 같은 역할을 하고자 하는 시도에서 쓰였다. 1980년대에 이르러 그야말로 혜성처럼 나타난 러시아의 문학이론가이며 사상가인 미하일 바흐친의 문학이론은 이 두 입장 사이에서 일종의 타협점을 마련해 준다. 그는 결코 이 두 이론 중에서 어느 하나만을 택하지 않고 그 둘 모두를 그의 말대로 '대화적 관

사비평적인 방법론을 사용해서, 에스겔서를 구성하는 층들을 밝혀내고, 그 편집사를 세밀하게 재구성해 내는 작업이다.97) 다른 하나는 에스겔서 본문의 현재 형태를 중시하고, 본문의 최종적인 통일성을 인정하며, 문학비평, 특히 구조분석이나 수사비평을 사용해서 본문을 총체적으로 연구하는 것이다.98)

조이스의 분류를 참고로 해서 기존의 에스겔서 연구방식을 시대순서대로 유형별로 살펴보면, 여섯 가지로 분류할 수 있다.

1. 횔셔 이래의 '역사비평학'적인 방법론99)

계' 속에서 포용하고자 시도한다. 다시 말해서 그는 문학의 형식적 기교를 중요시하는 동시에 그는 또한 문학이 지니고 있는 사회적－역사적 상황을 중요시한다. 그에 있어서 문학의 형식과 내용은 서로 구별되지 않고 마치 동전의 양면처럼 동일한 것을 가리키는 이름에 지나지 않는다. 어느 비평가가 지적하고 있는 바와 같이 바흐친은 형식주의자들보다도 형식을 더 잘 이해하고 있는가 하면 마르크스주의 이론가들보다도 내용을 더 잘 이해하고 있다."(김욱동, 대화적 상상력, vii) 여홍상 엮음, 바흐친과 문화이론, 현대의 문학이론 24(서울: 문학과 지성사, 1995)도 보라. 특히 이 책 369~380쪽에 수록된 로버트 폴진, "바흐친과 성서해석"과 Martin J. Buss, ed., Encounter with the Text－Form and History in the Hebrew Bible(Philadelphia: Fortress Press, 1979)을 보라.

97) 조이스는 가르샤(J. Garscha), 슐츠(H. Schulz), 시미안(H. Simian), 호스펠트(F. L. Hossfeld), 베텐졸리(G. Bettenzoli) 등이 여기에 속한다고 말한다(P. Joyce, 29f.).

98) 조이스는 그린버그(M. Greenberg)와 보트(L. Boadt), 노빌(M. Nobile) 등이 여기에 속한다고 말한다(P. Joyce, 30f.).

99) 1924년 횔셔(G. Hölscher, Hesekiel, der Dichter und das Buch, BZAW 39(Giessen, 1924)). 이후로 학자들은 에스겔서를 연구하면서 주로 역사비평학적인 방법론을 사용해 왔다. 그들은 에스겔의 원래 예언과 후기 또는 후대의 확장과 첨가를 구분해 내는 작업을 하면서(P. Joyce, 21~27), 에스겔서의 각 본문이 만들어진 시기와 그 배경을 밝히는 데 주력해 왔다. 이러한 작업을 하면서, 에스겔서뿐만 아니라 다른 성경 본문들을 비교대조하는 작업을 하고, 본문이 속해 있는 문맥을 파악하는 작업도 했지만, 대체로 에스겔서를 전체적으로 보지 않고, 각 부분 부분을 따로 떼어서 보는 경향이 강했다. 그래서 증명되지도 않은 가정들에 입각해서 본문을 분리해 내고, 변경시키고, 삭제하고, 재배치함으로써, 현재 우리에게 전수된 본문과는 전혀 다른 것을 만들어냈다(M. Greenberg, 『Ezekiel 1－20: A New Translation with Introduction and Commentary』, AB. 22(Garden City, New

2. 침멀리 이래의 '양식비평학'적인 방법론[100])

3. 칼리의 '주제사적' 연구[101])

4. 그린버그의 '총체적인 해석'[102]) 방법론[103])

York: Doubleday & Company, Inc., 1983), 20)는 비판을 받는다(18세기와 19세기의 유럽의 성경해석학, 특히 역사비평학의 발흥에 대해서는 Hans W. Frei, 『The Eclipse of Biblical Narrative-A Study in Eighteenth and Nineteenth Century Hermeneutics』(New Haven and London: Yale University Press, 1974)를 보라. 한스 프라이는 신예일학파에 속한 사람인데, 신예일학파에 대해서는 Mark I. Wallace, 『The Second Naivete-Barth, Ricoeur, and the New Yale Theology, Studies in American Biblical Hermeneutics 6』(Macon: Mercer University Press, 1990)을 보라).

100) 역사비평학적 경향은 1960년대로 넘어가면서 점차 수정되었다. 침멀리는 양식비평학적인 방법을 사용해서 에스겔서를 연구했으며, 그래서 에스겔서 연구에 기념비적인 성과를 거두었다. 차일즈는 침멀리의 공헌을 말하면서(Brevard S. Childs, 『Introduction to the Old Testament as Scripture』(Philadelphia: Fortress Press, 1979, 1980), 359f.), 침멀리의 약점도 말한다. 차일즈는 침멀리가 에스겔서를 정경으로서 제대로 이해하지 못하고 있으며, 그의 재해석이 비판적으로 재구성해 낸 에스겔서의 정경 이전의 형태에 입각해 있음을 지적한다(360). 침멀리가 역사적 비평방법의 가정들과 너무 밀접한 연관성을 갖고 있다는 것이 차일즈의 평가이다. 데이비스도 침멀리가 양식비평학적인 방법론을 지나치게 편협하게 썼다는 평가를 하고 있다(E. F. Davis, 15f.).

101) 칼리는 1968년에 완성된 자신의 논문에서 양식비평에서 전승사적인 방법론을 구분해 내는 작업을 하고 있다(Keith W. Carley, 『Ezekiel among the Prophets』, Studies in Biblical Theology, Second Series 31(Naperville, Ill.: Alec R. Allenson Inc., 1974), 3~6). 칼리는 자신의 작업을 기존의 양식사적인 분석과는 구분하면서 자신의 연구를 '모티프사(史)적인 연구'나 '주제사(史)적인 연구'로 부르는 것이 더 적절할 것이라고 말한다(6). 그러나 모티프들은 특정한 문학양식들을 가지고 나타난다고 말한다. 칼리는 에스겔서에 나타나는 특정한 모티프들이 그 이전의 예언자들에게서 어떻게 나타나고 있는지를 추적한다. 최근에 갈람부쉬(Julie Galambush)는 '결혼비유'라는 모티프 연구를 했다(『Jerusalem in the Book of Ezekiel-The City as Yahweh's Wife』, SBL Dissertation Series 130(Atlanta, Georgia: Scholars Press, 1992)).

102) 그린버그 이전에 바이스가 '총체적 해석'이라는 말을 사용했다(Meir Weiss, 'Die Methode der "Total-Interpretation"-von der Notwendigkeit der Struktur-Analyse für das Verständnis der biblischen Dichtung', VTS, Congress Volume Uppsala 1971(Leiden: E. J. Brill, 1972), 88~112).

103) 역사비평적인 방법을 극복하는 본격적인 연구는 1980년대에 들어와 그린버그에 의해서 시도되었다. 그린버그는 '총체적인 해석'(Holistic Interpretation, 그린버그의 방법론은 그의 에스겔서 주석 18~27쪽에 수록되어 있다)이라는 방

5. 데이비스의 '기능적 연구' 방법론[104)

6. 가우언과 조이스의 '통합적인 연구'[105) 방법론[106)

법론을 사용해서, 에스겔서를 전체적으로 조망하면서 본문들을 풀어 나간다. 그의 이러한 접근방법은 에스겔서 8~11장의 통합성을 연구하는 과정에서 이미 시험되었다("The Vision of Jerusalem in Ezekiel 8~11: A Holistic Interpretation", in J. L. Crenshaw & S. Sandmel, ed., 『The Divine Helmsman: Studies on God's Control of Human Events,Presented to Lou H. Silberman』(New York: Ktav, 1980), 146ff.). 그린버그는, 에스겔서 주석가들이 본문의 원래 형태가 단순했다는 현대 성경비평의 보편적인 편견에 사로잡혀서 에스겔서의 원래 형태를 밝히려는 작업을 해 왔는데(M. Greenberg, 『Ezekiel 1-20』, 18, 20), 이러한 작업들은 증명되지 않고 또 증명될 수도 없는(unproved and unprovable) 가정들이며 관행일 뿐임을 지적한다(20). 그린버그는 본문을 성실하고 겸손하게 읽는 자세가 필요하다고 말한다(21). 그는 마소라 텍스트를 신뢰하고 존중하면서 번역을 한다(21f.). 그리고 본문의 문학적인 측면들을 살피는 데도 많은 관심을 기울인다(24). 그린버그는 에스겔서의 전체적인 통일성을 중시하면서, "본 주석에서 사용하는 다양한 장치들은 현재의 에스겔서가 예술과 지적인 디자인의 산물이라는 작업가설을 검증한다."(26)고 말한다. 최근에 들어서는 이러한 그린버그의 입장도 비판을 받고 있다. 데이비스는 그린버그가 지나치게 공시적인 방법을 사용함으로써 통시적인 연구를 등한시하고, 예언자들의 역할, 본문의 형성을 가능케 한 요인, 청중들에 대한 연구를 하지 않은 점을 지적한다(E. F. Davis, 21. 조이스도 이러한 점을 지적한다(P. Joyce, 30f.)).

104) 침멀리와 그린버그의 방법론을 비판하는 데이비스는 에스겔의 주변 여건에서 어떠한 요소들이 에스겔로 하여금 그의 메시지를 전함에 있어서 그에게 새로운 도전을 주었는지를 찾아내는 것에 초점을 맞추는 '기능적 방법론'(functional approach)을 사용한다(E. F. Davis, 25).

105) '통합적'이라는 말은 조이스나 가우언이 사용한 게 아니고, 필자가 붙인 것이다. 본 연구의 연구주제를 확정하고 연구방식을 택하는 데 있어서, 필자는 가우언과 조이스, 특히 가우언의 입장을 어느 정도 따랐음을 밝힌다. 「용서 → 회개」 예언의 중심본문으로 에스겔서 36장 16~38절을 택한 것도 어느 정도는 가우언의 영향이라고 할 수 있겠다. 본 연구는 그의 입장을 더 구체화시키고 「용서 → 회개」의 문학형태가 에스겔서에 분명히 나타나는 것을 입증하려는 목적을 갖고 있다.

106) 가우언의 방법론적인 입장전개는 그의 책 『구약성경의 종말론』 서론 부분에 제시되어 있다. 가우언의 입장은 신학적이고 통합적인 입장이라고 할 수 있을 것이다(1). 그렇다고 역사적인 변천을 전혀 무시하는 것은 아니다. 그는 역사비평학의 공헌을 잘 인식하고 있다. 그래서 "이것은 종말론 전승사이다."(ibid.)라고 말한다. 이런 점에서 가우언은 역사적인 연구와 정경비평적인 연구를 잘 병행하고 있다고 생각된다. 그리고 조이스는 두 가지 방법이 각기 갖고 있는 단점을 비판하면서도, 이 둘을 포기하지 않고 주의 깊게 사용할 것을 말한다(P. Joyce, 31). 그리고 어떤 신학적인 전제를 가지고 본문을 읽어서는 안 된

에스겔서 연구자들이 사용해 온 연구방법론들을 이렇게 여섯 가지
로 나누어서 살펴보았는데, 그러면 이 논문에서는 어떤 방법론을 사
용할 것인가? 다양한 성경연구방법론이 제시되고 이미 활용되고 있
기 때문에[107] 본 연구를 위해서도 여러 가지 방법론을 사용하게 될
것이다.

일반 문학이론에서는 본문의 의미와 배후를 탐구하는 역사비평적
인 방식에서 벗어나서 본문의 형태를 연구하는 형식주의적인 방식으
로 나아갔다가 이제는 내용과 형식을 동시에 다루는 방향으로 나아
가고 있다.[108] 피터 지마의 말을 빌면, '텍스트사회학'[109]으로 나아

___

다고 말하며, 원래의 구절과 2차적인 확장을 구별할 수 있으면 해야겠지만,
어떤 확실한 결론을 내리기가 쉽지 않다는 사실을 기억해야 한다고 말한다.

107) 성경연구의 여러 가지 패러다임에 대해서는 이달, 「21세기를 맞이하는 신약성
경연구」, 대한예수교장로회총회교육부 편, 21세기와 예수 그리스도, 교육자료
17(서울: 한국장로교출판사, 1995), 95~106을 보라.

108) 이러한 운동은 이미 1920년대에 러시아의 바흐친에 의해서 시작되었다(M. M.
Bakhtin & P. N. Medvedev, 『ormal'nyi metod v literaturovedenii Kriticheskoe
vvedenie v sotsiologicheskuiu poetiku』(1928), Albert J. Wehrle, tr., 『The Formal
Method in Literary Scholarship—A Critical Introduction to Sociological Poetics』
(Cambridge: Havard University Press, 1985)). 최근의 문학연구방법들, 특히
바흐친의 이론을 성경연구에 수용한 것에 대해서는 Robert Polzin, 『Moses
and the Deuteronomist—A Literary Study of the Deuteronomic History, Part One,
Deuteronomy · Joshua · Judges』(New York: The Seabury Press, 1980)을 보라.

109) Peter V. Zima, Textsoziologie—Eine kritische Einführung, 허창운 옮김, 텍스
트사회학—비판적 개론(서울: 민음사, 1991). 그리고 지마가 쓴 「Pour une
sociologie du texte littéraire」(1978), 이건우 역, 문학텍스트의 사회학을 위하
여, 현대의 문학이론 4(서울: 문학과 지성사, 1983, 1994)도 보라. 텍스트사회
학은 크게 보면 문학사회학의 범주에 넣을 수 있다. 여기에 대해서는 홍성호,
문학사회학—골드만과 그 이후, 현대의 문학이론 23(서울: 문학과 지성사,
1995)을 보라. 문학사회학은 문학과 사회와의 관계를 다루는 것인데, 크게 두
가지 입장으로 나누어진다. 하나는 작품 외적인 측면을 강조하는 것이고, 다
른 하나는 작품 내적인 측면을 강조하는 것이다. 초기의 문학사회학은 문학과
사회의 관계를 문학작품이 사회상황을 반영하는 측면에서 보려고 했는데 루
시앙 골드만에 의해서 작품 내적인 측면도 동시에 고려되어야 한다는 점이
지적되었다. 루시앙 골드만의 이러한 입장을 '소설사회학'이라 한다. 그리고

가고 있다고 해야 할 것이다.

그래서 공시적인 측면과 통시적인 측면을 모두 고려하는 방법론[110]을 필요할 때마다 사용해서, 일방적인 접근으로는 밝혀내기 어려운 측면들을 찾아내려고 한다. 다시 말하면 내용과 형식을 모두 고려하는 독서방법론을 사용해야만 할 것이다.

그러나 여러 방법론의 철학적 근거가 다르기 때문에,[111] 같은 본문을 연구한다고 해도 어떤 방법론을 사용하느냐에 따라서 얻어내는 결과가 다를 수밖에 없다.

본 연구에서는 텍스트언어학, 구조분석, 문학비평, 본문비평과 양식비평들을 사용할 것이다.

① 텍스트언어학[114]

이 책을 쓰면서 느끼는 어려움은 성경 본문에 나오는 하나님의 사역들과 인간의 행위를 무엇이라고 부를 것인가 하는 문제이다. 편

피터 지마는 문학작품의 구조를 사회구조와 동일시하려는 루시앙 골드만의 입장을 비판하고, 문학작품의 언어적인 층위를 여러 가지 방법론을 동원해서 연구함으로써, 거기에 사회상황이 어떻게 표현되어 있는지를 찾아내려고 한다.

110) 일반 문학의 연구방법론들에 대해서는 차봉희, 현대사조 12장, 12장총서(서울: 문학사상사, 1981)와 G. Douglas Atkins & Laura Morrow, ed., 『Contemporary Literary Theory』(Macmillan, 1989)를 보라. '성경내적인 해석'의 방법을 사용해서 역사적인 사실을 밝히려는 작업을 하는 사람도 있다. 여기에 대해서는 Stephen L. Cook, "Innerbiblical Interpretation in Ezekiel 44 and the History of Israel's Priesthood", JBL 114 / 2(1995), 193~208을 보라.

111) Peter V. Zima, 『Literaische Asthetik: Methoden und Modelle der Literaturwissenschaft』(1991), 허창운 역, 문예미학(서울: 을유문화사, 1993), 17~31, 32~49.

112) 여러 가지 방법론을 사용해서 여러 가지 텍스트들을 연구하는 학제적(inter-disciplinary)인 연구방법론인 텍스트언어학(text-linguistics)은, 단어나 문장을 언어 연구의 단위로 보고 실제 상황과는 거리가 먼 이상적인 문법체계를 세우려는 추상적이고 미시적인 언어학의 입장(이것은 노암 촘스키에 이르러 절정에 달했다)에서 벗어나서, ① 개별 단어나 문장에 대한 문법적인 연구보다는 텍스트 전체

의상 '용서'와 '회개'라는 용어를 사용하려고 하는데, 본 연구에서

를 연구단위로 보고, 텍스트를 기존의 텍스트 이외의 것들까지 포함하는 것으로 규정하고, ② 텍스트에 나타나는 화행(話行)의 실제적인 측면, 즉 의사소통 측면에 대한 연구를 강조한다. 그래서 텍스트의 생성과 수용, 재생성의 과정을 연구한다. 학자들에 따라서, ① 만을 강조하기도 하고, ② 까지 포함시키기도 한다. 본 연구에서는 ①에 해당하는 텍스트언어학적인 개념을 사용하고자 한다. 텍스트언어학에 대해서는 Robert de Beaugrande and Wolfgang Dressler, 『Introduction to Text Linguistics』(London and New York: Longman Inc., 1981, 1983, 2)을 보라(한국어 역: 김태옥, 이현호 공역, 담화-텍스트언어학 입문(서울: 배영각, 1991)). 이 책에서는 텍스트성(textuality)의 기준으로 cohesion, coherence, intentionality, acceptability, informativity, situationality, intertextuality를 든다. 우리나라에서는 텍스트언어학을 연구하는 사람들이 텍스트연구회를 만들어서 연구발표를 하고, 그 결과를 책으로 펴내고 있다. 여기에 대해서는 텍스트연구회에서 펴낸 텍스트언어학 1(서울: 서광학술자료사, 1993)과 텍스트언어학 2(서울: 도서출판 박이정, 1994)를 보라. 그리고 텍스트언어학에 대한 책들을 번역해 내고 있다. 반 다이크(Teun A. van Dijk)의 텍스트학도 보라(독어판: 『Textwissenschaft Eine interdisziplinare Einführung』(Tübingen, 1980), 정시호 역, 텍스트학, 대우학술총서·번역 76(서울: 민음사, 1995). 반 다이크는 텍스트언어학을 텍스트학의 한 분야로 보려고 한다. 그는 "텍스트학은 개별 학문에서 분석되는 언어사용 및 커뮤니케이션 형식들이 가진 여러 관점을 개별 학문의 내적·외적 관련 속에서 기술하고 해명하는 것을 그 과제로 보고 있다."고 말한다(8쪽). B. Sowinski, 『Textlinguistik: Eine Einführung』, 박종식 옮김, 텍스트언어학(밀양: 태화출판사, 1992)과 K. Brinker, 『Linguistische Textanalyse』, 이성만 옮김, 텍스트언어학의 이해(서울: 한국문화사, 1994)도 보라. 최근에는 텍스트언어학에 입각해서 성경 본문을 연구하려는 사람도 있다. 텍스트언어학을 성경 본문 연구에 적용한 것에 대해서는 Ellen Van Wolde, "A Text-Semantic Study of the Hebrew Bible, Illustrated with Noah and Job", JBL 113 / 1(1994), 19~35를 보라. 그리고 성경언어학에 관한 종합적인 책으로는 Walter R. Bodine, ed., 『Linguistics and Biblical Hebrew』(Winona Lake, Indiana: Eisenbrauns, 1992)를 보라. 텍스트언어학과는 직접 관련이 없지만, 히브리어 텍스트 내적인 것에 입각해서 히브리어 문법체계를 세우려는 것에 대해서는 Alexander Sperber, 『A Historical Grammar of Biblical Hebrew-A Presentation of Problems with Suggestions to their Solution』(Leiden: E. J. Brill, 1966)을 보라. 지금까지 히브리어 문법학자들은 히브리어 텍스트 외적인 것에 근거해서 실제 본문에 나타나는 문법과는 거리가 있는 추상적이고 이상적인 문법을 만들어 왔으며, 그 문법에 의해서 오히려 히브리어 텍스트를 감히 수정하려는 시도를 해 왔다. 스퍼버는 이것을 비판한다. 이미 30여 년이 지난 스퍼버의 이러한 비판이 그동안 히브리어 문법연구에 얼마나 영향을 미쳤는지 알 수 없지만 주의를 기울일 만하다고 여겨진다. 그리고 스퍼버의 이러한 주장은 텍스트언어학적으로 성경을 읽을 수 있는 길을 열어준다고 생각한다.

핵심본문이라고 할 수 있는 에스겔서 36장 16~38절과 기타 본문들에는 '용서하다'로 바로 옮길 수 있는 살라흐<סלח>도 나오지 않고, 또 '회개하다'로 옮길 수 있는 슈브<שוב>도 나오지 않기 때문에, 용서와 회개라는 용어를 명확한 규정 없이 그대로 사용할 수가 없는 형편이다.

그러면 어떻게 해야 하는가? 본문들을 이루는 개별 단어들이 아닌 그 본문들의 문맥에 의하면, 그 본문들에 언급된 하나님의 사역과 인간의 행위를 용서와 회개로 볼 수 있다. 그리고 본문의 어휘들을 사전적인 의미로만 이해하지 않고, 그 어휘들이 쓰이는 문맥 속에서의 의미를 찾아내고, 그 문맥 속에서의 어휘의 기능을 밝히는 쪽에서 접근하려고 한다. 단어보다는 문장을 연구의 단위로 볼 수 있다는 것이다.113) 이러한 작업을 위해서 기초적인 텍스트언어학을 사용하고자 한다.

② 구조분석

본 연구의 목적이 에스겔서에 과연 하나님의 용서의 결과로서 나타나는 인간의 회개, 즉 「용서 → 회개」라는 문학형태가 나타나는지를 찾는 것이기 때문에 무엇보다도 각 본문의 내용과 구성을 살피기 위해서 연구대상이 되는 중심본문들을 연구할 때마다 구조분석을 하

---

113) " '문학작품은 단어들로 이루어져 있다'고, 오늘날 문학에 있어서 언어의 중요성을 인정하려고 하는 비평가는 즐겨 말할 것이다. 그러나 문학작품은 다른 어떤 언어 표현이나 마찬가지로 단어들로 이루어져 있는 것은 아니다—그것은 문장들로 이루어져 있으며, 그 문장들은 말 *parole*의 여러 가지 다른 어상 *registres*('문체 *style*'라는 말의 어떤 용법들에 가까운 개념)에 속한다."(Tzvetan Todorov, 『Qu'est—ce que le structuralisme? —Poetique』(1973), 곽광수 역, 구조시학, 인문·예술총서 2(서울: 문학과 지성사, 1977, 1992), 48. 이 책은 문학과 언어학과의 관계를 잘 규명해 주고, 또 여러 개념을 잘 정리해 놓았다.)

게 될 것이다. 구조분석은 내용구조분석과 문학구조분석으로 나눈다. '내용구조'는 본문의 줄거리를 각 단락별로 살핌으로써 본문의 내용이 어떻게 전개되는지를 보여주고, '문학구조'는 본문의 각 요소가 어떤 문학적인 연관관계를 갖고 있는지를 보여준다. 본문을 제시한 다음에 내용구조를 밝히고, 이 내용구조에 따라서 본문을 연구한 다음에, 그 연구결과들을 토대로 해서 문학구조를 밝히려고 한다.

본 연구에 있어서 이러한 구조분석작업들, 특히 문학구조분석이 아주 중요한데, 그 이유는 다음에서 찾아볼 수 있다.

그러나 이러한 시도들은 오늘날의 논의에 대해 고도의 有關性을 지닌다. 왜냐하면 변증법적 이론에 기호학적 도구를 제공하고자 하는 학자들이 장차 몰두하여야 할 문제가 여기에서 이미 제기되어 있기 때문이다. 앞으로의 문제는 경험적 문학사회학과 마르크스주의적 문학사회학이 과거에 태만과 부주의로 범했던 오류들을 시정하고 텍스트 구조 자체를 '사회적 사실 fait social'로 인식하는 일일 것이다.[114]

이러한 이유로 인해서, '구조분석'은 용서와 회개의 특수문학형태 연구에서 매우 중요한 작업이다. 하나님의 용서의 결과로서 나타나는 인간의 회개를 표현해 주는 「용서 → 회개」라는 문학구조를 찾아내고, 그 문학적인 형태를 그것이 형성된 시대의 사상으로 보고, 그 시대를 규명해 내기 위해서는 텍스트에 직접 반영(反映)[115]되어 있

---

114) P. V. Zima, 『Textsoziologie』, 15.

115) 마르크스주의 문학론에서 강조된 '반영'에 대한 문제는 문학연구에 있어서 아주 중요한 부분을 차지한다. 그리고 반영의 문제는 매개(reference)의 문제와 연결된다. 여기에 대해서 그리고 문학의 수용과 기능에 대해서는 Peter Bürger, 『Vermittlung−Rezeption−Funktion: Ästhetische Theorie und Methodologie der Literaturwissenschaft』(1979), 김경연 역, 미학이론과 문예학 방법론, 현대의 문학이론 9(서울: 문학과 지성사, 1987, 1991). 뷔르거는 "문예학 연구를 '문학성 Literarizität'으로 축소함으로써, 사회적 경험과 문학 생산 내지 수용 사이의 관련성에 대한

는 시대적인 모습들도 찾아내야 하겠지만, 텍스트의 문학적인 구조 자체를 사회적 사실로 보고, 그 문학적인 구조가 갖고 있는 시대적인 모습을 찾는 것이 더 중요하기 때문이다. 그렇기 때문에 본 연구에서는 다른 작업보다도 각 본문의 문학적인 구조 파악에 치중할 것이다.

그리고 '하나님의 용서 이후에 그 결과로서 나타나는 인간의 회개'를 표현해 주는 「용서 → 회개」라는 특수한 문학형태가 형성된 시대를 확인하고 그 문학형태의 발전과 형성과정을 살피기 위해서, 여러 본문의 내용구조를 비교하는 작업도 하게 될 것이다. 비교적 단순한 방법이지만, 이러한 내용구조 비교작업을 통해서 본문들의 발전순서를 밝히려고 한다.

이것과 연관해서 '예언자들은 그들의 사회에서 구체적인 상황들에 대해서 이야기한다.'[116)는 점도 참고하고자 한다. 이러한 작업들을

물음은 더 이상 제기될 수 없는 결과가 되었다."(231쪽)고 말하면서, 문학작품 연구가 지나치게 문학 내적인 측면, 즉 문학성에만 치중함으로써 발생하는 문제를 제기한다. 뷔르거는 "과거의 사실을 '있는 그대로', 해석자의 시점과는 무관하게 파악할 수 있다고 생각하는 것이 아니라, 무엇보다도 해석자의 현재적 입장, 현재적 관심을 강조"한다(233쪽). 문학에서 반영과 매개의 문제는 작품과의 교감의 문제와 대립하는 양상을 보이기도 한다. 여기에 대해서는 임우기, 「'매개'의 문법에서 '교감'의 문법으로-'소설문체'의 비판적 검토」, 문예중앙, 1993, 여름호, 356~398쪽을 보라.

116) "Prophets speak to specific situations in their society"(Judith A. Todd, "The Pre-Deuternomistic Elijah Cycle", Robert B. Coote, ed., 『Elijah and Elisha in Socioliterary Perspective』(Atlanta, Georgia: Scholars Press, 1992), 1). "이 분석은 성경 본문들이 특정한 사회상황들의 산물들이며, 구체적인 사회적-역사적 상황하에서의 백성들의 경험의 표현들임을 전제한다."(Tamis Hoover Rentería, "The Elijah / Elijah Stories: A Socio-cultural Analysis of Prophets and People in Ninth-Century B.C.E. Israel", ibid., 78) "어떤 예언자들과 그들의 메시지가 이스라엘 백성의 역사구조 속에서 어떻게 의미를 갖는지를 이해하기 위해서는 보다 폭넓은 정치적-경제적 구조의 속박과 국가와 그리고 국가

통해서 본문에 문학적으로 반영된 시대상황과 「용서 → 회개」의 형성
시기를 밝힐 것이다.

그러나 본 연구가 「용서 → 회개」라는 문학구조를 에스겔서에서 찾
아내는 데 목적이 있기 때문에, 문학구조를 밝히는 작업에 주력하고,
본문들의 문학적인 구조에 나타나는 시대상황과 본문들의 형성시기
는 부차적으로 다루려고 한다.

③ 문학비평

또 본문들의 내용전개형태와 사용된 문학기법을 밝히기 위해서 문학
비평[117])에 속하는 서사비평(narrative criticism)[118])과 수사비평(rhetorical

---

간의 사회적 역학관계에 의해서 야기된 생산의 양태 변화들에 의해서 형성된
사회-문화적 문맥에서 그들을 볼 필요가 있다."(ibid., 126) "그러면 4장 전체
는 어떠한 상황에서 무엇을 위해 호세아가 예언한 것인가? 볼프(H. W. Wolff)는
'예언의 역사적인 상황을 무시한 채 예언을 해석하려고 한다면 반드시 잘못된
결과를 낳을 것이다.'라고 경고했는데 이 말을 염두에 둘 때 먼저 4장의 역사
적 배경을 찾아보는 것이 순서일 것이다."(정중호, "에브라임은 어리석은 비둘
기-호세아4-10장", 그말씀, 1994년, 9월호, 138) "양식적이고 문학적인 문제들
은 본질적이고 역사적인 문제들과 별개로 다루어질 수 없다는 것은 명백하
다."(Friedrich Bleek, 『Einleitung in die Heilige Schrift, Erster Theil: Einleitung in
das Alte Testament』, 4th edition., Julius Wellhausen ed., (Berlin: G. Reimer,
1878). Douglas A. Knight, "Wellhausen and the Interpretation of Israel's Literature",
Douglas A. Knight, ed., 『Julius Wellhausen and His Prolegomena to the History
of Israel』, Semeia 25(Chico, CA: Scholars Press, 1983), 22에서 재인용).

117) 최근의 구약성경 문학비평에 대해서는 Paul R. House, ed., 『Beyond Form
Criticism-Essays in Old Testament Literary Criticism』, Sources for Biblical and
Theological Study, v.2(Winona Lake, Indiana: Eisenbrauns, 1992)를 보라.

118) 서사비평적인 성경연구방법론에 대해서는 Shimon Bar-Efrat, 『Narrative Art in
the Bible』(Hebrew, 1979), tr. Dorothea Shefer-Vanson(Sheffield: The Almond
Press, 1989)(구약성경을 서사비평적으로 연구하는 방법론을 제시하는 책이다.
해설자(narrator)에 대한 연구가 주목할 만하다), Robert Alter, 『The Art of
Biblical Narrative』(New York: Basic Books, Inc., Publishers, 1981)(성경을 문
학적으로, 특히 서사적으로 수사적으로 연구하는 데 지침이 되는 고전적인 책
이다), Lyle Eslinger, 『Into the Hands of the Living God』, JSOTS

criticism)[119]을 사용하고, 또 필요한 경우에는 독자반응비평(reader-response criticism)[120]을 제한적으로 적용하게 될 것인데, 이 가운데서 서사비평방식을 주로 사용하게 될 것이다.[121] 즉 서사비평적인 성향으로 본문을 읽고, 또 거기서 제기되는 문제들도 본문을 하나의 연속적인 것으로 보는 측면에서 풀어 나가려고 한다. 그렇기 때문에 전통적인 주석작업은 심도 깊게 하지 않을 것이다.

④ 본문비평, 양식비평

에스겔서 36장 16~38절을 연구할 때는 사역(私譯)도 하고 본문비평[122]도 할 것이다. 하지만 기본적으로 현재 우리에게 전수된 히브

84(Sheffield: The Almond Press, 1989)(신명기 역사서를 서사비평적으로 연구한 것이다), Mark Allan Powell, 『What is Narrative Criticism?』(1990) 이종록 옮김, 성경이야기연구―서사비평이란 무엇인가?(서울: 한국장로교출판사, 1993)(신약성경, 특히 공관복음서를 서사비평적으로 연구하면서, 서사비평방법론을 제시하는 책이다. 제라르 즈네뜨의 방법론을 많이 따르고 있다)를 보라.

119) 수사비평을 잘 정리해 놓은 최근의 책으로는 Phyllis Trible, 『Rhetorical Criticism―Context, Method, and the Book of Jonah』(Minneapolis: Fortress Press, 1994)를 보라. 수사비평을 사용해서 에스겔서의 알레고리를 연구한 논문이 있다(James Arthur Durlesser, "The Rhetoric of Allegory in the Book of Ezekiel", Ph.D. Dissertation, University of Pittsburgh, 1988). 이동수, 「수사비평의 의의―호세아서를 중심으로」, 교회와 신학 제24집(1992), 장로회신학대학교, 60~84쪽도 보라.

120) 차봉희 편저, 독자반응비평(서울: 고려원, 1993)과 idem., 수용미학(서울: 문학과 지성사, 1985), 박찬기 외, 수용미학(서울: 고려원, 1992), Wolfgang Iser, 『Der implizite Leser: Kommunikationsformen des Romans von Bunyan bis Becket』(1972), 『The Implied Reader: Patterns of Communication in Prose Fiction from Bunyan to Becket』(Baltimore and London: The Johns Hopkins University Press, 1974), idem., 『Der Akt des Lesens.Theorie ästhetischer Wirkung』(1976), 『The Act of Reading: A Theory of Aesthetic Response』(Baltimore and London: The Johns Hopkins University Press, 1978)을 보라. 독자비평에 대한 간략한 소개는 이종록, 「독자중심의 독서이론―성경읽기에의 적용에 대한 제안」, 신학과 문화 4집(1995), 417~429쪽을 보라. 그리고 독자반응비평을 성경연구에 적용하는 것에 대해서는, Robert Detweiler, ed., 『Reader Response Approaches to Biblical and Secular Texts』, Semeia 31(Decatur, Georgia: Scholars Press, 1985)를 보라.

121) 그러나 서사비평의 여러 범주(예를 들면, 내재된 저자, 내재된 독자……)가 본문 속에 나타나는지를 구체적으로 확인하는 방식을 취하지는 않을 것이다.

리어 본문을 중시하려고 하기 때문에, 본문비평을 할 때에 상당히
제한된 범위에서만 할 것이다. 그리고 본문비평작업은 별도의 항목
을 만들지 않고, 각주로 처리하려고 한다.

사역을 할 때는, 비록 번역문장이 매끄럽지 못해도, 직역(直譯)을
위주로 함으로써 가급적 히브리어 본문의 문장구조를 살리려고 한다.

그리고 본문들에 나타나는 예언양식들을 검토하기 위해서 이전에
학자들이 해 놓은 양식비평123)의 결과를 활용할 것이다.

이 연구에서는 이러한 방법론들을 필요에 따라서 적용하면서 연구
대상 본문들을 연구하고, 거기서 「용서 → 회개」라는 문학구조를 찾
아낼 것이다.

---

122) 이외의 다른 본문들에서는 본문비평을 자세하게는 하지 않을 것이다.
123) 양식비평에 대해서는 G. M. Tucker, 『Form Criticism of the Old Testament』
    (Philadelphia: Fortress Press, 1971), Klaus Koch, 『Was ist Formgeschichte?』
    (1974), 허혁 역, 성서주석의 제방법－양식사학이란 무엇인가?(왜관: 분도출판
    사, 1975, 1984), John Barton, "Form Criticism(OT)", ABD. v.2, 838~841을
    보라.

Ⅱ장 「용서」와 「회개」의 개념정의

Ⅰ장에서 에스겔서 18장과 36장을 비교해 보았는데, 인간이 '마음과 영을 새롭게 하는 것'을 'ㄱ'이라고 하고, 인간으로 하여금 그렇게 하도록 하시는 하나님의 사역(使役)을 'ㄴ'이라고 했을 때, 에스겔서 18장에는 'ㄱ → ㄴ'의 형태가 나타나고, 36장에는 'ㄴ → ㄱ'의 형태가 나타난다. Ⅰ장에서 우리는 에스겔서 18장의 문맥에 비추어서 ㄱ을 잠정적으로 '회개'(悔改)로 규정하고(위 6쪽을 보라), 에스겔서 36장에 죄씻음의 어휘가 나타나고 있어서 ㄴ을 '용서'로 규정할 것을 제안해 보았다(위 9쪽을 보라). 만약 ㄱ이 '회개'이고 ㄴ이 '용서'라면, 에스겔서 36장 16~38절은 'ㄴ → ㄱ'의 형태, 즉 「용서 → 회개」라는 문학구조를 갖는 것이다. 과연 ㄱ은 회개이고 ㄴ은 용서인가?

이제는 ㄱ과 ㄴ이 무엇인지를 밝혀내어야 할 것이다. 그래야만 에스겔서에 「용서 → 회개」라는 문학구조가 나타나는지를 밝히는 작업을 시작할 수가 있기 때문이다.

그래서 Ⅱ장에서는 「용서」와 「회개」의 개념을 정의(定義)하는 작업을 하면서, 이 작업을 통해서, 에스겔서 특유의 용서와 회개의 어휘들을 찾아내려고 한다.

　　그런데 한 가지 일러둘 것은 「용서」와 「회개」라는 용어를 정의할 때, 본 연구가 용서의 전제로서의 회개가 아닌 '그 결과로서 나타나는 회개'를 보여주는 특수한 문학구조를 에스겔서에서 밝혀내는 데 목적을 두기 때문에 용서보다는 '회개'가 더 중요한 개념이어서 '회개'를 먼저 정의해야겠지만 '하나님의 용서의 결과로서 나타나는 인간의 회개'를 도식화하면, 「용서 → 회개」의 형태가 되기 때문에, 논리적인 순서에 따라서, 「용서」의 개념을 먼저 정의한 다음에 「회개」의 개념을 정의하도록 한다.[124]

1. 「용 서」

　　「용서」의 개념을 알기 위해서는 우선 일반적인 '용서(容恕)'의 뜻을 알아야 할 것이다. 국어사전은 '용서'를 "① 놓아줌. ② (이미 저지른 죄나 잘못에 대하여) 꾸짖거나 벌을 주지 않고 관대하게 처리함. 용대(容貸)"[125]라고 정의한다. ①에서는 단순히 놓아주는 것을 '용서'라고 정의했는데, 우리가 보통 알고 있는 '용서'는 ②의 의미를 갖고 있다. 그래서 우리는 '용서'하면 죄나 잘못에 대해서 응징하지 않고, 놓아준다는 것을 의미한다는 느낌을 갖는다. 그리고 크셀만은 "용서는 어긋난 행동을 기억에서 지워버리는 것이다……(그러면:

---

124) '용서'는 개념상 '죄'를 전제하고, '회개' 역시 '죄'를 전제하기 때문에, 용서와 회개, 죄는 서로 밀접한 관계를 가질 수밖에 없다. 그래서 「용서」를 정의하다 보면 자연히 '죄'와 「회개」에 대해서도 조금씩은 언급하게 될 것이다. 그러다보니 「회개」보다는 「용서」의 항목이 분량이 더 많다.
125) 신기철, 신용철 편저, 새 우리말 큰 사전, 하(ㅇ－ㅎ)(서울: 주식회사 삼성이데아, 1988[12]), 2503.

역자 삽입) 그 둘(잘못을 저지른 자와 상대방: *역자 주*) 사이에 조화가 회복된다.”고 말한다.126) 크셀만은 죄로 인해서 깨뜨려진 양방간의 관계회복을 언급한다. 이것은 국어사전에서 언급하지 않는 사항이다.

그러면 고대 이스라엘 사람들은 ‘용서’를 어떻게 생각했는지 알아보기 위해, 용서를 뜻하는 구약성경 히브리 낱말들 중에 우선 살라흐<סלח>의 범례와 기능을 살펴보기로 하자.

1) 살라흐 〈סלח〉127)

‘용서(하다)’로 직접 번역될 수 있는 히브리어는 살라흐<סלח>이다. 살라흐<סלח>는 인간이 인간을 용서하는 경우에는 사용되지 않고, 하나님이 인간을 용서하시는 경우와 인간이 하나님에게 용서를 간구하는 경우에만 사용되었다.128) 살라흐<סלח>는 구약성경에서 46회 사용되었는데, 레위기에 10회,129) 민수기에 8회, 역대기에 6회, 열왕기상

---

126) John S. Kselman, “Forgiveness(Early Judaism)”, ABD 2, 831.

127) 살라흐<סלח>와 카파르<כפר>에 대한 자세한 연구는 Chong－Hyon Sung, 『Vergebung der Sünden－Jesu Praxis der Sundenvergebung nach den Synoptikern und ihre Voraussetzungen im Alten Testament und fruhen Judentum』(Tubingen: J. C. Mohr(Paul Siebeck), 1993), 19～31을 보라.

128) R. B. Girdlestone, 『Synonyms of the Old Testament－Their Bearing on Christian Doctrine』(Grand Rapids, Michigan: Wm. B. Eerdmans Publishing Company, 1897, 1978), 135.

129) 주로 레위기 4장과 5장(속죄제, 속건제)에서 사용되었고, 모두 카파르<כפר>(pi.)＋살라흐<סלח>의 형태로 나타난다. 동일한 형태가 나타나는 레위기 19장 22절을 제외하고는, 레위기 11장에 이하에는 살라흐<סלח>가 나타나지 않고, 타하르<טהר>가 나타나는데, 11장과 14장에는 카파르<כפר>(pi.)＋ 타하르<טהר>의 형태가 나타나서, 레위기에서 죄용서는 이 두 가지 형태로 표현됨을 알 수 있다.

에 5회, 열왕기하에 3회 사용되었으며, 예언서에서는 예레미야서에 6회, 아모스서와 이사야서에 각각 1회 사용되었고, 다른 예언서에서는 나타나지 않는다. 특히 에스겔서에는 한 번도 나타나지 않는다. 이 문제는 뒤에서 다루기로 하고, 여기서는 살라흐<סלח>의 의미를 살펴보기로 하겠다. 먼저 살라흐<סלח>를 사용한 문맥을 통해서 그 용례를 분류해 보기로 하자.[130]

1. 제의(범죄 → 제사 → 용서)
   레위기 4장 20절, 26절, 31절, 35절, 5장 10절, 13절, 16절, 18절, 22절, 26절: 범죄했을 때, 제사를 드리면, 제사장의 속죄로 용서받음(징벌에 대한 언급은 없음).
   민수기 15장 25절, 26절, 28절: 계명을 무의식적으로 어겼을 때, 제사장의 속죄로 용서받음.

2. 서 원
   민수기 30장 6절, 9절, 13절: 여자의 서약에 대한 것으로, 하나님이 용서해 주시는 경우.

3. 범죄 → 심판(용서치 않음)
   신명기 29장 19절: 교만한 자를 하나님이 용서치 않으시고, 징벌하심.
   열왕기하 24장 4절: 므낫세의 범죄로 인해서 하나님이 용서치 않으심.
   예레미야 5장 7절: (범죄한 백성들에게) 내가 어떻게 너를 용서할 수 있겠느냐?

---

130) 살라흐<סלח>를 용례에 따라서 분류할 때, 본문의 문학적인 구조를 기준으로 삼았다.

애가 3장 42절: 우리가 범죄, 반역했을 때, 하나님은 용서하지 않으셨다.

4. 회개 → 용서

이사야 55장 7절: 죄인들에게 회개촉구─하나님이 자비를 베푸시고, 용서하실 것임.

예레미야 5장 1절: 한 사람이라도 찾으면, 예루살렘을 용서하겠다.

예레미야 36장 3절: 그들이 회개하면, 내가 그들을 용서할 것이다.

5. 범죄 → 간구 → 용서(시제는 현재)

출애굽기 34장 9절: 9절에서 용서간구, 10절 이하에는 하나님의 용서에 대한 언급은 없고, 계약준수를 명령하심.

민수기 14장 19절, 20절: 용서를 구해서(19절), 즉각적인 벌은 피함(용서하심: 20절). 그러나 약속의 땅에는 들어가지 못한다고 하심.

아모스 7장 2절: 메뚜기재앙환상 → 아모스의 용서간청 → 하나님이 들어주심. 그러나 재앙이 모두 면제된 것은 아님.[131]

6. 재난(심판, 징계) → 회개 → 용서

열왕기상 8장 39절(＝역대하 6장 30절): 솔로몬의 간구(가정된 상황): 여러 가지 자연재해, 적들에게 포위당함 → 기도 → 용서.

역대하 7장 14절: 하나님의 말씀. 하나님의 조치(심판) → 회개 → 들으시고 용서, 땅치유.

다니엘 9장 19절: 다니엘의 간구(현재 상황): 재난 → 기도(회개) → 용서.

---

131) 이 구절은 구조상 민수기 14장 19절, 20절과 유사하다.

7. 범죄 → 징계 → 회개 → 용서

열왕기상 8장 30절(=역대하 6장 21절): 솔로몬의 간구(가정된 상황): 기도 → 용서.

열왕기상 8장 34절(=역대하 6장 25절): 범죄 → 패전 → 회개, 간구 → 용서 → 귀환.

열왕기상 8장 36절(=역대하 6장 27절): 범죄 → 가뭄(징벌) → 기도, 회개 → 용서 → 선(善)으로 교육.

열왕기상 8장 50절(=역대하 6장 39절): 범죄 → 포로 → 회개 → 용서.

시편 25편 11절: 시인의 간구(현재 상황):(범죄 → 징계) → 회개(죄인정) → 용서

8. 용서(시제는 미래)

예레미야 31장 34절: 내가 백성들의 죄를 용서하고 기억치 않을 것임.

예레미야 33장 8절: 내가 너를 깨끗케 하고 용서하겠다.

예레미야 50장 20절: 이스라엘이 회복될 때, 죄를 발견치 못할 것이다. 내가 용서했기 때문에.

시편 103편 3절: 시인의 확신: 용서, 질병치유(시제는 영원한 현재).

9. 양해를 구함

열왕기하 5장 18절(2회): 나아만의 간구.

이렇게 분류해 놓았을 때, 어떤 특징들이 나타나는가? 먼저 눈에 띄는 것은 살라흐<סלח>를 사용한 본문을 보면, 다 그런 것은 아니라고 해도, 이 단어가 특정한 문맥에 집중적으로 나타나고 있는 것이

다. 레위기에서는 4장과 5장에 집중적으로 사용되었고, 민수기에서 14장과 15장 그리고 30장에서 사용되었다. 그리고 열왕기상에서는 8장에서, 역대하에서는 6장에서 집중적으로 사용되었다. 이처럼 살라흐<סלח>가 어떤 특정한 본문들에 치중되어서 사용되었다고 하는 것은 살라흐<סלח>가 하나님만을 주어로 삼는다는 점과 아울러서 사용의 제한성을 보여주며, 이러한 제한성은 그 본문의 성격과 본문 기자들의 성향에 기인한 것으로 보인다. 그래서 다른 성경 본문 기자들은 용서를 표현함에 있어서 다른 어휘를 사용했을 가능성이 있는 것이다.

그리고 죄·심판·회개·용서의 요소들의 관계에 있어서도 다양한 형태를 보이고 있음을 알 수 있다. 하나님의 용서가 여러 가지 상황에서 나타나는 것이다. 범죄한 상태에서 징계를 받지 않고 용서받는 경우도 있고, 또 즉각적인 징계와 심판은 면하지만 미래적인 징계는 면하지 못하는 경우도 있다.132) 벌을 받고 있는 상태에서 회개와 용서가 이야기되는 것으로 보아 죄에 합당한 벌을 받는다고 해서 그것으로 반드시 용서를 받는다고 생각한 것은 아닌 것으로 여겨진다. 그래서 벌을 받는 것과 회개, 용서는 별개의 것으로 간주된다.133)

그리고 「범죄 → 심판 → 회개 → 용서」의 형태가 나타나고, 또 「범죄 → 심판」이 전제되지 않고, 그냥 「회개 → 용서」의 형태가 나타나기도 한다. 그리고 용서만 나타나는 경우도 있다. 상황뿐만 아니라,

---

132) 이러한 경우에는 '과연 그것이 용서인가?' 하는 의문이 생긴다. 이것은 '3) 용서(또는 용서간청)의 수사법'에서 다루게 될 것이다.

133) 앞으로 「회개」에서 이야기하겠지만 '회개'는 자신이 범죄했다는 사실을 인정하고 거기서 돌아서서 하나님과의 관계를 회복하는 것을 의미하기 때문에, 아무리 벌을 받았다고 해도, 그 사람이 자기가 범죄했다는 사실을 스스로 인정하지 않는다면, 그 사람은 여전히 범죄 상태에 있는 것이다.

시제에 따라서도 그 형태가 변화되는 것을 본다. 현재 범죄한 상황에서 앞으로 있게 될 징벌과 회개, 용서를 이야기하기도 하고, 범죄로 인해서 이미 징계를 받고 있는 상황에서 회개, 용서를 이야기하기도 한다. 그래서 용서에 대해서 이야기할 때는 이러한 여러 가지 상황들을 염두에 두고, 본문의 상황이 어떠한지를 고려해야 한다.

또 살라흐<סלח>가 현재 상황보다는 미래적인 상황, 또는 가정된 상황에서 더 많이 사용되고 있음을 알게 된다. 우리는 이러한 사실들을 통해서 하나님의 용서가 여러 가지 상황 속에서 다양한 형태로 나타남을 알 수 있다.

그런데 중요한 사실은 '죄'를 하나님과 인간 사이의 관계(특히 언약관계)의 파괴라고 한다면 크셀만이 말하는 것처럼, 용서는 그 관계의 회복이라는 점이다. 우리는 하나님의 용서의 구체적인 측면들을 언급하는 본문들에서 하나님과 인간 사이의 관계회복의 여러 모습이 나타나는 것을 볼 수 있다.

2) 살라흐⟨סלח⟩의 동의어들

그런데 이미 언급한 바 있지만 에스겔서에는 살라흐<סלח>가 나타나지 않는다. 비슷한 시기로 보이는 예레미야서에는 나타나는 살라흐<סלח>가 왜 에스겔서에는 한 번도 나타나지 않는가? 에스겔서에는 용서사상이 없다는 말인가?

그러나 어떤 책에 살라흐<סלח>가 사용되지 않았다고 해서, 그 책에

용서사상이 나타나지 않는다고는 말할 수 없다. 구원과 용서의 사상이
결합되어서 나타나는 이사야서 40~55장[134])에도 살라흐<סלח>는 한 번
밖에 사용되지 않았다.[135]) 그리고 용서를 간구하는 시편 51편에서도
살라흐<סלח>는 한 번도 사용되지 않았다. 그렇다면 이러한 본문들에
서는 살라흐<סלח> 이외에 용서를 나타내 주는 은유적인(metaphorical)
어휘들이 사용되었음을 짐작할 수 있다.[136])

미가서 7장 18~20절

살라흐<סלח> 이외의 어휘들로도 '용서'를 표현할 수 있다는 사
실[137])을 확인하기 위해서 미가서 7장 18~20절("18주와 같은 신이
어디 있으리이까? 주께서는 죄악을 사유하시며 그 기업의 남은 자의
허물을 넘기시며 인애를 기뻐하심으로 노를 항상 품지 아니하시나이
다. 19다시 우리를 긍휼히 여기셔서 우리의 죄악을 발로 밟으시고
우리의 모든 죄를 깊은 바다에 던지시리이다. 20주께서 옛적에 우리
열조에게 맹세하신 대로 야곱에게 성실을 베푸시며 아브라함에게 인
애를 더하시리이다.")을 예로 들어보겠다.

하나님 같은 분이 없음을 강조하기 위해서 수사적인 질문으로 시
작하는 본문은 공동체가 부르는 하나님 찬양이다. 힐러즈는 본문의
묘사들이 상투적인 것이어서 구체적인 역사배경을 알 수 없다고 말

---

134) J. J. Stamm, "סלח slḥ vergeben", THAT Ⅱ, 158.
135) 이사야서 55장 7절, 이사야서 43장 25절에서는 마하<מחה>와 로 자카르<לא זכר>
가 사용되었다.
136) 시편 51편에서는 라함<רחם>, 마하<מחה>, 카바스<כבס>, 타하르<טהר>, 하타<חטא>(piel)
들이 사용되었다.
137) "성서 기자들은 그러한 하나님의 돌이킴이 역사 한복판에서 여러 가지 사건으
로 나타난다고 보았다. 재앙이 연기되거나 가뭄이 그친 것 또는 병 나음 따위
가 곧 '용서'로 이해되었다."(P. Ricoeur, 「La symbolique du mal」, 양명수 옮
김, 악의 상징, 현대의 지성 78(서울: 문학과 지성사, 1994), 87)

하지만,[138] 메이즈는, 18aδ에서 찬양하는 공동체를 라쉐에리트 나할라토<לִשְׁאֵרִית נַחֲלָתוֹ>("그 기업의 남은 자")라고 부르고 있고, 죄를 하나님의 구원에 의해서 극복될 수 있는 근본적인 문제로 보고 있다는 점에서 포로기 이후로 본다.[139] 이 문제는 잠시 후에 다시 생각해 보기로 하고, 먼저 본문의 내용과 구조를 살펴보기로 하자.

본문은 '비교할 수 없는 하나님의 용서'(seine Unvergleichlich−keit in der Vergebung der Sünden)[140]를 말한다. 본문은 어휘와 사상에 있어서 출애굽기 34장 6~9절을 떠올리게 한다.[141] 본문의 구조는 다음과 같다.

18aα 하나님 같은 분이 누구인가!

I

A   18aβ   용서1(분사형 노쉐 아온<נֹשֵׂא עָוֺן>)

---

138) Delbert R. Hillers, 『Micah』, Hermeneia(Phialdelphia: Fortress Press, 1984), 89f.

139) James L. Mays, 『Micah−A Commentary』, OTL(London: SCM Press Ltd., 1976, 1980), 155, 167. 많은 학자들이 포로기나 포로기 이후로 본다(Hans Walter Wolff, 『Dodekapropheton 4−Micha』, BKAT XIV/4(Neukirchen−Vluyn: Neukirchener Verlag, 1982), 194).

140) H. W. Wolff, 『Micha』, 204.

141) 출애굽기 34장 6, 7절은 분명히 하나님의 은혜로우심을 강조한다. 그러나 34장 6~7a와 7b가 대조되고 있음을 알아야 할 것이다. 죄를 용서하시는 은혜로우신 하나님과 반드시 죄를 벌하시는 하나님의 상반된 모습이 나타나고 있는 것이다. 그런데 8, 9절에 보면, 모세는 죄를 용서하시는 하나님의 모습만을 부각시키면서 이스라엘의 죄를 용서해 주시고, 그들을 소유로 삼아 줄 것을 간구하고 있다. 민수기 14장 11~25절을 연구하면서 살펴보겠지만 이것은 하나님의 용서를 촉구하는 수사적인 기법이다. 그러나 아무리 죄를 용서하시는 하나님의 은혜와 사랑을 강조한다고 해도, 죄를 벌하시는 하나님의 모습을 지워버릴 수가 없다. 이런 점에서 하나님의(무조건적이고 항시적인) 용서만을 강조하는 듯한 미가서 7장 18~20절은 불완전하다는 느낌을 우리에게 준다. 그래서 본문은 하나님의 놀라운 용서를 경험케 한 어떤 특정한 사건 직후에 나타났으며, 또 그때에만 유효하고, 다른 경우에는 적용키 어려운 것으로 보인다.

18aγδ 용서2(분사형 오베르 알 페샤<עֹבֵר עַל־פֶּשַׁע>)

18bα 용서3(완료형로 헤헤지크 라아드 앞포

<לֹא־הֶחֱזִיק לָעַד אַפּוֹ>)

B 18bβ 진노하시지 않는 이유(키 하페츠 헤세드 후

<כִּי־חָפֵץ חֶסֶד הוּא>)142)

Ⅱ

A 19aα 용서1(미완료형 야슈브 예라하메누<יָשׁוּב יְרַחֲמֵנוּ>)

19aβ 용서2(미완료형 이크모쉬 아오노테누

<יִכְבֹּשׁ עֲוֹנֹתֵינוּ>)143)

19b 용서3(미완료형 타쉴리크……콜 핫토탐

<וְתַשְׁלִיךְ……כָּל־חַטֹּאותָם>)144)

B 20aα 야곱에게 진실함을 베푸심(미완료형 팃텐 에메트

<תִּתֵּן אֱמֶת>)

20aβ 아브라함에게 사랑(헤세드<חֶסֶד>)을 베푸심

---

142) 운율법칙에 근거해서 이 구절을 '주석(gloss)'으로 보는 사람들도 있지만 알렌은 이 구절이 '희망'의 정점이라고 말하면서, 원문으로 인정한다(Leslie C. Allen, 『The Books of Joel, Obadiah, Jonah and Micah』, NICOT(Grand Rapids, Michigan: William B. Eerdmans Publishing Company, 1976), 402).

143) 이런 표현은 구약성경에서 한 번만 나온다. 고든(R. P. Gordon)은 "Micah vii 19 and Akkadian kabāsu", VT 28(1978), 355에서 아카드어 kabāsu는 '죄'를 목적어로 해서 '용서한다'는 의미를 갖는다는 점을 지적한다(D. R. Hillers, 『Micah』, 88 n.t.에서 재인용). 림버그는 כבשׁ라는 단어가 전쟁에서 적을 밟는(적을 섬멸하는) 의미로 사용되었다(스가랴서 9장 15절)라고 말한다(James Limberg, 『Hosea- Micah, Interpretation-A Bible Commentary for Teaching and Preaching』(Atlanta: John Knox Press, 1983), 197). 본문의 전투적인 분위기를 알 수 있다.

144) BHS의 비평장치는 תַשְׁלִיךְ를 תַשְׁלִיךְ로, חַטֹּאותָם는 LXX가 αμαρτιας ημων으로 번역하고, 시리아역과 불가타도 그렇게 옮기고 있어서 חַטֹּאותֵינוּ로 수정하는 것이 좋겠다고 제안한다. 그러나 본문전개가 매끄럽지 못하고 갑작스러운 인칭변화가 부자연스럽게 보인다고 해도, 현재의 본문을 반드시 수정할 필요는 없다고 생각한다. 오히려 이러한 부자연스러움이 본문을 읽는 독자들에게 출애굽기에 하나님이 하신 일을 함축적이고 효과적으로 표현해 주고 있다는 점에서 이 구절을 그대로 두는 편이 나을 것으로 여겨진다.

20bα   조상들에게 맹세하심(20a수식)
20bβ   옛날에(시간)

　본문구성을 보면 Ⅰ과 Ⅱ가 동일한 구조로 이루어져 있음을 알 수 있다. 18~19절에는 '죄'의 세 동의어들(아온<עון>, 페샤<פשע>, 하타<חטא>)이 다 사용되었고, 하나님이 죄를 용서하시는 모습도 다양하게 묘사되어 있다. 18bα는 하나님이 다시는 진노하지 않으시겠다는 것이고, 18bβ는 그 이유를 하나님이 은혜(헤세드<חסד>)를 기뻐하시기 때문이라고 한다. 이와 비슷한 내용이 20절에도 나온다.

　그리고 19aα가 다시금 우리를 긍휼히 여기실 것(라함<רחם> 동사)이라는 긍정적인 말이고, 이외에 나머지는 모두 죄를 들어올리고(나사<נשא> 동사), 지나가게 하고(아바르<עבר> 동사) 죄악을 짓밟고(카바쉬<כבש> 동사) 바다 깊숙이 집어던진다(샬랴크<שלך> 동사)는 표현을 하고 있다. 출애굽기 15장을 연상시키는 악의 세력에 대한 전투적인 표현이라고 할 수 있을 것이고,[145] 태초의 혼돈의 세력과의 싸움을 암시하는 신화적인 요소가 들어 있다고 여겨진다. 19aβ에 나오는 카바쉬<כבש>는 사람(노예, 적, 여자)을 목적어로 하는데, '죄'가 목적어가 되면, '죄'를 의인화시키는 것이다. 이스라엘이 저지른 '죄'를 적대적인 세력, 즉 하나님의 백성의 숙적으로 묘사하는 이러한 의인화는 19b에도 나타난다. 그래서 19b는 출애굽기 15장 4절 이하를 연상케 한다.[146] 본문의 내재된 저자(the implied author)[147]는 이

----

145) J. L. Mays, 167f.
146) H. W. Wolff, 『Micha』, 206f.
147) 서사비평에서는 문학작품의 저자와 독자를 실제 저자(the actual author)와 내재된 저자(the implied author) 그리고 실제 독자(the actual reader)와 내재된 독자(the implied reader)로 나눈다. 실제 저자는 문학작품을 쓴 실제 인물을 말하고, 실제 독자는 그 문학작품을 읽는 사람을 말한다. 그런데 동일한 인물

러한 묘사를 통해서 이미지효과를 극대화한다.

그리고 본문에는 '계약'이라는 말은 나오지 않지만 하나님과 이스라엘의 계약관계를 암시하는 어휘들을 찾아볼 수 있다. 18aδ의 쉐에리트 나할라토<שְׁאֵרִית נַחֲלָתוֹ>는 하나님과 이스라엘 백성의 특별한 관계를 강조한다.[148] 20a의 '아브라함'과 '야곱'은 이스라엘의 조상을 지칭하지 않고, 그 후손인 현재의 공동체를 가리킨다.[149] 이처럼 이스라엘을 지칭하는 데 '아브라함'과 '야곱'이라는 이름을 사용한 것은 하나님의 선택받은 사람들을 공동인격체로 여기는 데서 비롯된 것이며, 하나님과 이스라엘의 관계가 계약관계임을 보여주는 것이다. 그리고 20b는 하나님이 아브라함과 야곱에게 하셨던 약속, 즉 땅의 약속을 의미한다.[150] 그렇다면 본문은 바벨론의 유대인들이 아직 귀환하지 않은 상황을 반영하는 것으로 보인다. 또 18bβ와 20aβ에 반복되어 쓰인 헤세드<חֶסֶד>도 계약과 관련된 어휘인데, 범죄하는 이스라엘을 거듭 용서하심으로써, 이스라엘의 선조들과 맺으신 계약을 끝까지 지키시려는 하나님의 모습을 보여준다.[151]

이라고 해도 여러 작품을 썼을 때, 그 작품마다에 나타나는 저자의 모습은 어느 정도 다를 수밖에 없고, 이렇게 작품마다 다르게 나타나는 저자를 내재된 저자라고 칭한다. 그리고 내재된 독자는 내재된 저자가 작품의 수신자로 삼는 사람(들), 즉 작품 속에서 찾을 수 있는 독자를 칭한다. 이 개념으로 본다면, 우리가 실제 저자로 알고 있는 사람들이 사실은 내재된 저자인 경우가 많다. 예를 들면 우리가 아모스에 대해서 알고 있는 것은 구약성경의 아모스서를 통해서이다. 아모스서에 나타나 있는 것을 바탕으로 해서 아모스를 재구성해 낸 것이다. 다시 말하면 순전히 문학적인 작업을 통해서 아모스의 모습을 밝혀내는 것이다. 그래서 우리가 아는 아모스는 실제 아모스와 유사하다고 해도 그 실제 아모스와 정확히 일치하는 인물이 아닌 아모스서라고 하는 작품 속에 내재된 저자일 수밖에 없는 것이다. 그리고 우리가 실제 수신자 내지는 실제 독자로 알고 있는 경우도 대개는 작품 속에 내재된 독자일 때가 많다. 이런 개념구분 작업을 성경연구에 도입할 필요가 있을 것이다.

148) ibid., 205.
149) ibid., 207.
150) ibid.

이렇듯 본문은 이스라엘과 맺은 계약을 끝까지 지키시려는 하나님의 사랑과 죄를 용서하시는 한이 없는 은혜를 강조하고 있는데, 포로기에 나타난 「(하나님의) 용서」 본문들과는 다른 형태를 보인다는 사실과, 죄를 사람으로부터 분리해 내어서 독자적인 것으로 보고 또 하나님이 섬멸할 적(敵)으로 설정하고 있다는 사실이 두드러진다. 이런 점은 출애굽기 34장 6~7절에서는 찾아보기 어려운 사상이다.

그래서 본문은 제2이사야서 이후에 만들어진 것으로 생각된다. 비록 문학적인 표현이기는 하지만 용서를 생동감 넘치게 묘사하고 있다는 점에서, 바벨론의 유대인들이 하나님의 용서를 가장 극적으로 체험할 수 있었던 주전 539년의 고레스칙령과 그로 인한 귀환을 경험하면서 기록한 것으로 보인다.

지금까지 우리는 미가서 7장 18~20절을 살펴보면서 살라흐<סלח> 이외에도 '용서'의 의미를 갖는 단어들이 여럿 있음을 알게 되었다.

그러면 이제는 어떤 단어들이 살라흐<סלח>의 동의어로 쓰이는지 알아보기로 하자.

성종현은 『죄용서』(1993년)[152]라는 책에서 구약의 용서를 다루고 있는데[153], "용서사상이 포로기 이전에는 없었다."고 말하는 코흐(K. Koch)를 비롯한 몇몇 학자들의 주장을 여러 가지 증거를 들어서 반박하면서, 용서사상이 고대부터 있었음을 논증한다. 특히 살라흐<סלח>와 킾페르

---

151) J. L. Mays, 『Micah』, 168.

152) Chong—Hyon Sung, 『Vergebung der Sünden—Jesu Praxis der Sündenvergebung nach den Synoptikern und ihre Voraussetzungen im Alten Testament und frühen Judentum』(Tübingen: J.C.B. Mohr(Paul Siebeck), 1993).

153) ibid., 1~81.

<כפר>(pi.)를 세밀히 분석하면서,154) 살라흐<סלח>가 포로기 이전의 본문들에서도 용서의 의미로 사용되었으며,155) 또 그 삶의 자리가 제의에만 국한되지 않는다는 사실을 밝혀낸다.156) 그리고 용서사상이 이두 단어에만 국한되지 않고, 여러 가지 은유를 통해서 구약성경에서 나타나고 있음을 말한다.157) 또 하나님의 용서의 근거와 이스라엘의 용서 확신의 근거에 대해서도 언급한다.158)

크셀만은 살라흐<סלח>의 동의어로 나사<נשא>, 라파<רפא>, 로 자카르<לא זכר>, 라함<רחם>, 타하르<טהר>, 마하<מחה>, 카파르<כפר>, 헤에비르<העביר>를 든다.159) 슈탐도 살라흐<סלח>의 동의어로, 카파르<כפר>, 나사<נשא>, 아바르<עבר>, 라파<רפא>를 든다.160) 이 단어들이 구약성경의 어떤 책에서 몇 번 사용되었는지를 알기 쉽게 도표로 만들어 보면 다음과 같다.

---

154) ibid., 21~30. 여기에 סלח와 כפר의 상세한 분석도표가 나와 있다.
155) ibid., 20.
156) ibid.
157) ibid., 46~52. 성종현은 용서의 은유적인 표현으로 רפא, 식탁공동체, 징표로서의 예언자들의 삶을 주로 들고, נשא, עבר, מחה 그리고 여기에 덧붙여서 רחק, שלך, טהר, כסה, חנן, לא זכר, לא חשב을 언급한다.
158) ibid., 31~42.
159) John S. Kselman, "Forgiveness(Early Judaism)", ABD 2, 832f.
160) J. J. Stamm, "סלח", 152.

책명	סלח	כפר	טהר	רחם	רפא	נשׂא	עבר	מחה	לֹא זכר	합계
창		2	1			4				7
출	1	8		2		4				15
레	10	49	43							102
민	8	16	10			2				36
신	1	2		2						5
수			1			1				2
삿										
삼상		1				2				3
삼하		1				1	2			4
왕상	5			1						6
왕하	3		4	1						
사	1	5	1	12	7	1		2	1	30
렘	6	1	2	10	4			1	1	25
겔		6	12	1		2			2	23
호				7	4	3				14
욜										
암	1						2			3
옵										
욘										
미				1		1	1			3
나				1						1
합										
습										
학										
슥				2			1			3
말			2							2
시	2	3	2	5	5	5		3		25
욥		2				3	1			6
잠		2	1	1		1	1			6
룻										

책명	סלח	כפר	טהר	רחם	רפא	נשא	עבר	מחה	לא זכר	합계
아										
전										
애	1			1	1					3
에										
단	1	1								2
스			1							1
느		1	5					1		7
대상		1					1			2
대하	6	2	7		2					17
합계	46	101	94	47	23	30	9	7	4	364

우리는 이 도표를 통해서 살라흐<סלח>의 동의어들 가운데서 몇몇
어휘들이 구약성경의 각 책에서 몇 번이나 사용되었는지를 알 수 있
다. 예레미야서에는 25회, 에스겔서에서는 23회 사용되었는데, 예레미
야서에서 주로 사용된 어휘와 에스겔서에서 주로 사용된 어휘가 각기
다르다는 것도 알 수 있다. 이 어휘들 가운데서 살라흐<סלח>의 동의어
들인 라파<רפא>,161) 나사<נשא>,162) 아바르<עבר>,163) 마하<מחה>,164) 로

161) רפא는 67회 사용되었는데, 서사체로 되어 있는 창세기, 출애굽기, 레위기, 민수
기, 신명기, 사무엘상, 열왕기상, 열왕기하, 역대하(7장 14절, 30장 20절은 제외)
에서는 '질병치료'의 단순한 의미를 갖고 있고, 예언서와 시편에서는 은유적
인 의미로 사용되었다. 이 가운데서 용서의 의미를 담고 있는 구절은 역대하
7장 14절, 30장 20절, 이사야서 6장 10절, 19장 22절(2회), 30장 26절, 53장
5절, 57장 18절, 19절, 예레미야서 3장 22절, 8장 22절, 30장 17절, 33장 6절,
호세아서 6장 1절, 7장 1절, 11장 3절, 14장 5절, 시편 6편 3절, 41편 5절,
103편 3절, 107편 20절, 147편 3편, 애가 2장 13절 등으로 모두 23회 사용되
었다. 여기서 보는 것처럼 רפא는 상당히 은유적이기는 하지만 예언서와 시편
에서 분명히 용서의 의미를 갖는다. 스퇴베는 인간의 질병이 죄와 깊은 관계
가 있기 때문에 질병치료 역시 죄용서와 관계가 있다는 점을 지적한다(H. J.
Stoebe, "רפא rp' heilen", THAT Ⅱ, 808). 그런데 에스겔서에서는 한 번도 나
타나지 않는다. 이것은 에스겔이 이스라엘을 병든 상태로 생각하지 않고, 부
정한 상태로 생각했기 때문인 것으로 보인다.
162) '들어내다', '옮기다'는 의미를 갖는 נשא는 650회 사용되었는데, 이 가운데서 נשא

가 용서의 의미를 갖는 것은 31번이다(창세기 18장 24절, 26절, 50장 17절(2
회), 출애굽기 10장 17절, 23장 21절, 32장 32절, 34장 7절, 민수기 14장 18,
19절, 여호수아서 24장 19절, 사무엘상 15장 25절, 25장 28절, 사무엘하 14장
14절, 이사야서 2장 9절, 33장 17~24절, 에스겔서 4장 5, 6절, 호세아서 1장 6
절(2회), 14장 3절, 미가서 7장 18절, 시편 25편 18절, 32편 1절, 32편 5절,
85편 3절, 99편 8절, 욥기 7장 21절, 21장 3절, 32장 22절, 잠언 19장 19절.
이렇게 보면, 용서의 의미를 갖는 נשא는 סלה 다음으로 많이 사용되었고, 구약
성경에 고루 사용되었으며, 서사체 문장에서 더 많이 사용되었음을 알 수 있
다(F. Stolz, "נשא nś' aufheben, tragen", THAT Ⅱ, 114, D. N. Freedman and
B. E. Willoughby, "נשא", TWAT V, 633~640). נשא가 죄용서의 의미로 쓰이
는 것을 확인하기 위해서 이사야서 33장 17~24절을 살펴보기로 하자. 본문
은 이스라엘의 구원과 회복을 약속하는 예언이다. 본문에는 이스라엘이 회복
되는 모습이 여러 가지로 묘사되고 있다. 메시야에 대한 언급과 아울러서, 다
른 데서 보기 어려운 '영토확장, 괴롭히던 이방인들이 사라짐, 재물을 얻게 될
것임, 병들지 않을 것임'들이 언급되고 있는 것이 특징이라고 할 수 있을 것
이다. 이러한 특징들이 나타나고, 출애굽이나 귀환, 정착들의 요소가 없다는 점
에서, 본문은 아시리아에 대항해서 독립을 선포했던 히스기야 시대를 반영하
고 있는 것으로 보인다. 이사야 33장이 제의예식적인 성격을 띠고 있음을 오
랫동안 많은 학자들이 지적해 왔다. 여기에는 간구, 고통의 묘사, 신앙고백, 하
나님의 신탁, 제의시작예식의 요소들이 나타난다(J. H. Hayes & S. A. Irvine,
『Isaiah—The Eight—Century Prophet: His Time and His Preaching』(Nashville:
Abingdon Press, 1987), 361). 헤이스와 어바인은 이사야 33장의 배경을 주전
725년의 가을축제로 본다(362쪽). 이들보다 오래전에, 둠은 본문의 상황이 셀
류시드 왕조를 배경으로 하고 있으며, 주전 162년경의 예루살렘의 함락을 말하
고 있다고 보았다(Bernhard Duhm, 『Das Buch Jesaja』(Göttingen: Vandenhoeck &
Ruprecht, 1892, 1968), 239f.). 히스기야는 북왕국 지역을 병합하려고 했으며, 유
다뿐 아니라 아수르에 이미 합병된 이스라엘 백성도 동원시키려 했는데 에브
라임과 므낫세 지파에게 편지를 띄우고(역대하 30장 1절), 왕자의 이름도 므낫
세로 지은 것을 볼 때 이를 짐작할 수 있다(John Bright, 『A History of Israel』
(Philadelphia: The Westminster Press, 1981), 283). 이방인들을 축출하고, 지
방성소를 폐쇄하고 중앙성소를 강화함으로써 국력을 신장하고 강력한 중앙집
권적인 통치를 하려고 했다. 그리고 병에서 낫는다고 하는 것도 성경에 언급
된 히스기야의 치유(이사야서 38장 5~6절)를 연상케 한다. 이런 점에서 본문
의 시대적 배경을 히스기야의 개혁으로 설정할 수 있을 것이다. 그렇다면 본
문은 히스기야를 중심으로 아시리아로부터 유다독립을 쟁취하려고 했던 당시
에 만들어진 격문(檄文)의 성격이 짙은 것으로 볼 수 있다. 그리고 본문은 이
스라엘의 구원과 회복이 임박했다고 하는 백성들의 희망과 신앙을 담고 있다.
그런데 우리의 주된 관심은 본문에 과연 「용서」가 나타나고 있는가 하는 것
이다. 여기서 중요한 구절이 24b이다(24b וְהָעָם הַיֹּשֵׁב בָּהּ נְשֻׂא עָוֹן). 24b에는
נשא가 עון과 함께 사용되었는데, נשא가 עון과 함께 사용된 경우는 출애굽기 34

자카르<זכר לא>165)는 다루지 않고, 에스겔서와 관계가 깊은 카파르<כפר>와 타하르<טהר>와 라함<רחם>, 그리고 도표에서는 언급하지 않았지만 살라흐<סלח>의 동의어로 생각되는 라차<רצה>를 살펴보기로 한다.166)

장 7절, 민수기 14장 18절, 이사야서 33장 24절, 미가서 7장 18절로 모두 4번이다. 24b에서는 '거기에 거주하고 있는 백성'이 주어가 되고 있다. 와츠는 이 구절을 풀이하면서, "다시 자유를 얻은 것을 기념하기 위해서 과거의 범죄자들에 대한 총사면령이 있을 것이다."고 말한다(J. D. W. Watts, 『Isaiah 1-33』, WBC. 24(Waco, Texas: The Word Books, Publisher, 1985), 429). 헤이스와 어바인은 이스라엘이 이방의 종주국을 배신하고 조약을 깨뜨리고 야웨의 말씀에 불순종하는 죄로부터 용서받을 것임을 말함으로써, 와츠보다 넓은 의미로 이해한다(Hayes & Irvine, 『Isaiah』, 370). 오스월트는 '하나님의 죄용서'를 강조한다. 그는 유대에게 필요한 것은 적들의 패배와 귀환만이 아니며, 궁극적인 목표는 바로 죄 용서함 받은 백성이 하나님과 연합하는 삶을 사는 것이라고 말한다(J. A. Oswalt, 『The Book of Isaiah : Chapters 1-39』, NICOT(Grand Rapids, Michigan: Wm. B. Eerdmans Publishing Company, 1986), 605f.

163) סלח의 동의어들 가운데 עבר, מחה, זכר לא는 다른 단어들에 비해서 상당히 제한적으로 사용되었다. 힢일형으로 쓰여서 '지나가게 하다'는 의미를 갖는 עבר는 모두 547회 사용되었는데, 이 가운데서 사무엘하 12장 13절, 24장 10절(=역대상 21장 8절), 욥기 7장 21절, 잠언 19장 11절, 아모스서 7장 8절, 8장 2절, 미가서 7장 18절, 스가랴서 3장 4절에서 죄용서의 의미를 갖는다. H.-P. Stähli, "עבר `br vorüber-, hinübergehen", THAT Ⅱ, 204. H. F. Fuchs, "עבר", TWAT V, 1030.

164) מחה는 모두 35회 사용되었는데, '지우다'는 의미를 갖는 מחה가 죄용서의 의미를 갖는 경우는 이사야서 43장 25절, 44장 22절, 예레미야서 18장 23절, 시편 51편 3, 11절, 109편 14절, 느헤미야서 3장 37절 등이다(Alonso Schökel, "מחה", TWAT Ⅳ, 805). 이처럼 מחה도 예언서와 시편에서 죄용서의 의미를 갖는 것을 알 수 있다.

165) '기억하다'는 의미를 갖는 זכר는 222회 사용되었는데, 하나님의 구원사역과 깊은 관계가 있다(W. Schottroff, "זכר zkr gedenken", THAT I, 516f.). '기억하지 않다'는 의미를 갖는 זכר לא는 이사야서 43장 25절, 예레미야서 31장 34절, 에스겔서 18장 22절, 33장 16절에서 죄용서의 의미로 사용되었다. 특히 예레미야 31장 34절에서는 סלח와 זכר לא가 평행되고 있어서, זכר לא가 סלח의 의미로 사용되었음을 보여준다. 그리고 시편 25편 7, 8절, 79편 8절, 이사야서 64장 8절 등에서도 זכר가 죄용서와 관련이 있으며, 죄용서의 동인임을 알 수 있다. 이렇듯이 זכר לא도 주로 예언서에서 죄용서의 의미를 갖는 것을 볼 수 있다.

166) 이 어휘들은 이 어휘들이 쓰인 에스겔서 본문들을 연구할 때에도 다루어질 것이다.

(1) 카파르⟨כפר⟩

카파르⟨כפר⟩[167)]는 피엘형으로 사용되는데, 주된 의미는 '덮다'이고, 은유적으로 '용서하다'의 의미가 있으며,[168)] 구약성경에서 모두 101회 사용되었는데, 주로 레위기에 많이 나오고(49회)[169)], 민수기에서도 많이 사용되었다(16회). 예언서에서는 12회 사용되었는데, 대예언서인 이사야서에서 5회, 예레미야서 1회, 에스겔서 6회[170)] 사용되었고, 소예언서에서는 전혀 나타나지 않는다. 그리고 다니엘서에서 1회 사용되었다. 예언서에서는 에스겔서에서 가장 많이 사용되었다. 더 자세한 것은 아래에서 살라흐⟨סלח⟩와 타하르⟨טהר⟩와 비교를 통해서 알아보려고 한다.

(2) 타하르⟨טהר⟩

타하르⟨טהר⟩는 주로 강세형(피엘형)으로 쓰이는데, 주된 의미는 '깨끗하게 하다'이며, 앞으로 밝혀지겠지만 은유적으로 '용서하다'의 의미를 갖는다. 동사형태로는 94회 사용되었는데, 시기가 포로기 이전인 창세기 35장 2절과 열왕기하 5장 13절 이하를 제외한 나머지는 포로기나 포로기 이후 시대의 것이다.[171)] 예언서에서는 예레미야

---

167) B. Lang, "כפר", TWAT IV, 303~318.

168) " '속죄*kipper*'라는 말 자체가 그 윤리적 성격을 통해 구속 상징이나 도로 산다는 상징과 통한다. 다시 말해서 속죄 제사의 '덮는' 동작이나 또는 '지워버리는' 동작은 상당히 상징적인 것으로 바로 용서를 뜻한다."(P. Ricoeur, 102) "하나님이 '속죄한다'는 것은 '용서한다'는 말이다."(105)

169) כפר는 סלח 또는 טהר와 결합된 형태로 많이 사용되었다.

170) 에스겔서에서 כפר는 40~48장에서 주로 사용되었고, 1~39장에서는 16장 63절에서 한 번 사용되었을 뿐이다(F. Maass, "כפר kpr sühnen", THAT I, 851). 에스겔서 16장 63절이 속한 본문(16장 59~63절)은 'Ⅲ장 「용서 → 회개」의 문학구조'의 '2. 기타 본문들'에서 다루게 될 것이다.

171) F. Maass, "טהר thr rein sein" THAT. v. I, 647.

서 이전의 책에서는 타하르<טהר>를 찾아볼 수 없다.172) 타하르<טהר>
는 레위기에서 43회(주로 11, 13, 14장에서), 역대하에서 7회, 민수기
에서 9회, 에스겔에서 12회173) 사용되었다. 그리고 다른 예언서를 보
면, 이사야서에 1회, 예레미야서에 2회, 말라기서에 2회 쓰인다. 레
위기를 제외하고는 다른 책들보다 에스겔서에서 많이 사용되었음을
알 수 있다. 그렇다면 타하르<טהר>는 용서를 의미하는 에스겔서의
특징적인 어휘라고 할 수 있을 것이다.

여기서 '에스겔서에는 왜 살라흐<סלח>가 한 번도 나타나지 않는
가?' 하는 문제를 다루고, 다음 낱말로 넘어가도록 하자.

구체적인 논의를 위해서 몇 가지 문제를 제기해 보도록 하겠다.
살라흐<סלח>는 포로기 이후뿐만 아니고, 포로기 이전에도 사용되었
으며, 포로기 중에도 사용되었는데, 왜 에스겔서에서는 찾아볼 수 없
는 것일까? 살라흐<סלח>와 타하르<טהר>가 사용되는 경우가 서로 다
르고, 그렇기 때문에 에스겔서는 그 성격상 살라흐<סלח>보다는 타하
르<טהר>를 택하게 된 것은 아닐까? 그렇다면 살라흐<סלח>와 타하르
<טהר>는 구체적으로 어떤 경우에 사용되었는가?

---

172) ibid. 그러나 정·부정의 개념은 오래전부터 있었다고 김중은은 말한다. "구약
청정법의 정, 부정 개념은 사실상 이스라엘 종교의 시초로부터 그 구성요소로
서 오래된 것으로, 가나안 정복 이후 가나안 종교들과의 대결을 통해 더욱
예민해졌으며, 구약 역사의 예언서와 지혜문서와 시편을 통해 청정의 요구는
'깨끗한 손과 청결한 마음'(시 24: 4)으로 언표되는 윤리 도덕적 결백성과(삼
하 22: 21~25, 욥 17: 9, 22: 30, 시 18: 21~25, 51: 9~12, 73: 13, 잠 20:
9, 사 6: 5 참조) 부정한 것의 근원으로서 죄에 대한 심각성 의식이 강화되었
다(시 51: 4, 사 64: 6). 이러한 맥락에서 구약 청정법의 종말론적 이해는 죄
용서를 통한 하나님의 구원받은 백성의 깨끗함으로 나타난다(렘 33: 8, 사
35: 8, 계 21: 27 참조)."(김중은, "레위 청정법(淸淨法)(레위기 11~15)－성서
연구 / 레위기 4", 기독교사상 368호(33 / 8)(1989), 226쪽.) 대개는 정결법, 청
결법으로 칭하는데, 김중은은 독특하게 '청정법'이라고 칭한다.

173) 22장 24절, 24장 13절(3회), 36장 25절(2회), 33절, 37장 23절, 39장 12절, 14
절, 16절, 43장 26절. 24장과 36장, 39장에서 각각 세 번씩 쓰였다.

이러한 것들을 알아보기 위해서 구약성경의 다른 책들에 비해서 용서의 어휘들이 다양하게 사용된 레위기[174]를 살펴보려고 한다. 살라흐<סלח>와 타하르<כפר> 그리고 타하르<טהר>가 레위기에는 어떻게 사용되었는지 살펴보기로 하자. 레위기에는 이 세 단어들의 용례가 명확하게 구분되어서, 이 세 단어들의 정확한 의미를 파악하는 데 도움이 된다.

장절	סלח	כפר	טהר	상황
1:4		pi.inf.[175]		번제
4:20	niph.[176]	pi.(S[177] = 제사장)		(온 이스라엘의 죄)속죄제
4:26	niph.	pi.(S = 제사장) + 죄1 – 0[178]		(족장의 죄)속죄제
4:31	niph.	pi.(S = 제사장)		(평민의 죄)속죄제
4:35	niph.	pi.(S = 제사장) + 죄1 – 1[179]		(평민의 죄)속죄제
5:6		pi.(S = 제사장) + 죄1 – 0		(구체적인 죄)속죄제
5:10	niph.	pi.(S = 제사장) + 죄1 – 1		"속죄제

---

174) 레위기에 대한 국내 학자의 연구로는 기독교사상 365호(33 / 5, 1989년)부터 368호 (33 / 8, 1989년), 370호(33 / 10, 1989년)부터 372호(33 / 12, 1989년)에 연재된 김중은의 글들을 보라. 참고로 그 논문들의 목록을 소개해 놓겠다. ① 레위기 연구서설(365호 212~225쪽), ② 레위기의 5대 제사(366호 222~235쪽), ③ 제사장의 제사지침과 이스라엘의 제사예배 시작(367호 221~235쪽), ④ 레위 청정법 (368호 223~235쪽), ⑤ 속죄일과 속죄의 피(370호 229~241쪽), ⑥ 거룩한 백성의 일상생활 윤리지침(371호 228~241쪽), ⑦ 제사장의 윤리지침(372호 213~ 223쪽). 그리고 레위기 11~15장 연구에 대해서는, 왕대일, 「시내산 전승단락(출 19: 1~민 10: 10)의 맥락에서 본 레위기 11~15장」, 기독교사상 394호(35 / 10, 1991), 113~143쪽과 「생명경외의 성서적 근거」, 기독교사상 403호(36 / 7, 1992년), 7~17쪽(이 논문은 레위기 17장 10~14절을 연구본문으로 삼는다)을 보라.
175) 피엘(pi'el) 부정사형.
176) 닢알(niph'al)형.
177) 주어(subject).
178) חטאת만 나타나는 경우이다.
179) 'חטאת+אשר...'의 형태로 나타나는 경우이다.

장절	סלח	כפר	טהר	상황
5:13	niph.	pi.(S = 제사장) + 죄1 - 1		"속죄제
5:16	niph.	pi.(S = 제사장) + 죄2 - 0[180)		"속건제
5:18	niph.	pi.(S = 제사장) + 죄3 - 1[181)		"속건제
5:26	niph.	pi.(S = 제사장) + Y[182)		"속건제
6:23		pi.inf.		속죄제
7:7		pi.impf.[183)		속죄제
8:15		pi.inf.		(제사장위임식)속죄제
8:34		pi.inf.		(제사장위임식)속죄제
9:7		pi.imp.[184)		속죄제
9:7		pi.imp.		속죄제
10:17		pi.inf. + Y		속죄제
11:32			qal	부정한 짐승시체 접촉 시
12:7		pi.	qal	출산 후 제사
12:8		pi.(S = 제사장)	qal	출산 후 제사
13:6			pi. +(S = 제사장)	피부병
13:6			qal	피부병
13:13			pi.	피부병
13:17			pi. +(S = 제사장)	피부병
13:23			pi. +(S = 제사장)	피부병
13:28			pi. +(S = 제사장)	피부병
13:34			pi. +(S = 제사장)	피부병
13:34			qal	피부병
13:37			pi. +(S = 제사장)	피부병
13:58			qal	곰팡이
13:59			pi.inf.	곰팡이
14:4			niph.pt.[185)	피부병
14:7			niph.pt.	피부병
14:7			pi.	피부병

---

180) אשם이 나타나는 경우이다.
181) שׁגג가 나타나는 경우이다.
182) לִפְנֵי יהוה가 나타나는 경우이다.

장절	סלח	כפר	טהר	상황
14:4			niph.pt.[186]	피부병
14:7			niph.pt.	피부병
14:7			pi.	피부병
14:8			niph.pt.	피부병
14:8			qal	피부병
14:9			qal	피부병
14:11			pi.pt.	피부병관련제사
14:11			niph.pt.	피부병관련제사
14:14			niph.pt.	(피부병)속건제
14:17			niph.pt.	(피부병)속건제
14:18		pi.(S = 제사장) + Y	niph.pt.	(피부병)속건제
14:19		pi. + 죄3[187]	niph.pt.	(피부병)속죄제
14:20		pi.(S = 제사장)	qal	(피부병)번제, 소제
14:21		pi.inf.		(피부병)속건제, 소제
14:25			niph.pt.	(피부병)속건제
14:28			niph.pt.	(피부병)속건제
14:29		pi.inf. + Y	niph.pt.	(피부병)속건제
14:31		pi.(S = 제사장) + Y	niph.pt.	(피부병)제사
14:48			pi.(S = 제사장)	곰팡이
14:53		pi.	qal	곰팡이
15:13			qal impf.[188]	고름병
15:13			qal	고름병
15:15			pi.(S =제사장) + Y	(고름)속죄제, 번제
15:28			qal	월경
15:28			qal impf.	월경
15:30		pi.(S = 제사장) + Y		(월경)속죄제, 번제
16:6		pi.		(대속죄일)대제사장 속죄제
16:10		pi.inf.		대제사장 속죄제
16:11		pi.inf.		대제사장 속죄제

---

183) 피엘 미완료형.
184) 피엘 명령형.
185) 닢알 분사형.
186) 닢알 분사형.

장절	סלח	כפר	טהר	상황
16:16		pi.		"성소 속죄제
16:17		pi.inf.		"속죄제
16:17		pi.		"속죄제
16:18		pi.		"제단성결예식
16:19			pi.	"제단성결예식
16:20		pi.pt.		"제단성결예식
16:24		pi.		"번제
16:27		pi.inf.		"속죄제
16:30		pi.impf.	pi.imp.	대속죄일
16:30			qal impf.	대속죄일
16:32		pi.		대속죄일
16:33		pi.		대속죄일
16:33		pi.impf.		대속죄일
16:34		pi.inf.		대속죄일
17:11		pi.inf.		속죄제
17:11		pi.impf.		속죄제
17:15		qal		부정한 짐승시체 접촉 시
19:22	niph.+죄1-1	pi.(S=제사장)+Y+죄1-1		(이성관계)속건제
22:4			qal impf.	질 병
22:7			qal	질 병
23:28		pi.inf.+Y		대속죄일

  이 도표를 보면, 레위기에서는 살라흐<סלח>와 타하르<טהר>가 어떤 기준에 의해서 엄격하게 구분되어 사용되었음을 알 수 있다. 살라흐 <סלח>가 나타나는 곳에서는 타하르<טהר>가 나타나지 않고, 또 이와 는 반대로 타하르<טהר>가 나타나는 곳에서는 살라흐<סלח>가 나타나 지 않는다.189) 구체적인 범죄로 인해서 드리는 속죄제와 속건제를

---

187) טמא가 나타나는 경우이다.
188) 칼미 완료형.
189) 예레미야서 33장 8절에는 סלח와 טהר가 함께 나타난다.

다루는 4장과 5장, 그리고 이성관계에 대한 규정을 언급하는 19장
22절에서 살라흐<סלה>가 나타나고 있어서, 레위기에서 살라흐<סלה>
는 기본적으로는 사회질서를 파괴하는 구체적인 범죄의 경우에 사용
되었다고 할 수 있겠다. 그리고 5장 6절을 제외한 나머지 구절들은
모두 살라흐＋카파르<「כפר＋סלה」>의 형태를 갖고 있다. 여기서 카파
르<כפר>는 실제적인 죄덮음을, 살라흐<סלה>는 이로 인한 용서의 선
포를 의미한다.

  그리고 타하르<טהר>는 레위기 11장에서 16장까지[190]에 집중적으
로 나타나는데 살라흐<סלה>와는 달리, 즉 사회질서를 파괴하는 범죄
와는 조금 거리가 있는 순전히 제의적(이고 위생적)인 측면의 죄, 대
속죄일과 위임식 때의 속죄, 질병에서 치유받은 후에 그리고 출산
후에 속죄할 때, 부정한 것을 접촉한 후에 속죄할 때 등의 경우에
사용되었다. 이러한 경우들이 바로 레위기에서의 타하르<טהר>의 삶
의 자리들이다. 그렇다면 타하르<טהר>는 살라흐<סלה>를 근간으로 한
용서양식과는 별개로, 또 다른 용서양식을 이룬다고 할 수 있을 것
이다.

---

190) 레위기 11~15장 연구에 대해서는 앞에서 소개한 왕대일의 논문 「시내산 전
    승단락(출 19: 1~민 10: 10)의 맥락에서 본 레위기 11~15장」을 보라. 왕대
    일은 지금까지의 레위기 11~15장 연구방법을 비판하면서 문학적이고 편집적
    인 연구방법에 기초한다. 그는 레위기 11~15장을 시내산 전승단락이라는 맥
    락 속에서 연구함으로써 이 맥락 속에서의 본문의 기능, 본문 편집자의 삶의
    자리와 의도, 신학을 밝혀내는 작업을 하는데, 레위기 11~15장이 포로기 또
    는 포로기 후기에 아론계열 제사장들에 의해서 이루어졌으며, "레위기 11~15
    장은 시내산 전승단락의 다른 본문들과 같이 땅의 회복을 위한, 민족의 회복
    을 위한, 그리고 엉망이었던 성전 종교의 회복을 위한 신학적 청사진의 구실
    을 한다."고 말한다(137쪽). *레위기 11~15장이 단순한 제의규정이 아니고 아
    론계열 제사장들의 이스라엘 회복 프로그램이라면 앞으로 우리가 연구할 에스
    겔서 36장 16~38절을 비롯한 포로기 후기의 이스라엘 회복 프로그램과의 관
    계성도 하나의 연구주제가 될 만하다고 생각한다.*

그리고 위의 도표에서 볼 수 있는 것처럼 살라흐＋카파르<「ᴋᴩᴘ＋ᴄᴌᴀ」>의 경우처럼 그렇게 정형적인 것은 아니지만 타하르<ᴛᴀᴀᴘ>가 카파르<ᴋᴩᴘ>와 결합되어서 사용되는 경우(타하르＋카파르<ᴋᴩᴘ＋ᴛᴀᴀᴘ>)도 있는데, 이런 경우에는 '죄'(하타아트<ᴛᴀᴀᴛ>)와 '부정함'(타메<ᴛᴍᴍᴀ>)의 단어들이 뒤따라 나오기도 한다. 여기서도 카파르<ᴋᴩᴘ>는 실제적인 죄덮음을, 타하르<ᴛᴀᴀᴘ>는 이로 인한 용서의 선언을 의미하는 것으로 보인다.

여호수아서, 예레미야서, 에스겔서, 시편, 잠언서에서도 타하르<ᴛᴀᴀᴘ>는 죄의 동의어들인 핫타아트<ᴛᴀᴀᴛ>, 타메<ᴛᴍᴍᴀ>, 아온<ᴀᴠᴏᴎ>, 겔룰림<ᴋᴌᴌᴌᴌᴍ>, 쉬쿠침<ᴋᴋᴜᴄᴜᴍ>, 페샤<ᴩᴜᴀ>와 결합되어서 나타난다. 그래서 타하르<ᴛᴀᴀᴘ>도 살라흐<ᴄᴌᴀ>처럼 용서의 의미를 갖지만, 살라흐<ᴄᴌᴀ>가 사용되는 경우와는 구별되는 개념의 죄에 대한 용서를 말할 때 사용된 것으로 보인다. 즉, 죄를 '부정함'으로 표현할 때, 타하르<ᴛᴀᴀᴘ>가 사용되었던 것으로 판단된다. 특히 에스겔서 36장 16∼38절에서는 죄를 타메<ᴛᴍᴍᴀ>로 표현하기 때문에 살라흐<ᴄᴌᴀ>가 아닌, 타메<ᴛᴍᴍᴀ>와 대응되는 타하르<ᴛᴀᴀᴘ>가 사용될 수밖에 없는 것이다. 이러한 경향은 에스겔 이후에 더 분명해진 것으로 보이는데, 타하르<ᴛᴀᴀᴘ>가 느헤미야서에서 5번, 역대하[191)]에서 7번 사용되었다는 사실에서도 이를 알 수 있다.

그리고 에스겔서에서는 레위기와는 달리 사회질서를 파괴하는 죄들도 타메<ᴛᴍᴍᴀ>로 표현하기 때문에, 모든 영역의 죄씻음과 용서를 타하르<ᴛᴀᴀᴘ>로 표현한다고 할 수 있겠다. 이것은 에스겔서에 제의전

---

191) ᴄᴌᴀ가 역대하에서 6번 사용되었는데 솔로몬의 성전준공기도에서 찾아볼 수 있다. 이것들은 백성들의 구체적인 범죄사실을 지적하면서 하나님께 용서를 간청하는 경우들이다.

통이 강하게 반영되어 있음을 암시하는 것으로 보인다.[192]

그리고 레위기 외에 다음 구절들에서도 타하르<טהר>는 분명히 용서의 의미로 사용되었다.[193]

예레미야서 33장 8절

웨티하르팀 믹콜-아오남   아쉐르 하테우-리
웨살라흐티 레콜-아오노테헴   아쉐르 하테우-리
                          와아쉐르 파쉐우 비

וְטִהַרְתִּים מִכָּל־עֲוֹנָם   אֲשֶׁר חָטְאוּ־לִי
וְסָלַחְתִּי לְכָל־עֲוֹנֹתֵיהֶם אֲשֶׁר חָטְאוּ־לִי[194]
                          וַאֲשֶׁר פָּשְׁעוּ בִי

내가 그들을 내게 범한 그 모든 죄악에서 정하게 하며
그들의 내게 범하며 행한 모든 죄악을 사할 것이라.

에스겔서 36장 25절[195]

믹콜 투메오테켐 우믹콜-길룰레켐 아타헤르 에테켐
מִכֹּל טֻמְאוֹתֵיכֶם וּמִכָּל־גִּלּוּלֵיכֶם אֲטַהֵר אֶתְכֶם

---

192) 예언과 제의의 관계에 대해서 김영일은 "이렇게 아모스가 찬송언어를 사용했다고 해서 그를 제의 예언자로 볼 수는 없다. 왜냐하면 제의 언어에 대하여 이렇게 정통해 있음은 사려 깊은 예배자라면 누구에게나 있을 수 있는 일이기 때문이다……아모스는 제의 예언자가 아니면서도 예배언어를 그의 신탁선포에 활용하였다."고 말한다(김영일, 「아모스서에 나타난 이스라엘의 예배언어」, 신학사상 65(1989년 여름), 287~288).

193) ibid., 650. H. Ringgren, "טהר", TWAT. Band Ⅲ, 314.

194) 여기서는 טהר와 סלח가 평행되고 있어서, 이 두 단어가 같은 의미로 사용되었음을 알 수 있다.

195) 이 구절이 속한 에스겔서 36장 16~38절은 'Ⅲ장 「용서 → 회개」의 문학구조'에서 다룰 것이다.

곧 너희 모든 더러운 것에서와 모든 우상을 섬김에서
너희를 정결하게 할 것이며

시편 51편 4절(개역은 3절)

헤레브 캅베세니 메아오니 우메핫타티 타하레니
הֶרֶב כַּבְּסֵנִי מֵעֲוֹנִי וּמֵחַטָּאתִי טַהֲרֵנִי
나의 죄악을 말갛게 씻기시며 나의 죄를 깨끗이 제하소서.

말라기서 3장 3절

웨티하르 에트-베네-레위
וְטִהַר אֶת־בְּנֵי־לֵוִי
레위 자손을 깨끗케 하되

그러면 지금까지 타하르<טהר>에 관해서 살펴본 것들을 정리해 보자.
① 타하르<טהר>는 죄의 동의어들인 핫타아트<חטאת>, 타메<טמא>, 아온<עוון>, 겔룰림<גלולים>, 쉬쿠침<שקוצים>, 페샤<פשע>를 목적어로 취하면서, 용서의 의미를 갖는다.
② 타하르<טהר>는 레위기에서는 살라흐<סלח>와는 함께 쓰이지 않는다. 그러나 예레미야서 33장 8절에서는 두 단어가 함께 나타나며, 여기서 이 두 동사의 목적어의 어근은 아온<עוון>이어서, 예레미야서에서는 타하르<טהר>와 살라흐<סלח>가 동일한 의미로 쓰임을 알 수 있다. 그러나 에스겔서에는 이 둘을 구분해서인지 살라흐<סלח>가 전혀 나타나지 않는다. 그렇다면 살라흐<סלח>와 타하르<טהר>를 엄격하게 구분해서 쓰는 레위기의 특징은 에스겔서에서부터 시작되었다고 할 수 있을 것이다.
③ 타하르<טהר>는 레위기에서 카파르<כפר>와 함께 쓰이기도 한다.

④ 레위기와는 달리 에스겔서에서는 부정함을 뜻하는 타메<טמא>가 제의적인 죄뿐만 아니라 사회적인 죄까지도 포함하기 때문에, 용서를 말할 때는 살라흐<סלח>가 아닌 타하르<טהר>가 사용된다.

⑤ 이런 점들로 인해서 타하르<טהר>는 살라흐<סלח>와는 별개의 용서양식을 이룬다.

예레미야서 33장 4~9절

이제는 타하르<טהר>가 용서의 의미를 갖고 있는 사실을 좀더 분명하게 알아보기 위해서 예레미야서 33장 4~9절을 보기로 하자.

예레미야서 33장은 크게 1~13절, 14~26절로 나눌 수 있다.[196] 그리고 1~13절에는 세 개의 도입구(1, 10, 12절)가 나타나는데, 이것은 1~13절이 1~9절, 10~11절, 12~13절의 세 개의 독립된 부분으로 이루어져 있음을 보여주는 것이다.

이것들 중에서 첫째 부분인 1~9절에 속해 있는 4~9절에는 하나님이 이스라엘을 회복하는 모습이 나오는데, 6~8절에는 번영과 포로귀환과 재건을, 8절에는 용서를, 9절에는 예루살렘의 높아진 위상과 이방의 반응에 대해서 이야기한다.

할러데이는 본문의 4b~5aα가 손상되어 있고, 또 첨가된 것으로 여겨지는 부분들[197]도 있어서 많은 주의를 기울여야 하지만 중심부분은 예레미야 자신의 것이라고 생각한다.[198] 그는 우리가 다룰 8절에서 웨티하르팀<וטהרתים>을 제외한 나머지는 후대의 첨가로 본

---

196) 14~26절이 LXX에는 완전히 빠져 있다.
197) 7a, 8aβγ~9를 첨가로 본다(W. L. Holladay, 『Jeremiah 2 — A Commentary on the Book of the Prophet Jeremiah, Chapters 26 — 32』, Hermeneia(Minneapolis: Augsburg Fortress Press, 1989, 221f.).
198) ibid., 222.

다.[199) 그러나 이 구절을 현재 형태 그대로 두어도 문제되지 않는다.

그리고 6~8절에는 치유, 평화, 안전, 회복, 깨끗케 함, 용서들이 나타나는데, "회복의 날에 중요한 모습은 허물에서 깨끗해지는 것과 범한 죄를 용서받는 것이다(cf. 에스겔서 36장 25~26절)."[200)

이 가운데서 「용서」를 말하는 8절을 살펴보자.

	A	B
8aα	웨티하르팀 믹콜－아오남	
8aβ		아쉐르 하테우－리
8bα	웨살라흐티 레콜－아오노테헴	
8bβ		아쉐르 하테우－리
8bγ		와아세르 파세우 비

	B	A
8aα		וְטִהַרְתִּים מִכָּל־עֲוֹנָם
8aβ	אֲשֶׁר חָטְאוּ־לִי	
8bα	וְסָלַחְתִּי לְכָול־עֲוֹנוֹתֵיהֶם	
8bβ	אֲשֶׁר חָטְאוּ־לִי	
8bγ	וַאֲשֶׁר פָּשְׁעוּ בִי	

이 구절에는 죄의 동의어들인 아온<עון>(2회), 하타<חטא>(2회), 페샤 <פשע>가 사용되었고, 용서의 동의어인 타하르<טהר>와 살라흐<סלח>가 사용되었다.

---

199) ibid.

200) J. A. Thompson, 『The Book of Jeremiah』, NICOT(Grand Rapids, Michigan: W. B. Eerdmans Publishing Company, 1980, 1985), 599.

그리고 8절은 일종의 점층법(漸層法)을 사용한다. 같은 내용이 8a와 8b에 두 번 반복되고 있고, 또 8a는 α와 β 두 부분으로 되어 있는데, 8b는 α, β, γ 세 부분으로 이루어져 있어서 하나님의 용서가 8a에서 8b로 넘어가면서 더 강화됨을 알 수 있고, 에스겔서 36장에서처럼, 8aβ와 8bα에 콜<כָּל>이 나타나고 있어서 하나님이 모든 죄를 사해 주심을 강조한다.

지금까지 우리는 예레미야서 33장 4~9절을 통해서 타하르<טהר>가 용서의 의미를 갖는 것을 살펴보았다.

또 여기서는 자세히 밝히지 않았지만 죄씻음의 의미를 갖는 타하르<טהר>의 동의어들[201]도 문맥에 따라서 용서의 의미를 갖는다. 그리고 '구원하다'는 의미를 갖는 야샤<ישע>도 죄의 동의어들과 함께 나타나서, 용서의 뜻으로 쓰이기도 한다(에스겔서 36장 29절).

(3) 라함⟨רחם⟩

라함<רחם>은 강세형(피엘형)으로 쓰이는데, 주된 의미는 '불쌍히 여기다'이며, 은유적으로 '용서하다'의 의미를 갖는다. 라함<רחם>은 사람들을 긍휼히 여기시는 항구적인 하나님의 마음을 나타내면서도 심판과 징벌 이후에는 자신이 징계한 자들에 대한 하나님의 마음의 변화를 말한다. 이 단어는 구약성경에서 모두 47회 사용되었는데, 살라흐<סלח>와 카파르<כפר> 그리고 타하르<טהר>가 많이 사용된 레위기와 민수기에서는 전혀 사용되지 않았고 주로 예언서에서 사용되었는데(34회), 이사야서(12회), 예레미야서(10회),[202] 호세아서(7회)에서

---

201) רוח, רחץ, כבס, פדש, נקה, לבן, ברר, צרף, זכה.
202) 예레미야서에서는 다른 단어들에 비해 סלח와 רחם이 많이 사용된 편이다.

많이 찾아볼 수 있다. 스가랴서 2회, 에스겔서,[203) 미가서, 하박국서 각각 1회이다.

라함<רחם>은 타하르<טהר>(pi.)와 카파르<כפר>(pi.)에 비해서 훨씬 은유적이다. 그러나 라함<רחם>이 용서의 의미를 갖고 있음은 부인할 수 없다.[204)

특히 이사야서 55장 7절("악인은 그 길을, 불의한 자는 그 생각을 버리고 여호와께로 돌아오라. 그리하면 그가 긍휼히 여기시리라. 우리 하나님께로 나아오라. 그가 널리 용서하시리라.")에서는 라함<רחם>이 살라흐<סלח>와 함께 사용되고 있어서, 라함<רחם>이 살라흐<סלח>와 평행되는 의미로 사용되었음을 알 수 있다.

7a 야아조브 라샤 다르코 웨이쉬 아웬 마흐쉐보타우
7b 웨야쇼브 엘-야훼 위라하메후 웨엘-엘로헤누 키-야르베 리쉘로아흐
7a יַעֲזֹב רָשָׁע דַּרְכּוֹ וְאִישׁ אָוֶן מַחְשְׁבֹתָיו
7b וְיָשֹׁב אֶל־יְהוָה וִירַחֲמֵהוּ וְאֶל־אֱלֹהֵינוּ כִּי־יַרְבֶּה לִסְלוֹחַ׃

7a에서는 죄인이 회개할 것을 촉구하고, 7b에서는 그가 하나님께 돌아오면 하나님이 그를 용서해 주실 것이라고 말한다. 여기서 라함 <רחם>과 살라흐<סלח>는 평행구를 이룬다. 그래서 모든 문장들에서 라함<רחם>을 언제나 '용서하다'로 옮길 수는 없지만 7절에 나타나는 이러한 평행관계를 통해서 라함<רחם>이 특정한 문맥 속에서는 2차적으로 '용서하다'의 의미를 갖게 되는 것을 알 수 있다.

---

203) 에스겔서 39장 25절에서 사용되었다. 이 구절이 속한 본문은 'Ⅲ장 「용서 → 회개」의 문학구조'의 '2. 기타 본문들'에서 다루게 될 것이다.
204) H. J. Stoebe, "רחם rḥm sich erbarmen", THAT Ⅱ, 766.

(4) 라차〈רצה〉

라차〈רצה〉가 '(여호와께서) 기쁜 마음으로 받으신다'는 의미로 사용된 것은 모두 30번이다.[205] 게를레만은 라차〈רצה〉가 제사전문용어이며, 예언서에서는 '(여호와께서) 받기를 즐겨하지 않으신다'는 부정적인 의미로 사용되었다고 말하는데, 그 본문들을 보면, '하나님의 제사거부'는 바로 하나님의 심판을 가리킨다는 사실을 알 수 있다. 그렇다면 그것과는 반대로 하나님이 '제사를 기쁘게 받으신다'는 것은 하나님의 마음의 변화를 보여주며, 넓은 의미의 용서와 관련이 있다고 할 수 있을 것이다.

라차〈רצה〉는 에스겔서에서는 3번 사용되었는데, 이 가운데서 넓은 의미의 용서로 볼 수 있는 경우는 에스겔서 20장 40절(샴 에르쳄〈שָׁם אֶרְצֵם〉), 41절(베레아흐 니호아흐 에르체 에테켐〈בְּרֵיחַ נִיחֹחַ אֶרְצֶה אֶתְכֶם〉)[206]이다.

(5) 종 합

지금까지 살펴본 것처럼, 살라흐〈סלח〉 외에도 용서의 의미를 갖는 단어들이 여럿 있다.[207] 특히 에스겔서에서는 타하르〈טהר〉, 야샤〈ישע〉,

---

205) 신명기 33장 11절, 사무엘하 24장 23절, 이사야서 42장 1절, 예레미야서 14장 10절, 12절, 에스겔서 20장 40절, 41절, 43장 27절, 호세아서 8장 13절, 아모스서 5장 22절, 미가서 6장 7절, 학개서 1장 8절, 말라기서 1장 10절, 13절, 시편 40편 14절, 44편 4절, 51편 18절, 77편 8절, 85편 2절, 119편 108절, 147편 10절, 11절, 149편 4절, 욥기 33장 26절, 잠언서 16장 7절, 전도서 9장 7절, 역대상 28장 4절, 29장 17절(G. Gerleman, "רצה rṣh Gefallen haben", THAT Ⅱ, 812).

206) 에스겔서 20장 40, 41절이 속한 본문(20장 40~44절)은 'Ⅲ장 "용서 → 회개"의 문학구조'의 '2. 기타 본문들'에서 다루게 될 것이다.

207) 예언서를 보면 이사야서에서는 כפר, חם 그리고 רצא가, 예레미야서에서는 סלח와 חם이, 에스겔서에서는 טהר와 כפר가 주로 사용되었다. 그리고 서사체의 구절들보다는 예언서와 운문체의 구절들에서 죄용서의 은유적인 표현들이 많이

카파르<כפר>, 라함<רחם>, 라차<רצה>, 로 자카르<לא זכר> 등이 넓은 의미의 용서를 표현하는 데 사용되었는데 중요한 관련 본문은 16장 63절(카파르<כפר> 동사), 20장 40, 41절(라차<רצה> 동사), 36장 25절, 36절(타하르<טהר> 동사), 29절(야샤<ישע> 동사), 39장 25절(라함<רחם> 동사)이다.

3) 용서(또는 용서간청)의 수사법

여기서는 우리가 사용하는 「용서」의 개념을 보다 명확하게 하기 위해서 '용서(또는 용서간청)의 수사법'을 살펴보기로 하겠다. 연구대상 본문들은 범죄한 이스라엘 백성을 하나님의 진노로부터 구해내려고 애쓰는 모세와 하나님 사이의 대화를 담고 있으며 또 서로 전승사적인 연관을 갖는 세 본문인 출애굽기 32장 7~14절과 민수기 14장 11~25절과 신명기 9장 7~29절, 그리고 하나님의 용서의 동인(動因)을 언급하는 신명기 9장 1~6절이다.

이 네 본문에서 말하는 것은 인간의 범죄와 하나님의 용서의 관계이다. 그래서 이 본문들을 연구해 보면 인간의 범죄와 하나님의 용서의 관계에 대한 다양한 문학구조들 가운데서 본문들이 갖고 있는 나름의 문학적인 형태를 찾아낼 수 있을 것이다.

그러나 본 연구에서는 에스겔서 36장 16~38절에 담겨 있는 용서와 회개의 특수문학구조를 찾아내는 데 주력하려고 하기 때문에, 이 네 개의 본문을 문학적이고 언어학적으로 자세히 연구하면서 필요한

나타난다는 사실도 알 수 있다.

경우에는 에스겔서 36장 16~38절과의 비교연구를 통해서, 에스겔서에서 말하는 하나님의 용서의 독특성을 부각시키려고 한다. 이런 입장에서 네 개의 본문을 연구할 것이다.

(1) 출애굽기 32장 7~14절

차일즈는 본문이 속해 있는 출애굽기 32~34장이 전체적으로 '죄와 용서'라는 신학적인 틀을 갖고 편집된 것으로 본다.[208] 하지만 그의 주장을 전적으로 받아들이기에는 몇 가지 문제점이 있다. 우선 문제가 되는 것은 본문에 이스라엘 백성의 죄는 명확하게 드러나는데, '하나님의 용서'가 구체적으로 어떤 것인지가 분명하게 언급되지 않는다는 것이다. 본문을 읽다 보면 하나님이 이스라엘을 과연 용서하셨는지 또 용서했다면 용서에도 여러 가지 차원이 있는 것인지 범죄한 사람들이 결국 심판을 받게 될 것이라면 모세가 그토록 하나님께 이스라엘의 용서를 간청한 결과가 무엇인지 하는 의문들이 제기된다.

그리고 본문을 보면 하나님의 용서의 동인이 하나님 자신에 의한 결단이 아니고—오히려 하나님은 결단을 유보하는 것처럼 또는 모세의 말을 수용하는 듯하면서도 궁극적으로는 자신의 뜻을 관철시키시는 것처럼 보인다—모세의 중보기도이어서, *이스라엘 백성의 회개가 나타나지 않는다*는 점이다. 그렇다면 범죄한 이스라엘의 회개 없이 중보자의 기도만으로도 하나님의 용서를 얻어낼 수 있다는 것인가 하는 의문도 제기된다. 물론 앞에서 지적한 것처럼, 하나님이 이스라엘을 용서하셨는지가 의문스럽기는 하지만 말이다. 그래서 차

---

208) Brevard S. Childs, 『The Book of Exodus—A Critical, Theological Commentary』, OTL(Philadelphia: The Westminster Press, 1974), 557.

일즈가 말하는 것처럼 32~34장을 '죄와 용서'로 단순화시키기가 어렵다. 본문은 오히려 하나님의 용서보다는 이스라엘 백성의 죄를 부각시키고 있으며, 하나님의 은혜와 자비는 구체성을 결여한 채 지나치게 포괄적으로 이야기되고 있을 뿐이다. 그리고 하나님의 용서보다는 하나님의 용서를 촉구하는 모세의 수사법이 더 두드러진다.

이러한 점들을 살펴보기 위해서 본문을 연구해 보기로 하자. 먼저 본문구성에 대해서 마틴 노트는 출애굽기 32~34장에서 후대에 첨가된 부분을 제외한 거의 전부를 여호와문서로 보는데, 32장 9~14절은 신명기사가적 양식을 따른 첨가로 보며, 여기에 대해서 다음과 같이 말한다.

> 이 첨가부분은 이스라엘 백성이 우상숭배의 길로 타락한 이후에도 벌을 받지 않은(역사적) 사실을 설명함에 있어서 야훼가 에집트인들에 대한(또한 세계의 모든 민족들에 대한) 자신의 명성과 족장들에게 준 맹세를 생각하여 벌하지 않은 것이라고 설명하고 있다. 그러나 이 첨가부분은 이스라엘의 처벌문제에 대하여 적절하지 못한 대답을 미리 제시하고 있다.[209]

노트는 본문의 구성이 매끈하지 못하다는 사실을 지적하고 있는 것이다. 노트뿐만 아니고 많은 학자들의 주장대로 본문은 단순하게 구성되어 있지는 않다. 차일즈도 출애굽기 32장이 전체적으로 하나의 기본 문서인(아마도) 여호와문서로 되어 있다고 보지만, 7~14절과 25~29절을 첨가된 것으로 생각한다.[210] 그는 7~14절이 신명기적인 언어로 되어 있는데, 원래의 이야기의 핵심에서 벗어나지 않는

---

209) Martin Noth, 『Das zweite Buch Mose: Exodus』, 출애굽기, 국제성서주석(서울: 한국신학연구소, 1981), 291.
210) B. S. Childs, 『The Book of Exodus』, 559.

다는 점에서 신명기 9장 25절 이하와는 다르다고 말한다.[211] 그리고 비어(Beer)는 엘로힘문서의 보충물로, 로자(Loza)는 예호비문서편집자(R[JE])로, 하이야트(Hyatt)는 신명기 편집자에 의한 것으로 본다.[212]

이처럼 본문의 복잡한 구성을 지적하면서도 마틴 노트는 본문을 32~34장의 문맥 속에서 읽어야 한다고 말하는데, 이러한 점을 더욱 강조하는 차일즈는 32장이 문학적으로 통일성을 갖는다고 말하고, 그러한 점에 근거해서 32장을 이해하려고 한다.[213] 그래서 7~14절이 후대에 확장된 것이 분명하지만, 현재의 문맥에서는 없어서는 안 되는 부분이라고 말한다. 전체 문맥에서의 본문의 단절보다는 연속성을 강조하고 그러한 측면에서 문맥을 파악하는 입장에 공감을 표한다.

출애굽기 32장 7~14절은 7~10절과 11~14절의 두 부분으로 이루어진다. 내용을 보면 7~10절은 하나님이 모세에게 하시는 말씀이고, 11~14절은 모세가 하나님께 말씀을 드리는 장면이다. 하나님은 범죄한 이스라엘 백성을 진멸시키고자 하신다. 그런데 모세는 그렇게 하지 말기를 간청하면서 하나님의 능력을 비웃는 애굽 사람의 말을 인용하고, 선조들에게 땅을 주시겠다고 한 약속을 되살린다. 그래서 여호와께서는 벌을 내리지 않으셨다.

우리가 본문에서 먼저 주목할 것은 본문의 수사법이다. 출애굽기 32장 7~14절은 강력한 수사기법을 보인다. 전체적으로 이 본문에는

---

211) ibid.

212) John I. Durham, 『Exodus』, WBC. 3(Waco, Texas: The Word Books Publisher, 1987), 427.

213) B. S. Childs, op. cit.

수사적인 기법이 강하게 나타나며, 하나님을 설득하는 모세의 수사력이 강하게 드러난다. 본문에서 모세는 마치 법정에서 피고를 두둔하는 변호사와도 같은 역할을 한다. 모세는 미묘한 논리를 폄으로써 하나님으로 하여금 이스라엘 백성에 대한 진노를 철회토록 하고 결국 모세는 자신의 변호에서 승리한다. 모세는 하나님의 진노를 가라앉히고 하나님을 설득하기 위해 노력한다. 모세가 제시하는 두 가지 요인이 모두 설득력이 있어서 하나님은 뜻을 돌이키사 말씀하신 화를 그 백성에게 내리지 아니하셨다(14절). 11절에서 그는 하나님이 능력으로 구원한 백성을 진멸하는 것은 모순되는 것임을 말한다. 그리고 하나님이 이스라엘 백성을 진멸하시면 출애굽 사건을 통해서 하나님의 영광을 본 애굽 사람들에 의해서 하나님 자신이 모욕을 당하게 된다고 말함으로써, 하나님의 행동의 모순됨과 그 의도의 모호성을 지적한다. 또 하나님이 지금 이스라엘을 진멸하는 것은 선조들에게 하신 약속을 위배하는 것임을 지적함으로써 하나님의 행동의 모순성을 말한다.

그리고 본문에는 에스겔서 36장 16~38절에서처럼 '아이러니'가 나타난다. 모세는 범죄한 것은 이스라엘이고 그래서 그들에게 심판을 내리려고 하는데, 결과적으로 모욕을 당하는 것은 하나님이라는 점을 지적하는 것이다. 그리고 자신이 예전에 했던 약속에 묶여서 결국 진노를 철회할 수밖에 없고, 또 이러한 사실을 예기치 못한 하나님의 아이러니한 모습이 나타난다. 모세는 이러한 아이러니를 지적하면서, 하나님을 설득하려 한다.

그런데 출애굽기 32장을 전체적으로 보면, 모세의 행동도 아이러니의 대상이다. 그는 이스라엘 백성들을 용서해 달라고 하나님께 간구하는데 막상 내려와서 이스라엘 백성들의 범죄현장을 목격하고는 진노한다. 사르나(Sarna)는 모세의 이러한 행동이 놀라운 일이 아니며, 결코 충동적인 것이 아니고, 이스라엘의 계약파기를 상징하는 것이라고 말한다.214) 하지만 사르나(Sarna)의 설명이 만족스러운 것은 아니다. 본문을 문학적인 측면에서 볼 때 하나님께 중보하던 모세와 진노하는 모세는 분명히 다르고 모세가 이스라엘의 범죄하는 모습에 분노하고 그렇게 하는 것이 당연하다고 해도, 그가 하나님께 중보할 때는 이스라엘의 범죄가 그만큼 심각하다는 것을 몰랐던 것이 아닌가 하는 의구심을 떨쳐버릴 수가 없기 때문이다. 그렇다면 모세는 사태를 잘 모르고 하나님께 중보를 했다고 생각할 수밖에 없다.

또 '이스라엘'을 지칭하는 데 사용된 용어들을 살펴보면, 본문의 수사법을 더 잘 알 수 있다. 하나님은 7절에서 이스라엘을 가리켜서 '네 백성'(암메카<עַמֶּךָ>: 모세의 백성)이라고 하시고, 9절에서는 '이 백성'(하암 핫제<הָעָם הַזֶּה>)이라고 하심으로써 이스라엘과 거리를 두시고, 이스라엘이 자신의 백성이 아님을 명확히 하시는 데 비해서, 모세는 11절, 12절에서 '당신의 백성'(암메카<עַמֶּךָ>)이라고 함으로써, 이스라엘이 하나님의 백성임을 분명히 한다. 모세는 줄기차게 이스라엘을 '하나님의 백성'이라고 하는 것이다. 그리고 해설자는 14절에서 이스라엘을 '그의 백성'(암모<עַמּוֹ>: 하나님의 백성)이라고 함으로써 하나님이 진노를 철회하심으로 하나님과 이스라엘의 관계가 다시 회복되었음을 말해 준다. 이스라엘이 하나님께 범한 죄를 회개했다는 것은 없고, 모세의 간청으로 하나님의 진노가 철회됨으로써 하나님과 이스라엘의 관계가 하나님은 이스라엘의 하나님, 이스라엘은

---

214) Nahum M. Sarna, 『Exploring Exodus—The Heritage of Biblical Israel』(New York: Schocken Books, 1986), 219. 그는 아카드의 법률용어에도 '판을 깨뜨리다'(tuppam ḫepû)는 말이 있는데, 이 말은 문서나 동의를 무효화시키거나 거부하는 것을 의미한다고 말한다(ibid.).

여호와의 백성으로 회복됨을 보여준다.

그러나 출애굽기 32장을 계속 읽어가다 보면 하나님께 직접적으로 범죄한 사람들이 모두 멸망당했음을 보여줌으로써 범죄에 대한 심판을 명확히 보여주고 있다. 그래서 결국 공동체에 대한 하나님의 심판은 모면했지만 범죄한 개인들은 심판을 벗어날 수 없다는 것을 보여준다. 이것은 민수기 14장 11~35절에서도 마찬가지이다. 그리고 '하나님이 모세의 간청을 듣고 범죄한 이스라엘 백성을 과연 용서하셨는가?' 하는 의문을 갖게 만든다.

출애굽기 32장 30~35절을 보면 모세는 하나님께 두 번째 중보의 기도를 드린다. 여기서 모세는 이스라엘이 큰 죄를 지었음을 고백하고 그들의 죄를 용서해 달라고 간구한다. 만약 그렇게 하지 않으시려면 자기의 이름을 지워달라고 극단적인 말까지 한다. 여기에 대해 하나님은 "그러나 내가 보응할 날에는 그들의 죄를 보응하리라."(34절)고 말씀하신다. 그리고 35절에는 "여호와께서 백성을 치시니 이는 그들이 아론의 만든바 그 송아지를 만들었음이더라."고 기록되어 있다. 그래서 본문은 결국 하나님의 용서보다는 하나님의 징계를 더 강조함을 알 수 있다.

본문을 읽으면서 생각하는 것은 앞에서도 언급했지만 '하나님이 범죄한 이스라엘을 결국 심판하실 것이면 하나님과 모세 사이의 그 격렬한 토론은 어떤 의미가 있는 것인가? 그저 본문 기자의 신학적인 문제제기에 불과한 것인가?' 하는 점이다. 이것이 분명치 않다. 그렇다면 본문은 아직까지 이 문제를 신학적으로 명쾌하게 정립하지 못한 상태에서 만들어진 것이 아닌가 생각된다.

그리고 하나님이 자신의 의도를 바꾸신 까닭은 무엇인가 하는 문제도 제기된다. 여기에 대해 차일즈는 이렇게 말한다. "여호와는 이스라엘을 진멸하시려고 의도하셨던 그의 마음을 바꾸신다." 이 문장만 읽으면 이스라엘의 하나님이 제우스처럼 변덕스럽게 된다. 하지만 그 전체 문맥에서 읽으면 그것은 히브리신앙의 본질적인 역설을 단적으로 보여준다. 하나님은 자비롭고 은혜로우시지만…… '형벌받을 자는 결단코 면죄하지 않는다.'(34장 7절)[215]

차일즈는 32장이 하나님의 용서를 이야기한다고 보았다. 그는 하나님의 백성은 처음부터 용서받고 회복된 공동체이고, 계약(과 새로운 계약)은 인간이 아닌 하나님 편에서 지켜진 것이며, 그래서 황금 송아지 이야기는 계약의 기초가 무엇보다도 하나님의 자비와 용서라는 것을 명약관화하게 보여준다고 말한다.[216]

이것은 구약성경을 전체적으로 보는 신학적인 입장에서는 맞는 이야기지만 하나님의 자비와 용서를 지나치게 일반화시킴으로써 구체성을 상실한 경향이 없지 않다. 하나님의 자비와 용서가 구체적으로 어떻게 나타나는가에 대해서는 말하지 않기 때문이다. 또 하나님의 자비와 용서는 전체적으로 나타나는 성격일 뿐, 그것은 매 사건마다 다른 양상으로 나타나기 때문이다.

그리고 하나님이 모세에게 이스라엘 백성들을 진멸하고 더 큰 나라를 만들겠다고 하신 것은 현실적으로 어떤 의미가 있는가? 실제적으로 이 말은 무엇을 의미하는가? 그 말씀이 이루어질 현실성이 있는가? 모세에게 하신 이 말은 아브라함에게 하신 약속과 같은 성격인가?[217] 즉, 모세의 생전에는 이루어질 가능성이 없는 먼 미래적인

---

215) B. S. Childs, 『The Book of Exodus』, 568.
216) ibid., 580.

약속인가 하는 문제도 있다. 하지만 이 점에 대해서는 아무도 문제를 제기하지 않는다. 본문 속에서 모세에게 하신 하나님의 말씀은 본문의 문학적인 측면에서 수사적인 기능을 할 뿐 현실성을 갖지 못한 것으로 보인다. 모세에게 하신 말씀은 실제로 의미가 없는 것이다. 그것은 이루어질 가능성이 희박하기 때문이다.

본문을 에스겔서 36장 16~38절과 비교해 보면 출애굽기 32장에서는 하나님과 모세가 대화를 나누고, 모세가 하나님의 명성을 아끼지만, 에스겔서 36장 16~38절에서는 하나님만 말씀하시고 하나님이 스스로 자신의 명예를 지키고자 하신다. 출애굽기에서는 모세가 하나님을 설득하고, 하나님보다는 모세가 더 논리 정연한 인상을 준다. 그런데 에스겔서 36장 16~38절에서는 하나님은 누구에 의해서 설득을 당하시는 분이 아니다. 누구를 위해서 용서하시는 분도 아니다. 자기 스스로 결단하시고 자기 스스로 행동하시는 분이다.

(2) 민수기 14장 11~25절

① 본문이해
민수기 14장 11~25절도 출애굽기 32장처럼 모세가 하나님의 능력에 대한 문제를 제기함으로써 이스라엘 백성을 진멸하시려는 하나님을 설득한다.

먼저 본문의 구성을 보면 민수기 14장은 제사문서와 여호와문서

---

217) 본문에 의하면 아브라함과 모세는 여러 가지 면에서 공통점이 있다. 모세를 새로운 아브라함으로 부각시키려는 의도가 있는지도 모른다. 그리고 제2이사야서는 새로운 출애굽을 아브라함과 연결시키고 있다. 이런 점에서 이 본문들이 서로 전승사적인 연관을 갖는다고 볼 수 있을 것이다.

가 결합되어 있다. 11b~23a는 신명기적인 색채를 띠고 있어서 원래의 여호와문서에 첨가된 것으로 보이는데[218] 버드(Budd)는 출애굽기 32장 7~14절과 마찬가지로 포로기 시대의 것으로 추정한다.[219] 23b부터 여호와문서가 다시 나타난다.[220] 그리고 26절부터는 제사문서가 시작된다.[221]

버드(Budd)는 민수기 13~14장의 전승사를 다음과 같이 요약한다. ① 헤브론과 호르마와 관련된 갈렙의 정착전승. ② 갈렙의 예견과 용기에 의해서 헤브론을 점유한 이야기. 호르마에서의 승리. ③ 호르마에서의 패배. ④ 포로기에 모세의 중보에 초점을 맞춘 본문확장. ⑤ 갈렙 대신 여호수아를 신실한 정탐꾼으로 강조하고, 이스라엘의 불평으로 인해서 땅을 얻지 못하게 된 것과 불가피한 하나님의 심판을 이야기하는 제사문서적 확장.[222]

그레이는 11~24절이 초기 예언 자료에서 비롯된 것이 아니고 특히 13~17절은 에스겔서의 사상과 밀접한 연관이 있다는 일반적인 의견을 소개한다.[223] 그는 13~17절에 나타나는 문제들이 에스겔서 36장 16~36절과 39장 21~29절에 나타난다고 말하는데 그 차이점에 대해서는 언급하지 않는다.[224] 이 학자들의 견해를 종합해 보면

---

218) Martin Noth, 『Das vierte Buch Mose, Numeri』, James D. Martin, tr., 『Numbers－A Commentary』(London: SCM Press, 1968), 108. 노트는 23a와 23b는 명확히 분리되고 있어서 11b에서 시작된 신명기사가적 삽입은 23a에서 끝난다고 말한다(ibid., 109. Philip J. Budd, 『Numbers』, WBC. 5(Waco: The Word Books, 1984), 152도 보라).
219) P. J. Budd, 152f.
220) M. Noth, 『Numbers』, 109.
221) ibid., 110.
222) P. J. Budd, 155.
223) George Buchanan Gray, 『A Critical and Exegetical Commentary on Numbers』 (Edinburgh: T & T Clark Ltd., 1903, 1976), 155.

본문은 포로기 초기에 만들어진 것으로 보인다.

캐롤은 예레미야 주석에서 민수기 14장 18~20절이 여호와가 백성들의 죄(아온<עון>)를 용서(나사<נשא>, 살라흐<סלח>)하는 것은 출애굽 때부터 모세의 기도가 기록되던 때까지를 계속되는 용서(나사<נשא>)의 역사로 보여준다[225]고 한다. 하나님의 용서를 부각시키려고 한다. 그러나 출애굽기 32장의 본문이해에서도 언급했지만 본문은 하나님의 용서보다는 이스라엘의 범죄를 부각시키고 있다는 것이 보다 타당성이 있다.

민수기 14장 11~25절은 다음과 같이 구성되어 있다.

11~12절: 모세에게 하시는 하나님의 말씀
13~19절: 하나님에게 하는 모세의 말
20~25절: 모세에게 하시는 하나님의 말씀

11~12절은 출애굽기 32장에 비해서 간략하다. 그리고 13~19절의 모세의 말은 하나님을 설득하는 것인데 여기에도 두 가지 요인을 제시한다. 모세는 먼저 주변 백성들(출애굽기에서는 애굽뿐인데, 민수기에서는 열국이라고 되어 있다)이 하나님의 명성(쉬므아카<שמעך>)[226]을 모욕할 것을 말함으로써 하나님의 능력을 보여주기를 간구하고 또 과거에 하신 하나님의 말씀, 즉 "여호와는 노하기를 더디 하고 인자가 많아 죄악과 과실을 사하나 형벌받을 자는 결단코 사하지 아니하고 아비의 죄악을 자식에게 갚아 삼사 대까지 이르게 하리라 하셨나이다."라고 함으로써 하나님을 설득하려고 한다. 이 구절은 다른 데

---

224) ibid., 156.
225) R. P. Carroll, 610.
226) 칠십인역에는 τὸ ὄνομά σου(=שמך)라고 되어 있다.

에는 나타나지 않는다.

민수기 14장의 모세의 설득방법은 출애굽기 32장의 경우와 같다. 그리고 여기서도 아이러니가 나타난다. 하나님은 자신이 당할 모욕과 자신이 과거에 한 말로 인해서 이스라엘 백성들에 대한 진노를 철회할 수밖에 없다. 그런데 모세는 조금은 문제가 있지만 하나님의 말씀을 교묘하게 이용한다. 하나님은 인자가 많으신 분이시고 아비의 죄악을 갚되 최소한 자녀들 삼사 대까지 이어지게 하신다고 하셨으니 즉각적으로 이스라엘을 진멸하는 것은 하나님의 말씀에 어긋난다고 하는 것을 지적하는 것이다. 모세의 이러한 논법(論法)이 하나님을 얽어매어서 결국 하나님의 진노를 철회케 만들었다. 모세는 하나님의 그 말씀의 근본이 결국 인자하심임을 강조하면서 이스라엘을 용서해 줄 것을 간청한다. 여기서도 모세는 변호사의 역할을 한다. 그리고 자신의 논리로써 하나님을 설득하고 결국 그의 진노를 철회할 수밖에 없는 논법을 전개해 나간다.

그러나 문제는 여전히 남는다. 하나님께서는 모세의 말을 듣고 이스라엘 공동체에 대한 즉각적인 보응은 철회하시지만 그러나 범죄한 자들은 결코 용서하지 않고, 징벌하시겠다고 강력하게 말씀하신다. 오직 갈렙만을 살려주시겠다고 말씀하신다. 결국 즉각적인 보응은 모면했지만 하나님께서는 그들을 온전히 용서해 주시겠다고는 말씀하지 않는다. 조상들에게 맹세한 땅을 결코 보지 못할 것이라고 말씀하신다. 또 "나를 멸시하는 사람은 하나라도 그것을 보지 못하리라."고 말씀하심으로써 결국 하나님께서는 자신의 명예를 스스로 지키려고 하신다(하나님께서 자신의 명예를 스스로 지키려는 모습은 에스겔서 36장 16~38절에도 나타난다). 그래서 하나님의 용서는 오히려 약화되는 듯하다.

그리고 우리는 구약성경을 읽으면서 '이스라엘'이라는 말이 어떻게 사용되는지를 분명히 밝혀야 한다. 에스겔서 20장이나 36장에서는 이스라엘을 시대구분 않고 사용한다. 즉, '범죄한 선조들＋심판당한 자들＋귀환할 자들'을 모두 '이스라엘'이라고 부르는 것이다. 그래서 이것이 혼재되어서 복잡하게 만드는 것이다. 예를 들어 귀환할 자들에 대해서 이야기할 때는 하나님의 무조건적인 구원이 강조되지만 포로로 잡혀가서 이방 땅에서 세상을 떠난 자들은 자신들의 범죄로 인해서 하나님의 심판을 받아서 고국 땅을 다시 밟아 보지 못한 것으로 이야기된다(20장 38절). 그래서 귀환 이전의 사람들은 「범죄 → 심판」의 구조에서 이야기되고, 귀환할 사람들은 「구원(용서) → 회개」의 구조에서 이야기되는 것이다. 여기서 보는 것처럼, 이스라엘을 지칭하는 어휘들을 공시적으로 볼 것인가 아니면 통시적으로 볼 것인가에 따라서 의미가 달라진다.

민수기 14장에서는 하나님이나 모세나 이스라엘 백성을 '네 백성'이라고 말하지 않는다. 사용하는 용어는 '이 백성'(하암 핫제<הזה העם>)이다. 하나님은 11절에서 '이 백성'이라고 하고 27절과 35절에서는 '이 악한(온) 회중'이라는 말을 사용하신다. 모세는 13절, 4절, 5절, 6절, 9절 2회)에서 '이 백성'이라는 말을 사용한다. 그래서 거리를 두고 있음을 알 수 있다.

② 비교연구

출애굽기 32장 7~14절보다 민수기 14장 11~25절이 더 발전된 형태임을 알 수 있다. 두 본문에 나타나는 모세의 말을 비교해 보기로 하자.

출애굽기 32장 11~14절	민수기 14장 13~20절
11 모세가 그 하나님 여호와께 구하여 가로되 여호와여 어찌하여 그 큰 권능과 강한 손으로 애굽 땅에서 인도하여 내신 주의 백성에게 진노하시나이까? 12 어찌하여 애굽 사람으로 이르기를	13 모세가 여호와께 여짜오되 애굽인 중에서 주의 능력으로 이 백성을 인도하여 내셨거늘 그리하시면 그들이 듣고
	14 이 땅 거민에게 고하리이다. 주 여호와께서 이 백성 중에 계심을 그들도 들었으니 곧 주 여호와께서 대면하여 보이시며 주의 구름이 그들 위에 섰으며 주께서 낮에는 구름기둥 가운데서 밤에는 불기둥 가운데서 그들 앞에서 행하시는 것이니이다. 15 이제 주께서 이 백성을 한 사람같이 죽이시면 주의 명성을 들은 열국이 말하여 이르기를
여호와가 화를 내려 그 백성을 산에서 죽이고 지면에서 진멸하려고 인도하여 내었다 하게 하려시나이까?	16 여호와가 이 백성에게 주기로 맹세한 땅에 인도할 능이 없는 고로 광야에서 죽였다 하리이다. 17 이제 구하옵나니 이미 말씀하신 대로 주의 큰 권능을 나타내옵소서. 이르시기를 18 여호와는 노하기를 더디 하고 인자가 많아 죄악과 과실을 사하나 형벌받을 자는 결단코 사하지 아니하고 아비의 죄악을 자식에게 삼사 대까지 이르게 하리라 하셨나이다.
주의 맹렬한 노를 그치시고 뜻을 돌이키사 주의 백성에게 이 화를 내리지 마옵소서.	19 구하옵나니 주의 인자의 광대하심을 따라 이 백성의 죄악을 사하시되 애굽에서부터 지금까지 이 백성을 사하신 것같이 사하옵소서.
13 주의 종 아브라함과 이삭과 이스라엘을 기억하소서. 주께서 주를 가리켜 그들에게 맹세하여 이르시기를 내가 너희 자손을 하늘의 별처럼 많게 하고 나의 허락한 이 온 땅을 너희의 자손에게 주어 영영한 기업이 되게 하리라 하셨나이다.	
14 여호와께서 뜻을 돌이키사 말씀하신 화를 그 백성에게 내리지 아니하시니라.	20 여호와께서 가라사대 내가 네 말대로 사하노라.

여기서 보는 것처럼 두 본문은 어떤 점에서는 일치하지만 어떤 점들에서는 다름을 알 수 있다. 모세의 변론이 주변 백성들의 말로 시작하고 있다는 점은 같다. 하지만 출애굽기에서는 이집트인들의

혼잣말이 나오고 민수기에서는 이집트인들이 가나안 백성들에게 하는 말로 되어 있다는 점이 다르다.

그리고 출애굽기 본문에서는 하나님이 조상들에게 하신 약속을 들어서 모세가 하나님을 설득하는데 민수기 본문에서는 하나님의 능력에 대한 회의와 하나님의 긍휼하심에 호소한다. 그런데 민수기 14장 18절은 모세가 하나님을 설득하기 위해서 제시하는 근거로는 타당치 못하다는 느낌을 받는다. 18절이 인용하는 출애굽기 34장 6~7절은 하나님의 긍휼하신 용서를 말하기도 하지만 범죄한 자를 반드시 심판하신다는 점도 나타나 있어서 범죄한 이스라엘을 용서해 달라는 설득의 근거로는 마땅치 않은 것으로 생각된다. 두 본문을 비교해 보기로 하겠다.

민수기 14장 17~19절	출애굽기 34장 6~9절
17 이제 구하옵나니 이미 말씀하신 대로 주의 큰 권능을 나타내옵소서. 이르시기를	6 여호와께서 그의 앞으로 지나시며 반포하시되 여호와로라 여호와로라 자비롭고 은혜롭고 노하기를 더디 하고 인자와 진실이 많은 하나님이로라.
18 여호와는 노하기를 더디 하고 인자가 많아 죄악과 과실을 사하나	7 인자를 천대까지 베풀며 악과 과실과 죄를 용서하나
형벌받을 자는 결단코 사하지 아니하고 아비의 죄악을 자식에게 삼사 대까지 이르게 하리라 하셨나이다.	형벌받을 자는 결단코 면죄하지 않고 아비의 악을 자여손 삼사 대까지 보응하리라. 8 모세가 급히 땅에 엎드리어 경배하며 9 가로되 주여 내가 주께 은총을 입었거든 원컨대 주는 우리 중에서 행하옵소서. 이는 목이 곧은 백성이니이다.
19 구하옵나니 주의 인자의 광대하심을 따라	우리의 악과 죄를 사하시고
이 백성의 죄악을 사하시되 애굽에서부터 지금까지 이 백성을 사하신 것 같이 사하옵소서.	우리로 주의 기업을 삼으소서.

본문을 비교해 보면 출애굽기 34장에는 하나님의 용서하심과 죄벌하심이 거의 같은 분량으로 기록되어 있는데 민수기 14장에는 하나님의 죄벌하심은 그대로이지만 용서하심은 간략하게 언급하고 있다. 그래서 하나님의 용서하심보다는 죄벌하심이 더욱 두드러져 보이는 듯한 느낌을 준다. 그러면서 그것에 근거해서 하나님의 용서를 간구한다. 하나님의 용서를 강조하려면 죄벌하심의 구절을 생략하거나 간략하게 언급해야 할 텐데 그 반대로 죄벌하심의 구절은 그대로 두고 용서하심의 구절을 축약해서 언급하고 그것을 하나님의 용서하심을 촉구하는 근거로 삼는다는 점은 쉽게 이해되지 않는다. 이렇게 보면 민수기 14장은 이스라엘 백성에 대한 하나님의 용서보다는 이스라엘 백성의 범죄와 그로 인한 심판을 강조하는 것으로 보인다. 또 출애굽기 32장과는 달리 민수기 14장은 하나님의 능력문제를 직접 언급한다.

본문을 에스겔서 36장 16~38절과 비교해 보면 에스겔서 36장에서는 하나님이 혼자서 모든 말씀을 하신다. 모세와 달리 에스겔은 하나님께 중보기도를 하지 않는다. 본문에서는 모세가 하는 말들을 에스겔서 36장에서는 하나님이 다 하신다. 이것은 에스겔에 이르면 신학적인 반성작업이 일어났음을 보여준다. 하나님이 이스라엘 백성을 진멸하시려고 하다가 모세의 간청을 듣고 그 논법에 설득되어 진노를 내리지 않는 것을 수정하고 그것이 모두 하나님의 논리전개로 수렴되어서 나타난다. 하나님은 자신의 진노의 철회가 결코 이스라엘 백성들의 의로움 때문이 아니며 또 그들을 위해서가 아님을 분명히 하신다.

이러한 하나님의 논리는 즉각적으로 논란을 불러일으킬 수 있다. 「범죄 →(심판 →)회개 → 용서」의 전형적인 양식은 어떻게 되는 것인가 하는 문제이다. 그리고 이러한 하나님의 논법은 무엇을 목표로 하시는가? 미래적이고 종말론적인 구원의 메시지는 지금 듣고 있는 사람들에게는 크게 관심이 없는 것인지도 모른다. 그들에게는 해당되지 않을 것이기 때문이다. 그렇다면 이러한 논법은 무엇을 의도하는 것인가?

에스겔서 36장 16~38절은 실제적으로 하나님의 능력의 문제와 관련이 있다. 하나님께서는 자신의 능력을 드러내 보이신다. 주변 사람들이 하나님의 능력을 인정케 될 것을 말씀하신다(23, 38절). 에스겔에서는 하나님께서 사람에 의해서 설득되는 것이 아니고, 자신이 스스로 판단해서 행동하시는 분으로 수정된다.

하나님께서 이스라엘 백성들을 회복시키시는 것은 그들의 회개 때문이 아니고 그들의 범죄로 인한 심판으로 인해서 이스라엘 백성이 아닌 하나님이 모욕을 당하는 아이러니한 상황을 극복하심으로써 자신의 권위를 유지하시려는 하나님의 노력으로 표현된다. 그래서 하나님께서는 이러한 논법을 통해서 이스라엘 백성들에게 회개의 마음을 주시려는 수사학적인 노력을 보이신다. 출애굽기 본문과 민수기 본문에서는 모세가 수사학적인 기법을 동원해서 하나님을 설득하지만 에스겔서 36장 16~38절에서는 하나님께서 수사학적인 기법을 통해서 범죄한 이스라엘 백성들에게 현재적인 회개의 마음을 갖도록 촉구하는 것으로 나타난다.

그러나 이러한 수사적인 기법에도 불구하고 하나님의 미래적인 용서와 이스라엘의 현재적인 회개의 요청 사이에는 신학적인 문제가 놓여 있다. 그것을 해결하기 위해서 본문 기자는 몇 가지 내용을 첨부한다. 에스겔서 20장 42절, 43절, 44절에서는 장래의 회개가 하나님의 구원과 회복 다음에 온다. 그러나 기본적으로 에스겔서 20장은 신명기적인 모습을 띤다. 하나님께서 이스라엘을 용서하시겠지만 그것은 먼 훗날의 세대에 대한 약속이고, 지금 범죄한 자들에 대해서는 용서하지 않으시는 모습이 나타난다.

성경 기자들이 사용하는 수사학적인 기법 가운데 하나가 인용(引用)[227]인데 출애굽기 32장 12절과 민수기 14장 16절 그리고 에스겔서 36장 20절은 주변 백성들의 말을 인용한다. 그것들을 살펴보기로 하자.

출애굽기 32장 12a

람마 요메루 미츠라임
레모르 베라아 호치암 라하로그 오탐 베하림
우레칼로탐 메알 페네 하아다마

למה יאמרו מצרים
לאמר ברעה הוציאם להרג אתם בהרים
ולכלתם מעל פני האדמה

어찌하여 애굽 사람으로 이르기를
여호와가 화를 내려 그 백성을 산에서 죽이고
지면에서 진멸하려고 인도하여 내었다
하게 하려 하시나이까

---

227) 출애굽기 32장 12절과 민수기 14장 16절과 에스겔서 36장 20절은 이스라엘 백성이 심판당하는 부정적인 모습에 대한 말을 인용하는데 시편 126편 2절은 이스라엘이 구원받는 긍정적인 모습에 대한 말을 인용한다("열방 중에서 말하기를 여호와께서 저희를 위하여 대사를 행하셨다 하였도다."). 이러한 인용 기법을 통해서 성경 기자들은 자신들이 전하고자 하는 바를 독자들에게 효과적으로 전달한다. 성경 본문 인용에 대한 연구로는 강사문, 「신약성경에 나타난 구약인용문 연구」, 장신논단 제8집(1992년), 7~34를 보라.

민수기 14장 16절

밉빌티 에콜레트 야훼 레하비 에트-아암 핫제
엘-하아레츠 아쉐르-니쉬바 라헴
와이이쉬하템 밤미드바르
<u>מבלתי יכלת</u> יהוה להביא את־העם הזה
אל־הארץ אשר נשבע להם
וישחטם במדבר:
여호와가 이 백성에게 주기로 맹세한 땅에
인도할 능이 없는 고로 광야에서 죽였다
하리이다.

에스겔서 36장 20절

베에모르 라헴 암-야훼 엘레 우메아르초 야차우
באמר להם עם־יהוה אלה ומארצו יצאו:
이르기를 여호와의 백성이라도 여호와의 땅에서
떠난 자라 하였음이니라.

출애굽기 32장 12a("여호와가 화를 내려 그 백성을 산에서 죽이고 지면에서 진멸하려고 인도하여 내었다")는 애굽 사람들뿐만 아니고, 이스라엘 사람들도 자주 하는 말이었다. 그들은 어려움이 닥칠 때마다 모세에게 애굽에는 매장지가 없어서 우리를 광야에까지 이끌어 내어서 죽게 하려느냐고 불평을 한다. 여기서는 출애굽을 의미하는 야차<יצא>와 심판을 의미하는 하락<הרג>을 연이어서 사용함으로써 구원한 백성을 다시 진멸하는 하나님의 모순된 행동을 언급한다.

그리고 민수기 14장 16절에서 모세는 '주의 명성을 들은 열국'의 말을 인용하는 방식을 통해서 하나님의 능력의 문제를 제기하고 에스겔서는 하나님의 백성이면서도 그 땅에 거하지 못하는 아이러니한 모습을 지적한다. 이렇듯 논리적인 모순을 지적함으로써 성경 기자들은 하나님이 이스라엘을 심판할 수 없음을 도출해 낸다. 그리고 하나님은 이스라엘을 적극적으로 회복하심으로로써 자신의 실추된 명예를 회복하려고 하신다. 이런 점에서 출애굽기 32장과 민수기 14장과 에스겔서 36장은 서로 연관성을 갖는다. 출애굽기 32장과 민수기 14장에서는 범죄의 결과는 당연히 심판이고 용서는 회개를 전제하며 회개가 없으면 심판은 불가피하다는 사상은 실제적으로는 그렇지 않다고 해도 최소한 수사적으로는 수정된다.

그런데 여기서도 '이스라엘이 누구인가?' 하는 문제가 제기된다. 앞에서 언급한 것처럼 범죄하고 심판받고 또 구원받을 대상이 동일한 사람들이 아니라는 것이다. 이것은 동시적인 사건들이 아니고 긴 시간을 요한다. 그래서 범죄해서 심판받은 사람들은 이미 세상을 떠나고, 하나님의 구원과 회복의 대상이 되는 사람들은 그들의 후손들이다. 민수기에서 말하는 것처럼 새로운 세대들이다. 그런데 본문에서는 이 점을 명확하게 하지 않기 때문에 혼동이 되는 것이다. 새로운 세대의 시작은 민수기에서 출애굽 세대들은 하나님의 심판을 받아서 광야에서 죽고 출애굽 2세들이 가나안 땅에 들어가게 된 것과 마찬가지이다. 그런데 이것을 이스라엘의 전체 역사 속에서 이스라엘을 공시적으로 보았을 때는 시대의 간격이 고려되지 않는 것이다. 이러한 생각은 각 세대를 나누고 각 세대의 결단과 책임을 강조하는 에스겔서 20장과는 거리가 있다. 물론 에스겔서 20장이 세대 간의 연속성을 전혀 무시한다고는 생각하지 않지만 세대구분 또는 시대구분을 하고 있다는 점에서 이스라엘을 시대(또는 세대)구분 없이 사용하는 것과는 분명히 다르다.

(3) 신명기 9장 7~29절

① 본문이해

본문은 모세가 이스라엘 백성들의 과거의 범죄를 이스라엘 백성들에게 이야기하는 장면이다. 7절은 전체 요약이고 8~21절은 황금송아지 사건 22~24절은 다베라, 맛사, 기브롯핫다아와, 가데스바네아에서의 범죄를 간결하게 언급한다. 25~29절은 모세의 중보기도이다. 하나님이 범죄한 이스라엘 백성을 진멸하시겠다는 말씀은 12~14절에 나온다. 그래서 하나님의 말씀과 모세의 중보기도는 연결되지 않고 떨어져 있어서 하나님과 모세 사이의 대화로 보기에는 어렵게 되어 있다. 물론 18~19절의 상황에서 26~29의 중보기도를 했을 것으로 보이고 19b에 이때도 여호와께서 모세의 말을 들어주셨다고 되어 있어서 모세가 25~29절과 같은 중보기도를 여러 차례 해서 이스라엘의 진멸을 막았음을 알 수 있는데 서사전개상 18~19절에는 모세가 하나님께 40주야 금식기도를 했다는 사실만을 말하고, 중보기도를 한 내용은 따로 떼어서 25~29절에서 언급한다. 이것은 여러 차례 반복된 것을 묶어서 말하려는 것으로 보인다. 즉, 다수반복을 한 번의 언급으로 처리하는 문학적인 기법이다. 그리고 모세의 중보기도를 중간에 삽입하지 않음으로써 이야기전개가 달라지고 있음을 알 수 있다.

모세가 사십 일을 주야로 금식하고 기도했다는 것은 본문에 세 번 언급된다(9절, 18절, 25절). 그리고 모세가 하나님께 간구한 것은 20절에도 언급된다. 그래서 다른 본문에 비해 모세가 하나님께 간구한 내용이 많이 기록되어 있다. 그러면서 계속해서 이스라엘의 범죄의 심각함을 말하고자 한다.

내용전개로는 별 차이가 없는 것 같지만 모세가 중보기도를 한 내용이 뒷부분에 처리됨으로써 하나님과 모세가 논쟁을 벌이고 모세에 의해서 하나님의 뜻이 꺾이게 된 인상을 조금 완화시켜 주는 효과를 갖는다. 그리고 25~29절은 7~24절에 연결되었다기보다는 오히려 10장 1절 이하와 더 잘 어울리는 것으로 보인다. 그래서 신명기 9장에서는 이스라엘 백성의 범죄를 더 강조하는 듯한 인상을 보인다. 이것은 7b와 24절에 분명히 나타난다. "네가 애굽 땅에서 나오던 날부터 이곳에 이르기까지 늘 여호와를 거역하였으되"(7절 하반절) "내가 너희를 알던 날부터 오므로 너희가 항상 여호와를 거역하였느니라."(24절)

하나님의 말씀에 대해서 모세는 즉각적인 반응은 보이지 않고 산을 내려가서 이스라엘의 범죄한 모습을 보고 그들에게 분노해서 계약돌판을 던져버린다. 그런 다음 하나님께 40주야 금식기도를 한다.

② **비교연구**

폰라드는 본문이 출애굽기 32장과는 달리 처음부터 교훈적이고 훈육적인 성격을 갖고 있다고 말한다.[229] 또 출애굽기에서는 모세가 하나님을 설득하려는 것이 부차적인 데 비해 신명기에서는 중심사건으로 나타난다고 말한다.[230] 세 본문에 나타나는 하나님의 말씀과 모세의 말을 각각 비교해 보기로 하자. 먼저 하나님의 말씀부터 비교해 보기로 하겠다.[231]

---

229) Gerhard von Rad, 『Das fünfte Buch Mose: Deuteronomium』, Dorothea Barton, tr., 『Deuteronomy: A Commentary』(London: SCM Press, 1966), 77.
230) ibid., 78.
231) 드라이버도 본문대조를 한다(S. R. Driver, 『A Critical and Exegetical Commentary on Deuteronomy』(Edinburgh: T & T Clark, 1895, 1978), 112~114).

출애굽기 32장 7~10절	민수기 14장 11~12절	신명기 9장 12~14절
7 여호와께서 모세에게 이르시되 너는 내려가라 네가 애굽 땅에서 인도하여 낸 네 백성이 부패하였도다. 8 그들이 내가 그들에게 명한 길을 속히 떠나 자기를 위하여 송아지를 부어 만들고 그것을 숭배하며 그것에게 희생을 드리며 말하기를 이스라엘아 이는 너희를 애굽 땅에서 인도하여 낸 너희 신이라 하였도다. 9 여호와께서 또 모세에게 이르시되 내가 이 백성을 보니 목이 곧은 백성이로다. 10 그런즉 나대로 하게 하라 내가 그들에게 진노하여 그들을 진멸하고 너로 큰 나라가 되게 하리라.	11 여호와께서 모세에게 이르시되 이 백성이 어느 때까지 나를 멸시하겠느냐? 내가 그들 중에 모든 이적을 행한 것도 생각지 아니하고 어느 때까지 나를 믿지 않겠느냐? 12 내가 전염병으로 그들을 쳐서 멸하고 너로 그들보다 크고 강한 나라를 이루게 하리라.	12 내게 이르시되 일어나 여기서 속히 내려가라. 네가 애굽에서 인도하여 낸 내 백성이 스스로 부패하여 내가 그들에게 명한 도를 속히 떠나 자기를 위하여 우상을 부어 만들었느니라. 13 여호와께서 또 내게 일러 가라사대 내가 이 백성을 보았노라. 보라 이는 목이 곧은 백성이니라. 14 나를 막지 말라. 내가 그들을 멸하여 그 이름을 천하에서 도말하고 너로 그들보다 강대한 나라가 되게 하리라 하시기로

얼핏 보아도 출애굽기 본문과 신명기 본문이 유사한 것을 알 수 있다. 하나님이 두 번 말씀하신 것으로 되어 있는데 첫째 부분은 출애굽기 본문이 더 상세하고 둘째 부분은 신명기 부분이 더 확장되어 있다. 14a는 출애굽기 32장 10절에는 나타나지 않는데 이것은 출애굽기 32장 32, 33절을 인용하는 것으로 보인다.

출애굽기 본문과 신명기 본문에서는 이스라엘 백성이 하나님의 명령을 어기고 범죄한 것을 지적하고 있는데 민수기 본문에서는 이스라엘 백성의 완악함을 지적한다. 이 완악함은 신명기 본문의 모세의 중보기도에서 언급된다. 이런 점에서 신명기는 출애굽기 본문과 민수기의 본문에서 영향을 받은 것으로 보인다.

114 용서와 회개

하나님은 이스라엘 백성을 출애굽기 32장 7절과 신명기 9장 12절[232])에서 '네 백성'(암메카<עַמְּךָ>)이라고 부르시고 출애굽기 32장 9절에서는 '이 백성'(하암 핫제<הָעָם הַזֶּה>)이라고 부르신다. 민수기 14장에서도 '이 백성'이 한 번 쓰인다(11절). '네 백성'과 '이 백성'은 하나님께서 이스라엘 백성들의 죄를 지적하고 심판하려는 상황에서 쓰이고 있으며 '내 백성'이라고 부르지 않음으로써 하나님과 범죄한 이스라엘 백성 사이에 회복하기 어려운 큰 간격이 있음을 보여준다.

그리고 출애굽기 32장과 신명기 9장에서는 하나님이 이스라엘 백성을 어떻게 진멸하실 것인지에 대해서는 언급하지 않는데 민수기 14장에서는 하나님이 이스라엘 백성을 전염병으로 진멸하시겠다고 구체적으로 표기한다.

또 출애굽기 32장에서는 '큰 나라', 민수기 14장에서는 '그들보다 크고 강한 나라', 신명기 9장에서는 '그들보다 강대한 나라'라는 말을 사용한다. 출애굽기보다는 민수기와 신명기에서 의미가 더 강화되는 것을 알 수 있다.

이제는 모세의 중보기도를 비교해 보도록 하자.

---

232) 개역성경에는 '내 백성'이라고 되어 있지만 MT에는 '네 백성'이라고 되어 있다.

출애굽기 32장 11~14절	민수기 14장 13~20절	신명기 9장 25~29절
11 모세가 그 하나님 여호와께 구하여 가로되 여호와여 어찌하여 그 큰 권능과 강한 손으로 애굽 땅에서 인도하여 내신 주의 백성에게 진노하시나이까? 12 어찌하여 애굽 사람으로 이르기를 여호와가 화를 내려 그 백성을 산에서 죽이고 지면에서 진멸하려고 인도하여 내었다 하게 하려 하시나이까?	13 모세가 여호와께 여짜오되 애굽인 중에서 주의 능력으로 이 백성을 인도하여 내셨거늘 그리하시면 그들이 듣고 14 이 땅 거민에게 고하리이다. 주 여호와께서 이 백성 중에 계심을 그들도 들었으니 곧 주 여호와께서 대면하여 보이시며 주의 구름이 그들 위에 섰으며 주께서 낮에는 구름기둥 가운데서 밤에는 불기둥 가운데서 그들 앞에서 행하시는 것이니이다. 15 이제 주께서 이 백성을 한 사람같이 죽이시면 주의 명성을 들은 열국이 말하여 이르기를 16 여호와가 이 백성에게 주기로 맹세한 땅에 인도할 능이 없는 고로 광야에서 죽였다 하리이다.	25 그때에 여호와께서 너희를 멸하겠다 하셨으므로 내가 여전히 사십 주야를 여호와 앞에 엎드리고 26a 여호와께 간구하여 가로되 주 여호와여 주께서 큰 위엄으로 속하시고 강한 손으로 애굽에서 인도하여 내신 주의 백성 곧 주의 기업을 28 주께서 우리를 인도하여 내신 그 땅 백성이 말하기를 여호와께서 그들에게 허락하신 땅으로 그들을 인도하여 들일 능력도 없고 그들을 미워도 하사 광야에서 죽이려고 인도하여 내셨다 할까 두려워하나이다. 29 그들은 주의 큰 능력과 펴신 팔로 인도하여 내신 주의 백성 곧 주의 기업이로소이다 하였었노라. 26b 멸하지 마옵소서.
주의 맹렬한 노를 그치시고 뜻을 돌이키사 주의 백성에게 이 화를 내리지 마옵소서. 13 주의 종 아브라함과 이삭과 이스라엘을 기억하소서. 주께서 주를 가리켜 그들에게 맹세하여 이르시기를 내가 너희 자손을 하늘의 별처럼 많게 하고 나의 허락한 이 온 땅을 너희의 자손에게 주어 영영한 기업이 되게 하리라 하셨나이다.	17 이제 구하옵나니 이미 말씀하신 대로 주의 큰 권능을 나타내옵소서.	27 주의 종 아브라함과 이삭과 야곱을 생각하사 이 백성의 강퍅과 악과 죄를 보지 마옵소서.
14 여호와께서 뜻을 돌이키사 말씀하신 화를 그 백성에게 내리지 아니하시니라.	이르시기를 18 여호와는 노하기를 더디 하고 인자가 많아 죄악과 과실을 사하나 형벌받을 자는 결단코 사하지 아니하고 아비의 죄악을 자식에게 갚아 삼사 대까지 이르게 하리라 하셨나이다. 19 구하옵나니 주의 인자의 광대하심을 따라 이백성의 죄악을 사하시되 애굽에서부터 지금까지 이 백성을 사하신 것같이 사하옵소서. 20 여호와께서 가라사대 내가 네 말대로 사하노라.	

신명기 9장에서 모세는 하나님의 용서를 촉구하는 근거로 하나님이 선조들에게 하셨던 약속을 들고 있어서 민수기 14장보다는 출애굽기 32장에 더 가깝다. 주변 백성들이 제기하는 하나님의 능력에 대한 회의나 하나님의 능력에 대한 호소는 출애굽기 32장에는 나타나지 않기 때문에 민수기 14장과 유사하다. 세 본문 모두 이집트 사람들이 하게 될 말을 인용하는데 신명기 9장은 출애굽기 32장과 민수기 14장의 말을 결합시킨다. 그리고 신명기 9장은 하나님의 출애굽과 이스라엘 백성이 하나님의 백성임을 강조함으로써 하나님의 능력에 호소한다. 이것은 이 세 본문의 형성순서가 「출애굽기 32장」 → 「민수기 14장」 → 「신명기9장」임을 보여준다. 우리는 이러한 발전순서를 통해서 점차로 하나님의 능력에 호소하는 쪽으로 나아가고 있음을 알 수 있다.

(4) 신명기 9장 1~6절

우리는 지금까지 범죄한 이스라엘 백성들을 진멸하시려는 하나님을 설득해서 이스라엘을 즉각적인 진멸에서 구해내는 모세의 중보기도를 살펴보았다. 그러면서 하나님을 설득하는 모세의 수사법을 살펴보았다. 그래서 결국 이스라엘은 하나님의 즉각적인 진노에서 벗어난다. 이스라엘이 하나님의 진노를 피할 수 있었던 동인은 무엇인가? 신명기 9장 1~6절을 통해서 알아보기로 하자.

신명기 9장에서는 하나님께서 이스라엘 백성을 출애굽시켜서 가나안 땅으로 인도하는 것은 결코 그 백성의 의로움 때문이 아님을 말한다(4, 5, 6절). 이스라엘은 하나님께 계속해서 거역하는 백성임을 말한다("너는 목이 곧은 백성이니라", 9장 6절, 29절). 그러면 이스라엘이 하나님의 용서를 받고 가나안으로 들어갈 수 있는 동인은 무엇인가? 모세는 이스라엘 백성들에게 그들의 의로움으로 인해서 하나님의 구원과 인도를 받는 것이 아니고, 가나안 백성들의 악함과 하나님께서 조상들에게 하신 약속 때문이라고 말한다. 이것은 4절과 5절에 반복되어 나타나는데 4절을 보면 하나님의 구원의 동기가 분명하게 드러난다.

신명기 9장 4절

알-토마르 빌레바베카
바하로프 야훼 엘로헤카 오탐 밀레파네카
레모르 베치데카티 헤비아니 야훼 라레쉐트 에트-하아레츠 핫조트
우베리세아트 학고임 하엘레 야훼 모리샴 밉파네카

אל־תאמר בלבבך
בהדף יהוה אלהיך אתם מלפניך
לאמר <u>בצדקתי</u> הביאני יהוה לרשת את־הארץ הזאת
<u>וברשעת הגוים האלה</u> יהוה מורישם מפניך:

네 하나님 여호와께서 그들을 네 앞에서 쫓아내신 후에
네가 심중에 이르기를 나의 의로움을 인하여 여호와께서
나를 이 땅으로 인도하여 들여서 그것을 얻게 하셨다
하지 말라. 실상은 이 민족들이 악함을 인하여 여호와께서
그들을 네 앞에서 쫓아내심이니라.

4절은 베치데카티<בצדקתי>와 우베리쉐아트 학고임 하엘레 <u>וברשעת הגוים האלה</u>를 대비시킴으로써 이스라엘 백성들이 가나안 땅으로 들어간 것이 그만한 자격이 있어서가 아님을 강조한다. 여기서는 가나안 백성들의 범죄를 심판하시는 하나님의 모습을 부각한다.

그리고 7절 이후에는 이스라엘 백성들의 범죄를 지적하면서 그들이 얼마나 완악한 백성인지 밝힌다.

앞에서 살펴본 것처럼 모세는 이스라엘 백성이 가나안 땅을 얻게 되는 것이 결코 그들의 의로움 때문이 아님을 강조한다. 이것은 앞으로 다룰 에스겔서 36장 16~38절의 사상과 상통한다. 그러나 그 다음을 보면 두 본문이 차이가 있음을 알 수 있다. 모세는 가나안 백성의 악함으로 인해서 이스라엘이 가나안 땅을 차지하게 될 것이라고 말한다. 이것을 5절에서 더욱 확장해서 말하고 6절에서도 반복하며 6절 이하에서는 이스라엘 백성들의 완악함과 범죄를 지적하면서 이스라엘을 목이 곧은 백성이라고 말한다(6, 13절). 그래서 신명기 9장은 전체적으로 이스라엘 백성들의 완악함과 그들이 범한 죄를 부각시키는 데 주력하고 있음을 알 수 있다. 이스라엘 백성들이 하나님의 진노를 받아 멸망당할 뻔한 지경에까지 이를 정도로 범죄하였음을 강조하고 있으며, 모세의 중보기도로 인한 하나님의 용서하심도 결국 이러한 이스라엘의 범죄를 강조한다. 그래서 표면적으로는 하나님의 은혜로 인한 용서가 크게 두드러지지 않는다.

그런데 에스겔서 36장 16~38절에서는 "이것은 너희를 위함이 아니고, 하나님의 이름을 위함"233)이라고 말한다. 신명기 9장 1~6절처

---

233) 에스겔서 36장 23절.

וקדשתי את־שמי הגדול המחלל בגוים
אשר חללתם בתוכם
וידעו הגוים כי־אני יהוה
נאם אדני יהוה
בהקדשי בכם לעיניהם :

에스겔서 39장 7절에도 그러한 표현이 나온다.

럼, 이스라엘 백성들이 어느 수준에 이르렀기 때문에 하나님께서 그렇게 하신 것이 아님을 말한다. 그러나 에스겔서 36장 16~38절에서는 하나님의 능력을 드러내고 그럼으로써 열방이 하나님을 알게 하시는 데 하나님의 사역의 목적이 있다. 이스라엘보다는 하나님 자신을 위하시는 것이다.

얼핏 보기에는 동일한 수사학을 구사하는 것처럼 보이는 두 본문은 세밀히 살펴보면 이러한 차이를 보이는 것이다.

그러면 신명기와 에스겔서는 구체적으로 어떤 관계에 있는가? 침멀리는 에스겔서의 신명기적인 연관성을 부인하는 입장이다. 침멀리의 입장을 정리하면 다음과 같다.

에스겔서에는 신명기적인 어휘들 가운데 나타나지 않는 것들이 있다. 아하브<אהב>, 헤세드<חסד>가 나타나지 않고, 야레<ירא>도 하나님과 관계되어서 나타나지 않는다. 토라<תורה>도 신명기적인 의미로는 사용되지 않았고 제사적인 강조문맥에서 사용되었다(7장 26절, 22장 26절, 43장 11절 이하, 44장 5절, 24절). 신명기에서 중요한 단어인 미츠와<מצוה>도 에스겔서에서는 전혀 나타나지 않으며 동사인 차와<צוה>가 9장 11절, 10장 6절, 12장 7절, 24장 18절, 37장 7절에서 사용되었다(하나님의 명령). 그리고 신명기에서 중요한 단어인 바하르<בחר>는 20장 5절에서만 발견된다. 헤와<האוה>와 티와<תאוה>, 메누하<מנוחה>, 나사<נסה>도 발견되지 않는다.234) 학자들은 신명기의 영향

ואת־שֵׁם קָדְשִׁי אודיע בתוך עמי ישראל

ולא־אחל את־שֵׁם־קָדְשִׁי עוד

וידעו הגוים כי אני יהוה קָדוֹשׁ בישראל:

234) Walther Zimmerli, 『Ezechiel 1. Ⅰ. Teilband』, R. E. Clements, tr., 『Ezekiel 1－A

을 지적하기도 한다.[235] 에스겔서 6장이 신명기 개혁에서 시행된 산당에 대한 논쟁을 전제하고 있음을 부인할 수 없다. 그런데 신명기적인 어휘나 선포의 가장 중요한 요소나 형태들이 에스겔에서 나타나지 않는다는 점도 부인할 수 없다. 하나님사랑, 하나님경외, 율법 등의 어휘들이 나타나지 않는다. 바하르<בחר>도 20장 5절에서만 사용되었고 신명기의 죄 이해에 있어서 중요한 단어인 샤카흐<שכח>는 22장 12절, 23장 35절의 우연한 문장에서만 나타난다. 이것과 상반되는 동사인 자카르<זכר>는 후대의 첨가부분인 6장 9절에서만 옳은 행실에 대한 묘사로서 사용되었다. 전반적으로 신명기의 잘 정제된 세계의 언어와 세계관과 에스겔과의 접촉은 놀랄 만큼 극소수임을 알 수 있다.[236]

마티스는 에스겔서가 제사문서와 깊은 관련을 갖고 있지만 동시에 신명기 전승과도 깊은 연관을 맺으며 비록 예레미야서만큼은 아니지만 그래도 신명기의 영향을 상당히 받는다고 말하는데 그렇지만 에스겔서가 신명기적인 편집자에 의해서 재구성되었다는 주장을 하는 사람은 많지 않다고 말한다.[237]

월슨은 고대 이스라엘의 예언과 사회에서 에스겔에 신명기적인 요소가 많이 들어 있음을 지적한다.[238] 그리고 칼리는 에스겔서 18장 6절이 신명기 12장 1절 이하와 평행되며 에스겔서 36장 29~30절은 신명기와의 유사성이 강하다고 말한다.[239]

Commentary on the Book of the Prophet Ezekiel Chapters 1-24』(Philadelphia: Fortress Press, 1979), 23.

235) Burrows, 『Relations』, 19-25, Fohrer, 『Hauptprobleme』, 140-144, Fohrer-Galling, xxiii. Zimmerli, 『Ezekiel 1』, 46, 각주 236에서 재인용.

236) W. Zimmerli, 『Ezekiel 1』, 46.

237) Matties, 13.

238) R. R. Wilson, 『Prophecy and Society in Ancient Israel』(Philadelphia: Fortress Press, 1980), 283~284.

그런데 신명기 9장 1~6절과 에스겔서 36장 16~38절을 비교해 보면 두 본문의 사상이 상당히 유사하지만 그럼에도 불구하고 하나님의 용서와 구원의 동기가 서로 다르다는 점을 발견할 수 있다. 이스라엘이 하나님의 용서와 구원을 받을 만한 자격이 없다는 점에서는 일치하지만 보다 구체적인 하나님의 사역의 근거에서는 다른 모습을 보여준다. 그래서 두 본문의 문학적인 의존관계를 찾기보다는 두 본문의 기자들이 동일한 상황에 대한 나름대로의 입장을 가졌던 것으로 보는 것이 좋겠다.

이러한 점은 출애굽기 32장 7~14절과 민수기 14장 11~25절 그리고 신명기 9장 7~29절에도 동일하게 적용된다. 이 세 본문은 에스겔서 36장 16~38절과 유사한 점이 많음에도 불구하고, 하나님의 사역보다는 인간의 범죄를 강조함으로써 인간의 범죄에도 불구하고 먼저 인간을 용서하시고 회복하시며 새로운 마음을 주셔서 회개케 하시는 하나님의 사역을 강조하는 에스겔서 36장 16~38절과는 근본적으로 차이를 보인다.

4) 용서의 정의

지금까지 이야기해 온 것을 바탕으로 해서 「용서」를 정의해 보도록 하자.

하나님의 용서는 살라흐<סלח> 외에도 타하르<טהר>, 카파르<כפר>, 라함<רחם> 그리고 라차<רצה>, 야샤<ישׁע>로 표현된다. 또 하나님의

---

239) K. W. Carley, 57~62. 신명기의 제의적인 성향에 대한 연구에 대해서는, 장영일, 「신명기에 나타난 이스라엘 제의의 중앙화」, 교회와 신학 제24집(1992년), 30~59를 보라.

용서는 이스라엘이 범죄한 이후에, 벌을 받기 전에도 가능하고 또 벌을 받고 있는 상황에서도 가능하다. 그런데 סלח의 용례와 '용서(또는 용서간청)의 수사법'에서 본 것처럼 이스라엘이 아직 벌을 받기 전에 주어지는 하나님의 용서는 범죄한 자들이 받을 즉각적인 징벌은 면케 해 주지만 궁극적으로는 하나님의 징벌을 벗어나지 못하는 경우도 있어서 그러한 경우를 과연 하나님의 용서라고 할 수 있는가 하는 의문이 제기된다(그래서 하나님의 용서보다는 이스라엘 백성들의 범죄가 두드러져 보이고 용서를 간청하는 모세의 수사법이 주목의 대상이 된다. 물론 그 본문들이 기록되는 때의 실제 상황과 본문에 설정되어 있는 문학적인 상황 사이에 차이가 있겠지만 여기서는 그 본문에 설정되어 있는 문학적인 상황을 기준으로 한다).

이러한 경우와는 달리 하나님과의 계약관계를 깨뜨린 이스라엘이 자신들의 범죄로 인해서 징벌을 받는 상황에서 그들에게 주어지는 하나님의 용서는 이스라엘을 그 상태에서 벗어나도록 해서 예전의 상태, 즉 하나님과 이스라엘의 정상적인 계약관계로 회복시켜 주는 것이며 또 그렇게 하시는 하나님의 구체적인 구속행위이다. 특히 범죄한 이스라엘이 하나님의 심판을 받아서 벌(포로생활)을 받고 있을 때는 하나님의 용서는 다음과 같은 구체적인 모습으로 나타난다.

> '구속(redemption)'은 이스라엘을 다시 받아들이시는 하나님의 자비로 우신 영적 행위인데 그것은 하나님의 물리적인 행동들, 즉 이스라엘을 그 땅에 복귀시키는 것, 농지와 인구의 증가, 다윗 왕조의 재건, 백성들의 재통일들을 수반한다.[240]

우리는 하나님의 용서를 이러한 하나님의 구속행위로 규정할 수

---

240) J. Unterman, 『From Repentance to Redemption』, 11.

있다. 그래서 하나님의 용서하심은 인간의 범죄로 인해서 깨뜨려진 하나님과 인간의 관계를 회복하는 구체적인 행위이다. 그런데 여기서 문제가 되는 것은 하나님의 용서와 인간의 회개와의 관계이다. 인간의 죄는 하나님의 용서와도 밀접한 관계를 갖지만 범죄한 인간 자신의 회개와도 깊은 관계를 갖기 때문이다.

여기서 「용서」는 인간의 회개를 전제하는 용서와는 달리 인간의 회개를 전제하지 않거나 언급하지 않는 '미래적이고 종말론[241]적인 하나님의 용서', 즉 인간의 회개를 촉발시키는 하나님의 용서를 말한다.

2. 「회 개」

「회개」를 정의하기 전에 일반적인 '회개'는 어떤 의미를 갖고 있는지 알아보기로 하겠다. 먼저 국어사전에는 '회개'가 "잘못을 뉘우치고 고침. 개회(改悔)"라고 되어 있다.[242] '잘못을 뉘우치고', '고치는' 두 가지 행위를 '회개'라고 하는 것이다. 회개는 어떤 사람이 잘못 또는 범죄했음을 전제하며, 또 회개는 범죄가 그 사람의 어떤 변화에 의해서 수정될 수 있는 행동이나 태도임을 보여준다.[243] 그러

---

241) 종말론에 대한 국내 학자의 연구로는 장영일, 「구약의 종말론(Ⅰ)」, 장신논단 제7집(1991년), 7~35와 「구약의 종말론(Ⅱ): 부활사상」, 장신논단 제9집(1993년), 247~271을 보라. 장영일은 종말론을 광의의 종말론과 협의의 종말론으로 나눌 때 광의의 종말론의 개념을 사용하는 것으로 보이는데, 이러한 입장은 타당한 것으로 여겨진다.

242) 신기철, 신용철 편저, 3795쪽.

243) Joseph P. Healey, "Repentance—A. Old Testament", ABD. 5, 671.

면 고대 이스라엘 사람들은 '회개'에 대해서 어떻게 생각했는지 살펴보기로 하겠다.

언터만은 '회개'를 다음과 같이 정의한다.

회개는 백성들이 하나님의 권위를 다시 인정하려는 의지를 보이는 영적 행동이며, 순종하는 행위에 의해서 표명된다.[244]

언터만은 여기서 두 가지를 말한다. 하나는 하나님과의 관계회복이고 그리고 다른 하나는 그 구체적인 측면이다.

그런데 이 책에서 사용하는 「회개」라는 용어는 용서의 전제조건이 아니고 또 현재적인 회개나 회개촉구가 아닌 '미래적이고 종말론적인 회개' 또는 '하나님의 용서 이후의 회개', '하나님의 용서의 결과로 나타나는 회개'를 말한다.

그리고 여기서 말하는 '미래적'이라는 용어는 「용서」와 「회개」의 시점을 말하는데 용서와 회개를 현재가 아닌 미래에 일어날 사건으로 보는 것이다. 그리고 '종말론적'이라는 것은 그 시점을 종국의 때로 두고 또 그러한 용서와 회개의 사건이 인간의 힘으로는 불가능하다는 것을 의미한다.[245]

그러면 구약성경에서 말하는 '회개'의 의미가 무엇인지를 회개와 관련된 단어들을 하나씩 살피면서, 구약성경에 하나님의 용서의 결

---

244) J. Unterman, 『From Repentance to Redemption』, 11.
245) 여기에 대해서는 이종록, 「회개의 종말론적인 이해에 대한 연구」, 미간행석사 학위논문, 장로회신학대학교, 1989를 보라.

과로서 나타나는 회개, 즉 미래적이고 종말론적인 회개가 나타나는
지를 알아보기로 하자.

1) 슈브〈שוב〉

　먼저 '회개'의 의미를 담고 있는 히브리어 어휘들이 어떤 것들이
있는지 알아보기로 하자. '회개'에 직접적으로 상응하는 히브리어는
슈브〈שוב〉246)이다. 슈브〈שוב〉는 '돌아가(오)다'(to turn)의 의미를 갖
고 있는데 사람이 길을 걸어가는 심상(image)을 갖는다. 그래서 슈브
〈שוב〉에는 여행과 순례의 개념이 들어 있는데 이것은 근본적으로
여호와와 이스라엘 사이의 태도와 관계를 보여준다(신명기 26장 5～
11절).247) 예언서에서 회개는 마음의 행위이다. 그것은 정의, 자비
그리고 신뢰로 인도하는 명확한 행동들에 의해서 정의된다.248) 그래
서 인간은 회개를 바라고 간구할 뿐만 아니라 겸손한 자세로 자신의
잘못을 깨닫고 죄에서 돌아서야만 한다.249)

　슈브〈שוב〉가 '회개하다'는 의미로 사용된 경우는 오경과 초기의
서사들(narratives), 특히 제사문서에서는 나타나지 않고 제사문서에서
는 아샴〈אשם〉이 사용되었는데 이것은 제사문서가 슈브〈שוב〉가 회개
의 의미를 가진 주된 단어가 아닌 때에 형성되었음을 의미한다.250)

---

246) J. A. Soggin, "שוב šûb zurückkehren", THAT Ⅱ, 884～891. 소긴은 שוב가 동
　　사형태로 1060회 사용된 것으로 보는데(ibid., 885), 이븐-쇼산은 1059회 사
　　용된 것으로 보았다.
247) Joseph P. Healey, "Repentance", ADB 5, 671.
248) ibid., 672.
249) J. Milgrom, "Repentance in the OT", IDBS, 737.
250) ibid.

그리고 주전 8세기 예언자인 아모스, 호세아, 이사야의 책에서는 모두 23회, 예레미야서[251]와 에스겔서[252]에서는 50회,[253] 그리고 포로기 이후의 9권의 책에서는 28회 나타난다.[254] 여기서 보는 대로 슈브<שוב>가 예레미야서와 에스겔서에서 가장 많이 사용되었음을 알 수 있다.[255]

그러면 에스겔서에서는 슈브<שוב>가 어떻게 사용되었는지를 살펴보기로 하자.

1. 이동(移動)

1장 14절, 9장 11절, 35장 7절, 9절(?)

44장 1절, 46장 9절, 47장 1절, 6절, 7절: 원래의 장소로 되돌아가다

2. 다시 데리고 오다

34장 4절: 흩어진 양들을 되돌리다

34장 16절: 길 잃은 양들을 되돌리다

3. 물건을 되돌려주다

7장 13절(2회): 되무르다

---

251) 예레미야서에서 שוב는 모두 112회 사용되었다.

252) 에스겔서에서는 שוב는 모두 63회 사용되었다.

253) 온(Aune)은 예레미야서에서는 27회, 에스겔서에서는 23회 사용되었다고 말한다(David E. Aune, "Repentance", 『The Encyclopedia of Religion』, 12, 339). 그러나 필자가 확인한 바로는 에스겔서에서 שוב는 모두 63회 사용되었는데, 그 가운데서 '회개'의 의미로 사용된 것은 20회이다.

254) J. Milgrom, 737.

255) שוב가 '회개하다'는 의미를 가진 것은 주전 8세기 이스라엘의 문서예언자들에 의해서 강조되었는데(아모스서 4장 6~11절, 호세아서 3장 5절, 5장 4절, 이사야서 1장 27절, 6장 10절), 6세기 이후에 더욱 많이 사용되었다(D. E. Aune, 339).

18장 7절, 12절, 33장 15절, 46장 17절: 물건을 돌려주다
27장 15절: 물물교환

4. 귀환
29장 14절(2회) 귀환(이집트)
38장 8절, 12절, 39장 25절, 27절: 귀환

5. 회수동작
20장 22절: 손을 거두어들임
21장 10절, 35절: 칼을 다시 꽂음

6. 비유적 표현
38장 4절, 39장 2절: 돌려세우다
18장 8절, 17절: 악에서 손을 떼다

7. 동사강조(부사적 역할)
8장 6절, 13절, 15절: 오드 타슈브 티르에 토에보트 게돌로트
<וְעוֹד תָּשׁוּב תִּרְאֶה תּוֹעֵבוֹת גְּדֹלוֹת>
8장 17절: 부정사 강조

8. 회복(다시 잘살게 됨)
16장 53절, 16장 55절(3회)

9. 회개
3장 19절: 악인이 회개치 않으면 죽는다
13장 22절: 너희가 악인을 회개치 못하게 해서 살길을 찾지 못
하게 했다

14장 6절(3회): 이스라엘의 회개촉구

18장 21절: 악인이 회개(해서 율례를 지키고 법과 의를 실천)하면 산다

18장 23절: 악인이 회개해서 사는 것을 기뻐하시는 하나님

18장 27절: 악인이 회개(해서 법대로 살며 의를 행)하면 산다

18장 28절: 악인이 회개하면 산다

18장 30절(2회): 이스라엘의 회개촉구

18장 32절: 이스라엘의 회개촉구(회개하고 살아라)

33장 9절: 악인의 회개

33장 9절: 회개하지 않으면 죽는다

33장 11절: 악인이 회개하면 산다

33장 11절(2회): 악인의 회개촉구(악한 길에서 돌이켜 떠나거라)

33장 12절: 악인이 회개하면 과거의 죄악이 그를 넘어뜨리지 못한다

33장 14절: 악인이 회개하(고 법과 의를 행하)면 산다(15절)

33장 19절: 악인이 회개하(고 법과 의를 따르)면 산다

10. 반회개(反悔改)256): 의인이 의에서 돌아서는 경우

3장 20절, 18장 24절, 26절, 33장 18절: 의인이 악을 행하면 죽는다

여기서 보는 것처럼 에스겔서에서 슈브<שוב>는 여러 가지 의미로 사용되었는데 죄를 전제하는 '회개'의 의미로 사용된 것은 모두 20

---

256) 여기에 제시된 구절들에는 범죄한 악인이 회개하고 선을 행하는 것과 선을 행하던 의인이 악행을 저지르는 것이 기록되어 있는데 의인이 악을 행하는 것은 악인의 회개와는 정반대되는 일이어서 그것을 '반회개(反悔改)'라고 명명해 보았다.

회이며 주로 18장(7회)과 33장(8회)에 집중되어 있음을 알 수 있다. 18장과 33장에만 15회 쓰인 것이다. 그렇다면 슈브<שוב>는 어떤 특정한 문맥에 치중되어서 사용되었으며, 그리고 본문 기자의 성향에 의해서 사용되었다고 생각할 수 있겠다. 이것은 슈브<שוב>만이 회개의 의미를 독점할 수 없음을 보여준다.

회개의 의미를 가진 슈브<שוב>가 들어 있는 문장들은 모두 하나님의 말씀이며 14장 6절(3회), 18장 30절(2회), 33장 9절, 11절(2회)을 제외한 나머지는 모두 회개와 삶이 관련되어 있다(33장 12절은 약간 변형된 형태를 보인다). 그런데 7개의 구절 가운데서 14장 6절을 제외하고는 그 문맥상 회개와 삶이 관련되어 있다고 해야 할 것이다. 그리고 18장 21절, 27절, 33장 14절, 19절에는 회개와 율례준수가 결합되어 있다. 율례준수는 회개의 후속적인 행동이며 또 회개의 구체적인 표현이라고 할 수 있을 것이다. 악인이 회개하고 하나님의 규례를 지킴으로써 삶을 얻게 되는 것은 하나님의 강력한 뜻이다.

2) 슈브〈שוב〉의 동의어들

그런데 슈브<שוב>를 직접 사용하지 않고도 회개의 의미를 갖는 구절들이 있다. 이런 구절들에서는 슈브<שוב> 대신 니함<נחם>과 자카르<זכר>, 보쉬<בוש>,257) 칼람<כלם>,258) 쿠트<קוט>가 사용된다. שוב

---

257) 스톨쯔는 בוש가 심판과 구원의 상황에서 다르게 사용되고 있는 것을 정확하게 밝히지 못한다. 그래서 בוש가 하나님의 용서 이후에 나타나는 인간의 회개를 표현한다는 사실을 전혀 언급하지 않는다(F. Stolz, "בוש bos zuschanden werden", THAT I, 272). 제바쓰 역시 בוש가 하나님의 용서로 인한 인간의 회개를 표현하는 데 사용된 사실을 언급하지 않는다(H. Seebaß, "בוש", TWAT I, 572~578).

도 마찬가지지만 이 어휘들도 인간의 범죄와 하나님의 심판을 가리키면서 동시에 하나님의 용서나 인간의 회개 또는 회개촉구를 뜻하는 다중적인 의미를 갖는다. 니함<נחם>을 제외하고 나머지 어휘들은 「회개」의 의미로 사용될 때 미래시제로 나타난다.

그러면 슈브<שוב>의 동의어들을 하나씩 살펴보기로 하자.

(1) 니함<נחם>[259]

슈브<שוב>의 동의어로 가장 많이 이야기되고 또 직접 '회개하다'로 번역될 수 있는 것은 니함<נחם>이다. 그러나 니함<נחם>이 실제로 '회개'에 직접 상응하는 경우는 그렇게 많지 않다. '회개하다'와는 직접 관계가 없는, '위로하다', '긍휼히 여기다'[260]의 의미로 사용되기도 하고, 또 '마음을 바꾸다', '후회하다'의 의미로 사용되는 때에도 하나님이 주어가 되는 경우가 대부분이어서 그것을 '회개'로 보기가 어렵다. 니함<נחם>은 주로 수동형인 닢알형(48회)과 강세형인 피엘형(51회)으로 사용되었는데[261] 닢알형으로 사용된 것을 용례별로 구분하면 다음과 같다.

1. 위로하다(받다)
a. 긍정

---

258) 바그너는 하나님의 용서로 인한 회개의 의미를 כלם이 갖고 있음을 밝히며, 이러한 양상이 에스겔서에 나타난다는 것을 언급한다(S. Wagner, "כלם", TWAT IV, 204).

259) H. Simian–Yofre, "נחם", TWAT, V, 366~384.

260) 이런 경우는 회개보다는 오히려 용서의 의미를 갖는다.

261) 구약성경 각 책에서의 נחם의 빈도에 대해서는 H. J. Stoebe, "נחם nḥm pi. trösten", THAT, II, 60f.을 보라.

창세기 24장 67절(이삭), 창세기 38장 12절(유다), 사무엘하 13장 39절(다윗), 예레미야서 31장 15절(라헬), 에스겔서 14장 22절(백성), 에스겔서 31장 16절(나무들), 에스겔서 32장 31절(바로).

b. 부정

이사야서 57장 6절: "내가 어찌 기뻐하겠느냐?"

시편 77편 3절: "내 영혼이 위로받기를 거절하였도다"

2. 불쌍히 여기다

a. 긍정

1) 주어: 하나님

　사사기 2장 18절: 하나님이 이스라엘 백성을 불쌍히 여기다

　시편 90편 13절: "주의 종들을 긍휼히 여기소서"

2) 주어: 인간

　사사기 21장 6절, 15절: 이스라엘 백성이 베냐민 지파를 불쌍히 여기다

b. 부정

　예레미야서 15장 6절: 하나님이 불쌍히 여기는 데 이력이 났다.

　예레미야서 20장 16절: 하나님이 불쌍히 여기지 않다.

3. 분을 풀다(원수 갚다)

이사야서 1장 24절: 하나님이 분을 풀다

4. 마음을 바꾸다

a. 주어: 인간

　출애굽기 13장 17절(주어: 이스라엘 백성)

b. 주어: 하나님

1) 징벌취소의 상황

출애굽기 32장 12절, 14절: 모세의 간청 → 하나님이 마음을 바꾸시고 징벌을 취소함.

예레미야서 18장 8절, 26장 3절, 13절, 19절, 42장 10절, 요엘서 2장 13, 14절, 아모스서 7장 3, 6절, 요나서 3장 9, 10절, 4장 2절, 시편 106편 45절, 110편 4절: (회개하면)하나님이 마음을 바꾸어 재앙을 내리지 않으심.

2) 심판의 상황

사무엘상 15장 29절(2회), 예레미야서 4장 28절, 18장 10절, 에스겔서 24장 14절, 스가랴서 8장 14절: 하나님이 마음을 바꾸지 않고 원래 생각대로 심판을 집행함.

5. 자신의 행동을 후회하다

창세기 6장 6, 7절: 인간 만드신 것을 후회하시는 하나님 → 하나님의 심판

사무엘상 15장 11, 35절: 사울을 왕 삼으신 것을 후회하시는 하나님

사무엘하 24장 16절, 역대상 21상 15절: 재앙내린 것을 후회하시는 하나님

6. 회개하다

예레미야서 8장 6절(회개하는 자가 없다), 31장 19절(에브라임의 회개), 욥기 42장 6절(욥의 회개).

앞에서 본 대로 니함<םחנ>이 인간의 회개의 의미로 사용된 것은 3회이다. 그리고 에스겔서에서는 닢알형으로 4회, 피엘형으로 2회, 히트파엘형으로 1회, 모두 7회 사용되었는데 직접 '회개'의 의미로 사용된 곳은 없다.

(2) 자카르〈זכר〉

이제는 자카르〈זכר〉와 보쉬〈בוש〉와 칼람〈כלם〉과 쿠트〈קוט〉가 넓은 의미의 「회개」로 쓰이는 것을 살펴보려고 한다. 이 단어들은 사전적인 의미로는 '회개하다'로 옮길 수는 없지만 특정한 문맥 속에서는 회개의 구체적인 모습을 표현하기 때문에 「회개」의 범주에 포함시킬 수 있다고 생각된다. 그리고 이 네 단어는 에스겔서에서만 「회개」의 의미로 쓰인다.

먼저 '기억하다'는 뜻을 가진 자카르〈זכר〉는 에스겔서 6장 9절, 16장 61, 63절, 20장 43절, 36장 31절에서 「회개」의 의미로 쓰였는데 이 구절들에서 자카르〈זכר〉는 과거의 악한 행실과 관련된 것들을 목적어로 갖는다. 그래서 자신이 과거에 무슨 일을 했는지를 깨달아 아는 것을 회개의 한 면이라고 할 수 있을 것이다. 자카르〈זכר〉의 목적어는 다음과 같다.

6장9절: וזכרו אותי בגוים אשר...... אשר נשברתיאתלבם הזונה;...גלוליהם

16장61절: וזכרת אתדרכיך

20장 43절: וזכרתם־שם אתדרכיכם ואת כל־עלילותיכם אשר נטמאתם בם

36장 31절: וזכרתם אתדרכיכם הרעים ומעלליכם אשר לא־טובים

16장 61절, 20장 43절, 36장 31절에서는 동일하게 데레크〈דרד〉가 자카르〈זכר〉의 목적어로 사용되었는데 이것을 통해서 이 세 본문이 연관성을 갖고 있다고 생각할 수 있겠다.

(3) 보쉬〈בוש〉

‘부끄러워하다’는 의미를 가진 보쉬<בוש>는 모두 109번 사용되었
는데 「회개」의 의미로 쓰인 것은 에스겔서 36장 32절이다.[262]

(4) 칼람〈כלם〉

칼람<כלם>은 모두 38번 사용되었는데 「회개」의 의미로 쓰인 것은
에스겔서 16장 61절과 36장 32절이다.[263]

(5) 쿠트〈קוט〉

쿠트<קוט>는 모두 8번 사용되었는데 시편에서 3회[264], 욥기에서 2
회[265], 그리고 에스겔에서 3회(6장 9절, 20장 43절, 36장 31절) 사용
되었다. 쿠트<קוט> 역시 에스겔에서만 「회개」의 의미로 사용되었다.

회개양식

자카르<זכר>와 쿠트<קוט>, 칼람<כלם>, 보쉬<בוש>, 그리고 야다<ידע>
는 서로 결합해서 다음과 같은 독특한 문학형태를 만들어 낸다.

6장 9, 10절:	זכר +	קוט +	ידע
16장 61절:	זכר +	כלם +	ידע
16장 63절:	זכר +	בוש +	כלם
20장 43, 44절:	זכר +	קוט +	ידע

---

262) Ⅲ장 1에서 다루게 될 것이다.
263) 이 두 본문은 Ⅲ장에서 다루게 될 것이다.
264) 시편 95편 10절, 119편 158절, 139편 21절.
265) 욥기 8장 14절, 10장 1절.

36장 31절: זכר +   קוט +   (ידע)

여기서 보는 것처럼 용서 이후의 회개는 (זכר)＋(קוט, כלם, בוש)＋(ידע)의 형태로 나타나는 것을 알 수 있다. 이러한 문학형태는 에스겔서에만 나오고 6장 8~10절을 제외하고는 모두 이스라엘 백성들이 이방에서 포로생활을 하면서 귀환을 기다리는 상황에서 발생했다. 그래서 이것을 '회개양식'으로 규정할 수 있을 것이다.

에스겔서 6장 8~10절

이러한 사실을 본문연구를 통해서 직접 확인해 보도록 하자. 에스겔서 16장 63절, 20장 43절, 36장 31절은 Ⅲ장에서 다루기 때문에 여기서는 에스겔서 6장 8~10절을 좀더 자세히 연구해 보기로 하겠다.

에스겔서 6장은 전체적으로 심판예언이다. 그런데 그 가운데에 살아남은자(펠리테<פליט>)에 대한 구원예언이 들어 있다. 그래서 에스겔서 6장은 1~7절(심판), 8~10절(구원), 11~14절(심판)로 나눌 수 있다.

여기서는 8~10절을 살펴보도록 하겠다. 본문은 이스라엘 백성이 이방에 흩어지면 그들이 거기서 기억하고 한탄할 것이라고 말한다. 그리고 하나님을 알게 될 것이라고 말한다. 이스라엘 백성들이 회개하게 될 곳이 이방이라는 점에 주목해야 한다. 에스겔서 36장 16~38절에는 새로운 출애굽과 귀환 후에 용서와 회개가 이루어지는 것으로 되어 있는데 이것은 포로기를 용서와 회개의 장으로 여기지 않는다는 평가를 반영하는 것이다. 이런 점에서 본문은 에스겔서 36장 16~38절보다 이전에 기록되었으며 포로기 초기, 더 자세히 말하면 주전 587년경에 만들어진 것으로 보인다. 본문에는 וזכרו와 ונקטו 그리고 וידעו의 3중적인 행위들이 언급되고 있다. 이러한 3중적인 행위는 20장 43절 이하에도 나타나며, 36장 31절에는 앞의 두 가지가 나타나고 16장 61절에는 자카르<זכר>와 칼람<כלם>이, 63절에는 자카르<זכר>와 보쉬<בוש>가 나타난다.

본문의 내용을 알아보기로 하자.

8a   살아남은 자가 여러 나라에 흩어지게 될 것이다.
8b   여러 곳에 흩어지게 될 것이다.
9aα   그곳에서 살아남은 자들이 기억할 것이다(וזכרו).
9aβ-γ   내가 그들을 깨뜨릴 것이다.
9b   그래서 그들이 진절머리를 내게 될 것이다(ונקטו).
10a   내가 여호와인지 알게 될 것이다(인지양식소266): וידעו).
10b   심판에 목적이 있다.

여기에는 흩어버리심의 양식소, 회개양식소, 인지양식소들의 전형적인 양식소들이 나타나고 있다. 침멀리는 본문이 첨가부분으로서 주전 587년 이후에 만들어졌으며,267) 주전 587년의 사건이 이미 일어난 것을 전제하고 있는데,268) 본문이 에스겔 자신의 것임은 의심할 여지가 없다269)고 한다. 할스는 본문이 주전 587년 이전의 메시지를 포로기 상황에 맞게 수정한 것으로 본다.270) 그러나 본문이 멸

---

266) '양식소(樣式素)'라는 용어는 영어의 'formular'를 번역한 것인데 필자가 아는 한, 'form'을 '양식(樣式)'으로, 'formular'를 '양식소'로 번역할 것을 처음 제안한 국내 학자는 김중은 교수이다. '양식소'는 양식을 이루는 각 요소를 지칭하고, '양식'은 여러 양식소로 이루어진다.
267) W. Zimmerli, 『Ezekiel 1』, 185.
268) ibid., 190.
269) ibid. 본문과 같이 주전 587년 이후에 확장된 구절은 5장 4절, 12장 16절(14장 21~23절?), 20장 32절 이하 등이다.
270) R. M. Hals, 『Ezekiel』, FOTL. XIX(Grand Rapids, Michigan: W. B. Eerdmans

망 직전의 상황을 반영하고 있다는 것을 부인할 필요는 없다. 이스라엘 백성의 회개시기가 포로기 때로 설정되어 있다는 것은 본문의 형성시기가 포로기가 시작되기 전이나 또는 포로기 초기 때임을 보여준다.

그런데 9aβ-γ는 본문비평의 어려움이 있다. 본문에는 니쉬바르티 <נשברתי>로 되어 있는데 몇몇 사본과 역본에는 샤바르티<שברתי>라고 되어 있어서 하나님이 능동적인 주어로 나타난다. 대부분의 주석가들이 본문대로 읽는데 이렇게 읽으면 하나님이 인간에게 회개할 수 있는 마음을 주시는 것이 된다. 이 연구에서는 현재의 본문을 존중하려고 한다.

본문은 하나님이 이스라엘 백성을 심판하실 때 살아남은 자들을 살려주시고 그들이 이방으로 피난해서 그곳에서 살 수 있도록 하시겠다는 이야기를 담고 있다. 그 살아남은 자들은 거기(이방)서 자신들의 범죄를 기억하고 그 범죄에 진절머리를 내게 될 것이라고 말한다. 본문은 "분명히 디아스포라들의 유익을 위해서 기록되었다."271) 메이는 "편집자가 죄의 의미와 죄인식의 필요성에 대한 생생한 감각을 갖고 있다."고 말한다.272) 그리고 9절이 새 마음의 요소를 갖고 있다고 말하면서 이 구절들이 갖고 있는 구속적인 의미들을 알아보기 위해서 16장 59~63절, 36장 31~38절, 39장 25~29절 등과 비교 연구해 보기를 권한다.273)

그런데 본문에 나타나는 회개가 종말론적인 회개인가 하는 문제가

Publishing Company, 1989), 40.
271) H. G. May, "The Book of Ezekiel", IDB. 6, 97.
272) ibid.
273) ibid.

있다. 이것은 본문의 살아남은 자들은 범죄하지 않은 자들인가 하는 문제와 연결이 된다.274) 그러나 9절을 보면 그들도 다른 사람들과 동일하게 우상숭배도 하고 여러 가지 죄를 범했음을 알 수 있다. 그래서 살아남은 자들이 결코 무죄한 자들이어서 구원받은 것이 아님을 알 수 있다. 이스라엘의 범죄는 에스겔서 6장에서 구체적으로 지적하는 것처럼 하나님의 심판을 불가피하게 만들었다. 이스라엘에게는 회개의 기회가 주어지지 않는다. 그들은 회개가 불가능한 사람들이다. 이런 점에서 볼 때 남은 자들이 이방에서 회개하는 것은 자신들의 힘으로는 불가능하다. 본문에는 살아남은 자들이 어떻게 회개할 것인지에 대해서는 자세하게 언급되어 있지 않지만 10절을 통해서 유추할 수 있는 것은 하나님이 심판을 통해서 그들에게 회개할 수 있는 마음을 주신 것으로 보인다. 이런 점에서 본문의 회개는 인간의 힘으로 불가능하고 하나님의 은혜로 가능한 종말론적인 회개라고 할 수 있을 것이다.

그리고 모두가 죽을 수밖에 없는 심판의 자리에서 피할 수 있는 것도 구원이다. 그래서 살아남은 자들은 죽음의 자리에서 구원받을 자들이다. 그 구원받은 자들이 이방에서 살면서 거기서 과거에 자신들이 지은 죄들을 생각하며 하나님이 자신들의 범죄로 인해서 얼마나 고난을 당하셨는지를 기억하게 된다는 것이다. 이것을 '구원 이후의 회개'라고 할 수 있을 것이다.

(6) 기　타

또 회개를 보여주는 행동묘사, 즉 '자신들의 손으로 만든 은우상

---

274) W. H. Brownlee, 100.

과 금우상을 내다 버리는 것'(이사야서 31장 7절, 30장 22절), '보기
싫고 역겨운 우상들을 없애버리는 것'(에스겔서 11장 18절), '이교제
단의 모든 돌을 헐어서 흰 가루로 만드는 것'(이사야서 27장 9절)들
로 「회개」를 표현하기도 한다. 이것들은 모두 여호와와의 관계를 회
복하는 의미를 갖고 있다.

이러한 표현들은 에스겔서에는 나타나지 않지만 이것들이 회개의
구체적인 모습을 보여준다는 점에서는 에스겔서가 자카르<זכר>와 보
쉬<בוש>와 칼람<כלם>과 쿠트<קוט>를 사용해서 회개를 표현하는 것
과 유사하다. 그러면 구체적인 행동들로 회개를 표현하는 이사야서
30장 19~26절과 31장 4~9절을 살펴보기로 하자.

① 이사야서 30장 19~26절

이사야서 30장 19~21절에는 하나님의 위로와 인도하심이 언급되
고 22절에는 회개의 모습이 언급된다. 그리고 23~26절에는 그 이후
의 하나님의 복주심이 언급된다.[275] 카이저는 20bα-β에 나오는 모
레카<מורך>를 본문의 배경확인의 열쇠로 보는데 그는 이것을 다니
엘서 11장 23절과 12장 3절과 연결시키고 또 본문이 암시하는 상황
을 혹독한 시련으로 생각해서 본문의 연대를 안티오쿠스 에피파네스
시대의 종교적인 박해기로 보는데,[276] 분명치는 않다.

---

275) 와츠는 19~26이 다음과 같은 대칭구조를 갖는다고 말한다(J. D. W. Watts, 400).
    A(19~20)
    B(21)
    핵심(22)
    B'(23~25)
    A'(26)
276) O. Kaiser, 『Der Prophet Jesaja: Kap. 13-39』, R. R. Wilson, tr., 『Isaiah 13-39: A
    Commentary』, OTL(London: SCM Press Ltd., 1974, 1978), 301.

　19절을 보면 백성들이 시온에 거하고 있음을 전제하고 있기 때문에 본문에는 새로운 엑소더스와 귀환, 새 마음을 주심, 규례준수, 계약양식들은 보이지 않는다. 새 마음을 주셔서 규례를 준수하게 하시겠다는 것은 스승들을 보내주고, 바른 길을 가르쳐 준다는 것으로 바뀌어 있다. 그래서 앞으로 살펴보게 될 에스겔서 36장 16~38절보다는 후대의 것으로 보인다.

　22절에는 미래적인 회개를 암시하고 또 회개의 행동들이 나타나고 있다.

> 또 너희가 너희 조각한 우상에 입힌 은과
> 부어 만든 우상에 올린 금을 더럽게 하여
> 불결한 물건을 던짐같이 던지며
> 이르기를 나가라 하리라.

② 이사야서 31장 4~9절[277]

　4~5절과 8~9절은 시(詩)이고, 6~7절은 산문이어서, 4~5절과 8~9절이 별개의 본문이던 것이 6~7절에 의해서 묶여진 것으로 본다.[278] 본문의 내용을 보면 4~5절에는 하나님께서 이스라엘을 대신해서 싸우고 이스라엘을 보호하신다는 내용이고 6절은 현재의 회개 촉구, 7절은 이스라엘의(종말론적인) 회개,[279] 8~9절은 아수르의 멸

---

277) 본문의 내용과 구성에 대해서는 논란이 많고, 이견이 분분해서 확정된 입장이 없다. 카이저는 6, 7절, 8b~9a를 후대의 첨가로 본다(O. Kaiser, 『Isaiah 13-39』, 315). 그러나 본문에 나타나는 어휘들, 특히 금과 은으로 된 우상들을 버리는 모습은 히스기야와 요시야 시대의 개혁을 연상케 한다. 그래서 본문은 히스기야나 요시야 시대의 개혁을 그 배경으로 하고 있다고 가정할 수 있겠는데, 아시리아에 대한 강력한 어조로 보아, 히스기야 시대로 보는 것이 더 타당하겠다.

278) J. N. Oswalt, 573.

279) 와츠는 6~7절에서 2인칭복수로 된 부분은 7세기 예루살렘에 선포한 것이고, 3인칭복수로 된 부분은 8세기 이스라엘 백성들에게 선포한 것이라고 말한다

망예고이다.

본문에 미래적인 회개사상이 어떻게 나타나고 있는지를 알아보기
위해서 6절과 7절[280]("6이스라엘 자손들아 너희는 심히 거역하던 자
에게로 돌아오라. 7너희가 자기 손으로 만들어 범죄한 은우상, 금우
상을 그날에는 각 사람이 던져버릴 것이며")을 더 자세하게 살펴보
기로 하자.

6α   שׁוּבוּ לאשר העמיקו סרה[281]

6β   בני ישראל

7aα   כי ביום ההוא

7aβ–γ   ימאסון איש אלילי כספו ואלילי זהבו

7b   אשר עשו לכם ידיכם חטא

6절은 현재 본문대로 읽으면 '현재적인 회개의 촉구'이다. 그리고
7절은 미래에 이스라엘 백성이 회개하리라는 예언이다. 물론 7절에
는 「회개」로 직접 옮길 만한 단어는 보이지 않는다. 그러나 7절에
언급된 행위는 회개의 구체적인 행위로 보인다. 7절을 보면 이스라
엘 백성들이 과거에 자신들이 만들어서 범죄했던 금과 은으로 된 우

(J. D. W. Watts, 409).

280) 카이저는 6절과 7절을 후대의 첨가로 보는데, 30장 22절과 17장 8절, 2장
20절, 27장 9절을 기록한 사람에 의해서 첨가된 것으로 본다(O. Kaiser,
『Isaiah 13−39』, 319). 헤이스와 어바인은 6절과 7절이 이스라엘의 반아시리
아정책과 반란의 계획 포기, 그리고 지속적인 친아시리아정책의 유지를 촉구
하는 내용으로 이루어져 있다고 말한다(Hayes & Irvine, 349).

281) MT의 비평장치는 6절의 שׁוּבוּ를 יְשׁוּבוּ로 읽을 것을 권한다. 카이저는 이 제안
에 따라 명령형으로 되어 있는 현재 본문을 미래 서술형의 예언("너희들이 그
에게로 돌아올 것이다")으로 바꿀 것을 주장한다(O. Kaiser, 『Isaiah 13−39』,
319. 이렇게 고치면, 7절과 잘 연결되지만 분명한 근거도 없이 마음대로 문장
을 수정하는 것은 바람직하지 못하다고 생각된다. 그리고 에스겔서 36장 2
9~32절을 보면 32b에 회개촉구의 명령형이 나온다.

상들을 '그때에는' 내다 버릴 것이라고 말한다.282) 이것은 회개의 구체적인 표현이다. 그래서 본문에는 특히 7절에는 「회개」가 나타나고 있는 것이다.

3) 회개의 두 시점(時點)

「회개」의 개념을 보다 분명하게 하기 위해 회개를 시점(時點)을 기준으로 해서 나누기로 하겠다. 회개를 시점(時點)을 기준으로 나누면 회개는 ① 현재적인 회개 또는 회개의 촉구, ② 미래적이고 종말론적인 회개로 나뉜다.

이것을 더 자세하게 나누면 다음과 같다.

① 하나님의 명령으로서의 회개(회개촉구)
② 인간의 사역(또는 사건)으로서의 회개
③ 하나님의 사역(또는 사건)으로서의 회개

여기서 ①과 ②에서는 현재적인 측면과 인간의 책임이 강조되고, ③에서는 미래적이고 종말론적인 측면과 하나님의 사역을 강조한다. 이러한 차이가 있기 때문에 우리는 어떤 본문을 읽을 때 회개의 시점을 명확하게 구분해야 한다.

---

282) 모슐린(Mauchline)은 이스라엘 백성이 우상을 내다 버린 경우가 본문 이외에도 여러 곳(창세기 35장 2절, 여호수아 24장 2절, 23절, 사사기 10장 16절, 사무엘상 7장 3절, 기타)에 기록되어 있는 점을 지적하는데 이것은 근본적으로 뿌리 깊은 인간의 우상숭배기질을 극명하게 보여주는 것이라고 오스월트는 말한다 (J. N. Oswalt, 575).

그리고 메시지 선포의 대상도 분명하게 밝혀야 할 것이다. 현재적인 회개의 촉구는 현재의 공동체에게 주어지는 것이다. 그리고 미래에 이루어질 하나님의 주권적인 역사는 미래에 형성될 새로운 공동체에게 주어지는 것이다. 그런데 시간적인 간격을 고려치 않고 두 개의 공동체들을 하나로 묶어서 생각하기 때문에 새로운 공동체가 그 앞 공동체와 하나가 되어서 「하나님의 용서 → 인간의 회개」의 양식이 나타나는 것이다. 이것은 이스라엘의 통합적인 사고에서 나온 것이다. 어떻든 구약의 기자는 새로운 세대를 하나님의 용서로 시작되고 하나님의 주권적인 역사하심이 행해지는 세대로 보았다.

그래서 앞으로 우리가 다루게 될 「용서 → 회개」라는 문학구조는 본문을 인간의 책임보다는 하나님의 주도권을 강조하는 것으로 읽어야 할 것이다. 그리고 「용서 → 회개」의 본문을 현재적인 시각에서 읽지 말고 미래적이고 종말론적인 시각에서 읽어야 할 것이다.

그리고 '회개는 과연 구원의 결과인가 아니면 구원의 전제조건인가?' 하는 '회개와 용서의 시간상의 순서'도 잘 분간해야 한다. 제2이사야에 이르면 더욱 분명해지지만 이스라엘의 구원은 이스라엘 백성들의 본질적인 변화(회개)가 아닌, 그것과는 거리가 먼 역사적인 사건을 전제한다. 고레스의 칙령으로 인한 포로들의 귀환은 그들의 회개의 결과가 아니다. 그것은 이스라엘의 회개와는 관계없는 사건이었다.283) 그래서 하나님의 구원행위는 이스라엘의 본질적인 변화가 없는 상태에서 이루어진 것으로 이해되었다. 만약 이러한 상황에서 회개가 구원의 전제조건이라고 주장한다면 고레스의 칙령을 통한

---

283) 구약성경의 회개개념은 회개가 구원의 조건이라는 기본적인 입장을 내면적으로 견지하면서도 시대적인 사건에 따라서 다소 변천된 것으로 보아야 할 것이다. 그리고 제2이사야 이전에는 회개에 대한 개념이 정확히 정리되지 않아서, 한 예언자에게서도 다양한 양상이 나타나고 있다.

포로들의 귀환을 하나님의 구원사건으로 이해할 수 없는 것이다. 그래서 이러한 상황에서는 의식적이든 무의식적이든 「회개→용서」의 신학은 무용지물이 될 수밖에 없었다.

이것은 '회개의 불가능성'과도 관계가 있다. 예언자들은 '심판의 불가피성'을 말하는데, 이것은 바꾸어 말하면 '회개의 불가능성'[284]이라고 할 수 있을 것이다. 이것은 하나님의 회개촉구를 거부하는 인간의 완악한 심성을 말하는 것이며, 예언자들은 인간의 그런 심성이 결코 변하지 않는다는 사실을 알고 있다.

이러한 인간의 회개불가능성은 에스겔서 37장에도 나타난다. 인간이 회개하고 자신의 문제에 책임을 져야 한다는 것을 전적으로 부인하지는 않지만 그럼에도 불구하고 인간의 회개가능성에 심각한 한계가 있다는 사실을 본문은 말한다. 이스라엘의 회복은 인간의 회개에 의해서 이루어지는 것이 아니고 하나님의 초월적인 역사, 즉 이스라엘의 회개와는 관계가 없이 세계사의 변화에 의해서 이루어지는 것임을 본문은 말한다. 오히려 그러한 변화로 인한 이스라엘의 회복 이후에 그 공동체를 이루어 갈 책임을 인간에게 부여하시고 그 공동체를 새롭게 하시는 하나님의 모습을 강조한다.

4) 「회개」의 정의

일반적으로 '회개'는 범죄로 인해서 하나님과의 관계를 깨뜨린 인간이 하나님과의 관계를 회복하는 것이며, 그것을 표현하는 구체적인 행위이다. 다시 말하면 '회개'는 ① 자신이 과거에 무슨 악행을

---

284) 이 용어는 디트리히가 사용했다. 'Ⅰ장 서론 1. 연구목적 2) 연구사'의 '(2) 뷔르트바인'에서 '① 디트리히'를 보라.

저질렀는지를 분명히 깨닫고, ② 그것을 부끄럽고 수치스럽게 여기는 것이며, ③ 자신이 행했던 일이나 행하는 일을 끊어버리고, ④ 하나님을 인정하고, ⑤ 하나님께로 다시 돌아가는 행동이다. '회개'는 이처럼 다양하고 다층적인 모습을 갖는다.

그런데 본 연구에서 말하는 「회개」는 하나님의 용서 사역에 의해서 촉발되는 하나님에 의한 미래적이고 종말론적인 사건으로서 하나님의 용서와 구원을 경험한 사람이 하나님이 주시는 내적인 변화에 의해서 자신의 죄를 기억하고(자카르<זכר>) 뉘우치며(보쉬<שוב>, 니함<נחם>), 부끄럽고 수치스럽게 여기고(쿠트<קוט>, 칼람<כלם>, 보쉬<בוש>), 그리고 그러한 마음을 구체적인 행동으로 표출함으로써 그 결과 하나님이 어떤 분임을 알게 되고(야다<ידע>) 이것들을 통해서 하나님과의 관계를 회복하는 행위이다.

그래서 회개는 단순히 '회개하다'라는 직접적인 어휘인 슈브<שוב>나 니함<נחם>만으로는 충분하게 표현될 수 없으며 그러한 다양한 회개의 모습들을 표현해 주기 위해서 자카르<זכר>, 쿠트<קוט>, 보쉬<בוש>, 칼람<כלם> 등의 여러 어휘가 사용되고, 우상을 집어던지고 부수는 구체적인 행동들로 묘사된다.

Ⅲ장 「용서 → 회개」의 문학구조

Ⅱ장에서는 무엇이 「용서」이고 또 무엇이 「회개」인지를 살펴보았다. 이제 Ⅲ장에서는 「용서 → 회개」의 문학구조를 밝히는 작업을 하려고 한다.

그런데 용서와 회개가 나타나는 문학형태들을 나눈다면 먼저 일반적인 문학형태인 「회개 → 용서」가 있다. 그리고 「용서」와 「회개」가 나타나는 문학형태들은 이 두 요소 가운데 어느 한 가지만 나타나느냐 아니면 둘 다 나타나느냐에 따라서, ① 「용서」(「용서」와 「회개」 가운데서 「용서」만 나타나는 형태), ② 「회개」(「용서」와 「회개」 가운데서 「회개」만 나타나는 형태), ③ 「용서 → 회개」(「용서」와 「회개」가 모두 나타나는 형태)로 구분할 수 있다.

그리고 「용서」나 「회개」가 나타나는 본문들을 세 가지 형태로 분류해 보면 이 세 유형이 나타나는 시대와 정황과 발전순서들을 밝혀 낼 수 있을 것으로 보인다. 본 연구는 하나님의 구원사역 또는 용서의 결과로서의 인간의 회개, 즉 「용서 → 회개」 사상을 표현해 주는 문학구조가 에스겔서에 나타나는가를 밝히는 데 목적이 있기 때문에 본 연구에서는 「용서」와 「회개」가 나타나는 유형들의 시대정황과 그

발전순서를 밝히기보다는 다만 「용서 → 회개」라는 특수문학형태를 밝히기 위해 여러 본문을 다루고 그것들을 서로 비교하게 될 것이다. 특히 에스겔서 36장 24~28절을 다루는 과정에서 그 본문들이 어떤 형태를 갖고 있으며 어떤 시대상황에서 형성되었는지를 간략하게 언급할 것이다.

Ⅱ장의 작업을 통해서 확정한 「용서」와 「회개」의 어휘들에 근거해서 볼 때 에스겔서에서 용서와 회개사상의 특수문학형태, 즉 「용서 → 회개」의 문학구조를 갖는 본문들은 16장 59~63절, 20장 40~44절, 36장 16~38절, 39장 25~29절이다. 이 네 본문을 다루게 될 Ⅲ장은 두 부분으로 이루어져 있는데, 첫째 부분(1. 에스겔서 36장 16~38절)에서는 가장 표준본문이라 여겨지는 에스겔서 36장 16~38절을 다룸으로써, 에스겔서에 「용서 → 회개」라는 문학구조가 분명히 나타난다는 사실을 확인하고 둘째 부분(2. 기타 본문들)에서는 에스겔서 16장 59~63절과 20장 40~44절 그리고 39장 25~29절의 문학구조를 살펴봄으로써 여기에도 「용서 → 회개」의 문학구조가 나타나는 것을 밝히려고 한다.

1. 에스겔서 36장 16~38절

에스겔 36장은 15절까지와 16절 이하의 내용이 구별된다.[285] 16절

---

285) 에스겔 35장 1절~36장 15절은 하나의 묶음이다. 에스겔서는 새로운 묶음이 시작될 때 ויהי דבר־יהוה אלי לאמר:בראדם 으로 시작한다. 35장 1절과 36장 16절이 이 구절로 시작한다.

부터 새로운 내용이 시작되어서 이것이 마지막 절까지 이어지고, 37장에는 새로운 내용의 이야기가 전개된다.[286] 그래서 36장 16~38절을 하나의 묶음으로 볼 수 있겠다.[287]

1) 에스겔서 36장 16~38절의 내용개관

본문의 각 부분을 구체적으로 연구하기 전에 본문의 전체적인 개관을 위해서 본문의 서사진행(narration)을 살펴보기로 하겠다. 이것은 본문의 줄거리를 파악하기 위한 표면적인 독서이다. 이러한 표면적인 독서를 한 다음에 보다 깊은 차원의 독서로 나아갈 것이다.

1. 본문은 "여호와의 말씀이 나에게 임했다."(16절)는 도입구로 시작한다. 일인칭 시점으로 시작되는 것이다. 본문은 철저히 일인칭 관찰자 시점이다. 해설자(narrator)로 등장하는 에스겔이 개입하는 경우는 없다. 그리고 에스겔이 자기 나름의 해설을 첨가하는 경우도 없다. 오히려 뒷부분에 가면 에스겔은 사라지고 하나님이 일인칭으로 나타난다. 하나님은 에스겔을 '벤 아담'으로 부르시고 말씀을 시작하신다(17절). 독자들은 하나님이 에스겔과 이야기를 나누는 모습을 상상한다. 물론 에스겔은 한 마디도 하지 않는다. 그리고 이스라엘은 3인칭으로 나타난다. 하나님은 이스라엘을 '이스라엘 집'이라고 칭하신다. 하나님은 이스라엘을 3인칭으로 처리함으로써 실제 독자는 이스라엘이기 때문에 이스라엘이 관심을 가질 것이 분명함에도 불구하고 이스라엘이 대화에 개입할 여지를 아예 없애 버린다. 본문에서

---

286) R. M. Hals, 263.
287) ibid.

화자(話者)는 하나님 한 분뿐이다. 이것은 하나님의 절대적인 주권을 강조하기 위한 것으로 보인다.

2. 하나님은 바벨론 포로들을 '이스라엘 집'(표준새번역에서는 '이스라엘 족속')이라고 부르신다(36장 16~38절에는 '이스라엘 집'이 5번이나 나온다[288]). 이것은 바벨론 포로공동체가 과거 이스라엘 민족과 연속성이 있음을 의미한다. 그리고 하나님은 바벨론 포로공동체를 '내 백성'이라고 부르심으로써, 바벨론 포로공동체가 하나님의 백성으로서 정통성을 갖고 있음을 보여주신다. 먼저 하나님은 이스라엘 백성을 고발하신다. 그들이 과거에 범죄했음을 지적한다(17~19절). 그런데 본문상으로 보면 17절에 나오는 요쉐빔<יֹשְׁבִים>이 분사형이어서 시제의 불확정성을 보여준다. 이것은 과거에도 범죄했을 뿐만 아니라 현재에도 범죄하고 있음을 보여준다. 물론 범죄의 구체적인 열거는 없고, 수사적인 구절들이 반복된다. 본문 기자는 이스라엘의 죄를 여인의 월경에 비유하기도 한다(17절, 직유법[289]). 본문의 수화자인 실제 독자들은 이러한 묘사를 통해서도 구체적인 범죄사건을 연상해 낼 수 있었는지 모르지만 우리는 그 범죄사건들이 무엇이 었는지 알 수가 없다. 그래서 이스라엘 백성들의 범죄가 무엇인지 추적해 내는 것은 현재 독자들의 몫이다. 그리고 여인의 월경과 같은 범죄의 양상이 무엇인지도 구체적으로 지적해 내는 것도 독자들이 할 일이다. 본문에는 '더럽다'는 느낌을 주는 어휘들이 많이 사용된다. 그래서 본문을 읽는 독자들로 하여금 그들이 행한 범죄가 무엇인지 구체적으로 모른다고 해도, 본문을 읽으면서 이스라엘의 행동에 대해서 어떤 역겨움을 갖도록 만든다. 그래서 거기에서 벗어나

---

288) 17절, 21절, 22절, 32절, 37절.
289) 직유법은 에스겔서 36장 16~38절에 다섯 번 나온다(17절(1회), 35절(1회), 37절(1회), 38절(2회)).

고자 하는 마음을 갖게 한다. 이렇듯이 본문은 독자들에게 범죄를
견딜 수 없어 하는 마음을 준다.

3. 그런 다음 하나님은 자신이 어떠한 결단을 내리셨는지를 에스
겔에게 말씀하신다(19절). 여기서는 하나님이 어떻게 하시겠다고 결
정하는 과정을 전혀 언급하지 않는다. 바로 하나님이 일을 시행하신
것을 말한다. 하나님이 심판의 실행을 주저하시거나 유예하는 것은
조금도 언급되어 있지 않다. 범죄의 결과로 심판이(가차 없이) 시행
되었음을 말한다. 이것은 하나님의 심판이 과거에 일어난 일이기 때
문이다. 하나님은 그들을 회개케 하기 위해서 어떠한 노력을 기울이
셨는지에 대해서도 말씀하시지 않는다. 이스라엘 백성들에 대한 어
떠한 사랑과 자비로움도 표현되어 있지 않다. 그리고 이스라엘 백성
들을 3인칭으로 표현함으로써 거리를 두고, 하나님이 이스라엘 백성
들에게 사랑을 표현할 만큼 가까운 사이가 아님을 보여준다.

4. 하나님의 심판은 이스라엘 백성들을 온 세계로 흩으시는 것으
로 나타난다. 그런데 전혀 뜻하지 않는 결과가 나타난다. 이스라엘
백성들의 범죄로 인해서 하나님은 그들을 심판하시고 그래서 그들이
온 세계로 흩어졌는데 그들이 심판받음으로 말미암아 하나님의 이름
이 더럽혀지는 결과가 초래된다(20절). 이것은 전혀 예상치 못했던
상황이다. 그러나 하나님의 이름이 더럽혀졌다는 것이 구체적으로
무엇인지는 알지 못한다. 이것도 독자들에게 맡겨진 몫이다. 이것을
'하나님 이름의 수난', 좀더 포괄적으로 말하면 '하나님의 수난'으로
볼 수 있을 것이다. 이것은 서사기법으로는 '상황의 아이러니'[290])에

---

290) 아이러니에 대해서는 M. A. Powell, 『What is narrative criticism?』 64쪽을 보라.
　　 그리고 문학용어에 대해서는 이명섭 편, 세계문학비평용어사전(서울: 을유문화
　　 사, 1985, 1993), 이상섭, 문학비평용어사전(서울: 민음사, 1976, 1992), M. H.

해당한다. 범죄하고 심판받아서 수난당해야 할 쪽은 이스라엘 집이다. 그런데 정반대로 하나님이 이스라엘 백성에 의해서 수난을 당하시는 것이다. 여기서도 이스라엘 백성들이 이방에 흩어져서 어떻게 생활했는지에 대해서는 언급하지 않는다. 그들에 대해서 조금도 연민을 표현하지 않는다. 더욱이 하나님의 이름을 더럽힌 책임을 이스라엘 집에 돌린다. 그럼으로써 독자들로 하여금 하나님께 연민을 갖도록 만든다. 이것을 통해서 하나님의 심판행동과 기타의 행동들이 타당하다는 인식을 갖도록 해 준다. 그래서 독자들은 하나님의 이름이 수난당하는 것을 안타까워하고 하나님의 심경에 공감할 것이다. 그럼으로써 하나님이 어떤 행동을 취하시든지 그것이 정당하다고 생각한다.

5. 하나님은 그 상황을 극복하기 위해서 즉각적으로 조치를 취하신다. 이방 땅에서 이스라엘 백성들에 의해서 수난을 받은 자기의 이름을 아끼고자 하신다(21절). 그래서 에스겔에게 사명을 주신다(22절). 백성들에게 여호와의 말씀을 선포하라는 것이다. 먼저 하나님은 자신이 앞으로 어떤 일을 행할 것인가를 말씀하시기 전에 앞으로 어떤 일이 일어나든지 그것이 이스라엘 백성들 때문이 아니고, 수난당하는 하나님의 이름 때문이라는 사실을 분명히 밝히도록 하신다(22~23절). 하나님은 이스라엘 백성들이 흩어진 곳에서 자신의 이름이 수난을 당한다는 것을 동일한 양식을 사용해서 몇 차례 반복한다. 속마음은 알 수 없으나, 겉으로 보기에 하나님은 이스라엘 백성들을 위해서 사랑을 베푸시지 않는다. 오히려 자신의 이름만을 위해서 조치를 취하신다(이것을 우리는 에스겔식의 하나님사랑표현법이

Abrahams, 『A Glossary of Literary Terms』, 최상규 역, 문학용어사전(서울: 대방출판사, 1985, 1987), Richard N. Soulen, 『Handbook of Biblical Criticism』(Atlanta: John Knox Press, 1976, 1978)을 보라.

라고 할 수 있을 것이다).

6. 그리고 21절까지는 이스라엘 백성들을 3인칭으로 지칭하는데, 22절부터는 2인칭으로 지칭한다. 이것은 갑작스런 전환이다. 그리고 22~32절은 하나님이 에스겔을 통해서 이스라엘 백성들에게 말씀하시는 방식을 취하고, 33~36절은 다시 이스라엘 백성을 3인칭으로 지칭한다.291) 그래서 본문은 22절에 들어오면서 분위기가 더욱 생생해진다. 21절까지 이스라엘 백성들은 제외되어 있다가, 22절부터 느닷없이 등장해서 하나님 말씀을 에스겔을 통해서 듣는 하나님 말씀의 청취자가 된다. 하나님은 이스라엘 백성들의 범죄로 인해서 그들에게 내렸던 심판과 정반대되는 조치를 취하신다. 먼저 그들을 이방 땅에서 불러 모아서 고국으로 돌아오게 하고 그들의 죄를 다 씻어 주시겠다고 말씀하신다(여기에는 제사의 의미가 담겨 있다. 그리고 37, 38절에도 제사 이미지가 나온다). 이것은 분명히 「회개」 이전의 「용서」이다. 이것은 하나님께서 내리신 결단이다. 이 과정에 이스라엘 백성들은 전혀 개입하지 못한다. 이것은 수사적으로는 22절 이하의 여러 조치가 선포되기 전까지 이스라엘 백성들이 3인칭으로 지칭되고 있다는 사실에서도 알 수 있다. 22절 이하의 조치들은 이스라엘 백성들이 전혀 예상치 못했던 뜻밖의 조치들이다. 이것들은 긴급 상황을 피하기 위해서 하나님이 내리시는 일종의 비상조치들인 것이다. 특히 26절에서 하나님은 그들에게 새로운 마음을 주셔서 하나님의 규례를 준수하게 하시겠다고 말씀하신다. 그리고 28절에 들어가면 하나님이 선조들에게 약속하신 땅을 주시겠다고 말씀하시고 그럼으로써 "그들은 나에게 백성이 되고 나는 그들에게 하나님이 될 것

---

291) 개역성경은 "그러므로 너는 이스라엘 족속에게 이르기를 '주 여호와의 말씀에 이스라엘 족속아(21절)……그리한즉 그들이 나를 여호와인 줄 알리라' 하셨느니라(38절)."고 옮김으로써, 22절에서 38절까지를 하나의 묶음으로 보았다.

이다.”는 계약양식소로 28절을 마무리를 하신다. 계약의 재체결이 하나님의 조치이다. 그런데 이 계약을 체결하는 데에도 이스라엘 백성들은 전혀 개입하지 못한다. 하나님은 그럴 틈을 주지 않으신다.

7. 그런데 문제는 지금 하나님의 말씀을 듣고 있는 사람들과 하나님의 구원을 체험하게 될 사람들이 동일한 사람들인가 하는 것이다. 우리는 역사적으로 그렇지 않다는 사실을 안다. 바벨론에 포로로 잡혀간 사람들 중에서 생전에 예루살렘으로 귀환한 사람들은 극소수였을 것이다. 그래서 이 말씀을 듣는 사람들과 하나님의 구원을 체험하게 될 사람들은 다를 수밖에 없다. 그럼에도 불구하고 본문에서는 마치 이 둘이 동일인물들인 것처럼 보이게 하고 있다. 후대에 이루어질 일을 현재의 독자들이 미리 체험하도록 하는 기교를 부리는 것이다. 그래서 하나님의 회복의 역사를 이스라엘에 직접 선포하는 것이다. 그리고 미래에 드러날 하나님의 역사가 눈에는 보이지 않지만 지금부터 시작되어서 진행되고 있음을 의미하는 것이다.

8. 하나님과 이스라엘의 계약체결은 하나님이 이스라엘에 복을 주시는 것으로 나타난다. 이스라엘은 여러 가지 복을 받게 된다. 본문에는 이스라엘이 받게 될 복들이 상당히 구체적으로 언급되어 있다 (29~36절). 그리고 31절에 가면 이스라엘 백성들이 회개하게 될 것임을 말씀하신다. 여기서는 이스라엘의 회개가 하나님의 구원과 복 주심에 선행하지 않고, 그 결과로서 나타나고 있다. 「용서」 이후의 「회개」인 것이다.

9. 그리고 32절(“나 주 여호와가 말하노라 내가 이렇게 행함은 너희를 위함이 아닌 줄을 너희가 알리라. 이스라엘 족속아 너희 행위를 인하여 부끄러워하고 한탄할지어다.”)에는 22절(“그러므로 너는

이스라엘 족속에게 이르기를 주 여호와의 말씀에 이스라엘 족속아 내가 이렇게 행함은 너희를 위함이 아니요 너희가 들어간 그 열국에서 더럽힌 나의 거룩한 이름을 위함이라.")의 구절이 반복되고 있다.292) 즉, 하나님께서 이러한 일을 하시는 것은 결코 이스라엘 때문이 아니라는 것이다. 그러나 32절에는 "나의 거룩한 이름을 위함이라."는 구절은 생략되어 있다. 앞부분은 같은데 뒷부분이 다르다. 주제의 변화가 일어나는 것이다. 이것은 무엇 때문일까? 22절은 하나님의 이름을 강조하는데, 32절은 생략한 이유가 무엇일까? 32절은 이스라엘 백성에게 회개를 촉구하는 것으로 끝나고 있다. 우리는 여기서 또 갑작스러운 변화를 보게 된다. 지금까지는 미래에 일어날 사건을 서술해 왔는데, 32b는 명령형으로 이스라엘 백성의 회개를 촉구한다. 32b의 시점이 언제인지는 분명치 않다. 이러한 모호함으로 인해서 32b는 '그때에 회개하라'는 미래의 시점으로도 읽을 수 있을 뿐만 아니라 또 '그러니 지금 회개하라'는 현재적인 회개촉구의 기능도 하게 된다. 본문 기자의 탁월한 수사기법이 아닐 수 없다.

10. 33절에서 새로운 소단락이 시작된다. 그들이 돌아갈 곳에 대한 희망을 심어 준다. 여기서도 여러 가지가 구체적으로 나열되는데 중심이 되는 것은 '에덴동산처럼'이다. 여기서도 직유법이 사용되었다. 그런데 미래에 일어날 일을 시간을 거슬러 올라가서 태고의 것으로 설명하고 있다. '에덴동산'의 이미지는 포로생활을 하는 사람들에게 미래에 대한 희망을 가장 깊게 심어 줄 수 있는 것이다. 여기서도 본문 기자의 탁월한 수사기법을 보게 된다. 이 소단락은 36절까지 이어지고, 이방이 여호와가 어떤 분임을 알게 될 것이고, 하나님께서는 말씀하고 이루시는 분임을 천명한다.

---

292) 이러한 반복은 22절에서 32절을 하나의 묶음으로 보게 만든다. 자세한 것은 앞으로 다룰 것이다.

11. 37절부터 새로운 소단락이 시작한다. 37~38절은 이스라엘 백
성을 3인칭으로 지칭한다. 37절은 하나님과 이스라엘 백성 사이의
대화가 재개될 것임을 말한다. 이것은 새로운 요인이다. 여태까지 하
나님과 이스라엘 백성들 사이에 의사소통이 되지 않았다. 이스라엘
의 장로들이 하나님께 문의를 해도 하나님께서는 그들과 정상적인
대화를 거부하셨다. 그런데 이제는 하나님과 이스라엘 백성들과의
대화가 재개될 것임을 말씀하신다. 이스라엘의 기도를 들어주시겠다
고 말씀하시는 것이다. 기도를 거부하시는 것은 하나님의 심판의 방
식이었다. 하나님은 이스라엘 백성들이 하나님께 사람들이 많아지도
록 간구하게 하시고 그들의 기도를 들으시고 백성들이 양떼처럼 많
아지게 될 것이라고 하신다. 여기서도 직유법이 사용되었다. 그리고
마지막 구절은 "그들이 내가 여호와인 줄 알게 될 것이다."로 끝난
다. 여기서 그들이 누구인지는 분명하게 밝혀져 있지 않다. 명확한
주어가 생략되어 있다. 이것은 모호성을 갖게 한다.[293] 물론 '그들'
이 이스라엘 백성일 것으로 생각할 수 있지만 대명사로 처리되고 있
어서 양가성(兩價性)을 갖는 것이다. 이러한 문학적인 장치로 인해
서, 본문의 내재된 저자는 독자들이 개입할 수 있도록 문을 열어 주
는 것이다.

12. 지금까지 우리가 본 것처럼, 36장 16~38절은 처음부터 마지
막까지 하나님의 말씀으로 일관되어 있다. 우리는 여기서 하나님의
깊은 마음을 알게 된다. 하나님께서는 자신의 속마음을 열어 보이시
는 것이다. 그리고 하나님만 말씀하신다. 하나님의 말씀에 대해서 아
무도 개입하지 못한다. 그만큼 하나님의 의지의 강력함을 보여준다.
하나님께서는 자신의 논리를 전개하신다. 하나님께서는 자신이 왜

---

293) 성경 본문의 모호성(ambiguity)에 대해서는, 이종록, 「아모스 2: 6~16연구」, 신
    학이해 제9집(1991), 호남신학대학, 90~103을 보라.

이스라엘 백성들에게 심판을 내리셨는지를 먼저 말씀하신다. 그리고 자신의 이름이 수난을 당하고 그 이름을 아끼시기 위한 조치를 취하기 전에, 자신의 행동의 정당성을 강조하기 위해서 이방인들이 하는 말을 직접 인용한다. 하나님께서 이방인들의 말을 직접 인용하는 경우는 그렇게 많지 않다. 그리고 하나님께서는 회복된 이스라엘을 보고 지나가는 사람들이 하게 될 말까지도 인용한다. 본문 기자의 탁월한 수사력은 여기서도 입증된다.

2) 에스겔서 36장 16~38절의 구성

이제는 본문이 어떻게 구성되어 있는지를 살펴보기로 하자. 본문은 몇 개의 독립적인 문단들이 모여서 된 복합본문이다. 예언문학의 구성단위를 나누는 가장 기본적인 지표가 되는 사자문체(messenger formular) 부류들이 나타나는 것에 따라서 분류해보면, 16~21절, 22~23절, 24~31절, 32절, 33~36절, 37~38절로 나뉜다. 침멀리는 에스겔 36장 16~38절을 이루고 있는 각 부분이 갖고 있는 여러 형성요소를 살펴보면 본문의 구성상태를 쉽게 알 수 있다고 말하는데[294] 침멀리의 말은 옳다.

그런데 이것은 통합된 형태의 본문을 해체해서 본문을 이루는 각각의 단락을 분리해 내는 작업을 전제한다. 이러한 작업은 마치 움직이고 있는 시계를 해체해서 각각의 부품을 떼어내는 것과 같다. 그런데 시계를 이루고 있는 부품들이 따로 떨어져 있을 때는 시계가 될 수 없고, 그 부품들이 일정하게 배치되어서 서로 연결되었을 때

---

294) W. Zimmerli, 『Ezekiel 2, Ⅱ. Teilband』, BKAT XIII / 2, James D. Martin, tr., 『Ezekiel 2─A Commentary on the Book of the Prophet Ezekiel, Chapters 25─48』, Hermeneia(Phialdelphia: Fortress Press, 1983), 244.

에야 비로소 단순한 부품을 뛰어넘은 시계라는 것이 되듯이 성경 본문도 역시 그렇다. 서로 별개의 단락들이 모여서 하나의 본문이 되면 그 단락들은 결코 분리될 수 없는 유기체가 된다. 이러한 시각에서 보면 본문의 구성은 원래의 구성요소들로 정확하게 나누이지 않고 다른 시각에서 나누어지기도 한다. 이런 점을 감안해서 본문의 구성을 살펴보기로 하겠다.

본문은 여호와께서 예언자에게 직접 선포하신 말씀이다. 침멀리는 본문을 ① 이스라엘의 과거 역사와 현재 상황에서의 여호와 자신의 경험을 에스겔에게 개별적으로 말씀하심(17~21절)과 ② 예언자로 하여금 이스라엘 백성들에게 말씀을 선포케 하심(22~38절)으로 두 부분으로 나눈다.295) 침멀리는 하나님이 말씀하시는 방식에 따라서 본문을 나눈다. 그리고 22절의 도입구가 33절과 37절에도 나타나고 있어서 두 번째 부분은 22~32절, 33~36절, 37~38절로 나뉜다고 말한다.296) 그리고 새로운 도입구로 시작되는 부분들이 후대의 첨가임을 보여준다.297) 침멀리는 에스겔서 20장 7절을 예로 들면서, 오드 조트<עוד זאת>로 시작되는 구절이 본문의 원래 틀과 분명히 구별되는 첨가로 보았다.298)

메이(May)는 본문을 아예 16~21절(범죄로 인해서 벌을 받은 이스라엘 집)과 22~32절(이스라엘의 회복)과 33~36절(도시들과 황량하던 곳들이 재건됨), 그리고 37~38절(인구증가)로 나눈다.299)

---

295) ibid.

296) ibid. 알렌도 비슷한 이야기를 한다. 그는 22~32절, 33~36절, 37~38절로 나누고, 17~21절을 서언으로 본다(Leslie C. Allen, 『Ezekiel 20-48』, WBC 29(Dallas, Texas: Word Books, Publisher, 1990), 176).

297) W. Zimmerli, 『Ezekiel 2』, 244.

298) ibid., 245.

김정우는 '새 창조'를 중심개념으로 삼아서, 본문을 다음과 같이 16~21절, 22~32절, 33~38절로 나눈다.300)

> (1) 새 창조의 이유와 근거: 주님 자신의 이름을 위하여(16~21절)
> (2) 새 창조의 지향점: 주의 신을 통한 새 언약의 완성(22~32절)
> (3) 새 창조의 결과: 낙원의 회복(33~38절)

침멀리, 메이 등과는 다르게 쿡(Cooke)은 본문을 16~32절, 33~36절, 37~38절로 나눈다.301) 할스(Hals)도 쿡과 비슷하게 본문을 나누는데, 16절을 예언의 도입구로, 17aα를 호명으로 구분해 내고, 17aβ 이하부터 32절까지, 33~36절, 37~38절로 나눈다.302) 그리고 17aβ 이하부터 32절까지를 '구원예언'으로 보고, 33~36절과 37~38절을 첨가된303) 논증양식으로 본다. 17aβ 이하부터 32절까지는 이스라엘 역사개관(이스라엘의 범죄, 여호와의 심판, 결과), 전환, 구원의 선포의 세 부분으로 나눈다.

아이히로트도 본문을 ① 16~23절(하나님의 새로운 창조의 근거와 목적) ② 24~28절(이스라엘의 실제 새 창조) ③ 29~38절(여호와의 새 창조의 구체적인 모습)의 세 부분으로 나누는데 침멀리와 메이, 쿡, 할스와는 다르게 구분한다.304)

---

299) H. G. May, 262~266.

300) 김정우, 「새 창조에 나타난 성령의 사역: 새언약의 영―에스겔 36: 22~32」, 신학지남 241(1994, 가을·겨울호), 59.

301) G. A. Cooke, 『A Critical and Exegetical Commentary on the Book of Ezekiel』, ICC(Edinburgh: T & T Clark, 1936, 1970), 388.

302) R. M. Hals, 261f.

303) 이에 비해서 메이는 33~36절과 37~38절을 첨가된 것으로 보는 사람은 에스겔서를 전체적으로 볼 수 없다고 말한다(H. G. May, 265f.).

304) W. Eichrodt, 『Der Prophet Hesekiel』, C. Quin, tr., 『Ezekiel―A Commentary』 (London: SCM Press Ltd., 1970, 1980), 494~505. 아이히로트는 본문을 구분

클라인은 36장 16~38절의 제목을 "여호와께서 그의 이름을 거룩하게 하시다."로 정하고 '하나님의 거룩함'을 중심개념으로 해서 본문을 구분한다. 17~23절은 하나님의 거룩한 이름이 모독을 당한 것을 말하고 24~38절은 자신의 거룩함을 드러내 보이시겠다는 하나님의 의지표명이다. 그리고 24~38절은 24~28절, 29~32절, 33~36절, 37~38절로 나눈다.[305]

쿡과 할스의 견해대로 본문은 17~32절까지가 통일성을 갖고 있고,[306] 33~36절, 37~38절은 첨가된 양상을 보인다. 그런데 17~32절도 17~21절과 22~32절로 나뉜다. 22~32절은 로 레마아네켐<לא למענכם>이 22a와 32a에 나타나고 있어서 본문을 감싸는 듯한 형상을 하고 있다.[307] 그래서 21절과 22절은 연결시키는 것보다 나누는 것이 좋겠다.

전체 본문은 17~32절과 33~36절과 37~38절로 나눌 수 있다. 그러나 본문 전체를 하나의 유기적인 것으로 보고 내용에 따라서 나누면 17~21절, 22~38절(22~23절, 24~28절, 29~32절, 33~36절, 37~38절)로 구분하는 것이 좋을 듯하다. 이것을 좀더 나누어 보면 본문은 다음과 같이 짜여져 있다.

Ⅰ. 도입구 16절
Ⅱ. 하나님이 이스라엘을 구원하시는 이유: 과거의 이스라엘의 범죄와 심판, 그 결과 17~21절

하면서 '새 창조'(new (divine) creation)라는 말을 주제어로 사용하고 있다.
305) Ralph W. Klein, 『Ezekiel: The Prophet and His Message』(Columbia, South Carolina: University of South Carolina Press, 1988), 145ff.
306) 17~32절의 통일성에 대해서는 각 본문 연구를 통해서 증명될 것이다.
307) R. M. Hals, 263.

　　A. 범죄와 심판 17~19절

　　　1. 이스라엘의 범죄 17절

　　　2. 하나님의 심판 18, 19절

　　B. 결과 20~21절

　　　1. 하나님 이름의 수난 20절

　　　2. 하나님이 이름을 아끼심 21절

　Ⅲ. 하나님이 이스라엘을 구원하시는 구체적인 모습들 22~38절

　　A. 구원의 동기 22, 23절

　　B. 구원예언 ① 24~28절

　　C. 구원예언 ② 29~32절

　　D. 구원예언 ③ 33~36절

　　E. 구원예언 ④ 37~38절

　이 내용구조는 앞으로의 연구를 위한 기초자료로 사용하고 더 상세한 내용구조와 문학구조는 각 본문을 다루면서 밝히려고 한다.

3) 에스겔서 36장 16~38절의 형성시기

　1. 대체로 학자들은 본문이 복합적으로 구성되어 있다는 사실을 인정하면서 본문의 편집작업이 포로기를 넘어서지는 않는다는 데 동의한다. 침멀리는 에스겔서 36장 16~32절이 예루살렘 멸망의 충격을 직접적으로 반영하는 그런 신탁들보다 후대인 포로기에 쓰인 것으로 본다. 그는 언어학적으로 16~32절은 에스겔서의 후대구성부분들과 특별히 밀접하게 연결되어 있으며 23bβ~38절은 에스겔 자신의 것이 아니고, 그의 생각을 이어가고 그의 언어형태에 의존하고

있는 학파에 의해서 첨가된 것으로 간주한다. 그렇다고 해도 에스겔
서의 본문은 예언자의 포로기 환경에서 비롯되었다고 본다.[308]

2. 린드블롬(Lindblom)은 계약양식소, 즉 '너희는 내 백성이 되고,
나는 너희 하나님이 될 것이다'는 양식소(formular)는 포로기 예언자
들에게서 종종 반복해서 나타난다고 말한다.[309] 그리고 이스라엘 백
성들이 윤리적인 실천을 할 수 있는 것은 인간의 노력의 결과가 아
니고, 하나님의 이름을 아끼시려는 마음에서 비롯되었으며, 이것은
예레미야의 새 계약의 사상에서 영향을 받은 것으로 보이는데, 에스
겔에게서 새로운 것은 그 위대한 변화가 여호와의 영[310]에 의해서
야기된다는 점이라고 말한다.[311]

3. 할스(Hals)는 에스겔서 36장 16~38절의 분명한 어조가 미래에
대한 대망이고 현재적인 실현이 아니라는 점에서 포로기를 배경으로
하고 있다고 말한다.[312] 그리고 새로운 엑소더스의 모티프가 제2이
사야서보다 덜 생생하게 묘사되었다는 점에서 제2이사야서보다 빠른
시기에 기록되었다고 말한다.[313] 그래서 할스는 발쩌와 침멀리의 견
해를 받아들여서 제2이사야서의 메시지가 에스겔서의 영향을 깊게
받은 것으로 보아야 한다고 말한다.[314] 그리고 전승사적으로 볼 때

---

308) W. Zimmerli, 『Ezekiel 2』, 246. R. M. Hals, 264.
309) J. Lindblom, 『Prophecy in Ancient Israel』(Philadelphia: Fortress Press, 1962,
    1976[6]), 391. 린드블롬은 에스겔서 11장 20절, 19장 11절, 36장 28절, 37장
    23절, 27절 등을 든다(각주 199).
310) "포로기와 포로 후기에 야웨의 영을 갱신하는 힘으로 보는 사상이 그 이전보
    다 더욱 중요하게 여겨졌다. 여기서 그것은 새로운 종교적이고 윤리적인 창
    조의 도구로 생각된다. 이사야서 44장 3절에는 영이 육체적인 새로움을 가져
    다주고 하나님의 축복(버라카)에 평행된다."(ibid., 391, 각주 198)
311) ibid., 391.
312) R. M. Hals, 264.
313) ibid.

에스겔서의 메시지는 호세아서(특히 2장 14~23절), 예레미야서(특히 31장 1~14절, 32장 42~44절, 33장 6~13절)의 형향을 받았다고 말한다.315)

4. 학자들의 생각처럼 본문이 바벨론 포로기를 배경으로 하고 그 기간 동안에 기록되었음은 부인하기 어렵다. 그리고 본문을 자세히 살펴보면 미래에 대한 희망과 상당히 구체적인 귀환/회복 프로그램을 담고 있지만 제2이사야서보다는 그 강도가 약하다는 점에서 에스겔서 36장 16~38절은 제2이사야서 이전 시대에 생겨난 것으로 보인다.

5. 내용개관에서 살펴보았듯이 에스겔서 36장 16~38절은 21절까지 이스라엘을 3인칭으로 지칭하다가 22절부터 36절까지 2인칭으로 지칭하고 그리고 37~38절에서 다시 3인칭으로 지칭함으로써 본문은 전체적으로는 '3인칭-2인칭-3인칭'의 구조를 보인다. 이러한 인칭의 변화들은 하나님의 말씀이 이방에서 포로생활을 하고 있는 이스라엘 백성들에게는 뜻밖의 소식으로 들리게 하는 상승효과를 노리고 있다. 이것은 문학적으로 볼 때 본문이 형성되는 시기에 어떤 뜻밖의 사건이 있었음을 암시한다. 그렇다면 바벨론 포로기 동안에 유대인들의 미래에 대한 희망과 귀환/회복 프로그램을 구체적으로 세우도록 하는 계기가 될 만한 사건은 무엇일까?

6. 편의를 위해서 바벨론 포로기를 바벨론 포로공동체를 중심으로 해서 시대구분해 보는 것이 좋겠다. 바벨론 포로기가 주전 598년에 시작되어서 538년에 끝났다고 하면316) 대략 20년 단위로 나누어서

---

314) ibid.
315) ibid., 264f.

598년에서 581년까지를 포로기 초기(初期)로, 580년에서 562년까지를 중기(中期)로, 561년에서 538년까지를 후기(後期)로 볼 수 있을 것이다.

7. 포로기 초기[317](주전 598~581년)는 제1차 포로압송에서부터 이스마엘이 그달리야를 살해한 사건으로 인해서 3차 포로압송이 일어난 시기를 포함한다. 그래서 포로기 초기는 유대가 바벨론에 완전히 복속되는 시기이다. 유대가 멸망해가는 이 기간 동안에 바벨론에 있던 유대인들은 1차로 압송된 포로들을 중심으로 공동체를 형성해 가고 있었을 것인데 여호야긴 왕을 중심으로 하는 유대인의 일치와 결속을 강조했을 것으로 보인다. 바벨론 유대인 공동체는 시드기야가 바벨론의 느부갓네살을 알현한 593년부터 본국과는 별개의 공동체로서 자신들의 정체성을 확립하고 바벨론에 정착해 가기 시작한 것으로 보이는데 이 해에 에스겔이 이 바벨론 포로공동체의 예언자로 부름 받은 것은 바로 이러한 사실을 입증하는 것이라 하겠다.

8. 포로기 중기(주전 580~562년)는 이러한 결속을 강화하고 지난 포로생활을 반성하면서 포로기의 신학을 정립하는 기간인데 포로기를 하나님의 용서와 이스라엘의 회개의 장, 곧 신앙훈련의 장으로 보는 시각은 교정되었을 것이다. 그러한 희망들은 포로기 이후의 새로운 엑소더스와 귀환, 정착의 과정에서 일어날 것으로 생각하게 되

---

316) 바벨론 포로기가 언제 시작하는가에 대해서 다니엘서 1장 1절의 기록을 역사적으로 신빙성이 있는 것으로 보아 주전 598년이 아닌 주전 605년에 첫 번째 포로압송이 있었다고 주장하는 학자들이 있다. 다니엘서 1장 1절의 역사적 신빙성에 대해서는 앞으로 연구가 진행될 것으로 보고 본 연구에서는 일단 브라이트 등의 견해를 따르기로 하겠다.

317) '포로기 초기'를 '포로기 전기'나 '포로기 이전'과 혼동하지 말아야 한다. '포로기 전기(前期)' 또는 '포로기 이전(以前)'은 'pre－exile'로서, 포로기가 시작하기 전을 말한다.

었을 것이다.

9. 포로기 후기318)(주전 561~538년)는 여호야긴의 복권으로 시작해서 고레스의 칙령으로 인한 귀환으로 끝나는 희망의 시기이다. 이러한 사건들로 인해서 바벨론의 유대인들은 인간의 행위를 뛰어넘는 하나님의 놀라운 역사하심을 체험했을 것이다. 그리고 이러한 체험이 그들에게 기존의 신학과는 다른 사상을 전개케 했을 것으로 여겨진다.

10. 에스겔서 36장 16~38절은 새로운 엑소더스와 귀환을 이야기하고 귀환 프로그램을 제시하고 있다는 점에서 유다가 바벨론에 의해서 멸망하는 주전 586년 이전에는 기록되지 않았음이 분명하다. 그리고 사반의 손자 아히캄의 아들인 그달리야가 유다의 마지막 왕이 되었지만 바벨론 정부에 의해서 즉위한 사실로 인해서 유다 공동체와 바벨론 포로 공동체 의해서 정통성을 인정받지 못했기 때문에319) 바벨론의 포로공동체가 그달리야의 통치 기간을 이스라엘 회복의 시기로 생각하지는 않았을 것이다. 정통성을 인정받지 못한 그달리야는 582년에 민족주의자인 이스마엘에 의해서 제거되었는데 이스마엘은 당시의 반바벨론 분위기에 편승한 것으로 보인다.320) 이 사건으로 인해서 바벨론이 예루살렘을 침공하게 되고 예레미야의 기록321)에 의하면 이때 745명이 포로로 끌려가게 된다. 이것이 3차 포

---

318) '포로기 후기(後期)'와 '포로기 이후(以後)'를 혼동하지 말아야 한다. '포로기 이후'는 'post−exile'로서 포로기가 끝난 다음을 말한다.
319) 정중호는 그달리야가 실제로 왕이었음에 불구하고 성경에는 '왕'의 칭호를 사용하지 않는다고 말한다(정중호, 이스라엘역사(서울: 대한기독교서회, 1994), 256f.).
320) ibid., 260.
321) 예레미야서 52장 30절("느부갓네살의 이십삼 년에 시위대장관 느부사라단이 사로잡아 옮긴 유다인이 칠백사십오 인이니 그 총수가 사천육백 인이었더라.")

로압송이다.

11. 팔레스타인에서 반바벨론 분위기가 고조되어서 반란[322]이 일어났지만 느부갓네살은 582~581년에 모압과 암몬을 평정했고, 두로는 586년에서 573년까지 바벨론에 포위되어 있었다.[323] 따라서 주전 570년경까지는 이스라엘이 회복될 어떤 희망도 보이지 않았을 것이다. 느부갓네살은 562년까지 통치했다. 비록 아수르나 페르시아처럼 강력한 제국을 이룩하지는 못했지만[324] 바벨론은 주변 국가들을 통제해 왔다. 그렇기 때문에 주전 562년까지도 이스라엘의 회복은 실현되기 어려운 꿈으로 생각되었을 것이다. 바벨론에 포로로 끌려가 있던 사람들에게는 더욱 그러했을 것이다. 그렇다면 주전 562년 이후에는 어떤 극적인 사건이 있었는가?

12. 열왕기하 25장 27~30절[325]과 예레미야서 52장 31~34절에 언급된 여호야긴왕의 복권이 있었다. 느부갓네살은 주전 562년에 사망했고 여호야긴은 561년에 복권되었다. 정복자 느부갓네살의 퇴장과 여호야긴의 복권은 당시 이스라엘 사람들에게 커다란 희망을 주었을 것임에 틀림없다. 더우기 느부갓네살 사후에 왕위를 계승한 아멜 마

---

322) "또한 소아시아 지역에서 반바벨론 봉기가 일어날 수 있었던 좋은 기회였음을 알 수 있다. 수르 치하에서 지중해 연안 국가들이 기회 있을 때마다 연합전선을 펴서 반란을 일으켰던 사실과 마찬가지로 580년대 후반에도 페니키아-시리아-팔레스틴-(이집트)의 국가들이 반바벨론 분위기를 만들었으며 이스마엘은 반바벨론 반란을 일으킨 암몬의 후원을 등에 업고 쿠데타를 일으켰던 것이다. 바벨론 반란을 응징하는 방법은 역시 바벨론 군대가 암몬과 모압을 징벌하면서 유다 백성들을 포로로 잡아가고 (예레미야서 52장 30절) 봉신국가였던 유다를 바벨론 영토로 합병해 버리는 방법이었다."(정중호, 스라엘역사, 60)

323) ibid.

324) ibid., 60f.

325) 몽고메리는 본문이 여호야긴의 사후에, 페르시아 정복 이전에 만들어진 것으로 본다(James A. Montgomery, ed. Henry Snyder Gehman, 『Critical and Exegetical Commentary on the Books of Kings』(ICC Edinburg: & T Clark, 1951, 1976), 67).

르둑(에윌 므로닥: 주전 561~560년)은 2년밖에 다스리지 못하고 반란으로 제거되었으며, 그 이후의 왕들도 계속해서 제거되었다. 마지막 왕인 나보니두스(555~539년)는 월신 '신'(Šin)을 숭배하는 종교개혁을 시도하여 제국의 정신적 통일을 이룩하고자 했으나 마르둑 제사장들의 반감을 자아냈고 이것이 바벨론 멸망의 한 요인으로 작용했다.326) 이러한 형편이었기에 여호야긴의 복권을 유대인들은 중요한 계기로 받아들였을 것이다.

13. 이 여호야긴은 어떠한 인물인가? 여호야긴은 18세에 즉위해서 3개월여 통치한 후 주전 597년327)에 느부갓네살에 의해서 왕위에서 폐위되어 바벨론에 끌려갔다.328) 어린 나이에 즉위해서 3개월밖에 통치하지 못했음에도 불구하고 다른 왕들에 비해서 정통성을 인정받은 탓으로 유대인들에게 그는 우리가 생각하는 것 이상의 막강한 권위를 갖고 있었던 것으로 보인다.329) 그리고 여호야긴은 느부갓네살의 문서에 '유다의 왕'330)으로 불리는데 이것은 바벨론 사람들이 여호야

---

326) 정중호, 이스라엘역사, 262.

327) 여호야긴과 관련된 연대에 대해서는 John J. Hayes, Paul K. Hooker, 『A New Chronology for the Kings of Israel and Judah and its Implications for Biblical History and Literature』, 정중호 옮김, 이스라엘과 유다 역사—신연대기(서울: 대한기독교서회, 1991), 115~116을 보라.

328) 성경 이외의 바벨론 기록으로는 ANET, 308을 보라.

329) "바벨론으로 포로가 되어 간 유다 왕들은 여호야긴과 시드기야인데 바벨론 디아스포라의 지도자로 인정받은 왕은 여호야긴이었으며 바벨론 디아스포라들은 여호야긴의 연호를 사용했다(에스겔서 1장 2절, 33장 21절, 40장 1절). 벧세메스, 텔 베트미르심, 라맛라헬 등 유다 지역 여러 곳에서 '야유킨의 청지기 엘리아킴의 것'이란 인장이 발견되었는데, 이것은 여호야긴(야우킨)의 왕실 소유지가 여호야긴이 바벨론으로 잡혀간 뒤에도 그대로 여호야긴의 이름으로 관리되고 있었음을 보여주는 것이다."(정중호, 이스라엘역사, 264f.) 성경 기자들은 다른 왕들의 경우와는 달리 여호야긴의 이름을 '여고니야', '고니야'로도 표기하는데 이것은 그의 애칭이라고 할 수 있을 것이다. 이런 사실에서도 우리는 여호야긴이 백성들의 사랑을 받았음을 알 수 있다.

330) ANET, 308("⋯⋯t[o?] Ia-'ú-kin, king⋯⋯").

긴을 합법적인 통치자로, 시드기야는 분봉왕 정도로 생각했음을 암시한다.[331] 여호야긴은 유대인 포로들의 눌린 민족주의의 상징이었다. 그리고 하나냐의 말(예레미야서 28장 1~4절)[332]에서 멸망 이전의 유다 공동체에서도 여호야긴의 복권을 바라던 인물들이 있었음을 알 수 있다. 여호야긴이 유대인들의 강력한 민족주의를 대변하는 상징적인 인물이었기 때문에 주전 594년의 소요사태[333] 후에 그는 바벨론

---

331) B. W. Anderson, 『Understanding the Old Testament』(Englewood Cliffs, New Jersey: Prentice-Hall, 1986), 436. 에스겔을 비롯한 많은 사람들이 여호야긴을 유다의 마지막 왕으로, 그리고 여전히 합법적인 왕으로 생각했다(Martin Noth, 『Geschichte Israels』, P. R. Ackroyd, tr., 『The History of Israel』(New York: Harper & Row, Publishers, 1960^2), 283, 정중호, 이스라엘역사, 247f.). 그들은 시드기야는 백성들에 의해서 왕위에 오른 것이 아니고 이방인들의 손에 의해서 왕이 되었기 때문에 합법적인 왕으로 생각하지 않았으며 여호야긴을 여전히 왕으로 섬겼던 것으로 보인다. 많은 사람들이 여호야긴에 대해서 호감을 가졌는데 이것은 구약성경이 그달리야에 대해서 기록하면서 그의 직위를 언급하지 않는다는 사실에서도 입증된다. 그러나 예레미야는 여호야긴을 인정하지 않았다(예레미야서 22장 24~30절)(J. Maxwell Miller, John H. Hayes, 『A History of Ancient Israel and Judah』(Philadelphia: The Westminster Press, 1986), 409). "그러나 예레미야는 다윗 왕조 신학이 조건적임을 주장하면서 예루살렘 사람들이 더 이상 여호야긴에게 미련을 두지 말고 시드기야를 받아들이고 친 바벨론 정책을 지지할 것을 호소했다. 바벨론으로 포로되어 간 사람들에게도 예레미야는 목회서신(예레미야서 29장 4~17절)을 보내 동요하지 말고 때가 될 때까지 바벨론에 정착하여 바벨론의 안녕을 위해 기도하며 삶을 살아갈 것을 권유했다."(정중호, 이스라엘역사, 248f.) 하지만 예레미야는 외교정책적인 측면에서는 여호야긴의 노선을 따랐다. 즉, 친바빌론주의를 택했던 것이다(J. Alberto Soggin, 『Storia d'Israele,dalle origini alla rivolta di Bar-Kochba, 135 d.C.』, John Bowden, tr., 『A History of Ancient Israel-From the Beginnings to the Bar Kochba Revolt, A.D. 135』(Philadelphia: The Westminster Press, 1984), 250).

332) "내가 바벨론 왕 느부갓네살의 이곳에서 바벨론으로 옮겨간 여호와의 집 모든 기구를 두 해가 차기 전에 다시 이곳으로 가져오게 하겠고 내가 또 유다 왕 여호야김의 아들 여고니야와 바벨론으로 간 유다 모든 포로를 다시 이곳으로 돌아오게 하리니, 이는 내가 바벨론 왕의 멍에를 꺾을 것임이니라. 여호와의 말이니라."(예레미야서 28장 3, 4절). 하나냐는 2년 안에 바벨론이 멸망할 것이라고 확신하고 있었던 것으로 보이며 구체적인 반란도 계획하고 그것을 하나님의 뜻으로 선포했던 것으로 보인다(J. M. Miller & J. J. Hayes, 410).

333) 597년에 에돔, 모압, 암몬, 두로, 시돈의 대표들이 예루살렘에 모여서 반바벨

인들에 의해서 감금되었고,334) 주전 560년경에야 복권될 수 있었던 것으로 보인다.335) 이 기간 동안에 일어난 팔레스타인의 반란은 바벨론에 있는 유대인들의 입지를 더 어렵게 했을 것이다. 이러한 상황으로 인해 그들은 반바벨론적인 태도를 보이지 못했을 것이다. 오히려 그들은 친바벨론적인 성향이 강했다.336) 그리고 그들은 바벨론에 살면서 어느 정도 정세파악을 하고 있었을 것이기 때문에 팔레스타인의 반란이 성공할 것으로 생각하지 않았을 것이다. 또 느부갓네살이 주변 국가들을 철저하게 통제하지는 못했지만 그럼에도 불구하고 바벨론의 체제를 붕괴시킬 만한 국제적인 사건은 일어나지 않았다. 그래서 여호야긴이 복권하는 561년경까지는 바벨론의 유대인들은 어떤 희망도 갖지 못했을 것이다. 이런 상태에 놓여 있던 유대인들에게 여호야긴의 복권은 그가 다시 왕위에 오를 수 있으리라는 희망을 주었으며,337) 주전 593년부터 시작된 에스겔의 이스라엘 회복 프로그램338)이 이때 다시 구체적으로 거론되었을 것으로 보인다. 이러한 움

론 반란을 일으킬 것을 모의했다. 예레미야는 여기에 반대했다. 느부갓네살 제9년(596~595년)과 제10년(595~594년)에 엘람에서 반란이 일어나 느부갓네살이 평정했다. "엘람이 평정된 후 593~592년에 시드기야는 바벨론에 갔는데 아마도 느부갓네살 왕에게 최근에 있었던 국제회의 및 유다 상황에 대해서 해명과 설명을 한 것으로 짐작된다. 같은 해에 에스겔은 예언자로 소명을 받았으며 그 날짜는 여호야긴이 포로된 지 제5년 4월 5일, 즉 담무즈 5일이었다(에스겔서 1장 2절)."(정중호, 이스라엘역사, 249).

334) B. W. Anderson, 『Understanding the Old Testament』, 436.

335) 바벨론의 새 왕이 여호야긴에게 왜 호의를 베풀었는지는 분명치 않지만 자신이 처한 어려움을 정치적으로 풀어보려는 동기가 있었던 것으로 보인다(J. A. Montgomery, 567, T. B. Hobbs, 『2Kings』, WBC 13(Waco, Texas: The Word Books, Publisher, 1985), 367). 복권된 후에 여호야긴은 바벨론 정부로부터 상당히 융숭한 대접을 받은 것으로 보인다.

336) 에스겔의 이방예언에는 바벨론에 대한 심판예언이 나오지 않는다. 오히려 유대로 하여금 반바벨론 운동을 일으키도록 충동질한 두로(26~28장)와 이집트(29~32장)에 대해서는 상당히 많은 분량을 할애해서 심판을 선포한다. 이런 모습에서 우리는 에스겔을 비롯한 바벨론의 유대인들의 친바벨론적인 성향을 짐작할 수 있다.

337) J. Bright, 『A History of Israel』, 351. B. W. Anderson, 『Understanding the Old Testament』, 436.

직임은 복권된 여호야긴을 중심으로 전개되었을 것이다.[339]

14. 그래서 이스라엘의 새로운 엑소더스와 귀환 회복을 상당히 구체적으로 계획하고 있는[340] 에스겔서 36장 16~38절은 여호야긴왕이 풀려난 이후에 완성된 것으로 추정된다.[341]

4) 에스겔서 36장 16절, 17~19절

(1) 본문이해

16여호와의 말씀이 내게 임하였는데, 이러하다.[342]

17벤 아담[343]아. 이스라엘 집이 그들의 땅에 거하면서[344] 그들의 길

---

338) 주전 593년에 에스겔이 바벨론에서 예언자로 부름 받은 것은 그의 개인적인 일로만 볼 수는 없다. 바벨론의 유대인 공동체에 어떤 계기가 되는 일이 있었음이 분명하다. 그것은 시드기야의 바벨론 방문이었을 것이다. 시드기야가 주전 593~592년에 바벨론을 방문한 것이 어떠한 형태로든지 유대인들의 지위 향상에 영향을 미쳤을 것이고, 이것을 계기로 바벨론의 유대인들은 여호야긴을 중심으로 하는 강력한 공동체를 결성해 나가기 시작했을 것으로 생각된다. 그러다가 유다가 친이집트 정책으로 급선회하자 예레미야를 비롯한 친바벨론파도 반대의 소리를 높였고 바벨론의 여호야긴 공동체는 본국의 친이집트 정책을 신랄히 비판하면서 결국 그러한 정책으로 인해서 유다는 파멸을 초래할 것임을 지적하고, 친바벨론적인 입장을 강력하게 천명했을 것이다. 그럼으로써 바벨론제국의 인정을 받고, 유다 멸망 후의 문제들에 대한 대비책을 세웠을 것으로 보인다.

339) 홉즈는 여호야긴이 열왕기하 25장이 기록될 때까지도 살아 있었을 것으로 생각한다(T. R. Hobbs, 368).

340) 에스겔서 36장 16~38절이 전체적으로 보아 이스라엘의 회복을 위한 프로그램일 가능성은 앞으로 논의되게 될 것이다.

341) 여기에 대한 구체적인 논의는 본문들을 다루면서 할 것이다.

342) 16절은 ויהי דבר־יהוה אלי לאמר인데, 대체로 "그리고 야웨의 말씀이 내게 임하였다"로 번역함으로써 לאמר를 제대로 살려서 번역을 하지 못하고 있다.

343) בֶּן־אָדָם을 일부러 '인자', '사람의 아들', '죽을 인생'으로 번역하는데 구약성경

과 그들의 하는 일들에서345) 그들이 그 땅을 더럽혔는데 내 앞에서 그들의 길이 월경의 더러움처럼 되었다. 18그래서 내가 그들에게 내 진노를 쏟아서, ⌐그들이 땅에 쏟은 피값과 그들이 그들의 우상숭배로 자신을 더럽힌 것을 갚았다⌐.346) 19그런 다음 내가 그들을 여러 나라에 흩어서, 그들이 여러 곳에 흩어졌다347). 그들의 길과 그들의 하던 짓들348)

에 나오는 히브리어 이름은 대부분 그 뜻을 밝히지 않고 기록하는 경우가 많기 때문에 '벤 아담'이 고유명사는 아니라고 해도 히브리어 발음대로 '벤 아담'으로 부르는 것이 좋을 것이다.

344) 침멀리는 "ישבים이 정관사가 없이 사용되었기 때문에 문법적으로는 בית ישראל의 동격이 아닌 보어로 이해되어야 한다."고 말한다. 그리고 '이스라엘 백성이 그들의 땅에 거할 때'라고 번역한다(W. Zimmerli, 『Ezekiel 2』, 241). 아이히로트도 '이스라엘 집이 아직 그들 자신의 땅에 거하고 있을 때'로 번역을 했다(W. Eichrodt, 『Ezekiel』, 492). 와우 연속법 미완료 앞에 서술부가 나올 때 주어가 앞에 나온다(G. A. Cooke, 395).

345) 칠십인역은 ובעלילותם을 καὶ ἐν τοίς εἰδώλοις αὐτών <u>καὶ ἐν ταίς ἀκαθαρσίαις αὐτών</u>으로 번역했는데, 밑줄 친 부분은 첨가된 것이다. 이것은 בעלילותם을 두 번 번역한 것으로 보인다(W. Zimmerli, Ezekiel2, 241, G. A. Cooke, 395). 쿡은 칠십인역의 본문을 조금 다르게 인용했다(καὶ ἐν <u>τούς</u> εἰδώλοις αὐτών καὶ <u>ταίς</u> ἀκαθαρσίαις αὐτών). 칠십인역에서의 이러한 중복번역은 16장 14절, 17장 23절, 20장 18절, 26장 8절, 32장 29절, 34장 14절 등에서도 나타난다(Cooke, Ezekiel, 261(23장 29절의 주)). 19절에도 이 단어가 나오는데, 칠십인역 바티칸 사본에는 ἀμαρτία로, 칠십인역 알렉산드리아 사본에서는 ανομιαι로 번역되어 있다. 이것은 본문의 차이보다는 번역자의 자의적인 해석의 결과로 보인다.

346) 학자들은 ⌐……⌐이 칠십인역에는 없어서 첨가된 것으로 본다. 하나님의 진노의 사유가 17절에 이미 명시되어 있기 때문에 18절에서 다시 언급할 필요가 없다는 것이다. 아이히로트는 이 부분을 아예 생략해 버린다(Eichrodt, 『Ezekiel』, 492). 그러나 히브리어 본문이 전체적으로 반복의 양태를 보이고 있고 칠십인역도 여러 곳에서 중복번역을 하고 있다는 점에서 볼 때 이 부분이 다소 산만해 보인다고 해도 굳이 후대의 첨가로 볼 필요는 없을 것이다.

347) ויזרו가 칠십인역에서는 καὶ ἐλίκμησα αὐτούς(=ואזרם)로, 시리아역에서는 ודרית אנון로 되어 있어서 이것을 주(gloss)로 보고 삭제하려고 하거나(Cornill) 수정하려는 학자들(Fohrer)도 있지만 침멀리는 그냥 두는 것이 좋겠다고 말한다(W. Zimmerli, 『Ezekiel 2』, 241). 아이히로트는 칠십인역을 따라서 복수수동형 대신 일인칭단수로 바꾸어서 원래대로 돌려주는 것이 더 낫다고 말한다(W. Eichrodt, 『Ezekiel』, 493). 그러나 19절의 ויזרו 앞뒤에 나오는 동사들이 일인칭단수라고 해서 이 동사를 일인칭 단수형으로 바꿀 필요는 없다고 생각한다. 히브리어 본문이 때로는 정형화된 틀을 갖기도 하지만 어휘형태의 변

만큼 나는 그들에게 형을 내렸다.[349]

본문은 하나님이 왜 이스라엘을 심판하셨는지를 밝히시는 논증양식으로 되어 있다.[350] 16절은 에스겔서 36장 16~38절의 도입구이다. 17~19절은 하나님이 과거에 이스라엘을 심판하실 수밖에 없었던 것을 말씀하신다. 16절, 17~19절의 내용을 살펴보면 다음과 같다.

> 16하나님의 말씀이 임함(도입구)
> 17aα에스겔을 부르심('벤 아담아')
> 17aβ-γ 이스라엘 집[351]이 자기 땅에 머물 때 죄를 지었다.
> 17b 그들의 죄는 월경의 더러움처럼 되었다.[352](직유법)
> 18a 그래서 하나님이 진노를 쏟으셨다.
> 18b 그들의 죄(흘린 피와 우상숭배)에 대해서
> 19a 그들이 이방으로 흩어졌다.
> 19b 그들이 범죄한 만큼 벌을 주었다.

화를 통해서 다양함을 보여주기도 하기 때문이다.

348) 각주 61을 참고하라.

349) שְׁפַטְתִּים로, 어근인 שׁפט는 '재판하다, 심판하다'의 뜻을 갖고 있는데, '형량을 구형하다'는 의미로 번역을 했다.

350) 본문의 중심이 되는 하나님의 새로운 창조행위를 이야기하기 위해서 예언자는 이스라엘 백성의 가망 없는 재난의 역사를 한 번 더 회상한다(W. Eichrodt, 『Eze-kiel』, 494).

351) 포로공동체를 '이스라엘 집'(이스라엘 공동체)으로 칭하는 것은 34장 30절, 35장 15절, 36장 10절에 나타나는데 36장 17절, 21절, 22절, 32절, 37절에서도 나타난다. '이스라엘 집'이라는 말이 36장 16~38절에서 다섯 번이나 사용된 것이다. 하나님은 바벨론 포로공동체를 '이스라엘 집' 그리고 '내 백성'(36장 20절, 28절, cf. 37절, 38절)이라고 부르심으로써 그 공동체가 예전의 이스라엘 공동체와 연속선상에 있으며 또 하나님의 백성으로서 정통성을 갖고 있음을 말씀하신다(Allen, 『Ezekiel 20-48』, 180).

352) 이 구절은 본토에서의 이스라엘의 역사를 실패의 역사로 규정하는데 그 실패를 더러움이라는 제의적인 언어로 표현한다. 이것은 에스겔서의 제사신학과 일치한다(L. C. Allen, 『Ezekiel 20-48』, 178).

하나님은 에스겔에게 이스라엘의 과거사에 대해서 말씀을 하신다. 하나님은 자신이 이스라엘을 심판하신 것이 정당함을 입증하기 위해서 이스라엘이 범죄했음을 강조한다.[353] 이것은 이스라엘이 멸망한 이유를 규명하고 이스라엘의 역사를 범죄의 역사로 규정하는 작업이 이미 마무리되었음을 전제하며 따라서 본문이 포로기 초기가 아닌 중기에 생겨난 것으로 보이게 한다.

본문을 보면 17절과 18b는 이스라엘의 범죄를 말하고, 18~19절(18b 제외)은 하나님의 심판을 말한다. 그래서 본문은 이스라엘의 범죄와 하나님의 심판으로 이루어져 있다. 17절은 이스라엘의 범죄사실을 두 번 반복해서 이야기하는 일종의 점층법을 사용해서 이스라엘의 범죄를 강조한다. 이스라엘은 죄로 인해서 멸망을 당할 수밖에 없었던 민족이다. 하나님의 심판은 불가피한 것이었다. 인간의 범죄는 바로 하나님의 심판으로 이어진다.

(2) 하나님의 사역(使役): 심판과 징계

17절, 18절에서는 이스라엘의 과거의 죄악에 대해서 말한다. 하나님은 이스라엘이 '그들의 땅'에 거할 때에 범죄했다고 말씀하신다. 범죄와 심판, 구원에서 '땅'[354]은 매우 중요한 의미를 지닌 단어이

---

353) Allen, 『Ezekiel 20-48』, 178.

354) 이곳뿐만 아니고, 구약성경에서 땅은 중요한 신학적인 모티프이다. 여기에 대해서는 Walter Brueggemann, 『The Land: Place as Gift, Promise, and Challenge in Biblical Faith』(Philadelphia: Fortress Press, 2nd edition, 1982)와 왕대일, 「땅에 대한 구약성서적 이해-브루지만의 The Land를 중심으로」, 기독교사상 312호(29/9, 1984년), 19~31을 보라. 강사문은 "이러한 헤렘 사상을 표현하는 문학양식이 족장들의 구원의 메시지에도 나타나지만 이런 콘텍스트에서 주어지는 대상은 적군이 아니고 땅이다. 약속의 땅을 주시겠다는 약속을 하실 때마다 이 같은 문학양식이 후대에 도입되었다. 여호와께서 아브라함에게 나타난 가라사대 '내가 이 땅을 네 자손에게 주리라'는 표현이다(창 12: 7)" (강사문, 「구약의 헤렘(ḥerem) 사상에 대한 연구」, 교회와 신학 제20집(1988년),

다. 17절에 나오는 '그들의 땅에'(알-아드마탐<עַל־אַדְמָתָם>)는 구약에서 모두 8회 사용되었는데,[355] 에스겔서에서는 4회 사용되었다. 에스겔서 36장 17절에서는 범죄의 상황에서 사용되었고 나머지는 모두 귀환의 상황에서 사용되었다. 에스겔서 36장 16~38절에서 '땅'의 이미지는 매우 중요하다. '땅'의 이미지를 통해서 하나님의 심판과 구원, 회복이 묘사되기 때문이다. 에스겔서 36장 16~38절에 전체적으로 땅의 이미지가 나타나고 있어서 에스겔서 36장 16~38절의 통일성을 보여준다. 이것은 푸츠<פוץ>와 자라<זרה>를 이야기할 때 다시 언급하겠다.

죄의 어휘들

본문에는 이스라엘의 죄악을 지적하는 여러 단어가 나온다. 17, 18절의 중심단어는 타메<טמא>이다. 여기서 이 단어는 모두 세 번(피엘 동사로 두 번, 명사로 한 번) 사용되었다.[356] 에스겔은 제의적인 의미를 지니고 있는 이 단어를 20장 30절 이하에서처럼 제의적인 범죄에만 사용한 것이 아니고 하나님의 명령을 깨뜨림으로써 하나님의 거룩함을 파기하는 보다 일반적인 의미로도 사용한다.[357] 하나님은 이 단어 이외에도 범죄와 관련된 전형적인 단어들을 여러 번 열거함으로써 자신의 심판이 정당했음을 역설한다. 그러면 이스라엘의 범죄와 관련된 단어들이 본문 전체(16~38절)에서 어떻게 사용되었는지를 살펴보자.

---

18)고 말하면서, 헤렘 사상과 땅의 약속을 연결시킨다. 그렇다면 "그렇게 해서 너희들은 내가 너희 조상들에게 준 그 땅에 거하게 될 것이다."(에스겔서 36장 28절)는 구절의 내용은 하나님의 헤렘 사건의 실현으로 볼 수 있겠다.
355) 이사야서 14장 1절, 예레미야서 16장 15절, 23장 8절, 에스겔서 28장 25절, 34장 27절, 36장 17절, 39장 26절, 아모스서 9장 15절.
356) 에스겔서 36장 25절에는 טמא에 반대되는 טהור도 세 번 사용되었다.
357) W. Eichrodt, 『Ezekiel』, 494.

절	(A)	(B)	(C)
	טמא	דרך	
17	+טמא	בעלילותם+כדרכם	
		דרכם+הנדה+טמא	
18	על־הדם		
	טמא+בגלוליהם		
19		כעלילותם+כדרכם	
25	+מכל טמאותיכם		מכל־גלוליכם
29	מכל טמאותיכם		
31		מעלליכם+דרכיכם	
			תועבותיכם+עונותיכם
32		דרכיכם	
33			מכל עונותיכם

이스라엘의 범죄를 나타내는 말 가운데 타메<טמא>가 19절에서 29
절까지에 다섯 번, 그리고 데레크<דרך>라는 단어도 17절에서부터 32
절까지 다섯 번 사용되었다. 이런 점에서 볼 때 17~32절은 상당한
통일성을 갖고 있음을 알 수 있다.[358]

그러면 국가의 멸망을 초래케 할 정도로 이스라엘이 행했던 범죄
들은 과연 어떤 것들이었는가? 아쉽게도 본문에는 이스라엘의 범죄
가 구체적으로 무엇인지는 밝혀져 있지 않다. 18절에 피흘림(살상행
위)[359]과 우상숭배가 언급되지만 피흘림(살상행위) 사건이 어떤 사건
을 말하는 것이며 또 우상숭배는 구체적으로 어떠한 것을 가리키는
지 알 수 없기 때문에 이것도 명확한 범죄사건의 목록이라고는 할
수가 없다. 그리고 구체적인 범죄사건의 목록을 제시하는 대신 죄를

---

358) 알렌은 17~32절이 교차대칭구조를 갖는다고 말한다(Allen, 『Ezekiel 20−48』, 177).
359) 살인에 대한 연구로는, 강사문, 「살인금지에 대한 연구」, 교회와 신학 제22집
    (1990년), 77~97을 보라.

추상적으로 묘사하는 수사적인 표현을 한 것은 이미 이러한 표현이 당시 사람들에게 익숙해져 있었음을 보여준다. 이런 점에서 본문은 주전 587년 이후에도 얼마큼의 시간이 흐른 다음에 만들어진 것으로 생각할 수 있을 것이다.

지금의 우리로서는 구체적으로 거명할 수 없는 이스라엘의 범죄로 인해서 하나님은 이스라엘에 대해서 진노하신다(와에쉬포크 하마티 알레헴<וָאֶשְׁפֹּךְ חֲמָתִי עֲלֵיהֶם>(18aα)). 샤파크<שׁפך>가 하마<חמה>와 같이 쓰인 경우는 모두 13번이다.360) 그 가운데 9개가 에스겔서에서 발견된다. 이런 점에서 18aα는 에스겔의 특징적인 구절 가운데 하나라고 할 수 있을 것이다.

흩으심

하나님의 진노는 어떻게 표출되는가? 하나님은 범죄한 이스라엘을 흩으신다(19a). 19a는 다음과 같이 되어 있다.

19aα	וָאָפִיץ	אֹתָם	בַּגּוֹיִם
19aβ	וַיִּזֹרוּ		בָּאֲרָצוֹת

이것을 '흩어버리심의 양식소'라고 할 수 있을 것이다. 이와 비슷한 문장형태는 에스겔서에서 여러 번 나타나는데,361) 동사들은 조금씩 다르지만 동의어들이 사용되었고 앞 구절에 고임<גּוֹיִם>이 나오고

---

360) 이사야서 44장 25절, 에스겔서 7장 8절, 9장 8절, 14장 19절, 20장 8절, 13절, 21절, 22장 22절, 30장 15절, 36장 18절, 예레미야서 10장 25절, 시편 79편 6편, 애가서 2장 4절.

361) 이러한 형태는 '이끌어 들임의 양식'에서도 나타난다. 대표적인 경우가 바로 에스겔서 36장 24절이다. 이것은 24절을 연구할 때 다시 살펴보기로 하겠다. 그리고 약간 변형되어서 גּוֹיִם 대신 עַמִּים이 나타나는 경우는 에스겔서 11장 17절이다.

뒤 구절에 아르초트<אֲרָצוֹת>가 나오는 것은 동일하다.362) '흩어버리심의 양식'은 예루살렘이 완전히 함락된 주전 586년 이후에 나타났을 것으로 보인다.

푸츠<פוץ>와 자라<זרה>가 한 문장에서 함께 사용되는데 이런 경우가 나타나는 것은 에스겔서뿐이다.363)

예루살렘의 멸망으로 이스라엘 백성이 열방에 흩어진 것을 가리키는 푸츠<פוץ>364)는 구약성경에서 모두 64회 발견되는데, 에스겔서에서는 19회 나타난다.365) 푸츠<פוץ>는 목적어와(장소를 가리키는) 부사를 갖고 나타난다. 자라<זרה>도 마찬가지이다. 앞부분에서도 이야기했지만 이 땅의 이미지는 매우 중요하다. 그래서 에스겔서 36장 16~38절에서 땅의 어휘들을 찾아보기로 하자.

17 עַל־אַדְמָתָם

18 עַל־הָאָרֶץ

19 בָּאֲרָצוֹת, בַּגּוֹיִם

20 מֵאַרְצוֹ, אֶל־הַגּוֹיִם

---

362) 11장 16절(＋하나님이 그들에게 잠시 성소가 되어 주심), 12장 15절(＋인지양식), 20장 23절(＋심판이유), 22장 15절(＋더러움을 제거함＋인지양식), 29장 22절(목적어＝애굽), 30장 23절(목적어＝애굽), 26절(목적어＝애굽＋인지양식).

363) 에스겔서 20장 23절, 29장 12절, 30장 23절, 36장 19절. 20장 23절과 36장 19절의 목적어는 이스라엘이고, 29장 12절과 30장 23절의 목적어는 이집트이다.

364) פוץ가 '땅의 이미지'를 가진 גּוֹיִם, אֶרֶץ, שָׁם와 결합된 형태를 보면 다음과 같다. ① פוץ＋בַּגּוֹיִם 에스겔서 12장 15절, 20장 23절, 22장 15절, 29장 12절, 30장 23절, 26절, 36장 19절, 예레미야서 9장 15절, 30장 11절. ② פוץ＋אֶרֶץ, אֲרָצוֹת 창세기 11장 4절,9절(עַל־פְּנֵי כָל־),에스겔서 11장 16절(בַּ), 17절(מִן), 20장 34절(מִן), 41절(מִן), 34장 6절(עַל), 욥기 38장 24절(עֲלֵי), 출애굽기 5장 12절(בְּכֹל). ③ פוץ＋שָׁם, שָׁמָּה 사무엘상 14장 34절(בַּ), 에스겔서 28장 25절(מִן), 29장 13절(מִן), 신명기 4장 27절(בַּ). 28장 64절(בְּכֹל), 느헤미야서 1장 8절(בַּ). ④ פוץ＋הַמְּקוֹמוֹת 에스겔서 34장 12절(מִכֹּל).

365) 11장 16, 17절, 12장 15절, 20장 23, 34, 41절, 22장 15절, 28장 25절, 29장 12, 13절, 30장 23, 26절, 34장 5절(2회), 6, 12, 21절, 36장 19절, 46장 18절.

21 שָׁמָּה, בְּגוֹיִם
22 שָׁם, בְּגוֹיִם
23 בְּתוֹכָם, בְּגוֹיִם(2)
24 אֶל־אַדְמַתְכֶם, מִכָּל־הָאֲרָצוֹת מִן־הַגּוֹיִם
28 בָּאָרֶץ
30 הַשָּׂדֶה, בְּגוֹיִם
33 הֶחֳרָבוֹת, אֶת־הֶעָרִים
34 שָׁבְכָה, הָאָרֶץ הַנְּשַׁמָּה
35 בְּצוּרוֹת הֶחֳרֵסוֹת הַנְּשַׁמּוֹת הֶעָרִים הֶחֳרֵבוֹר כְּגַן־עֵדֶן הָאָרֶץ הַלֵּזוּ הַנְּשַׁמָּה
36 הַנְּשַׁמָּה, הֶחֳרֵסוֹת, הַגּוֹיִם
38 הֶעָרִים הֶחֳרָבוֹת, יְרוּשָׁלַ͏ִם

땅의 어휘들은 25, 26, 27절과 31, 32절 그리고 37절에는 나타나지 않지만 처음부터 뒷부분까지 고르게 나타나고 있으며 특히 에레츠<אֶרֶץ>366)가 일곱 번, 고임<גּוֹיִם>367)이 아홉 번 쓰였다. 이런 것을 보면 에스겔서 36장 16~38절이 통일성을 갖고 있음을 알 수 있다. 그리고 데레크<דֶּרֶךְ>라는 단어는 본문에서는 사람의 행위를 가리키는 말로 사용되고 있지만 일차적인 의미는 '길'이기 때문에 역시 땅의 이미지를 갖는다. 이렇듯 '땅의 이미지'를 가진 어휘들이 많이 나오기 때문에 이것과 관련된 장소이동의 동사들도 많이 나오고 있다. 이러한 이동성은 땅의 어휘들이 나타나지 않는 25, 26, 27절에도 나타나는데 이것은 나탄<נָתַן> 동사와 전치사 민<מִן>과 베<בְּ>, 레<לְ>가 사용된 것에서 알 수 있다. 그리고 36절에는 땅의 이미지와 연관된 '심다', '건설하다'는 동사들도 사용되었다. 그래서 에스겔서 36장 16~38절은 분위기가 매우 동적이다. 이것은 에스겔서 36장 16~38절이, 이스라엘의 역사를 범죄의 역사로 규정함으로써 과거사를 일

---

366) אֶרֶץ는 에스겔에서 모두 198회 사용되었다.
367) גּוֹיִם은 에스겔에서 모두 86회 사용되었다.

단락 짓고 미래에 대한 새로운 희망을 갖기 시작하는 때, 즉 에스겔의 사상을 이어받은 사람들이 포로공동체를 장악한 다음 그때까지의 역사를 범죄의 역사로 규정하고, 자신들에 의해서 시작되는 시대를 과거와는 단절된 시대로 보고 미래의 비전을 제시하며 과거와는 전혀 다른 새로운 시대를 향해서 나아가는 그러한 때에 만들어졌음을 보여준다.

또 우리의 관심을 끄는 것은 푸츠<פוץ>가 촌<צאן>과도 같이 쓰인다는 사실이다.368) 그래서 '흩어버리다'는 말에서 독자들은 '양떼의 이미지'를 떠올릴 수 있다. 이런 점에서 17~19절은 촌<צאן>이 네 번 나오는 37~38절과 대응된다고 하겠다. 이러한 대응관계도 에스겔서 36장 16~38절의 전체적인 통일성을 입증해 주는 것으로 보인다.

그리고 자라<זרה>는 구약성경에서 모두 39회 발견되는데369) 에스겔서에서는 13회 사용되었다.370) 자라<זרה>는 '열방'의 동의어들 가운데 아라초트<ארצות>와 결합되어 나타난다. 본문에서는 닢알형이 쓰였는데, 닢알형은 19절과 에스겔서 6장 8절에 나타난다. 본문의 내재된 저자는 푸츠<פוץ>의 주어를 '하나님'으로 하고, 자라<זרה>의 주어를 '그들'(이스라엘)로 함으로써 하나님의 흩으심(潛在態)에 의해서 이스라엘 백성들이 사방으로 흩어져 가는 모습(現實態)을 독자들로 하여금 떠올리게 한다. 그렇게 함으로써 하나님의 흩어버리심

---

368) 에스라서 13장 7절, 에스겔서 34장 6절, 열왕기상 22장 17절, 역대하 18장 16절.

369) זרה의 사용빈도는 다음과 같다. 오경 3(출애굽기 1, 레위기 1, 민수기 1), 역사서 1(열왕기상 1), 예언서 26(이사야서 3, 예레미야서 6, 에스겔서 13, 스가랴 3, 말라기 1), 성문서 9(시편 3, 욥기 1, 잠언서 4, 룻기 1). זרה가 포로기와 포로기 이후의 본문들에 많이 나타나고 있음을 알 수 있다. 이런 점에서 본문은 포로기 중반에 기록되었을 것으로 보인다.

370) 에스겔서 5장 2, 10, 12절, 6장 5, 8절, 12장 14, 15절, 20장 23절, 22장 15절, 29장 12절, 30장 23, 26절, 36장 19절.

의 사역을 더 구체화한다.

그런데 "이스라엘의 범죄에 대한 하나님의 징벌 또는 심판이 '범죄→징벌'의 도식적인 인과관계에 매여서 일어난 것인가?" 하는 신학적인 문제가 제기된다. 아이히로트는 바로 이 점에 관심을 기울인다. 그가 말하고자 하는 바를 정리해 보자.371)

성경에는 범죄하면 자동적으로 심판으로 이어지는 경우들이 있는데, 예를 들면 더럽혀진 땅이 그 거민들을 토해낸다(레위기 18장 25, 28절, 20장 22절), 그들을 삼킨다(민수기 13장 32절, cf. 레위기 26장 38절), 생산을 거부한다(창세기 4장 11절 이하, 신명기 28장 39절 이하, 레위기25장 2, 4절, cf. 26장 34절). 이러한 '총체적인 인생관'(Synthetic view of life)은 원시적인 금기(primitive taboos)에서 비롯되었는데 이러한 측면에서 '범죄－심판'을 보면 코흐의 주장처럼 구약성경에는 하나님에 의한 법적인 응징사상이 없다는 쪽으로 흐르게 된다.372)

그러나 고대 이스라엘에서는 아주 초기부터 징벌을 범죄의 도식적인 결과로 보지 않고 하나님의 인격적인 행위에 의한 수행으로 보았으며, 이것은 예언자들에게서 특징적으로 표현되었다. 그래서 죄와 징벌의 관계에서 우리는 어떤 비인격적인 법집행과정을 찾아볼 수 없고, 여호와께 대항해서 저질러지는 상해와 불명예스러운 일들에 대해서 여호와께서 온전히 인격적인 반응을 보이시는 것을 발견하게 된다.

---

371) W. Eichrodt, 『Ezekiel』, 494f.
372) K. Koch, "Gibt es ein Vergeltungsdogma im Alten Testament?" ZThK, 1955, 1ff.(아이히로트의 에스겔 주석, 494에서 재인용).

아이히로트는 범죄에 대한 '징벌'이 어떻게 수행되는가에 관심을 기울이는데 아이히로트의 이러한 언급은 매우 중요하다. 왜냐하면 인간의 범죄에 대한 '징벌'이 하나님에 의해서 수행된다면 「범죄 → 징벌」의 틀이 완전히 깨뜨려지는 것은 아니라고 해도 최소한 「범죄 → 심판」의 도식이 하나님에 의해서 수정되거나 유보될 가능성이 있음을 암시하기 때문이다. 이러한 가능성이 범죄와 심판, 회개, 용서의 형태를 획일화시키지 않고 다양하게 만드는 요인이라고 할 수 있을 것이다.

(3) 문학구조

지금까지 살펴본 바에 의해서 본문의 문학구조를 정리해 보기로 하자.

Ⅰ. 도입구 16절 에스겔에게 하나님의 말씀이 임함
Ⅱ. 하나님이 이스라엘을 구원하시는 이유: 과거의 이스라엘의 범죄와 심판, 그 결과 17~21절
　　A. 도입구 17aα 호명: 에스겔을 부르심('벤 아담아')
　　B. 과거의 범죄와 심판 17aβ-γ~19절
　　　1. 범죄 17aβ~17b
　　　　1) 상황 17aβ 이스라엘이 자기 땅에 머물 때
　　　　2) 범죄함 17aγ 죄를 지었다
　　　　3) 비유 17b 그들의 죄는 월경의 더러움처럼 되었다
　　　2. 심판 18~19절
　　　　1) 심판 ① 18a 그래서 하나님이 진노를 쏟으셨다
　　　　　[원인 18b 그들의 죄(흘린 피와 우상숭배)에 대해서]
　　　　2) 심판 ② 19a 그들이 이방으로 흩어졌다
　　　　3) 종합 19b 그들이 범죄한 만큼 벌을 주었다

본문은 포로기 중기(주전 580~562년)에 유대인들이 바벨론의 포
로상황에서 자신들이 이방으로 흩어진 이유를 신학적으로 정리하면
서 기록된 것으로 보인다.

5) 에스겔서 36장 20~21절

(1) 본문이해

20 「그래서 ᵕ그들이 그곳으로 간ᵕ373) 나라들로 들어가게 된 것이
다.374) 그런데ᵕ375) 그들이376) 내 거룩한 이름을 모독했다. 그들에 대
해서 "이들은 여호와의 백성인데 그들의 땅에서 떠나왔다."고 말들
을 한다.377) 21그래서 이스라엘 집이 그들이 그곳으로 들어간 그 나
라들에서 모독한 나의 거룩한 이름을 내가 아끼기로 했다.378)

---

373) 시리아역에는 ᵕ……ᵕ이 생략되어 있는데 이것은 번역자가 이 구절을 불필요
한 중복으로 생각한 듯하다. 하지만 이러한 형태는 21절에도 나타난다("이스라
엘 집이 그들이 그곳으로 들어간 (그 나라들에서)"). 번역자가 자의적으로 축약
해서 번역을 한 것으로 보고 본문을 그대로 두는 것이 좋겠다.
374) 탈굼과 몇몇 사본, 역본들에는 ויבאו(3인칭남성복수)로 되어 있는데, אשר 다음
에도 באו(3인칭 남성복수)로 되어 있어서, MT를 수정하는 것이 좋겠다.
375) 침멀리는 이 구절을 부정연계사가 사용된 강조용법으로 보자는 프리젠의 제안
('모든 곳, 그들이 간 곳마다')을 따라서 '그러나 그들이 어느 나라로 들어가든
지 거기서'로 번역한다. 여기서는 본문의 구조를 따라서 그대로 번역하기로 한
다. 쿡도 같은 의미로 생각한다('그들이 어느 나라로 가든지'(G. A. Cooke, 389)).
376) 여기서 '그들'은 누구인가? 분명치는 않다. 쿡은 열방들과 이스라엘에 의해서
하나님의 이름이 모독을 당했다고 말한다. 그에 의하면 이들이 모두 하나님의
이름을 모독한 자들인 셈이다. 필자도 이 견해에 동의한다.
377) 칠십인역에는 ἐν τῷ λέγεσθαι αὐτούς로 되어 있어서 '그리고 그들(그 백성
들)이 말하기를'(באמרם)이라고 번역하는데, 이것은 주어가 분명치 않기 때문
에 주어를 표기함으로써 본문을 보다 분명하게 하려는 번역자의 자의적인 의
도로 보인다.
378) LXX는 καὶ ἐφεισάμην αὐτῶν διὰ τὸ ὄνομά μου τὸ ἅγιον(I spared them for my
holy name)으로 읽는다. 그러나 페어베른은 I felt pity for my holy name으로 읽는
것이 정확하다고 말한다. חמל 다음에 על이 나오면, 목적어에 대한 연민을 표현하기

본문을 읽어 보면 하나님은 하나님의 심판에 따른 징계를 받고 있는 이스라엘 백성들을 구원하려는 채비를 하신다. 하지만 아직 이스라엘의 죄의 문제는 해결되지 않았고 그렇다는 언급도 전혀 없다. 그렇다면 하나님께서 이스라엘을 구원하실 수 있는 근거는 무엇인가? 35장 1절~36장 15절에도 여호와의 구원약속의 동기에 대한 문제가 언급되어 있다. 이처럼 이 문제가 당시 포로공동체에 명백하게 제기되었다. '거룩하신 분께서 그의 거룩함으로 인해서 추방해야 했던 그의 죄 많은 백성들을 어떻게 다시 용서하실 수 있는가?'379) 이러한 신학적인 문제에 답하기 위해서 본문이 기록되었다.380)

먼저 20~21절의 구조를 살펴보기로 하자.

20aα 이스라엘 백성이 이방으로 들어감(와이야보<ויבא>)
20aβ 거기서 하나님의 이름을 모독함(ויחללו)
20b 이방 사람들의 말(인용: באמר, 하나님의 무능함 암시)
21a 하나님이 자기 이름을 아끼심(ואחמל)
21b 하나님의 이름이 모독당함(21a수식: אשר חללוהו)

본문에는 문학적인 기법으로 '아이러니'가 사용된다. 이스라엘 백성들은 범죄했다. 그래서 하나님의 심판이 내려졌다. 민수기에서, 범죄한 이스라엘 백성을 진멸하시려는 하나님을 붙들고 모세가 간청하는 장면이 있는데, 이것을 본문에서는 하나님이 말씀하시는 것으로

때문이라는 것이다(Patrick Fairbairn, 『Commentary on Ezekiel』(Grand Rapids, Michigan: Kregel Publications, 1989(reprint)), 400, n.1). 박동현도 '(나의 거룩한 이름 때문에) 내가 애가 탔다, 안타까워하였다'로 옮길 것을 제안한다(박동현 교수와의 대담: 1995년 11월 10일 금요일 오후 2시, 장로회신학대학교 박동현 교수실).
379) 아이히로트는 당시 유대인들이 하나님이 공의로운 심판관이시기만 한다면 범죄한 이스라엘은 구원받을 가망이 없다는 절망감에 빠져 있던 모습을 에스겔서 24장 23절과 33장 10절을 예로 든다(W. Eichrodt, 『Ezekiel』, 494).
380) W. Zimmerli, 『Ezekiel 2』, 247.

바꾼다.381) 하나님이 이스라엘을 심판하셨는데 그것으로 인해서 오히려 그의 이름이 모욕을 당하는 전혀 뜻밖의 결과를 가져오게 되었다는 것이다. 이것이 아이러니이다. 예기치 못한 이런 비상사태를 맞이해서 하나님은 긴급조치를 취하신다. 본문은 이스라엘의 범죄에 대한 하나님의 심판(17~19절)이 가져온 결과에 대한 언급과 그것을 만회하려는 대책에 대한 언급으로 이루어져 있다.

(2) 하나님의 사역(使役): 구원 - 구원의 동인

본문은 하나님이 뜻밖에 수난을 당하시는 모습에 초점을 맞춘다. 하나님의 이름이 이스라엘 백성들이 들어간 나라들에서 모독을 당했다. 하나님이 이스라엘을 심판하신 것은 하나님의 능력을 나타내신 것인데 반대의 결과가 나타난 것이다.

구약성경에서는 이름이 전 인격을 의미하기 때문에 하나님의 이름의 수난은 곧 하나님의 수난이다. 하나님은 이방인들에 의해서 참지 못할 모욕적인 대접을 받았다. 20b에는 이방인들이 이스라엘 백성들을 두고 하는 말이 인용되어 있다. 하나님은 그들이 하는 말을 직접 인용하신다. 하나님은 사태파악을 정확하게 하고 있다. 이방인의 말은 하나님이 무능한 신이라는 것이다. 본문에는 이것이 완곡하게 표현되어 있다. 그러나 본문이 말하려고 하는 바는 분명하다. 하나님이 자기 백성도 지키지 못하는 무능한 신으로 당시 세계에 소문이 났다는 것이다. 이것은 하나님께는 치명적인 일이다. 하나님의 이름을 모독하는 것은 바로 하나님의 존재 자체를 위협하는 것이다. 이스라엘은 분명히 자신들의 범죄로 인해서 하나님의 심판을 받았고 그래서 곳곳으로 흩어짐을 당했다. 그런데 주변 사람들은 그것이 이스라엘

---

381) 여기에 대해서는 Ⅱ장에서 다루었다.

의 범죄의 결과라기보다는 이스라엘의 신(神)이신 하나님이 자기 백성을 돌보아 줄 수 없는 무능한 신이기 때문에 이스라엘이 어려움을 당하고 이스라엘 백성들을 포로로 잡아간 나라들은 그들의 신들이 능력이 있어서 승리한 것으로 생각했다.[382] 이것은 사실에 대한 인식의 차이이다. 인간들은 사태파악을 잘못한다. 여기서도 우리는 '상황의 아이러니'를 찾아볼 수 있다. 이스라엘 주변국가의 백성들은 여호와 하나님을 무능한 신으로 생각하고 자신들의 신들을 전능한 신으로 생각했는데 사실은 그렇지 않기 때문이다. 본문은 하나님의 전지전능하심을 강조하기 위해서 애쓴다.

그런데 아이히로트는 매우 중요한 점을 지적한다.[383] 사람들의 그러한 인식으로 인해서 하나님의 거룩한 이름이 수치를 당했다고 느끼는 것은 바로 하나님의 주권의 보편성을 전제로 하고 있음을 보여준다는 것이다. 그런데 이러한 점이 에스겔에서는 너무나 간과되어 왔다고 말한다. 아이히로트의 말대로 하나님은 원래 이스라엘 백성을 번영하게 하시고 복을 누리며 살게 하려고 하셨으며 그래서 하나님의 이름을 이방 백성들이 경외하는 마음으로 부르게 하려고 하셨다. 여호와의 계획에 의하면 이스라엘은 전세계적인 사명을 갖고 있었는데 그 사명을 감당하지 못함으로써 하나님의 이름이 수난을 당하는 일대 위기를 초래하게 된 것이다. 본문 기자는 이러한 책임을 이스라엘 백성들에게 돌리고 주변 백성들이 하나님에 대해서 잘못된 인식을 갖고 있음을 지적함으로써 하나님이 결코 무능한 분이 아니고 전세계를 다스리시는 분이심을 강조한다.

본문이 또 한편으로 말하려고 하는 것은 바로 이스라엘 백성의

---

382) W. Eichrodt, 『Ezekiel』, 495. 김정우, 57f.
383) W. Eichrodt, 『Ezekiel』, 495.

무능함이다.384) 이스라엘이 할 수 있는 것은 아무것도 없다. 오직 하나님에 의해서 모든 것이 가능할 뿐이다. 그럼으로써 역설적으로 하나님의 전지전능하심을 보여주려고 한다.

앞에서도 언급했지만 본문에는 하나님의 이름의 수난이 언급되어 있다. '여호와의 백성'이라는 것이 이스라엘 백성들을 가리키는 것이지만 '백성'보다는 '여호와'가 모독을 당하는 상황이다. 그래서 하나님은 자기의 이름을 아끼기 위해서 무슨 조치를 취하셔야 한다. 그 조치는 바로 이스라엘 백성들을 구원하는 것이다. 하나님으로서는 이렇게 하는 것 외에 다른 방도가 없다. 이러한 논법을 전개함으로써 본문 기자는 독자들로 하여금 하나님이 이스라엘을 반드시 구원하실 것이라는 확신을 갖게 한다. 그러면서도 그것이 이스라엘이 아닌 하나님에 의해서 이루어지는 것임을 분명히 알게 한다.

이런 점에서 에스겔서 36장 17~21절은 에스겔서 20장 5~26절과 상황이 비슷하다. שפך חמתי עליהם은 20장 8b, 13, 21절에도 나온다. 에스겔서 20장 8절에 의하면 하나님은 이스라엘을 애굽 땅에서 이미 진멸하려고 계획하셨다. 그러나 그렇게 하시지 않으셨다. 그것은 하나님의 이름이 이방인들에 의해서 모독을 당하지 않도록 하기 위해서였다. 하나님의 이름이 이스라엘 백성들을 출애굽하게 하는 동인이 된 것이다. 그리고 광야에서도 진멸당할 뻔했으나 하나님의 이름이 구원의 동인이 되어서 살아남는다. 13절과 21절은 같은 구조로 되어 있다. 그러나 에스겔 20장의 4~32절은 과거 이스라엘의 범죄와 현재의 범죄를 지적하고 33~44절은 미래의 구원과 회복의 약속을 언급한다.

---

384) R. M. Hals, 265.

  그런데 하나님이 이러한 이유로 이스라엘을 구원하시겠고 하는 것은 다른 본문들과 비교해 볼 때 상당히 특이하다. 에스겔서 43장 6~9절에는 본문과는 다른 내용이 나온다. 여기에는 이스라엘이 하나님의 거룩한 이름(קָדְשִׁי שֵׁם)을 더럽혀서(טמא) 심판을 받았는데 이제는 죄악을 버리면 하나님이 그들과 함께 하시겠다고 말씀하신다. 「범죄 → 심판」, 「회개 → 용서」의 양태가 다시 나타나는 것이다.

חלל

  하나님 이름의 수난에서 중요한 단어는 חלל이다. 하나님께서는 자신의 이름이 모독을 당했음을 여러 차례 말씀하시면서 חלל이라는 단어를 사용하신다. 이 단어는 에스겔서 36장 20~23절에 모두 5번 사용되었다.[385] 하나님의 이름과 חלל이 나타나는 것을 보면 다음과 같다.

	D	B	C	B	A
20절			את שם קדשי	ויחללו	
21절	בגוים······	אשר חללוהו	על שם קדשי		ואחמל
22절	בגוים	אשר חללתם	לשם קדש		
23절	בגוים	המחלל	את שמי הגדו		וקדשתי
	בתוכם	אשר חללתם			

  חלל이 '(하나님을) 모독하다'는 의미로 사용된 것은 모두 79회인데 에스겔에서는 31회 사용되었다. 레위기에서는 16회 사용되었다. 레위기에서는 18, 19, 20, 21, 22장에서 사용되었다. 이 단어는 다른 어느 책보다 에스겔서에서 가장 많이 사용되었다. 이것이 에스겔서에

---

385) 에스겔서 36장 16~38절에는 다섯 번씩 사용된 단어들이 많다. חלל과 טמא, דרך, נתן, בית ישראל이 각기 다섯 번씩 사용되었다. 그리고 전치가 כ가 쓰인 직유법도 다섯 번 나타난다. 이러한 사실에서도 우리는 에스겔서 36장 16~38절의 문학적인 통일성을 확인할 수 있을 것이다.

서 어떻게 사용되었는지 살펴보기로 하자. 먼저 에스겔서 20장에서 9회 사용되었다. 에스겔서 20장은 본문과 깊은 연관이 있다. 에스겔서 20장에서도 하나님은 출애굽을 자신의 이름을 위해서 하시고 새로운 엑소더스도 역시 자신의 이름을 위해서 하신 것으로 말씀하신다. 하나님의 이름이 모독당하지 않도록 하기 위해서 하나님은 이스라엘을 구원하신다. 하나님은 이스라엘을 새롭게 엑소더스시키시되 범죄한 자들은 모두 제하여 버리고 그들은 이스라엘 땅에 들어가지 못하게 하시겠다고 말씀하신다. 이것은 세월이 흐르면서 바벨론 포로 1세대들이 거의 세상을 떠난 것과 관련시켜서 생각할 수 있을 것이고 고레스의 칙령으로 귀환한 사람들은 대다수가 바벨론에서 태어나서 성장한 포로 2세와 3세 들이다. 그래서 하나님은 전체 이스라엘에 대해서는 용서(관계회복)를 하신 셈이지만 범죄한 당시대인들은 심판하신 것이다.

이러한 모습은 출애굽에서도 나타난다. 이집트에서 나온 출애굽 1세대들은 광야에서 거의 죽었다. 그리고 출애굽 2세대들이 가나안 땅으로 들어가게 된다. 새로운 엑소더스에서는 포로기 동안에 포로 1세대들은 거의 죽고 포로 2세대, 3세대 들이 돌아온다. 그러나 출애굽 1세대와 출애굽 2세대를 하나의 이스라엘로 취급하듯이 포로 1세대와 포로 2, 3세대도 역시 하나로 취급한다. 그래서 출애굽 1세대들이 범죄하고 심판을 당함으로써 「범죄 → 심판」이 완결된 것 같지만 그것은 출애굽 2세대에게도 이어져서 그들은 여전히 범죄와 심판의 상황에 놓여 있는 것으로 이해된다. 그래서 그들이 가나안 땅에 들어가는 것은 하나님의 용서하심에 의한 것으로 여겨진다.

본문에는 하나님의 이름이 모독을 당했기 때문에 이스라엘의 구원은 그만큼 확실해진다. 그러나 원래 하나님은 자신의 이름이 모독당하거나 망령되이 일컬어지는 것을 결코 용서하지 않으시는 분이시다. 이것은 십계명에도 명확히 언급되어 있다.

출애굽기 20장 7절   לא תשׂא את־שם־יהוה אלהיך לשוא

כי לא ינקה יהוה את אשר־ישׂא את־שמו לשוא:

너는 너의 하나님 여호와의 이름을 망령되이 일컫지 말라. 나 여호와는 나의 이름을 망령되이 일컫는 자를 죄없다 하지 아니하리라.

그러나 본문에서는 하나님의 이름이 열국 가운데서 수난을 당한 것이 이스라엘의 구원의 근거가 된다. 십계명의 정신이 수정되는 것이다. 시편 79편에서는 시편 기자가 하나님의 이름을 들어서 구원을 간구하는 모습이 나온다. 그러나 여기서도 하나님의 이름을 알지 못하는 사람들은 진멸해 달라고 간청한다.

חמל

뜻하지 않게 자신의 이름이 열국 가운데서 모독을 당하게 된 것을 알게 된 하나님은 비상조치를 취하신다. 그러한 하나님의 행동을 잘 표현해 주는 중심단어는 바로 חמל이다. 이제는 חמל에 대해서 살펴보기로 하자. חמל은 구약성경에서 모두 41회 사용되었는데 절반 정도가 예언서에서 사용되었다.386) 이 단어가 에스겔에서 여덟 번 사용되었다. 이것을 좀더 구체적으로 살펴보기로 하겠다.

---

386) 사용빈도를 살펴보면 다음과 같다. 출애굽기 1회, 신명기 1회, 사무엘상 4회, 사무엘하 3회, 역대하 2회, 애가서 4회, 잠언서 1회, 욥기 4회, 이사야서 2회, 예레미야서 5회, 에스겔서 8회, 요엘서 1회, 하박국서 1회, 스가랴서 2회, 말라기서 2회.

에스겔서에서는 5장 11절, 7장 4절, 9절, 8장 18절, 9장 5절, 10절, 16장 5절, 36장 21절에서 사용되었다. 그런데 36장 21절을 제외하고는 모두 심판의 상황에서 사용되었으며 동의어인 חוס와 함께 사용되었다.

그리고 예레미야서에서는 동의어인 רחם,חמל,חוס이 모두 사용되고 있다. 예레미야서에서는 13장 14절, 15장 5절, 21장 7절, 50장 14절, 51장 3절에서 사용되었다. 13장 14절, 21장 7절에서는 רחם, חמל, חוס가 사용되었고 15장 5절, 50장 14절, 51장 3절에서는 חמל만 사용되었으며 모두 심판의 상황에서 사용되었다.

사무엘상 15장 3, 9, 15절은 아말렉을 치는 것과 관련된 것이다. 그리고 23장 21절에서는 רחם과 동의어로 사용되었다. 사무엘하 12장 4, 6, 21절에서, 4절과 21절에서는 '아껴서 남기다'로, 6절에서는 '긍휼히 여기다'로 사용되었다. 애가에서도 심판의 상황에서 사용되었다.

하나님께서 자신의 이름을 아끼셨다는 것은 에스겔서 36장 21절에서만 나타난다. 하나님의 이름이 חמל의 목적어로 사용된 것은 에스겔서 36장 21절이 유일하다. 심판의 어휘를 구원의 어휘로 사용하고 있는 것이다. 우리는 여기서 사상의 전환을 엿볼 수 있다. 에스겔서 20장 9, 14, 22절에는 하나님께서 자신의 이름을 더럽히지 않기 위해서 이스라엘 백성을 용서하셨음을 말한다.

본문에서 חמל은 하나님이 수난당하는 자신의 이름을 보호하기 위해서 이스라엘 백성들을 구원해내시는 그 사역의 동인(動因)을 표현해 주는 중요한 단어이다. 그리고 21절에서 이 단어가 와우연속법미완료의 형태로 사용되었다. 이것은 하나님의 결심이 이미 오래전에

내려졌음을 알려 준다.[387) 기존의 신학적인 틀을 깨뜨리는 하나님의
중대한 결단이다. 그래서 21절은 심판에서 구원으로 넘어가는 길목
으로 보인다.

(3) 문학구조

본문의 문학구조를 정리해 보자.

Ⅱ. 하나님이 이스라엘을 구원하시는 이유: 과거의 이스라엘의 범
　　죄와 심판, 그 결과 17~21절
　C. 그 결과와 대책 20~21절
　　　1. 결과: 하나님 이름의 수난 20절
　　　　1) 상황: 이스라엘 백성이 이방으로 들어감 20aα(ויבוא)
　　　　2) 결과: 하나님의 이름을 모독함 20aβ(ויחללו)
　　　　3) 강조: 이방 사람들의 말 인용 20b(באמר, 하나님의 무
　　　　　능함 암시)
　　　2. 대책 21절
　　　　1) 하나님이 이름을 아끼심 21a(ואחמל)
　　　　2) 21a를 수식 21b 모독당한(אשר חללוה)

　본문은 이스라엘의 범죄에 대한 하나님의 심판에서 하나님의 이름
의 수난과 하나님이 그 이름을 아끼심으로 나아간다. 「범죄→심판」,
「회개→용서」의 엄격한 틀은 하나님의 이름이 수난을 당하는 뜻밖
의 결과로 인해서 유보되고, 하나님은 그것을 뛰어넘는 비상조치를
취하신다. 그것이 무엇인지는 22절부터 구체적으로 언급된다. 그리고

---

387) W. Zimmerli, 『Ezekiel 2』, 247.

이러한 상황은 포로기를 더 이상 이스라엘 백성의 신앙훈련의 장으로, 회개의 장으로, 하나님의 용서를 체험하는 장으로 여기지 않는다는 점을 보여준다. 이러한 반성작업은 포로기 초기가 아닌 포로기 중기에 이루어진 것으로 보인다. 그렇다면 본문은 포로기 중기의 상황을 반영하고 있는 것으로 판단된다.

6) 에스겔서 36장 22~23절

(1) 본문이해

22그러니 이스라엘 집에 말하여라. 주388) 여호와가 이렇게 말씀하셨다. 너희들을 위해서 내가 행하려는 것이 아니다. 이스라엘 집이여. 오히려 너희들이 그곳에 들어간 그 나라들에서 너희들이 모독한 내 거룩한 이름을 위해서이다.389) 23나는 그들 가운데서 너희들이 모독한,390) 그 나라들에서 모독당한 내 위대한 이름을 거룩하게 할 것이다. 그러면 나라들이 내가 여호와임을 알게 될 것이다—주 여호와의 말씀이다— 391) ⌐그들이 보는 앞에서 너희들로 인해서⌐392) 내가 거룩하게 될 그때에.

---

388) יהוה 앞에 나오는 אדני는 다른 사본들에 없어서 첨가로 본다(W. Eichrodt, 『Ezekiel』, 492f.).

389) לשׁם의 ל는 למען의 의미에 평행된다(이사야서 43장 25절, 48장 11절)(G. A. Cooke, 395).

390) 아이히로트는 이 구절이 앞 문장을 강화시켜 주지만 불필요한 반복으로 간주한다(W. Eichrodt, 『Ezekiel』, 493).

391) 다른 사본들에는 나타나지 않는다. 칠십인역의 바티칸사본과 고대 라틴어역에 빠져 있다. 그리고 가장 오래된 칠십인역 사본에서는 여기서부터 38절까지가 빠져 있다.

392) ⌐……⌐에서 הם-과 כם-을 바꾸어 놓은 사본들도 있는데, 이 사본들은 국가들에 대한 하나님의 심판을 강조하기 위해서 그런 것으로 보인다. 하지만 마소라텍스트는 하나님의 자비로운 모습을 강조하고자 한다(W. Zimmerli, 『Ezekiel 2』, 243).

앞부분에서 살펴본 것처럼 에스겔서 36장 17~32절은 문학적인 통일성을 보이는데 이 중에서도 이스라엘 백성이 2인칭으로 나타나는 22~32절은 좀더 깊은 문학적인 통일성을 갖는다. 17~21절에는 이스라엘 백성이 3인칭으로 나타나는데 22절에 들어오면 2인칭으로 불린다. 이러한 인칭의 변화는 문학사회학적으로 보아 시대적인 상황의 변화를 반영한다고 할 수 있겠다.

에스겔서 36장 22~32절은 22~23절, 24~28절, 29~32절로 나눌 수 있다. 본문을 이렇게 구분하는 이유는 다음과 같다. 22~23절에는 하나님이 이스라엘에 구원을 베푸시는 모습보다는 그 이유를 설명하는 데 주력하고 있다. 그래서 구체적인 구원사역은 24절부터 언급된다. 24절에서 28절까지는 정결함과 새로운 마음의 주심들에 의한 하나님과 이스라엘과의 관계회복에 대해서 언급하고 있고 29절에서 32절까지는 하나님과 이스라엘 백성 사이의 회복된 관계의 구체적인 양상에 대해서 이야기한다. 그래서 세 부분으로 나눈다. 먼저 그 첫째 부분을 자세하게 살펴보기로 하자.

22~23절은 24절부터 나오는 구원예언의 서론역할을 한다. 본문은 매우 강한 어투로 되어 있다. 하나님은 에스겔에게 명령을 내리고 자신의 사역 이유를 강하게 논증하고 강력한 하나님의 의지를 표명하시는데 이것은 하나님이 자신의 이름이 열국 가운데서 모독을 당하신 것을 반복해서 말하심으로써 그것을 견딜 수 없어 하신다는 점과 지금의 상황을 반드시 역전시켜서 세상 모든 사람이 하나님이 누구신지를 알게 하고야 말겠다는 단호한 의지 표명에서 나타난다. 하나님의 구원사역의 목적과 결과는 바로 하나님을 알지 못하는 사람들에게 하나님이 어떤 분인지를 알게 하시는 것이다. 이것은 다른 본문들에서도 역시 마찬가지이며 에스겔서의 중요한 사상 가운데 하

나이다.[393]

본문의 내용구성을 살펴보자.

22aα 사자임명 / 임무부여(לכן אמר לבית־ישראל)
22aβ 사자양식소(כה אמר אדני יהוה)
22aγ 하나님의 사역 이유논증(부정: לא למענכם)
22b   하나님의 사역 이유논증(긍정: לשם־קדשי)
23a   하나님의 굳은 의지표명(וקדשתי את־שמי הגדול)
23bα 인지양식소(결과1: וידעו הגוים כי־אני יהוה)
23bβ נאם אדני יהוה
23bγ 때(결과2: בהקדשי)

(2) 하나님의 사역(使役): 구원－구원의 동기와 결과

본문은 하나님의 구원사역을 언급하지만 우리가 보는 것처럼 첫 구절인 22절이 바로 하나님의 구원선포로 시작하지 않는다. 하나님은 이스라엘이 구원받는 동인에 대한 잘못된 인식을 바로잡는 것으로 말씀을 시작하신다. 이런 것도 다른 구원예언에서는 찾아보기 어려운 점이다.

본문에는 하나님이 인간들의 잘못된 두 가지 인식을 지적하고 시정케 하시는 모습이 그려져 있다. 「범죄→심판」의 구조에서 생각하면 하나님의 구원은 이스라엘이 구원받을 만하다는 것을 전제한다. 당시 이스라엘 백성들은 「범죄→심판」의 구조에서 하나님의 구원도

---

393) 이러한 사실에 근거해서, 앞으로 에스겔서 36장 22~38절에 속한 각 문학단위
    의 문학구조를 밝힐 때에, '구원사역－구원사역의 결과(하나님을 알게 됨)'을
    문학구조의 기본 형태로 삼겠다.

이해한 것으로 보인다. 그러나 본문에서 묘사하는 하나님의 구원사역은 이스라엘의 잘잘못과는 전혀 관계가 없다. 하나님은 이 점을 지적하시고 이스라엘 백성들의 생각이 잘못된 것임을 말씀하신다. 그리고 하나님은 주변 백성들의 잘못된 생각, 즉 하나님이 무능한 신이라는 인식도 시정하시겠다고 말씀하신다. 하나님의 구원사역을 통해서 그들이 이스라엘 하나님 여호와가 어떤 분인지를 분명히 알게 만들겠다는 것이 하나님의 굳은 의지이다. 이것이 하나님의 구원사역의 궁극적인 목표이다.

하나님이 하신 첫마디는 'לֹא לְמַעַנְכֶם'[394]이다. 하나님은 이 말을 통해서 '결코 너희들 때문이 아니다'는 것을 분명히 하신다. 이것은 하나님이 앞으로 하실 일이 비상조치임을 의미한다. 하나님은 인간의 역할을 철저히 배제하신다. 하나님은 인간의 행위 여하와는 무관하게 일을 하신다는 것을 강조한다.

그렇다면 하나님의 사역의 이유와 근거는 무엇인가?

침멀리는 이 부분이 이사야서 43장 22~28절과 평행되는 것으로 본다.[395] 그러나 몇 가지 면에서 차이를 보인다. 이사야서에서는 하나님이 이스라엘 백성을 사랑하셔서 그들을 용서하시는 것으로 나타난다. 그러나 에스겔서에서는 하나님은 이스라엘 백성에 대해서 사랑을 보이지 않으신다. 에스겔서에는 חסד, רחמים, אמונה, ישועה, ישע, אהבה는 나타나지 않는다.[396] 이것은 내면적으로는 어떻든 표면적으로 볼 때에는 하나님의 구원사역의 동인이 이스라엘 백성에 대한 사랑이 아님을 의

---

394) לֹא לְמַעַנְכֶם은 에스겔서 36장 22, 32절에만 나온다.
395) W. Zimmerli, 『Ezekiel 2』, 247.
396) ibid., 247f.

미한다. 하나님의 행동을 촉발케 하는 동인은 하나님 자신을 위한 것이다. 그래서 하나님의 주권이 강조되고 있다. 이것이 이스라엘 백성을 구원케 하는 동인이 된다.

그러나 아이히로트나 할스는 비록 본문에 하나님의 사랑이 직접적으로 표현되어 있지는 않지만 문자 배후에서 하나님의 사랑을 찾을 수 있다고 말한다.[397] 이 견해는 매우 타당한 것으로 여겨진다. 할스는 본문의 부정적인 표현에도 불구하고 22절과 32절의 이 구절은 하나님의 자비를 부정하는 것이 아니고 자유롭고 측량할 수 없는 하나님의 은혜를 강조하는 것이라고 말한다[398](말하자면, 에스겔식의 하나님사랑표현이다). 그리고 하나님의 이름을 행동의 근거로 제시하는 것은 하나님의 이름이 백성들에 의해서 알려지고 불리고 예배드려지기 때문에 이런 측면에서 이해해야 한다고 말한다.[399] 그리고 "나라들이 알게 될 것이다."는 구절은 이사야서 40~55장에서 나타나는 것과 같은 범세계주의를 함축하고 있다고 말한다.[400]

לֹא לְמַעַנְכֶם을 부정적인 측면보다는 긍정적인 측면에서 이해하는 것이 바람직하다. 이것은 이스라엘 백성들로 하여금 계속해서 반복되는 「범죄→심판」, 「회개→용서」의 굳어진 틀에서 벗어날 수 있도록 해 주기 때문이다. 하나님의 사역의 근거를 이스라엘 백성에게 두었을 때는 절망적일 수밖에 없는 것이다. 그래서 לֹא לְמַעַנְכֶם은 이스라엘 백성들 앞에 새로운 세계가 열릴 수 있는 가능성을 확신시켜 주는 말이다. 이스라엘의 운명을 전환시켜 주는 말이다. 이런 점에서

---

397) G. A. Cooke, 390.
398) R. M. Hals, 265. W. Eichrodt, 『Ezekiel』, 496.
399) R. M. Hals, 265.
400) ibid.

본문이 기록된 시대는 과거와는 다른 전적으로 새로운 시대가 열리고 있었음을 짐작할 수 있다.

아이히로트는 이러한 점을 조금 다르게 이야기한다. 아이히로트는 하나님의 사랑을 강조하면서도 하나님이 이스라엘에 얽매여서 구원 사역을 하시는 것으로 이해하지 않도록 촉구한다.[401] 하나님은 자신의 뜻에 의해서 일을 하시는 분이다. 이스라엘은 자신들의 사명을 감당하지 못했기 때문에 하나님과 맺은 계약에서 무엇을 주장할 만한 어떠한 권리도 없다. 그래서 이스라엘이 시내산 계약에 호소할 가능성이 전혀 없으며 새로운 구원은 전적으로 무상으로 주어진다. 이런 점에서 하나님의 사역은 순전히 은혜라는 것이다.

아이히로트가 한 말은 맞지만 그렇다고 해서 하나님의 은혜와 인간의 책임의 관계를 분명하게 밝힐 수 있는 것은 아니다. 오히려 하나님의 사랑과 은혜를 강조하면서 인간의 책임도 동시에 이야기하다 보면 결국에는 「범죄→심판」, 「회개→용서」의 구조로 돌아가고 마는 것이다. 본문에서 말하는 하나님의 사역은 「범죄→심판」, 「회개→용서」의 구조, 즉 인간의 측면을 넘어서는 것임을 명심해야 할 것이다. 하나님의 목적이 여기에 드러난다. 하나님은 자신의 실추된 명예를 회복하려고 하신다. 그래서 하나님은 이스라엘 백성과 함께 자신이 다시 거룩하게 되는 그날을 기다리신다(23bγ). '그날에'라는 막연한 표현보다 '내가……하는 날에'라는 표현이 더 구체적이다. 본문에는 이러한 시제표현이 33절에 나타난다.

---

401) W. Eichrodt, 『Ezekiel』, 497.

(3) 문학구조

Ⅲ. 하나님이 이스라엘을 구원하시는 구체적인 모습들 22~38절
  A. 구원사역의 동기 22~23절: 「용서」의 동인
    1. 도입구 22aα-β
      1) 전환 22aα(לכן)
        (1) 임무부여 22aβ(אמר לבית־ישראל)
        (2) 사자양식소 22aγ(כה אמר אדני יהוה)
    2. 구원사역의 이유 22
      1) 호명 22aγ 이스라엘 집이여
      2) 논증 22aδ~22b
        (1) 부정적인 논증 22aδ(לא למענכם)
        (2) 긍정적인 논증 22b(כי אם־לשם־קדשי)
      3) 하나님의 굳은 의지 23a(וקדשתי את־שמי הגדול)
    3. 구원사역의 결과 23b
      1) 하나님을 알게 됨 23bα(인지양식소: וידעו הגוים כי־אני יהוה)
        [종결문체 23bβ(נאם אדני יהוה)]
      2) 때 23bγ(거룩하게 하실 때: בהקדשי)

본문은 이스라엘이 열방에 흩어져 있는 것이 하나님의 이름을 욕되게 하는 것이기 때문에 이스라엘의 포로 기간이 길어질수록 하나님께 불리하다는 인식을 반영한다. 이런 점에서 본문은 포로 기간이 상당히 지난 포로기 중기에 기록된 것으로 보인다.

7) 에스겔서 36장 24~28절[402]

(1) 본문이해

24내가 너희들을 나라들로부터 취하고 너희들을 모든[403] 땅들로부터 모아서 너희들을 너희들의 땅으로 이끌어 들일 것이다. 25그리고 나는 너희들에게 깨끗한 물을 뿌릴 것이고[404] 그러면 너희들은 깨끗해질 것이다.[405] 너희들의 모든 더러운 것들로부터 그리고 너희들의 모든 우상들로부터 내가 너희들을 깨끗하게 할 것이다. 26그리고 나는 너희들에게 새로운 마음을 주고 새로운 영을 너희 속[406]에 주며 돌의 마음을 너희 몸에서 벗겨내고 몸의 마음을 너희들에게 줄 것이다. 27또 내 영을 너희들 속에 두어서 너희들이 내 율례를 따르고 내 법들을 준수하며 행하게 하겠다.[407] 28그렇게 해서 너희들은 내가 너희 조상들에게 준 그 땅에 거하게 될 것이며 너희들은 나에게 백성이 되고 나는[408] 진정 너희들에게 하나님이 될 것이다.

---

402) 쿡은 36장 24~28절이 제의적으로 사용되었으며, 시대는 고대라고 한다(Cooke, 390). 새커리(Thackeray)는 칠십인역에서 이 구절들이 나머지 에스겔의 헬라역 번역들과 언어와 스타일의 독특성에서 구별된다는 사실을 보여주었다. 그리고 그는 상당한 개연성을 가지고 이 구절이 유대인에게서 비롯된 성구집에서 합쳐졌으며 팔레스타인-아시아계학파의 작업이라고 주장했다(『Septuagint and Jewish Worship』, 124, 129. Cooke, 390에서 인용).

403) 탈굼과 시리아역의 몇몇 사본들에는 כל 대신 מן이 사용되었는데, 이것은 앞부분의 מקדשותיכם과 의도적으로 맞추기 위한 것으로 보인다.

404) 탈굼에서는 민수기 19장의 정결예식에 근거해서 자세하게 설명을 첨가하고 있다.

405) 시리아역은 וטהרתם을 וטהרתיכם(=איזכי יתכון)으로 읽고, 25절의 끝에 나오는 אטהר אתכם을 생략한다(G. A. Cooke, 395).

406) 칠십인역은 26절과 27절의 בקרבכם을 ἐν ὑμίν으로 읽는다. MT보다 느낌이 약하다.

407) 시리아역과 칠십인역 마르칼리아누스 사본에는 אותם이 첨가되어 있는데, 이것은 히브리어의 관용적인 표현이 아니다(G. A. Cooke, 395).

408) ואנכי인데, 이 단어는 에스겔서 전체에서 여기에 한 번 나온다. 탈굼과 몇몇 사

200 용서와 회개

24절부터는 하나님의 구원사역이 구체적으로 언급된다. 24절에서 38절까지는 하나님의 구원사역이 네 번 반복해서 선포된다(24~28절, 29~32절, 33~36절, 37~38절). 물론 그 자세한 내용은 조금씩 다르다. 여기서는 그 첫째 부분인 24~28절을 살펴보기로 하자.

본문은 다음과 같이 짜여 있다.

24aαβ 새로운 엑소더스(לקחתי ,קבצתי)
24b   귀환(הבאתי)409)
25a   정결예식(זרקתי)410)
25b   정결케 함(אטהר)
26411)aα-β 새 마음을 줌 / 새 영을 줌(נתתי, אתן)412)
26bα-β 돌의 마음을 제함 / 몸의 마음을 줌(נתתי)

본들은 ואני로 고쳤다. 예레미야에서도 동일한 양식의 문장에 אנכי와 אני가 사용되고 있어서, 본문은 그대로 두는 것이 좋을 것이다.

409) 고국으로 돌아오게 하는 것이 하나님의 구원의 중심이 되는 사역이 아니다. 그것은 하나님의 구원사역의 핵심이 되는 세 단계를 이끌어 내는 기초단계일 뿐이다(W. Eichrodt, 『Ezekiel』, 497).

410) 핸슨은 에스겔의 핵심을 '깨끗함의 회복을 위한 프로그램'(a program for the restoration of purity)으로 본다(216). 그래서 하나님의 이스라엘 재창조사역의 가장 핵심이 되는 것은 백성들을 모든 더러움에서 깨끗하게 하고 새 마음과 정신을 창조하는 것이라고 말한다(Paul D. Hanson, 『The People Called—The Growth of Community in the Bible』(San Francisco: Harper & Row, Publishers, 1986), 220).

411) 할스는 26~27절을 "새로운 창조로 표현된 구원"이라고 말한다(R. M. Hals, 262). 그는 창세기 1장과 이사야서 40~55장에 분명히 나타나고 있는 '창조'라는 말은 본문에 나타나지는 않지만, 본문에 언급되고 있는 것을 새로운 창조로 볼 수 있다고 말한다. 그리고 본문이 에덴에 대해서 얼핏 언급하고 지나가는 것은 이사야서 51장 3절과 가깝다고 말하지만, 어떤 결론을 내리지는 않는다(265).

412) רוח는 인간의 정신성을 가리키는 포괄적인 의미를 갖고 있다. רוח는 인간의 가치관과 삶의 방식을 결정해 주는 것이다. 그래서 새로운 마음과 새로운 정신을 갖는 것은 사물에 대한 새로운 의지와 새로운 태도를 갖게 해 준다는 것이다. 이것이 바로 새로운 인간창조인 셈이다(W. Eichrodt, 『Ezekiel』, 499).

27a   하나님의 영을 줌(אתן)
27b   법과 규례를 지키게 함(ועשיתי)
28a   정착(וישבתם)
28bα-β 계약양식소(היה＋주어＋ל＋보어)

하나님의 구원사역은 구체적으로 어떻게 이루어지는가? 하나님은 먼저 사람들을 불러 모아서 새로운 엑소더스를 일으키시고 그들을 고국으로 돌아가게 하신다(24절). 그런 다음 그들을 정결하게 하신다(25절). 그리고 새 영, 새 마음, 몸의 마음을 주셔서 하나님의 율법을 준수할 수 있게 하신다(26, 27절). 그래서 이스라엘은 고국에서 안정되게 살고(여기까지가 하나님의 구원사역이다), 그럼으로써 하나님과 다시 계약을 맺는다(28절)[413](이것은 구원사역의 결과이다. 그래서 본문은 하나님의 구원사역을 언급하는 부분과 그 결과를 언급하는 두 부분으로 나뉜다).

(2) 하나님의 사역(使役): 구원-용서와 새롭게 하심

24~27절에는 하나님이 주어가 되는 일인칭 단수형의 동사들이 많이 나타난다. 그만큼 하나님의 의지가 강력하게 표명되는 것이다. 하나님은 이스라엘 백성들에 의해서 알려진 대로 무능한 하나님이 아니고, 전능하신 분임을 분명하게 보여주는 것이다.

---

413) 우리는 24절에서 28절에 언급된 여러 가지 사건을 동시에 일어난 것으로 보아서는 안 되고, 순차적으로 일어나는 것으로 보아야 한다. 아이히로트가 말하는 '단계'의 개념을 적용할 수 있겠다.

24~28절의 내용을 정리해 보면,

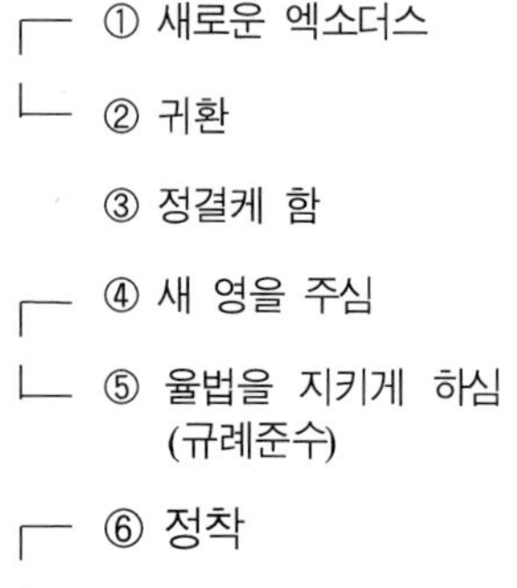

의 형태를 갖는다. 여기서도 이스라엘 백성들이 제 힘으로 할 수 있는 일은 아무것도 없다. 이스라엘 백성들의 무능력과 하나님의 전능하심이 강하게 대조된다.

‘새로운 엑소더스와 귀환’은 24절에 언급된다. 24절은 19절과 형태 면에서 대응되고 내용 면에서는 대조된다.[414)

	19		24	
19a	<u>בגוים</u> ואפיץ אתם	24a	<u>מן־הגוים</u> ולקחתי אתכם	
b	<u>בארצות</u> ויזרו	b	<u>מכל־הארצות</u> וקבצתי אתכם	
20a	<u>ויבוא</u> אל־הגוים אשר־באו שם	c	<u>והבאתי</u> אתכם אל־אדמתכם	
c	עם־יהוה אלה ומארצו <u>יצאו</u>			

그런 다음 내가 그들을 여러 나라에 흩어서,

내가 너희들을 나라들로부터 취하고

---

414) 20a는 24c에 비해서 조금 확장되어 있고, 24a에서는 **אדמתכם**이 사용되었는데 20c에서는 **הגוים**이 사용되었다.

그들이 여러 곳에 흩어졌다.	너희들을 모든 땅들로부터 모아서
그래서 그들이 그곳으로 간 나라	너희들을 너희들의 땅으로 이끌어
들로 들어가게 된 것이다.	들일 것이다.

이러한 대조양상은 다른 구절들에서도 나타난다. 곧 17~18절과 25절이 대응구조를 갖는다. 17~18절은 이스라엘이 더러워지고 부정해진 것을 말하고 25절은 부정해진 것을 정결케 하는 것을 말한다. 그래서 17절에서 25절까지를 놓고 보면 다음과 같은 교차대응구조 (chiasm)를 갖는 것을 알 수 있다.[415]

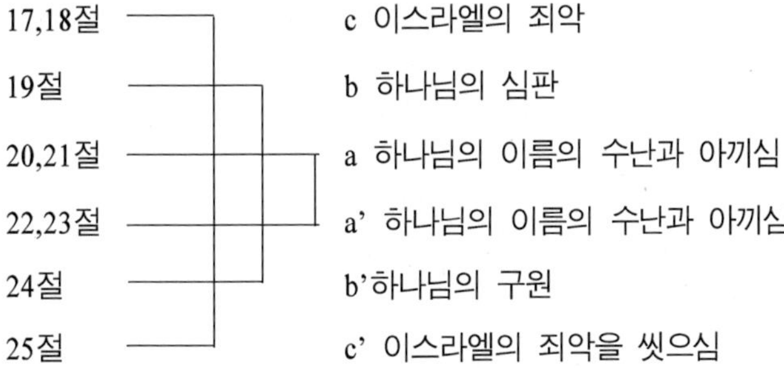

내용구조상 하나님의 이름의 수난과 아끼심이 핵심이다.

이제는 다시 24절로 돌아가 보자. 24절은 일종의 점층법을 사용한다.

24aα	ולקחתי אתכם מן הגוים
24aβ	וקבצתי אתכם מכל־הארצות
24b	והבאתי אתכם אל־אדמתכם

---

415) 이러한 교차대응구조는 앞에서 언급했듯이 에스겔서 36장 16~32절이 문학적 인 통일성을 갖고 있음을 보여준다.

이 세 구절은 거의 비슷한 형태를 갖고 있다. 몇 부분을 제외하고는 어미들이 동일한 형태로 되어 있다. 앞부분은 일인칭단수동사(וְ……תִּי)＋2인칭복수목적격(אֶתְכֶם)의 형태이고, 뒷부분은 '땅'의 동의어들이 장소이동을 의미하는 전치사를 갖고 나타난다. 24aα와 24aβ는 동의어를 사용하고 있다(동의적 평행). 24b는 24a를 전제하며, 연속적인 사건이다(종합적 평행). 그래서 24절은 독자들에게 비슷한 말을 반복하고 강조하는 듯한 느낌을 줌으로써 하나님의 말씀에 깊은 신뢰를 갖게 한다.

24a는 이끌어내심양식소(새로운 엑소더스 양식소)[416]이고, 24b는 이끌어들이심양식소(귀환양식소)이다. 에스겔서에는 새로운 엑소더스 양식소와 기타 양식소들이 어떻게 나타나고 있는지 살펴보기로 하자.

①에스겔서 11장 17aα　וְקִבַּצְתִּי אֶתְכֶם מִן־הָעַמִּים(이끌어내심)
17aβ　וְאָסַפְתִּי אֶתְכֶם מִן־הָאֲרָצוֹת(이끌어내심)
17aγ　אֲשֶׁר נְפֹצוֹתֶם בָּהֶם(흩어버리심)
17b　וְנָתַתִּי לָכֶם אֶת־אַדְמַת יִשְׂרָאֵל(땅주심)
②에스겔서 20장 34aα　וְהוֹצֵאתִי אֶתְכֶם מִן־הָעַמִּים(이끌어내심)
34aβ　וְקִבַּצְתִּי אֶתְכֶם מִן־הָאֲרָצוֹת(이끌어내심)
34aγ　אֲשֶׁר נְפוֹצֹתֶם בָּם(흩어버리심)
35a　וְהֵבֵאתִי אֶתְכֶם אֶל־מִדְבַּר הָעַמִּים(이끌어들이심)
③에스겔서 20장 41aβ　בְּהוֹצִיאִי אֶתְכֶם מִן־הָעַמִּים(이끌어내심)
41aγ　וְקִבַּצְתִּי אֶתְכֶם מִן־הָאֲרָצוֹת(이끌어내심)
41aδ　אֲשֶׁר נְפֹצֹתֶם בָּם(흩어버리심)
1aε　하나님이 거룩게 됨(＋인지양식소)

---

416) '이끌어내심'의 양식소에 대해서는 Walter Gross, 'Die Herausführungsformel－Zum Verhältnis von Formel und Syntax', ZAW 86(1974), 425~453을 보라. 여기서는 '이집트에서의 이끌어내심'을 언급하는 구절들을 다루면서, 9가지 형태를 찾아낸다. 그래서 새로운 엑소더스의 이끌어내심 형태는 다루지 않는다.

여기서 보는 대로 기본적인 형태는 거의 같고 קבץ가 공통적으로 나타나고 있다. 그리고 'ד' 부분에 공통적으로 הטמאים이 나타난다. 그리고 24절에는 없지만 '땅주심'은 28절에 조금 변형되어서 정착양식소로 나타나고 에스겔서 20장 41aε에 나타나는 '인지양식소' 대신 '계약양식소'가 28b에 나타난다. 그래서 이 세 본문과 36장 24절에 나타나는 양식을 에스겔서의 독특한 문학양식이라고 할 수 있을 것이다.

그런데 본문에서 더욱 중요한 구절은 25절이다. 25절에 '용서사상'이 나타나는 것으로 보이는데[417] 학(Haag)은 복수형인 טמאות가 에스겔서 36장 25, 29절을 제외하고는 레위기 16장 16, 19절에만 나타난다는 점을 들어서 25절을 대속죄일과 연결시킬 수 있다고 말한다.[418] 사실이 그런지는 알 수 없으나,[419] 이러한 언급은 본문에 하나님의 용서가 나타난다는 점을 분명케 해 준다.

이것을 확인하기 위해서 25절을 더 자세하게 살펴보기로 하자.

25a ‏וזרקת עליכם מים טהורים וטהרתם‎
　　　ㄹ　　　ㄷ　　ㄴ　　ㄱ

---

417) "17abβ에 언급된 것을 역전시키기 위해서, 25절은 용서와 영적인 정결의 비유로서 정결예식의 언어를 채용한다(cf. 민수기 19장 13, 20절, 시편 51편 9절)."(Allen, 『Ezekiel 20−48』, 179)

418) Herbert Haag, 『Was lehrt die literarische Untersuchung des Ezekiel−Textes?』(Freiburg in der Schweiz: Paulusdruckerei, 1943), 38(W. Zimmerli, 『Ezekiel 2』, 249에서 재인용).

419) 아이히로트는 깨끗케 함에 대한 에스겔의 언급이 시온의 새 성전에서 행해지던 어떤 실제적인 의식을 가리킨다고 생각하는 것은 어불성설이라고 말한다. 그러면서 본문은 실제적인 의식이라기보다는 상징적인 표현이며, 주된 목적은 더러움이 결국에는 제거될 것임을 확신시키는 데 있다고 보았다(W. Eichrodt, 『Ezekiel』, 498. H. G. May, 264).

25b <u>מכל טמאותיכם ומכל־גלוליכם אטהר אתכם</u>
ㅅ　　　ㅂ　　　　ㅁ

이 구절에서 깨끗한 물을 뿌려서(זרק 동사) 깨끗하게 한다(טהר 동사)는 것은 '더러움'과 '우상숭배'라는 어휘와 결합되어서 분명히 하나님의 용서행위를 가리킨다. 사전적인 의미로는 '더러운 것'(부정한 것)이 바로 '죄'는 아니지만 25절의 문맥에서는 '우상숭배' 행위와 결합되어 있어서 이것을 '죄'의 동의어로 볼 수 있다. 그리고 '죄'를 '더러운 것'으로 보았을 때 자연히 '용서'는(더러운 것을) 깨끗하게 씻어 주는 것으로 표현된다. 죄와 용서를 이렇게 표현하는 것은 본문 기자의 독특한 성향이다. 본문 기자는 이러한 자신의 성향에 따라서, 용서를 טהר 동사로 나타내고 있는 것이다. 그렇기 때문에 본문에 סלח가 나타나지 않는다고 해서 본문에 용서사상이 없다고 말할 수는 없는 것이다. 우리는 '용서하다'로 번역할 수 있는 סלח가 구약성경 전체서 모두 46회 쓰이고, 그것도 어떤 특정 본문들에 치중해서 나타난다는 사실을 염두에 두어야 한다.

그리고 25절은 24절처럼 일종의 점층법을 사용하고 있다. 25a와 25b는 같은 의미의 말을 반복한다. 25a는 하나님께서 이스라엘 백성들에게 깨끗한 물을 뿌려서 그들을 깨끗하게 하실 것이라는 것이다. 그리고 25b는 "내가 너희들을 너희들의 모든 더러운 것들과 너희들의 모든 우상숭배들로부터 깨끗하게 해 주겠다."고 함으로써 25a의 상징적인 표현을 분명하게 보충 설명해 준다. 결국 25절은 독자들이 "내가 너희들의 죄를 사해 주겠다."로 이해할 수 있는 말을 두 번 반복하는 셈이다. 25a는 동사를 제외한 ㄱ, ㄴ, ㄷ, ㄹ이 모두 히브리어 ם으로 끝나고, 또 טהר가 연이서 나옴으로써 그 반복의 강도를 높인다. 그리고 25b도 동사를 제외한 ㅁ, ㅂ, ㅅ이 모두 כם으로 끝나고 있고, ㅁ과 ㅂ은 각각 **לכל‑**로 시작해서 역시 반복의 강도를 높일 뿐만 아니라 이스라엘 백성들의 '모든' 죄를 사하시겠다는 하나님의 강력한 의지가 더욱 분명하게 표명된다. 이러한 하나님의 강력한 의지는 26절 이하에도 계속 언급된다.

우리는 여기서 인간의 본성에 자리 잡은 죄의 세력과 싸우시는 하나님의 모습을 그려 볼 수 있겠다. 아이히로트는 이렇게 말한다.

> 하나님의 용서가 인간을 들어올려서 하나님의 속성에 이르게 하는 <u>그 깨끗하게 하는 힘</u>만이 <u>의 더럽게 하는 힘</u>을 무력하게 할 수 있으며 그래서 내적인 변형(transformation)과 회개(conversion)를 위한 초석을 놓아 줄 수 있다.[420]

이러한 반복양상은 26~27a절에도 나타난다.

	D	A'	C	B	A	
26aα		לב חדש	לכם	ונתתי		a
26aβ	בקרבכם			אתן	ורוח חדשה	b
26bα	אתדלב האבן מבשרכם			והסרתי		c
26bβ		לב בשר	לכם	ונתתי		a'
27a	בקרבכם			אתן	ואתדרוחי	b'

여기서 보는 것처럼 26a와 26b는 각각 비슷한 의미를 가진 구절을 두 번씩 반복하고 있다. 그리고 26절, 27a에는 네 개의 동사가 나오는데 모두 하나님이 주어가 되는 일인칭 단수형이고 특히 נתן이 네 번 쓰였다.[421] לכם이 두 번 사용되고 לב가 세 번 반복된다. 그리

---

420) ibid., 498f. 밑줄은 필자가 첨가한 것이다.

421) נתן 동사는 28a에도 한 번 사용되고 있어서, 26절에서 28절에 모두 다섯 번 사용되었다. 이것은 하나님의 강력한 주권적인 사역을 강조하는 것으로 보인다.

고 וַחֶשָׁה와 רוּחַ, בָּשָׂר가 각각 두 번씩 쓰였다. 그리고 형태를 보면, 26a
α와 26bβ가 대응하고 26aβ와 27a가 대응하는 교차대응구조를 보인
다. 그러니 결국 비슷한 내용의 말을 다섯 번 반복하는 셈이다. 그만
큼 하나님의 강력한 의지가 표명되는 것이다. 그런데 하나님의 주권
적인 사역을 강조하면 할수록, 인간의 무능함이 표출된다.

이러한 수용불가능성의 태도는 실제적인 완악함으로 발전되었는데
이것은 어떤 단순히 일시적인 결단이나 일시적인 감정의 분출에 의
해서는 제거할 수가 없다. 하나님이 촉구하시는 것들을 참신하게 듣
고 받아들일 수 있도록 하기 위해서는 하나님 편에서의 창조적인 개
입이 요구된다.422)

27b도 반복양상을 보인다.

27bα	תֵּלֵכוּ	וְעָשִׂיתִי אֶת אֲשֶׁר־בְּחֻקַּי
27bβ	תִּשְׁמְרוּ	וּמִשְׁפָּטַי__________
27bγ	וַעֲשִׂיתֶם	__________

이스라엘 백성이 하나님의 법을 지킬 것이라는 말이 세 번 반복
되고, 이것들은 모두 27bα의 וְעָשִׂיתִי에 종속된다.
　우리는 이러한 반복과 평행법 형태를 통해서 본문 기자가 하나님
의 사역을 얼마나 강조하는지를 알 수 있다.

그리고 26, 27절에서는 하나님이 새로운 마음을 주시겠다고 하시
는데 이것은 과거의 예언자들이 이스라엘 백성들이 저지르는 외형적
인 죄에 대한 지적에서 그치는 것과는 달리 죄의 근본인 마음의 문

---

422) W. Eichrodt, 『Ezekiel』, 500.

제를 다루고 있다는 점에서 사상의 발전을 엿볼 수 있다.[423]

(3) 문학구조

본문의 문학구조는 다음과 같다.

Ⅲ. 하나님이 이스라엘을 구원하시는 구체적인 모습들 22~38절

　　B. 구원사역 ① 24~28절: 「용서」

　　　1. 구원사역 24~28a

　　　　1) 귀환케 하심 24절

　　　　　(1) 이끌어내심의 양식소 24a

　　　　　　① 나라들로부터 취하고 24aα(לקחתי)

　　　　　　② 모든 땅들로부터 모아서 24aβ(קבצתי)

　　　　　(2) 이끌어들이심의 양식소 24b(הבאתי)

　　　　　　너희들의 땅으로……

　　　　2) 용서하심 25절

　　　　　(1) 정결예식 25a(זרקתי)

　　　　　　① 깨끗한 물을 뿌려서 25a

　　　　　　② 너희들이 깨끗해질 것이다 25a

　　　　　(2) 정결케 하심 25b(אטהר)

　　　　　　① 너희들의 모든 더러운 것들로부터 25bα

---

423) 이것은 중국의 사상에서도 엿볼 수 있다. 공자는 사람의 선행의 근본에 대해서
　　이야기할 때 인간의 심성에 대한 이야기는 하지 않았다. 자공이 공자의 문장
　　은 들었으나 성과 천도를 말하는 것은 듣지 못하였다(논어 공치장편)고 말한
　　것같이 제자들은 도덕의 구체적 실행보다는 도덕의 궁극적인 문제인 인간에
　　게 있어서의 도덕성과 천도의 문제에 몰입하고 있었으나 공자는 효를 물어도
　　구체적인 실행방법을 가르치고 결코 일반적 추상론을 말하지 않았다. 그러나
　　맹자나 순자에 이르면 인간의 심성이라는 보다 근원적인 이야기를 하고 있음
　　을 알 수 있다.

② 너희들의 모든 우상들로부터 25bβ

③ 너희들을 깨끗하게 할 것이다 25bγ

3) 마음을 변화시켜서 규례를 지키게 하심 26~27절

(1) 마음을 변화시키심 26~27a

① 새 마음을 주심 26aα(נתתי)

② 새 영을 주심 26aβ(אתן)

③ 돌의 마음을 제하고 26bα

④ 몸의 마음을 주심 26bα(נתתי)

⑤ 하나님의 영을 주심 27a(אתן)

(2) 법과 규례를 지키게 하심 27b(עשׂיתי)

① 내 율례를 따르고 27bα

② 내 법들을 준수하며 27bβ

③ 행하게 하겠다 27bγ

4) 정착케 하심 28a ישׁבתי

(1) 장소 28aα 그 땅에

(2) 수식 28aβ 조상들에게 준

2. 구원사역의 결과: 계약체결 / 관계회복 28bα－β(계약양식소)

(4) 비교연구

에스겔서 36장 24~28절이 다른 본문들에 비해서 어떤 특징을 갖고 있으며 이러한 형태가 언제 나타났는지를 알아보기 위해서 몇 본문들과 비교해 보도록 하겠다. 비교할 본문들은 ① 이사야서 14장 1~2절, ② 27장 71 또는 암시적으로 나타나는 본문들로서 특히 본문의 구조가 에스겔서 36장 24~28절과 유사한 것들이다. 그리고 「용서」나 「회개」가 나타나지 않지만 「용서 → 회개」 사상이 언제 나타났는지를 알아보는 데 도움이 되는 본문들도 몇몇 있다. 본문들

의 배열순서는 정경순서를 따라서 이사야서 → 예레미야서 → 에스겔서 순으로 한다. 대상본문들을 다 살핀 다음에는 그 본문들을 유형별로 나누어 보려고 한다. 그러면 이사야서 14장 1~2절부터 살펴보기로 하자.

① 이사야서 14장 1~2절

본문이 속한 이사야서 13~14장은 바벨론에 대한 심판예언이다. 빌트버거는 본문의 정확한 연대는 알기 어렵지만 바벨론 포로기에 생겨났을 것으로 본다.424) 이외의 많은 학자들은 이사야서 14장을 포로기 이후의 것으로 보거나 아니면 원래의 본문은 아시리아의 시대의 것이지만 '바벨론 왕'(מֶלֶךְ־בָּבֶל)425)이라는 구절은 후대의 편집작업의 결과426)로 본다. 이에 반해서 헤이스와 어바인은 바벨론 역대기의 기록427)을 통해서 본문에 나오는 '바벨론 왕'을 티글랏필레세르로 확인하고, 본문이 속한 이사야서 14장 1~27절이 주전 729~727에 선포된 것으로 본다.428) 더 구체적으로는 티글랏필레세

---

424) Hans Wildberger, 『Jesaja, 2 Teilband: Jesaja 13－27』, BKAT X / 2(Neukirchen－Vluyn: Neukirchener Verlag, 1978), 525.

425) 이사야서 14장 4절. מֶלֶךְ בָּבֶל은 구약성경에서 모두 133회 사용되었는데, 예레미야서에서 가장 많이 사용되었고, 열왕기하와 에스겔서에서 여러 번 사용되었다. 이사야서에서는 세 번 사용되었는데, 14장 4절과 39장 1절과 7절에서 발견된다.

426) H. Barth, 『Die Jesja－Worte in Der Josiazeit』, WMANT 48(Neukirchen－Vluyn: Neukirchener, 1977), 136~138. John N. Oswalt, 『The Book of Isaiah Chapters 1－39』, NICOT(Grand Rapids, Michigan: William B. Eerdmans Publishing Company, 1986), 311, n.8에서 재인용.

427) "The third year of(Nabu)－mukin－zeri: When Tiglath－pileser had gone down to Akkad he ravaged Bit－Amukkanu and captured(Nabu)－mukin－zeri ruled Babylon. Tiglath－pileser ascended the throne in Babylon.The second year: Tiglath－pileser died in the month Tebet. For eighteen years Tiglath－pileser ruled Akkad and Assyria. For two of these years he ruled in Akkad(ABC 7 2~73)."(Hayes and Irvine, 227f.)

428) ibid.

르가 바벨론의 왕위에 오른 주전 729년 봄에서 그가 죽은 727년 사이에 선포되었을 것이라고 말한다.429) 이 당시에 북왕국 이스라엘은 주변 국가들에게 많은 영토를 잠식당해서 거의 와해된 상태에 있었으며,430) 732년 무렵에는 북왕국의 중부산간 지역만 남았을 뿐이라는 것이다.431) 그러나 헤이스와 어바인의 이러한 설명으로도 본문의 구체적인 상황을 밝혀내는 것이 불가능하다. 본문의 '야곱'과 '이스라엘'이 유다 백성들을 가리키는 것이라면 2a를 어떻게 볼 것인가? 2a가 분명히 새로운 엑소더스432)와 귀환을 말하기 때문에 여기에 대한 적절한 설명이 필요하다. 이 문제는 아래에서 더 자세하게 다룰 것이다.

본문의 상황이나 시대를 구체적으로 밝혀내기는 어렵지만 본문의 형성연대를 바벨론 포로기나 그 이후로 보기는 어렵다. 왜냐하면 본문은 앞으로 다루게 될 포로기의 본문들에 비해서 여러 가지 요소가 생략되고 또 포로기 동안에 나타난 구원예언의 요소들이 나타나지 않으며 각 요소를 배열하는 순서도 바벨론 포로기의 예언들에 비해서 깔끔하지 못하기 때문이다. 이러한 점들을 구체적으로 확인해 보도록 하자.

우선 본문의 형태를 분명하게 보기 위해서 본문이 어떻게 구성되어 있는지 살펴보기로 하자.

---

429) ibid., 229.
430) ibid., 230.
431) ibid.
432) 이사야서의 출애굽 모티프에 대해서는 Bernhard W. Anderson, "Exodus Typology in Second Isaiah", Bernhard W. Anderson and Walter Harrelson, ed., 『Israel's Prophetic Heritage—Essays in Honor of James Muilenburg』(New York: Harper & Brothers, Publishers, 1962), 171~195를 보라.

1aα 여호와께서 야곱을 긍휼히 여기실 것이다.

1aβ 이스라엘을 다시 선택할 것이다.

1aγ 자기 땅에서 쉬게 함

1bα-β 이방인들이 이스라엘에 합류함

2aα 나라들이 이스라엘을 취해서

2aβ 고국으로 돌아가게 함

2aγ 이스라엘이 열방을 종으로 삼음

2bα-β 이스라엘이 열방을 포로로 삼고 다스림

본문에는 반복되는 히브리어 자음이 있다. ם으로 끝나는 말들이 많은데, ם으로 끝나는 말은 13개이다.[433] 모두 30개의 단어 가운데 절반 정도가 ם으로 끝나는 셈이다. 이것은 본문을 전체적으로 반복적으로 보이게 하는 효과를 갖는다.

그리고 본문은 이스라엘의 고대 신앙과 희망의 주요한 요소들을 반복하며,[434] 전통적인 출애굽 이미지를 사용해서 새로운 엑소더스를 강조한다. 그리고 그 이후의 일, 이스라엘을 포로로 삼고 지배하던 국가들과 이스라엘의 운명의 전환[435]이 언급된다. 이스라엘의 희망과 바벨론의 절망이 대조되는 것이다.[436] 그런데 이러한 일은 하나님의 은혜에 의해서 가능하다고 말한다.[437]

---

433) שֹׁבִים, לְעבדים, והתנחלום, אל־מקומם, והביאום, עמים, ולקחום, עליהם, אדמתם, והניחם, ירחם, בנגשׂיהם, לשֹׁבֵיהם.

434) J. D. W. Watts, 202.

435) 신분(身分)의 역전(逆轉)은 성경에 흔하게 나타나는 모티프이다(Hayes and Irvine, 230).

436) J. D. W. Watts, 202.

437) 와츠는 야곱에게 내리시는 야웨의 רחם이 출애굽의 동인이었으며 황금송아지사건에서처럼 이스라엘이 배역한 순간에도 계속되며, '전적인 멸망'이 선포된 이후에도 유효한 것이라고 말한다(ibid.). 그러나 이것은 일반적인 이야기일 뿐 심판이 선포된 상황에서 하나님의 은혜가 어떻게 나타나며 이것이 「범죄 → 심판」의 구조를 어떻게 극복하고 하나님의 용서와 이스라엘의 회개는 어떠한 양상으

그러면 새로운 엑소더스와 관련해서 나타나는 '이끌어내심'과 '이끌어들이심'의 양식소를 좀더 자세하게 살펴보기로 하자.

이사야서 14장 2절	לקה......הביא......אל־מקום
에스겔서 36장 24절	לקה[438]......קבץ......הביא......אל־אדמה
에스겔서 37장 21절	לקה......קבץ......הביא......אל־אדמה
예레미야서 32장 37절	קבץ......השיב......אל־המקום......הישב

여기서 보는 것처럼 이사야서 14장 2절은 에스겔서와 예레미야서에 비해서 비교적 단순함을 알 수 있다. 그리고 에스겔서 36장 24~28절과 비교해 보면 본문의 구성을 더 잘 이해할 수 있을 것이다.

에스겔서 36장 24~28절	이사야서 14장 1~2절
① 새로운 엑소더스	③ 긍휼히 여김
② 귀환	⑦ 다시 선택(재계약)
③ 깨끗하게 함(죄씻음)	평화로운 삶
④ 새 마음을 줌	이방인합류
⑤ 규례를 지키게 함	① 새로운 엑소더스
⑥ 그 땅에 거함	② 귀환
⑦ 계약양식소	이방통치(운명전환)

여기서 보는 것처럼 에스겔서 36장 24~28절은 매우 정형화된 형태를 보이고 있으며 처음부터 마지막까지 일관되고 연속성 있는 모습을 보인다. 그러나 이사야서 14장 1~2절은 1절과 2절이 연속성을 갖지 못하고, 새로운 엑소더스의 다른 측면을 서로 말하고 있다. 그

로 나타나는지에 대해서는 전혀 문제를 제기하지 않는다.
438) 에스겔서 36장 24절과 37장 21절을 보면 '이끌어내심'과 '이끌어들이심'의 양식소가 같은 형태로 나타나고 있음을 알 수 있다.

리고 이방인의 합류나 이방통치의 요소는 에스겔서 36장 24~28절을 비롯한 본문들에는 나타나지 않고 에스겔서 36장 24~28절에 나타나는 '새 마음을 줌, 규례를 지키게 함, 계약양식소' 등은 이사야서 14장 1~2절에는 나타나지 않는다. 이것은 이사야서 14장 1~2절이 에스겔서 36장 24~28절보다 앞선 시대에 만들어졌을 가능성을 보여주는 것이다. 그래서 본문의 연대를 정확히 측정하기는 어렵지만 바벨론 포로기로는 볼 수 없는 것이다.

그러면 본문에는 「용서」나 「회개」가 나타나는가? 1aα-β("여호와께서 야곱을 긍휼히 여기시며 이스라엘을 다시 택하여")를 자세하게 살펴보기로 하자.

1aα	כִּי יְרַחֵם אֶת־יַעֲקֹב	
1aβ	וּבָחַר עוֹד בְּיִשְׂרָאֵל	

우리는 1aα에서 하나님의 용서를 추론해 낼 수 있는 단어를 찾아볼 수 있다. 이 구절에는 רחם 동사가 사용되었는데 '불쌍히 여기다'라는 의미를 가진 이 동사가 하나님의 구원사역의 구체적인 모습들인 재계약과 새로운 엑소더스, 귀환요소들과 함께 나타나고 있어서 본문의 문맥 속에서 이 단어는 하나님의 용서의 의미를 포함하고 있다고 할 수 있을 것이다.[439] '불쌍히 여기다' 또는 '긍휼히 여기다'는 것은 하나님의 마음의 변화를 보여준다. 하나님이 이스라엘을 대하시는 마음자세를 바꾸시는 것이다. 이러한 마음 바꾸심이 이스라엘을 구원하시는 동인이 된다. 그래서 רחם은 이스라엘의 죄를 덮어 주시고 가려 주시고 그들을 다시 받아들이시는 하나님의 용서를 보여준다.

---

439) John S. Kselman, "Forgiveness(Early Judaism)", ABD 2, 832f.

  그리고 1aβ에는 하나님이 이스라엘을 '다시 선택한다'는 말이 나오는데 하나님과 이스라엘 백성의 관계회복을 의미한다. 이것은 하나님과 이스라엘의 관계가 현재 파기되어 있음을 암시하는데 이러한 관계파기는 이스라엘 백성들의 범죄에 의한 하나님의 심판의 구체적인 양상이다. 그래서 재선택을 통한 관계회복은 그것과는 반대되는 하나님의 용서행위이다. 그래서 본문에는 넓은 의미의 「용서」가 나타나고 있다고 보아야 할 것이다.

  이러한 하나님의 용서로 인해서 이스라엘은 새로운 엑소더스를 경험하게 되고 과거에 자신들을 포로로 삼고 지배하던 나라들을 포로로 삼고 다스리는 운명의 전환을 하게 된다. 하나님의 은혜에 의한 용서가 이스라엘의 영화를 촉발시키는 것이다. 헤이스와 어바인은 본문에 하나님의 구원사역의 전제조건이 전혀 제시되지 않는 점에 주목한다("회개, 믿음, 그리고 그 이외의 것들을 전혀 요구하지 않는다. 그는 다만 미래의 상황들을 선포하고 묘사하실 뿐이다").440)

② 이사야서 27장 7~9절441)

  본문에서 용서를 찾기는 그렇게 어렵지 않다. 9aα-β("야곱의 불의가 속함을 얻으며 그 죄를 없이 함을 얻을 결과는 이로 인하나니")를 살펴보기로 하겠다.

9aα   לָכֵן   בְּזֹאת   יְכֻפַּר   עֲוֹן־יַעֲקֹב

9aβ   וְזֶה   כָּל־פְּרִי442)   הָסֵר   חַטָּאתוֹ

---

440) Hayes & Irvine, 230.
441) 헤이스와 어바인은 이사야서 24~27장이 주전 705년에 일어난 유다의 반아시리아 반란을 시대적 배경으로 하고 있다고 말한다(ibid., 295).
442) MT의 비평장치는 לְכַפֵּר로 읽기를 권한다. 그러나 הָסֵר와 중복되어서 둘 가운데 하나를 생략하는 것도 제안한다.

우리가 보는 대로 이 구절에는 '죄'의 동의어들인 עָוֹן과 חַטָּאת가 나오고, כפר 동사와 סור 동사가 쓰여서 하나님의 용서를 분명하게 말해준다.443)

본문을 보면 하나님의 심판이 용서로 바뀌어 나타나며(심판=용서), 그 결과 이스라엘 백성은 새로운 삶을 살게 된다. 그들의 회개를 암시하는 행동이 나타난다. 그런데 7절과 8절에는 주어나 목적어가 구체적으로 제시되지 않아서 누구를 지칭하는 것인지 확인하기 어렵고444) 또 어떤 상황인지 알기 어렵다. 9aα에 יַעֲקֹב가 언급되어 있을 뿐이다. 하지만 이것으로도 본문이 말하는 대상이 누구인지 어떤 사건을 말하는지 분명하게 알기가 어렵다.445) 헤이스와 어바인은 9절은 히스기야의 종교개혁을 신명기적인 용어로 기록하는 열왕기하 18장 4a와 관련이 있으며 이사야는 본문을 통해서 백성들에게 히스기야의 종교개혁에 참여하라고 촉구한다고 말한다.446) 본문이 언급하는 사건이 예루살렘의 함락과 유대인들의 포로압송일 수도 있고, 사마리아의 함락과 포로압송을 말하는 것일 수도 있다.447) 9절을 과

---

443) 그레이는 9절의 의미를 설명하면서 이스라엘의 회개는 죄용서의 동인이기도 하며 또 그 결과이기도 하다고 말한 쉐인(Cheyne)의 견해를 소개한다(G. B. Gray, 『The Book of Isaiah』, 458).

444) 표준새번역은 7절과 8절의 주어를 '주'로, 7절의 목적어는 '야곱'으로, 8절의 목적어는 '이스라엘'로, 9절에는 '야곱'을 연계형과 주어로 밝혀서 번역했다. 9aα의 경우를 제외하고 나머지는 모두 본문의 문맥을 추론해서 그렇게 표기한 것으로 보이는데 7절과 9절에는 '야곱'을, 8절에는 '이스라엘'을 사용한 것은 무슨 연유인지 알 수 없다. 본문이 모호하면 모호한 대로 두는 것이 좋을 것으로 보인다.

445) O. Kaiser, 『Isaiah 13-39』, 227.

446) Hayes & Irvine, 318.

447) 플뢰거(O. Plöger)는 주전 722년의 북왕국 멸망을 이야기하는 것으로 보고 케슬러(Kessler)는 주전 296년의 데메트리우스 폴리오르케테스(Demetrius Poliorketes)에 의한 사마리아의 함락을 가리키는 것으로 생각한다(O. Kaiser, 『Isaiah 13-39』, 228 n.a에서 재인용). 플뢰거의 입장을 따르면 본문은 북왕국의 멸망과 요시야의 종교개혁(열왕기하 23장 14절 이하. 역대하 34장 4~7절)

거의 사건의 반영으로 볼 수도 있으나 문맥에 비추어 볼 때 미래사건에 대한 예언으로 보는 것이 더 타당하다.[448]

그리고 회개사상은 9bα−γ에서 흔적을 찾아볼 수 있다. 물론 직접 회개로 번역할 만한 단어는 없다. 회개를 암시하고 회개의 표시로 나타나는 행동이 묘사되어 있다.

이러한 분석에 기초해서 본문을 살펴보면 본문은 다음과 같이 구성되어 있다.

> 7절: 하나님의 심판에 대한 두 가지 질문
> 8절: 하나님의 심판에 대한 두 가지 대답
> 9a : 용서예고(두 번 반복)
> 9b : 회개행위예고(두 번 반복)

본문은 하나님의 이스라엘 심판에 대한 두 가지 질문[449]으로 시작하고 거기에 대한 두 가지 대답을 하며 또 이스라엘이 용서받을 것도 두 번 반복해서 이야기하고, 이스라엘이 회개할 것도 역시 두 번 반복해서 이야기함으로써 강력한 수사기법을 사용하고 있다.

본문에는 에스겔서 36장 16~38절에 나타나는 여러 가지 요소가 거의 빠져 있다. 하나님의 용서는 분명히 말하면서도 이스라엘 백성의 회개는 그들의 실제적인 행동으로만 처리함으로써 아직 온전한 「용서 → 회개」의 사상으로 발전하지 못했음을 보여준다. 그래서 본문은 「용서 → 회개」 구조의 초기형태, 즉 「용서 → (회개)」로 판단된다.

을 말하는 것으로 볼 수도 있다(ibid.).
448) ibid.
449) 부정적인 대답을 기대하는 질문들이다.

③ 예레미야서 23장 1~8절

본문은 도입구[450]에 의해서 1~4절, 5~6절, 7~8절 세 부분으로 나뉜다.[451]

Ⅰ. 거짓목자들 / 새 목자들 1~4절

  A. 거짓목자에 대한 심판 1~2절

    '화있으리라' 1절

    범죄지적 / 심판예고 2절

  B. 귀환과 회복 3~4절

    새로운 엑소더스와 귀환 / 인구증가 3절

    새로운 목자를 세움 3a

Ⅱ. 다윗 같은 임금 / 새 임금[452] 5~6절

    이상적인 임금을 세울 것임 5절

    유다와 이스라엘이 구원받고 안정될 것임 6절

Ⅲ. 귀환 7~8절

    새로운 엑소더스

본문을 읽어 보면 각국으로 흩어진 사람들은 지도자들이 아니고 백성들이며 백성들은 지도자들의 잘못으로 인해서 흩어지게 된 것으

---

450) 5 הִנֵּה יָמִים בָּאִים נְאֻם־יהוה

    7 לָכֵן הִנֵּה יָמִים בָּאִים נְאֻם־יהוה

451) 브루거만은 הִנְנִי가 나타나는 것을 기준으로 해서, 본문을 1~2a, 2b~4절, 5~6 절, 7~8절로 구분한다. 1~2a는 고발이고, 2b 이하는 약속이다(Walter Brueggemann, 『A Commentary on the Book of Jeremiah 1−25: To Pluck Up, To Tear Down』, International Theological Commentary(Grand Rapids, Michigan: Wm. B. Eerdemans Publishing Co., 1988), 198).

452) 이상적인 왕에 대해서는 장영일, 「구약의 종말론(Ⅰ)」을 보라. 그리고 김영일, 「가난한 자들에 대한 이사야의 이해」, 신학사상 63(1988년 겨울), 939~942를 보라.

로 나타난다. 그러나 이것은 실제 사실과는 다르다. 그리고 흩어진 백성들을 모으는 것은 에스겔서 34장과 후대의 신명기적인 기록들(특히 신명기 30장 1~10절)에 나타난다. 그래서 캐롤은 본문이 공동체의 지도자들이 백성들을 흩어지게 했기 때문에 그들을 책망을 하는 것이 아니라 그들에 대한 반대입장을 표명하고 있다고 말한다.453)

캐롤은 6b의 יהוה צדקנו 를 '시드기야' 왕 이름의 언어유희로 보고, 본문이 시드기야를 언급한다고 말한다.454) 바빌론 사람들이 여호야긴을 폐위하고 '맛다니야'를 '시드기야'로 개명하고 왕위에 오르게 했는데 이것은 '여호야긴이 아닌, 시드기야가 바르고 정당한 왕'임을 천명한 것이며, 본문은 시드기야와 여호야긴 중에서 누가 진정한 통치자인지 고민하는 공동체의 모습을 반영한다는 것이다. 본문은 시드기야에게 정통성을 부여해 주고 그의 시대가 평화롭고 안전할 것임을 말하며 시드기야의 즉위식에서 그가 합법적인 왕임을 선포한 것으로 볼 수 있다는 것이다.455)

캐롤은 바빌론으로부터의 귀환 모티프가 여러 국가로부터의 귀환으로 확장되기 때문에(8절) 본문은 이스라엘 백성들이 여러 나라에 흩어져서 살던 때를 배경으로 한다고 말한다.456)

---

453) R. P. Carroll, 444f.

454) 니콜슨은 여기에 대해서 반대하는 입장을 취한다. '의'(צדק)라는 용어는 고대 이스라엘에서 왕권과 깊은 관련이 있는 것이기 때문에 유독 시드기야만을 가리키는 것으로는 볼 수 없으며, 예레미야는 메시야사상을 선포하지 않았기 때문에 메시야사상을 담고 있는 30장 8절 이하와 33장 17절은 예레미야의 것으로 볼 수 없다는 것이다. 이러한 이유로 해서, 메시야사상을 담고 있는 본문의 5~6절은 예레미야의 것이 아니라고 말한다(E. W. Nicholson, 『The Book of the Prophet Jeremiah Chapters 1-25』, The Cambridge Bible Commentary on the New English Bible(Cambridge: Cambridge University Press, 1973), 192). 캐롤의 입장이 더 타당하다.

455) R. P. Carroll, 446f.

본문에 여러 가지 요소들이 들어 있지만 하나님이 이스라엘을 구원하시는 이유와 용서나 회개는 언급되지 않는다. 그렇다면 시드기야 시대에는 아직 「용서→회개」의 틀이 나타나지 않았음을 알 수 있다. 「용서→회개」는 주전 587년 이후에 그것도 어느 정도 시간이 흘러서 나타난 것으로 보인다.

④ 예레미야서 24장 4~7절

본문이 속해 있는 예레미야서 24장 1~10절의 형성시기에 대해서는 여러 가지 학설들이 많다. 브루거만은 첫 번째 포로압송이 일어난 주전 598년에서 두 번째 결정적인 포로압송이 일어난 587년 사이에 기록되었다고 말한다.[457]

할러데이는 여러 학자의 견해[458]를 이야기하면서 좀더 구체적으로 시대를 밝히는데 본문이 시드기야의 통치 기간에 만들어졌다고 말한다. 여호야긴이 포로로 끌려간 즉각적인 충격은 지나가고(22장 28~30절과 비교하라) 포로들에 대한 관점은 29장 4~23절과 동일한데 이 편지는 주전 594년 여름에 기록되었음이 분명하다는 것이다. 그리고 תממ과 הַכְּאֵלֵי־מֹעַל가 27장 8절과 10절에 사용되었는데 이것은 느부갓네살에 대항해서 반역을 일으킨 왕들에 대한 예레미야의 말이며 이 반란이 일어난 때가 주전 594년이고, '나쁜 무화과'는 29장 17절에도 사용되었는데 만약 29장 16~20절이 예레미야가 포로들에게 보낸 편

---

456) ibid., 448f.

457) W. Brueggemann, 208.

458) 할러데이의 말을 정리하면 이렇다. 둠(Duhm)과 메이(Herbert G. May)는 후대로 보는데 메이는 에스라의 배타주의와 비교한다. 그리고 하이야트(Hyatt)와 니콜슨(Nicholson)은 본문을 모두 포로기의 신명기적인 편집으로 본다. 이들은 본문을 바빌론의 유대인포로들의 주장을 뒷받침해 주기 위한 선전문서의 일부라고 보는 것이다. 이에 비해서 루돌프는 본문의 진정성(예레미야저작설)을 주장한다. 브라이트(Bright)는 본문이 예레미야에게서 비롯된 것이지만 전달하는 과정에서 첨가되었다고 한다(W. L. Holladay, 『Jeremiah 1』, 655).

지의 본래 부분이라고 한다면 이 역시 주전 594년이 된다는 것이다. 그래서 할러데이는 주전 594년에 본문이 기록되었다고 본다.[459]

브라이트는 예레미야 24장에는 전기설화(a biographical narrative)가 없고 환상경험을 통해서 예레미야에게 임한 신탁을 자전적인 형태로 기록하고 있으며 그래서 본문은 그 형태에 있어서 1장 11~16절의 두 환상기록과 매우 유사하고 전달하는 과정에서 약간의 어휘가 첨가되어 확장되었지만 예레미야 자신의 회고담에서 비롯된 것으로 볼 수 있을 것이라고 말한다.[460]

니콜슨은 예레미야서 24장이 포로기 동안에 신명기계 편집자에 의해서 발전된 것으로 보는데 신학적이고 논쟁적인 목적을 갖는다고 생각한다.[461] 본문은 포로기 동안에 유다에 남아 있는 자들이나 이집트에 살고 있는 자들은 이들과는 달리 바벨론의 포로들이 이스라엘의 참된 남은 자들이고 하나님이 그들을 통해서 새로워짐과 회복을 이루실 것을 말한다는 것이다.[462]

우리가 아는 대로 예레미야 당시에 두 개의 유대인 공동체가 있었다.[463] 주전 597년에 포로로 끌려간 여호야긴을 중심으로 한 공동체와 본국의 왕인 시드기야를 중심으로 한 공동체가 바로 그들이다. 메이(May)는 모든 사람이 지위고하 신분의 귀천을 막론하고 다 범죄했다는 예레미야의 견해(5장 1~8절)와 본문에 나타나 있는 포로

---

459) ibid., 657.
460) J. Bright, 『Jeremiah』, 194.
461) E. W. Nicholson, 『The Book of the Prophet Jeremiah Chapters 1−25』, 206.
462) ibid.
463) W. Brueggemann, 208f. 두 공동체에 대한 더 자세한 연구는 Christopher R. Seitz, "Theology in Conflict: Reactions to the Exile in the Book of Jeremiah"(Ph.D. dissertation, Yale University, 1986)를 보라.

들에 대한 편파적인 견해를 비교하지만 본문의 의도는 포로들이 무죄하고 고국에 머물러 있는 자들은 죄가 있다는 것을 말하려는 것이 아니고 여호와가 포로들을 위한 긍정적인 계획을 갖고 계시며 고국에 머물러 있는 자들이 우월감을 가져서는 안 된다는 것을 말하고자 한다고 할러데이는 주장한다.464)

니콜슨은 본문이 이미 천성이 되어버린 이스라엘 백성의 순종불가능성을 어떻게 해결할 것인가 하는 문제를 전제한다고 말한다.465) 이런 점을 염두에 두고 본문을 읽어 보면 우리는 본문에서 「용서」와 「회개」 사상을 쉽게 찾을 수 있을 것이다. 왜냐하면 이스라엘의 유일한 희망은 기적과도 같은 하나님의 혁신적인 개입일 수밖에 없기 때문이다.466)

그러면 이제 본문을 직접 살펴보기로 하자. 본문이 속해 있는 예레미야 24장467)은 하나님이 성전에서 예레미야에게 두 광주리의 무화과를 보여주시면서 하시는 말씀이다.468) 그리고 1절에 의하면 주전 597년에 일어난 제1차 포로압송을 배경으로 하고 있다.469) 1~3절은 환상 이야기이고 4~10절은 환상에 대한 설명인데 4~7절은 좋은 무화과(바벨론의 유대포로공동체470))에 대한 구원예언이고 8~10

---

464) W. L. Holladay, 『Jeremiah 1』, 656.

465) E. W. Nicholson, 207.

466) ibid.

467) 예레미야서 24장은 하나의 단락으로 여겨진다.

468) 예레미야의 이 환상경험이 실제로 일어난 일인지 아니면 문학적인 창작인지에 대해서 여러 가지 학설들이 있다. 브라이트는 예레미야가 두 종류의 무화과가 담겨 있는 두 개의 광주리를 보고 있을 때 하나님의 말씀이 임했을 것이라고 생각한다(J. Bright, 『Jeremiah』, 194).

469) 물론 1절의 연대기록은 후대의 첨가임에 분명하지만 연대의 정확성은 의심할 바 없다(J. A. Thompson, 『The Book of Jeremiah』, 507).

470) "유다 사람들은 포로로 끌려가고 고향으로부터 멀리 떨어지게 된 이후에 '유

절은 나쁜 무화과(시드기야를 중심한 유대공동체)에 대한 심판예언
이다.471) 여기서 우리가 관심을 갖는 것은 구원예언인 4~7절이다.
먼저 본문의 내용과 구성을 살펴보기로 하자.

4절　도입구(ויהי דבר־יהוה אלי לאמר)472)

5aα　사자문체(כה אמר יהוה ……)

5aβ　좋은 무화과처럼(직유법)

5b　　내가 갈대아로 보낸473) 유대포로들을 좋게 여길 것이다.

6aα　그들을 좋게 보아서

6aβ　그들을 귀환시킬 것이다(והשבתים).

6b474)α　내가 건설할 것이다(ובניתים).

6bβ　부서뜨리지 않을 것이다(ולא אהרס).

6bγ　심을 것이다(ונטעתים).

6bδ　뽑지 않을 것이다(ולא אתוש).

7aα　내가 여호와임을 아는475) 마음을 주겠다.476)

대인(Jews)'으로 불리게 되었다. 그래서 이 포로공동체를 '유대인 공동체
(Jewish Community)'로 볼 수 있다."(W. Brueggemann, 208)

471) 할러데이는 예레미야서 24장 1~10절에서 후대에 첨가된 부분을 제거하고 나
　　면, 4~10절은 4절(도입구), 5~7절과 8~10절이 대응구조를 갖는다고 말한다
　　(W. L. Holladay, 『Jeremiah 1』, 655, 656).

472) Volz, Rudolph, Niditch, Holladay들은 2차적인 확장으로 본다(W. L. Holla-
　　day, 『Jeremiah 1−A Commentary on the Book of the Prophet Jeremiah Cha-
　　pters 1−25』(Philadelphia: Fortress Press, 1986), 654). 할러데이는 환상보고에
　　서는 사자문체가 부적합하다고 말한다(ibid., 658).

473) אשר שלחתי מהמקום מזה הזה ארץ כשדים을 불필요한 주로 본다(W. L. Holladay,
　　『Ezekiel 1』, 654).

474) 6b에 사용된 네 단어는 예레미야서 1장 10절에도 사용되었다. 그리고 12장
　　14~17절과 31장 27~28절에서도 사용된다.

475) כי אני יהוה는 2차적인 확장이다(W. L. Holladay, 『Jeremiah 1』, 654).
　　ונתתי להם לב לדעת אתי라는 구절은 다른 곳에서는 찾아볼 수 없다. 비슷한
　　형태가 32장 39절, 에스겔서 11장 19절, 36장 36절, 역대하 30장 12절 그리고
　　열왕기상 3장 9절과 12절, 신명기 29장 3절 등에 나타난다. 그런데 כי אני יהוה
　　는 31장 31~34절에도 나타나지 않고 후대의 첨가로 보이는 9장 23절에 나타
　　난다. 이 구절은 제사문서, 성결문서, 에스겔서에서 많이 나타난다(ibid., 658).

7aβ   그들은 나에게 백성이 된다(계약양식소).

7aγ   나는 그들에게 하나님이 된다(계약양식소).

7b   그들이 온 마음477)을 다해 내게로 돌아올 것이다(כִּי־יָשֻׁבוּ).478)

하나님께서는 바벨론에 포로로 잡혀간 사람들을 좋은 무화과처럼 여기시고(5절), 그들을 반드시 귀환시키시고(6절), 그들로 하여금 하나님을 아는 마음을 갖게 하신다(7절).

7b를 후대의 첨가로 보는 사람도 있다. 7aα에서는 하나님이 사역의 주체가 되고 이스라엘은 수동적인 입장에 있는 데 비해 7b에서는 이스라엘이 행동의 주체가 되기 때문이라는 것이다.

그러나 7b를 하나님의 사역의 결과로 보면 크게 문제가 없을 것이다. 하나님이 새 마음을 주셨기 때문에 이스라엘은 새로운 삶을 살아갈 수 있게 되는 것이다. 그래서 주어의 변화는 문제가 되지 않는다.

그리고 현재의 본문구조에 의하면 7절은 7b가 있을 때 다음과 같이 대칭구조를 이룬다.

---

476) 브라이트는 히브리어 לֵב이 '마음(heart)'으로 번역되면 영어권 독자들에게 히브리어의 의미와는 다른 감상적인 의미를 전달해 주기 쉽고 또 히브리적인 사유에서는 마음이 감정이 아닌 의지와 정신의 자리로 여겨지기 때문에 '의지'나 '힘'으로 번역한다(J. Bright, 『Jeremiah』, 193).

477) 브라이트는 '힘'이라고 번역한다(ibid.).

478) 2차적인 확장으로 본다(W. L. Holladay, 『Jeremiah 1』, 654). 할러데이는 이 구절이 부분적으로 후대의 주석인 3장 10절에서만 나타나고 예레미야서 외에는 신명기 30장 10절, 열왕기상 8장 48절, 열왕기하 23장 25절 등에 나타나는데 이것들은 후대의 첨가문들이다(ibid., 659).

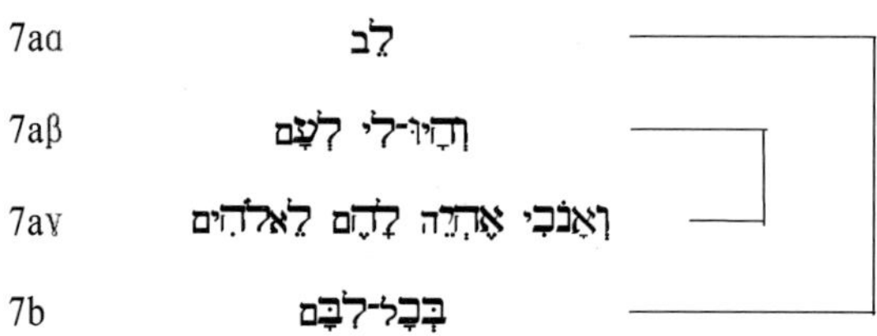

이렇게 보면 7b를 후대의 첨가로만 보는 것은 무리라고 여겨진다. 우리가 살펴본 여러 가지 점으로 미루어 볼 때 7절은 현재의 형태로 두는 것이 타당하다.

그러면 이제 본문에 「용서」나 「회개」가 나타나는지 살펴보도록 하겠다. 먼저 「용서」는 어디에 나타나는가? 5aβ와 6aα("내가 이곳에서 옮겨 갈대아인의 땅에 이르게 한 유대포로를 이 좋은 무화과같이 보아 좋게 할 것이라. 내가 그들을 돌아보아 좋게 하여")를 좀더 자세하게 살펴보자.

5aβ   כַּתְּאֵנִים הַטֹּבוֹת הָאֵלֶּה
5b   כֵּן־אַכִּיר   אֶת־גָּלוּת יְהוּדָה······   לְטוֹבָה
6aα   וְשַׂמְתִּי עֵינִי עֲלֵיהֶם   לְטוֹבָה

여기서는 "하나님이 바벨론의 유대포로들을 좋게 여기신다."는 말을 두 번 반복하고 있다. 그리고 이러한 '하나님이 좋게 보심'의 결과는 유대인들의 귀환과 공동체의 재건이다. '하나님이 좋게 보심'은 하나님이 유대인 포로들에 대해서 마음을 바꾸셨음을 뜻한다. 이러한 하나님의 마음 바꾸심이 유대인 포로들을 이끌어 내어서 고국으로 귀환시키시는 하나님의 사역의 동인이 된다. 그래서 본문의 문맥 속에서 '하나님이 좋게 보심'은 그 결과로서 나타나는 하나님의 구원사역인 귀환과 공동체의 재건들과 결합되어서 하나님의 용서를 뜻한다.

이제는 본문에서 회개가 나타나는지를 살펴보기로 하자. 회개는 7절에서 찾아볼 수 있다.

> 7a 내가 여호와임을 아는 마음(לֵב לָדַעַת)을 그들에게 주겠다.[479)
> b 그들은 내 백성이 되고 나는 그들의 하나님이 될 것이다.
> c 그들이 온 마음을 다해(בְּכָל-לִבָּם) 나에게 돌아올 것이다(שֻׁבוּ).[480)

7절은 '여호와를 아는 마음을 주심 – 계약양식소 – 회개'의 형태를 갖추고 있다.

예레미야서 24장 4~7절에는 용서, 귀환, 정착, 여호와임을 아는 마음을 주심, 계약양식소, 회개들의 여러 요소가 나타난다. 단순히 이스라엘의 구원과 귀환, 회복만을 이야기하는 구원예언에 비하면 여러 가지 요소들이 다양하게 들어 있고, 그래서 에스겔서 36장 16~38절의 본문과 상당히 유사한 형태임을 알 수가 있다. בנה와 נטע가 사용되고 있다는 점도 주목할 만하다. 이러한 점을 확인하기 위해서 예레미야서 24장 4~7절과 에스겔서 36장 24~28절을 비교해

---

479) "4장 4절에서 시인은 이스라엘의 마음의 변화를 희망했었다. 그러나 이제는 그 해결책이 더 근본적이다. 야웨는 이스라엘에게 새 마음을 주실 것이다(24장 7절). 이야기는 이스라엘이 결코 그 천성을 변화시킬 수 없다는 것을 알고 있다고 해도 그렇다(cf. 13장 23절). 새로워지는 유일한 기회는 하나님의 혁신적이고 유래가 없는 행동에 의해서 주어진다. 새 마음을 주시는 것(31장 31절. 에스겔서 36장 26절도 보라)은 하나님에 의해서 되는데 이것은 이스라엘이 그 마음을 변화시킬 수가 없기 때문이다. 포로상태에서 새로워지는 것은 하나님의 능력 있는 은혜주심에 의해서 이루어진다."(W. Brueggemann, 210)

480) 본문에는 שוב가 두 번 나온다(6aβ, 7b). 이스라엘 백성들에게 있어서 '돌아온다'는 것은 포로에서 귀환하는 것과 하나님께로 돌아가는 것(회개)을 모두 의미하는 것이다. 그래서 '돌아간다'는 것은 '유대교의 희망을 이해하는 데 중심열쇠'이다(R. E. Clements, Jeremiah, 146).

보겠다.

<table>
<tr><td>에스겔서 36장 24~28절</td><td>예레미야서 24장 4~7절</td></tr>
<tr><td>새로운 엑소더스</td><td>용서</td></tr>
<tr><td>귀환</td><td>귀환</td></tr>
<tr><td>용서</td><td>회복 / 재건</td></tr>
<tr><td>새 마음</td><td>여호와아는 마음</td></tr>
<tr><td>규례준수</td><td>계약양식소</td></tr>
<tr><td>정착</td><td>회개</td></tr>
<tr><td>계약양식소</td><td></td></tr>
</table>

두 본문은 순서가 약간 다르긴 하지만 그래도 상당히 유사한 형태를 보인다. 그러나 예레미야서 24장 4~7절이 「용서 → 회개」의 문학구조를 갖고 있다는 점에서 두 본문은 현격한 차이를 보인다.481) 본문의 문학구조를 살펴보면 이 사실을 더 잘 알게 될 것이다.

하나님의 구원사역: 용서와 회개

Ⅰ. 도입구 4절~5aα

  A. 말씀이 임함 4절(ויהי דבר־יהוה אלי לאמר)

  B. 사자양식소 5aα(כה אמר יהוה……)

Ⅱ. 용서와 구원 5aβ~6절

  A. 용서하심 5aβ~6aα

    1. 비유 5aβ 좋은 무화과처럼(직유법)

    2. 용서 5bα 좋게 여길 것이다.

---

481) 본문의 문학구조를 에스겔서 36장 29~32절의 문학구조와 비교해 보면 많은 유사점을 발견할 수 있을 것이다. 그리고 본문의 형성연대도 추정할 수 있을 것이다. 이러한 비교작업은 에스겔서 36장 29~32절을 다루면서 하려고 한다.

　　3. 대상 5bβ　내가 갈대아로 보낸 유대포로들을

　　4. 용서 6aα　그들을 좋게 보아서

　B. 구원하심 6aβ~6b

　　1. 귀환 6aβ　그들을 귀환시킬 것이다(וַהֲשִׁבֹתִים).

　　2. 재건 6b

　　　1) 건설 6bα　내가 건설할 것이다(וּבְנִיתִים: 긍정).

　　　2) 보존 6bβ　부서뜨리지 않을 것이다(וְלֹא אֶהֱרֹס: 부정).

　　　3) 심음 6bγ　심을 것이다(וּנְטַעְתִּים: 긍정).

　　　4) 보존 6bδ　뽑지 않을 것이다(וְלֹא אֶתּוֹשׁ: 부정).

　C. 회개케 하심 7절

　　1. 여호와아는 마음주심 7aα

　　　1) 마음주심 7aαα　마음을 주겠다.

　　　2) 인지양식 7aαβ　내가 여호와임을 알게 됨(7aαα 수식)

　　2. 계약관계회복 7aβ-γ

　　　1) 7aβ　그들은 나에게 백성이 된다.

　　　2) 7aγ　나는 그들에게 하나님이 된다.

　　3. 회개 7b 그들이 온 마음을 다해 내게로 돌아올 것이다(כִּי-יָשֻׁבוּ).

⑤ 예레미야서 31장 31~34절

　에스겔서 36장 26, 27절과 가장 관계가 깊은 것은 예레미야서 31장 31~34절[482]이다. 브라이트는 본문이 "성경 전체에서 가장 심오하고 가장 감동적인 구절들 가운데 하나임에 분명하다."[483]고 말한 바 있다. 본문이 어떻게 구성되어 있는지 살펴보기로 하자.[484] 하나

---

482) 할스는 에스겔서 36장 16~38절과 예레미야서 31장 31~34절은 서로 유사한 점이 많지만 문학적으로는 연계성이 없고, 신학적인 경향이 같다고 말한다(R. Hals, 266).

483) J. Bright, 『Jeremiah』, 287.

484) 할러데이는 본문을 두 부분으로 나눈다. 그는 산문으로 되어 있는 31~33aα(여

님은 이스라엘 집과 유다 집으로 더불어 새로운 계약을 맺으시겠다
고 말씀하신다(31절). 그런데 그 새로운 계약의 특징은 출애굽하던
때에 선조들과 맺은 것과는 다르다는 것이다(32절). 예레미야서 31장
33절에서는 하나님이 율법을 그들의 중심에 심어 주시고 마음에 기
록해서 "나는 그들에게 하나님이 되고 그들은 나에게 백성이 될 것
이다."고 한다. 이것은 '계약양식소'이다.[485] 이 양식소는 에스겔서
36장 28절에도 나온다. 예레미야서 31장 33c와 에스겔서 36장 28b를
대조해 보기로 하자.

예레미야서 31장 33c: (b)המה, יהיו־לי לעם (a)והייתי להם לאלהים

에스겔겔서 36장 28b: (a)ואנכי אהיה לכם לאלהים (b)והייתם לי לעם

여기서 보는 것처럼 앞뒤 순서가 바뀌어 있음을 알 수 있다. 그리
고 예레미야서 31장 33c에서는 (b)에 주어(המה)가 첨가되고 에스겔서
36장 28b에서는 (a)에 주어(אנכי)가 첨가된다. 그래서 예레미야서에서
는 이스라엘 백성이 하나님의 백성이 된다는 사실이 강조되고 에스
겔서에서는 하나님께서 이스라엘의 하나님이 되신다는 사실이 강조
된다. 이것은 이스라엘 백성보다는 하나님의 주권적인 역사를 강조
하고 있는 본문의 성격에도 잘 들어맞는 것으로 보인다.

기서는 33aαβ로 표기한다)와 운문으로 되어 있는 33aβ(여기서는 33aγ로 표기한
다)~34로 나누고 두 부분이 대칭구조를 갖고 있다고 말한다. 첫 번째 부분에서
는 옛 계약 두 번째 부분에서는 새 계약을 이야기한다는 것이다(W. Holladay,
『Jeremiah 2』, 164f., 197.

485) "특히 이와 같은 계약갱신 의식 전승은 포로기 직전 직후의 예언자들(예레미
야, 에스겔, 제2이사야 등)에 의하여 종말론적 주제 또는 다윗 계약사상과 결
부되어 종말론적 다윗 왕국 실현의 시발점으로 부각되는 것을 볼 수 있다(렘
31: 31~33, 32: 40, 겔 34: 23~31, 37: 24~28, 사 55: 3~5, 61: 8)."(장영일,
「'하나님 나라'와 중보자: 유형론적 고찰(Ⅰ)」, 교회와 신학 제26집(1994년),
136. 장영일은 계약양식의 종말론적인 성격을 부각시킨다. 계약양식과 인지양
식 관련 본문들에 대해서는 136~137을 보라.

그리고 예레미야서는 33b에서 율법을 중심에 주고 마음에 새긴다고만 말하고 있는 데 비해 에스겔서는 27절에서 하나님의 영을 중심에 주셔서486) 그들로 하여금 하나님의 율례(חֻקַּי)를 지키게 하고 하나님의 의(מִשְׁפָּטַי)를 지키도록 하고 행하도록 하겠다고 3중적으로 말한다. 에스겔서의 본문이 예레미야서의 본문보다 하나님의 사역을 더 강조하는 것이다. 여기에서 하나님 중심의 신학을 강력하게 전개하는 에스겔서의 특징을 엿볼 수 있다.

에스겔서 36장 16~38절에는 하나님의 사역에 인간의 조건이 필요치 않다. 그러나 다른 본문들에는 어떤 조건들이 제시된다. 그 기본적인 형태는 이렇다.

예레미야서 7장 23a   כי אם־את־הדבר הזה צויתי אותם לאמר

b שמעו בקולי והייתי לכם לאלהים ואתם תהיו־לי לעם

c: והלכתם בכל־הדרך אשר אצוה אתכם למען ייטב לכם

예레미야서 7장 23a 임무부여 / 명령

   b 조건(하나님의 음성청종) — 결과 1(계약관계정립)

   c 결과 2(율법준수)

   a 오직 내가 이것으로 그들에게 명하여 이르기를

   b 너희는 내 목소리를 들으라. 그리하면 나는 너희 하나님이 되겠고

너희는 내 백성이 되리라.

   c 너희는 나의 명한 모든 길로 행하라. 그리하면 복을 받으리라.

---

486) 침멀리도 이 점을 지적한다. "예레미야서 31장 31절 이하는 율법을 인간의 마음속에 두는 것에 대해서 언급했다. 에스겔서 36장 27절은 영을 거기에 두는 것을 말하고 이러한 점에서 예레미야서 31장을 넘어서며 여호와로 하여금 인간의 새로운 복종에 직접적으로 참여할 수 있게 해 준다."(W. Zimmerli, 『Ezekiel 2』, 249)

여기서 보는 것처럼 하나님과 이스라엘 백성 사이의 관계가 정립되고 이스라엘 백성이 하나님이 명하시는 대로 살아가기 위해서는 조건이 필요하다. 그것은 하나님의 음성을 듣는 것이다. 이것은 레위기 26장에도 나타난다.

3절: אם־בחקתי תלכו ואת־מצותי תשׁמרו ועשׂיתם אתם
너희가 나의 규례와 계명을 준행하면

3절에 조건이 제시되고 4절부터는 그 결과가 언급된다. 그리고 12절에는 우리가 지금까지 살펴보는 문장과 유사한 문장이 나타난다.

12절 　　　　　　　　　　　　　　והתהלכתי בתוככם
והייתי לכם לאלהים ואתם תהיו־לי לעם:
나는 너희 중에 행하여 너희 하나님이 되고
너희는 나의 백성이 될 것이니라.

레위기 26장에도 '조건-결과' 형태가 나타나는 것이다. 예레미야서 11장 4절에도 이런 형태가 나오는데 하나님의 명령을 지키면 하나님과 이스라엘의 관계가 맺어진다고 말한다. 그리고 열조에게 하신 맹세대로 젖과 꿀이 흐르는 땅을 주시겠다고 말씀하신다.

이처럼 하나님의 명령을 지키는 것이 관계회복의 전제조건이 된다. 하지만 이스라엘은 하나님의 명령을 지키지 못함으로써 심판을 받을 수밖에 없었다. 이스라엘로서는 하나님의 명령을 지킴으로써 하나님과의 관계를 회복할 수 있는 가능성이 없다. 그런데 에스겔서 36장 28절에서는 하나님께서 이스라엘로 하여금 하나님의 명령을 지킬 수 있도록 해 주시겠다고 말씀하신다. 여기에 전제조건이 없다는 것이 특징이다.

예레미야서 30장 22절, 31장 1절에는 전제조건이 없고 32장 38에서는 하나님말씀의 실천이 다음에 나온다(39, 40절). 에스겔서 11장 20절, 14장 11절, 36장 28절, 37장 23, 27절에서는 하나님의 명령준행이 앞서 나온다.

여기서 보는 것처럼 하나님과 이스라엘의 관계회복은 이스라엘 백성의 하나님말씀 실천을 전제한다. 그래서 '명령실천 → 관계정상화'의 형태를 유지하면서도 명령실천의 가능성을 인간 편에 두지 않고 하나님께서 주관하시는 것으로 변화시킨다. 이스라엘이 하나님의 말씀을 실천하도록 하기 위해서는 하나님이 이스라엘의 중심을 변화시키셔야만 한다. 중심에 대한 언급은 다음 구절들에서 나타난다.

	D	C	B	A
예레미야서 31장 33b	בקרבם	את־תורתי	נתתי	
에스겔서 36장 26절	בקרבם		את	ואת־רוחי
에스겔서 11장 19절	בקרבם		את	ורוח הדשה
호세아서 5장 4절[487]	בקרבם			כי רוח זנונים

에스겔서 18장 30, 31절을 보면 31절에서는 죄악을 버리고 마음과 영을 새롭게 하라고 말씀하신다. 그런데 에스겔서 36장 본문에서는 하나님이 인간에게 그렇게 하라고 명령하는 것이 전혀 나타나지 않는다. 인간에게 그렇게 할 능력이 있다고 보지 않기 때문이다. 할스는 이러한 점을 간단하면서도 명확하게 이야기한다. 과거(심판 이전)에 이스라엘 백성들은 하나님의 말씀을 따를 능력이 없었다.[488] 그

---

487) 호세아서 5장 4절은 부정적인 측면의 예이다.

런데 이제는 하나님께서 새 마음을 주셔서 하나님의 말씀을 따르도록 하기 때문에 불순종이 불가능하고 순종이 자동적으로 되고 하나님이 정하신 뜻대로 된다.[489]

    그러나 할스는 본문대로 한다면 순종만이 의미가 있고 인간의 자유는 박탈당한 것이라는 세일하머[490]의 생각을 반박하면서 본문의 의도는 인간의 자유박탈을 말하려는 것이 아니고 인간이 결박, 즉 불순종의 결박을 벗어버릴 수 있다는 것, 곧 과거의 악한 상황을 극복할 수 있다[491]는 확신을 주기 위한 것이라고 주장한다.[492] 할스의 주장대로라면 본문은 미래에 일어날 하나님의 주권적인 사역보다는 현재 그 말씀을 듣고 있는 사람들에게 본문이 어떤 영향을 미치는가 하는 수사학적인 측면에 더 깊은 관심을 기울이는 것이 된다. 물론 본문이 현재 그 말씀을 듣고 있는 사람들에게 어떤 영향을 미치는가도 중요하지만 그것과는 별개로 하나님께서 미래에 어떠한 일을 하실 것인가를 살피는 것은 더 중요하다고 여겨진다. 본문을 현재적인 차원에서만 이해하려고 할 때 「용서 → 회개」의 본문은 하나님의 주

488) 이스라엘 백성들의 이러한 역사경험과 그로 인한 비관적인 인간이해 또 그것을 극복하기 위해서 제시된 새로운 마음의 변화에 대해서는 박동현, 주께서 나를 이기셨으니—설교를 위한 예레미야서 연구(서울: 한국성서학연구소, 1995), 291 쪽 이하를 보라.

489) "Obedience will be automatic, or perhaps more precisely, God—determined"(R. Hals, 265f.).

490) F. Seilhamer, 『The New Covenant in Jeremiah 31:31—34 and its Place in the Covenant—Treaty Tradition of Israel and the Ancient Near East』(Sprinigfield: New World Press, 1976), 262~270(R. Hals의 책 266에서 인용).

491) 아이히로트는 이것을 하나님의 '새롭게 하는 힘'(regenerative power)이라고 말한다. "하나님의 영이 하나님의 백성의 각 개별 구성원에게 침투해 들어가서 내적인 변형을 일으키게 하는데 이것을 통해서 하나님의 깨끗함과 거룩함의 새롭게 하는 힘이 인간본성의 가장 깊은 부분을 붙잡고 그것을 하나님의 성품에 동화시킨다."(W. Eichrodt, Ezekiel, 500)

492) R. Hals, 266. "그것은 인간본성의 악한 경향이나 성향이 하나님에 의해서 궁극적으로 제거될 것이라는 믿음을 증빙해 주는 본문이다."(G. A. Cooke, 391)

권적인 사역보다는 인간 또는 신앙공동체의 책임을 강조하는 현재적
인 회개의 촉구나 구원의 확신과 미래에 대한 희망을 주는 것으로
이해된다.

이제 예레미야서 31장 31~34절이 누구에 의해서 언제 만들어졌는
지 알아보기로 하자. 많은 학자들이 본문을 예레미야 자신의 것으
로[493] 또는 예레미야에게서 비롯된 것으로 본다.[494] 할러데이는 본문
이 남왕국에 대한 것으로 주전 587년 남왕국 멸망 직후에 선포된 것
으로 본다.[495] 하지만 다른 학자들은 본문을 예레미야의 것이 아닌
후대의 것으로 보는데 예레미야의 제자들의 작업결과로 보기도 하고
(Coppens, Mowinckel), 포로기 이후의 서기관의 작업으로 보기도 하
는데(Duhm) 캐롤은 본문이 포로기 이후에 생겨난 것으로 본다.[496]

본문은 과거를 문제 삼지 않으며, 또 본문이 제시하는 사회가 어
떻게 유지될 수 있을 것인지에 대해서도 언급하지 않는다. 캐롤은
본문의 내용이 사회를 체계화시키는 계획안이라기보다는 경건한 희
망이며, 그것은 유토피아로 묘사되는데 이러한 유토피아사상은 예언

---

493) W. Holladay, 『Jeremiah 2』, 163.
494) 톰슨은 본문이 편집작업을 거쳤기 때문에 예레미야가 했던 말 그대로는 아니
　　라고 해도 예레미야에게서 비롯된 것이라고 주장한다(J. A. Thompson, 580).
　　브라이트도 같은 견해이다(J. Bright, 『Jeremiah』, 287).
495) 할러데이는 언어학적인 측면과 구조적인 측면에서 본문이 예레미야 자신의 것
　　임을 입증하는데 그러한 자료들을 통해서 본문이 주전 587년 9 / 10월에 예루
　　살렘에서 열린 초막절 축제 때의 신명기낭송에 대응해서 예레미야가 선포한
　　것으로 본다. 이 신명기낭송은 6월에 예루살렘이 함락된 지 거의 두 달이 지
　　난 때의 일이고 성전이 불탄 지 한 달 뒤의 일이다. 할러데이는 예레미야가
　　예루살렘의 주요 건물들이 파괴되고 지도층 인사들이 연이어서 포로로 잡혀가
　　는 것을 모세에 의해서 중계된 계약의 실체가 파괴되는 증거로 보았다고 말한
　　다. 그래서 다가올 시대에 야웨께서 그의 백성들을 위해서 새로운 일을 하실
　　것이라고 시기적절하게 선포했다는 것이다(W. Holladay, 『Jeremiah』, 165).
496) R. P. Carroll, 613.

모음집에 나타나는 미래적인 요소의 특징이라고 말한다.497) 그런데
바로 이러한 점이 본문의 저작연대를 남왕국 멸망 이후의 바벨론 포
로기 초기로 보게 만든다.498) 이렇게 보는 이유는 본문이 앞으로의
구체적인 계획이 채 세워지지 않은 상태를 보여주기 때문이다.

그리고 예레미야서 31장 31~34절은 신명기와는 어떠한 관계가
있는가? 이것은 지금까지 학자들 사이에서 많은 논란을 불러일으킨
문제이다. 본문이 계약을 강조하기 때문에 신명기적인 편집의 결과
로 보는 경향도 있지만(e.g. Böhmer, Herrmann, Nicholson, Thiel),499)
캐롤은 본문 기자가 신명기적인 전승을 알고 있었을 것이나 신명기
기자는 새 계약에 대해서는 아무 것도 모른다고 말함으로써 본문의
신명기편집설을 부인한다.500) 캐롤의 말을 정리하면 이렇다.

새 계약은 이스라엘의 회복을 이야기하는 후대의 신명기기록(신명
기 30장 1~10절)에도 나타나지 않으며 신명기 기자는 계약이 이미
파기되어서 효력을 잃었다고 믿었다. 본문 기자는 이러한 신명기 기
자의 한계를 뛰어넘는다. 이것은 신명기 30장 1~10절과 본문을 비
교해 보면 알 수 있다. 본문에는 하나님의 주도적인 역할이 강조되

---

497) ibid., 612.

498) 박동현은 정확한 본문의 정확한 연대는 밝히지 않지만 다음과 같이 말한다.
"이처럼 본문은 유다 사람들이 도저히 고칠 수 없을 정도로 썩어 빠져 망한
다음에 하나님 쪽에서 새롭게 이들이 살 길을 열어 주심을 알려 준다. 이리
하여 본문은 아마도 에스겔 36장에서와 마찬가지로 유다 멸망을 전제하고 있
는 것으로 보인다."(박동현, 295)

499) 박동현도 예레미야서 31장 31~34절에 신명기 역사학파의 전통에서 예레미야서
를 엮은 사람들의 글로 볼 수 있는 낱말들이 들어 있다고 말한다(박동현, 282).

500) ibid., 614. 하이야트(Hyatt)도 같은 견해이다. 그는 본문을 예레미야의 것으로
는 보지 않지만 본문에 신명기적인 구절들이 있음에도 불구하고 본문이 신명
기 편집자에 의해서 만들어졌다고는 생각하지 않는다(J. Philip Hyatt,
"Introduction and Exegesis, Jeremiah", IB 5: 1038).

고 있다. 미래에 대한 유토피아적인 희망(탈-신명기주의적인 희망, a post-Deuteronomistic hope)으로 대치함으로써 본문 기자는 파기된 계약이 새 계약으로 계속 이어짐을 확신한다.

신명기는 하나님과 맺은 계약을 인간이 지켜야 한다(순종해야 한다)는 것을 강조하고 여기에 따라서 하나님의 행동이 달라진다고 말한다(순종-복. 불순종-저주, 심판). 그러나 예레미야가 고민한 것처럼(13장 23절), 이스라엘은 순종하지 못했으며 또 순종할 수도 없었다.[501] 그렇다면 어떻게 해야 하는가? 그리고 어떻게 될 것인가? 이것은 영적인 딜레마였다.[502] 그래서 새 계약[503]이 필요하게 된 것이다.

본문은 미래의 어느 때에 맺게 될 새 계약에 대해서 이야기한다. 그래서 계약이 중요한 사상임에는 틀림없지만 우리가 본문에서 더 중요하게 여기는 것은 마지막 구절인 34bδε(“내가 그들의 죄악을 사하고 다시는 그 죄를 기억치 아니하리라.”)이다. 여기에 용서가 나타난다.[504]

4bδε는 다음과 같이 구성되어 있다.

34bδ   כִּי   אֶסְלַח לַעֲוֹנָם
                            ┐   └

---

501) E. W. Nicholson, 『The Book of the Prophet Jeremiah Chapters 26-52』, The Cambridge Bible Commentary on the New English Bible(Cambridge: Cambridge University Press, 1975), 71.

502) J. A. Thompson, 581.

503) “이것은 전혀 새로운 유형의 계약으로 이해해야만 한다.”(R. E. Clements, 『Jeremiah』, 190)

504) 예레미야서에서 죄용서의 모티프는 5장 1절, 7절, 33장 8절, 36장 3절, 50장 20절에 나타난다.

34bε וְלַחַטָּאתָם לֹא אֶזְכָּר עוֹד

34bδ와 34bε는 '용서한다'는 동사를 가운데에 두고 전치사 לְ가 붙은 죄의 어휘를 교차해서 배치함으로써 34b는 전체적으로 다음과 같은 모습을 보인다.

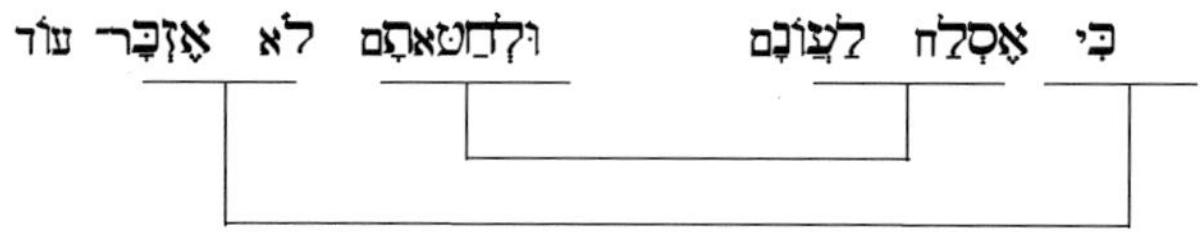

하나님의 용서가 그만큼 강조되고 있는 것이다. 이처럼 예레미야 31장 31~34절은 하나님의 용서로 끝맺고 있다.

톰슨은 34bδε를 신명기 30장 5, 6절과 비교하면서 본문의 묘사가 더 상세하지만 본질적인 것은 같다고 말한다.[505] 6~9절을 보면 그런 생각이 들 법하지만 이것은 본문전개의 형태를 무시하고 단순비교한 데서 오는 잘못이다. 신명기 30장 1~10절에서는 이스라엘 백성의 회개가 용서의 전제조건이다(1~2절). 그런 다음 하나님의 용서와 새로운 엑소더스와 땅 점유, 강성케 하심, 새 마음을 주심이 언급되어서 본문은 전체적으로 볼 때 약간의 여운은 있지만 「용서→회개」가 아닌 「회개→용서」의 틀을 갖는다.[506]

---

505) J. A. Thompson, 581.

506) 신명기나 신명기역사서의 본문에 대한 연구는 이 논문에서 할 바가 아니어서 자세히 다루지 않겠지만 신명기 30장 1~10절을 통해서 알 수 있는 것은 본문이 하나님의 용서와 은혜에 호소하고 있음에도 불구하고 여전히 「회개→용서」의 틀을 견지하고 있다는 것이다. 열왕기상 8장 46~51절의 솔로몬의 기도도 역시 그렇다. 노퍼스는 이 본문이 포로기 이전부터 있었던 것이겠지만 현재의 형태는 포로기의 것으로 보는데 포로생활을 하는 사람들에게 그들이 갖고 있는 회복의 희망이 잘못된 것임을 알려 주고 희망을 갖되 잠잠히 기다릴 것(a muted hope)을 말하려는 목적으로 기록되었다고 말한다(Gary N. Knoppers, 『

⑥ 예레미야서 32장 36~41절

본문을 보면 예레미야는 포로로 끌려간 사람들에게 희망을 거는데 이것은 예레미야서를 편집한 사람의 의도이기도 하다.[507] 본문에 나타나는 구원과 회복의 약속들은 포로들에게 선포된다.[508] 그래서 주전 598년에서 587년의 재난 이후에 본국에 남아 있는 사람들은 구원과 회복의 희망이 점차 좁아질 수밖에 없었다.[509]

예레미야서 32장 36~41절은 다음과 같이 구성되어 있다.

36a 여호와께서 말씀하신다(사자문체).

36b 바벨론의 손안에 있다고들 이야기하는 이 성에

37a 내가 흩은 사람들을 사방에서 모을 것이다(새로운 엑소더스).

37bα 그들을 이곳에 돌아오게 해서(귀환)

37bβ 안전하게 거하게 할 것이다(정착).

38a 그들은 내 백성이 되고(계약양식소)

38b 나는 그들의 하나님이 될 것이다(계약양식소).

39aα 한마음과 한길을 주어

39aβ 항상 나를 경외하게 하겠다(לְיִרְאָה אֹתִי).

39b 그들과 후손들에게 좋도록(לְטוֹב) 하겠다.

40aα 영원한 언약을 맺어서

40aβ 그들에게 좋은 일이 일어나게 하겠다(לְהֵיטִיבִי אוֹתָם).

40bα 나를 두려워하는(וְאֶת־יִרְאָתִי) 마음을 주어서

40bβ 나를 떠나지 못하게 하겠다.

41a 나는 그들을 좋게 하는 것(לְהֵיטִיב אוֹתָם)을 기뻐한다.

Two Nations under God:The Deuteronomistic History of Solomon and the Dual Monarchies, Volume 1-The Reign of Solomon and the Rise of Jeroboam』, Harvard Semitic Museum Monographs 52(Atlanta, Georgia: Scholars Press, 1993), 108).

507) R. E. Clements, 『Jeremiah』, 197.

508) ibid.

509) ibid.

41b 그들을 이 땅에 심을 것이다.
41b 내 마음과 정신을 다하여.

여기에 보면 하나님께서 이스라엘을 귀환시킨 다음 그들과 관계회복을 하시고 그런 다음 그들에게 일종의 새로운 마음을 주셔서 하나님을 경외하도록 하겠다고 말씀하신다. 39a와 40b에 하나님을 두려워한다는 말이 나온다. 하나님을 두려워하는 것은 신명기 기자의 이상인데 이것이 이루어지는 것이다.[510] 41b에는 하나님이 마음과 정신을 다해서 이스라엘을 심으시겠다고 기록되어 있다.

그리고 본문에는 여러 가지 요소들이 들어 있지만 에스겔서 36장 24~28절과는 조금 다른 양상을 보인다. 두 본문을 비교해 보기로 하자.

에스겔서 36장 24~28절	예레미야서 32장 36~39절
(과거 역사: 범죄로 인한 심판)	과거 역사: 범죄로 인한 심판

┌ ①새로운 엑소더스   ┌ ①새로운 엑소더스
└ ②귀환   └ ②귀환

③*깨끗하게 함*

┌ ④새 마음을 줌   ┌ ④한마음을 줌
└ ⑤규례를 지키게 함   └ ⑤경외케 함(규례준수?)

┌ ⑥그 땅에 거함(정착)   ┌ ⑥정착
└ ⑦계약양식소   └ ⑦계약양식소

---

510) R. P. Carroll, 630.

여기서 보는 것처럼 순서가 조금 바뀌어 있는 것을 알 수 있다. 두 본문에서 ①②, ④⑤, ⑥⑦이 각기 한조를 이루는데, 예레미야서 32장에서는 ④⑤와 ⑥⑦의 순서가 바뀌어 있다. 논리적인 순서로 본다면 '새로운 엑소더스→ 귀환→ 정착→(용서)→ 한마음(또는 새 마음)→ 규례준수→ 계약양식소'가 더 낫다.

그리고 예레미야서 32장에는 ③(깨끗하게 함−용서)이 없다. 에스겔서 36장 33절에서는 하나님이 이스라엘을 구원하시는 날을 '모든 죄에서 깨끗하게 하는 날'이라고 하심으로써 용서를 강조하시는데 본문에서는 그것을 전혀 언급하지 않는다. 뿐만 아니라 하나님이 이스라엘을 구원하시는 동인이나 이스라엘 백성들의 회개도 언급하지 않는다.

이번에는 예레미야서 32장 36~41절을 예레미야서 31장 31~34절과 비교해 보기로 하자.

예레미야서 32장 36~41절	예레미야서 31장 31~34절
┌── ①새로운 엑소더스	
│ ②귀환	
└──	
┌── ③정착	
│ ④계약양식소	⑦새 계약
└──	옛 출애굽

```
┌── ⑤한마음을 줌
└── ⑥경외케 함                    ⑤법을 마음에 둠
   ┌── ⑦영원한 계약               ④계약양식소
   └── ⑥경외케 하는 마음을 줌       ⑥온전한 하나님지식
┌── ⑧선을 행하기를 기뻐하심
└── ⑨성심을 다해 심으심
```

용서

예레미야서 31장 31~34절에는 새로운 엑소더스와 귀환요소가 없고 옛 출애굽 때의 일이 오히려 부정적으로 묘사된다. 그리고 하나님께서 이스라엘 백성들에게 선을 행하기를 좋아하시고 기뻐하신다는 표현도 없고 32장 36~41절보다 간결하다. 그런데 31장 31~34절에는 용서가 나타나는 데 비해서 32장 36~41절에는 용서가 나타나지 않는다.

이번에는 예레미야서 32장 36~39절과 31장 31~34절, 에스겔서 36장 24~28절을 비교해 보기로 하자.

예레미야서 32: 36~39	예레미야서 31: 31~34	에스겔서 36: 24~28
① 새로운 엑소더스		① 새로운 엑소더스
② 귀환		② 귀환
		③ *깨끗하게 함(용서)*
⑥ 정착	⑦ 새 계약	④ 새 마음을 줌
⑦ 계약양식소	◎ 옛 출애굽	⑤ 규례를 지키게 함
④ 한마음을 줌	⑤ 법을 마음에 둠	⑥ 그 땅에 거함(정착)
⑤ 경외케 함(규례준수?)	④ 계약양식소	⑦ 계약양식소
	⑥ 온전한 하나님지식	
	③ 용서	

여기서 보는 대로 예레미야서 31장 31~34절과 에스겔서 36장 24~28절에는 용서가 나타난다. 또 예레미야서 31장 31~34절은 새 계약 체결과 법을 지키는 마음을 주시는 것을 강조해서 말하고 마지막에 용서를 이야기한다. 에스겔서 36장 24~28절과 비교해 볼 때 새로운 엑소더스와 귀환의 요소는 없지만 그것을 전제하고 있다고 간주하면 같은 형태로 볼 수 있을 것이다. 그러나 에스겔서 36장 24~28절에서는 새로운 엑소더스와 귀환 다음에 용서가 나오는 반면 예레미야서 31장 31~34절에서는 마지막에 나오고 있다는 점이 다르다. 그런데 조금 후에 다루게 될 에스겔서 37장 20~23절의 구조를 미리 보면 '새로운 엑소더스-귀환-( )-용서-계약양식소'의 형태로 되어 있어서 에스겔서 36장 24~28절이 표준양식이라고 할 수 있을 것이다. 그렇다면 이 세 본문은 예레미야서 32장 36~41절 → 예레미야서 31장 31~34절 → 에스겔서 36장 24~28절의 순서로 생겨났을 것이다.

⑦ 에스겔서 11장 14~21절

에스겔서 11장 14~21절은 에스겔서에서는 처음으로 나오는 구원예언이다. 11장 13절까지는 구원예언이 나타나지 않는다. 그래서 본문이 더욱 두드러져 보인다. 본문은 8~11장의 마지막 부분에 위치하고 있는데 8장 1절~11장 13절은 남아 있는 예루살렘과 유다사람들에 대한 심판의 메시지이다. 그런데 11장 14~21절은 바벨론 포로 공동체에게 하신 말씀이다.

할스는 본문이 사자양식소로 시작하고(14절) 사자양식소로 끝나고 있어서 독립적인 부분으로 보인다고 말한다.[511] 즉, 메시지의 기본

---

511) R. M. Hals, 69.

틀은 주전 587년 이전의 것이고, 귀환과 회복의 요소만 587년 이후에 첨가되었다는 것이다. 할스는 주전 587년 이전에도 귀환과 회복의 메시지가 선포되었는가 아니면 주전 587년 이후인가 하는 문제를 제기하면서 만약 587년 이전에 귀환과 회복의 메시지가 선포되었다면 그것이 에스겔서에서 나타나야 하는데 그렇지 않고 8~11장에서도 이야기 전개에 어울리지 않게 돌연히 마지막 부분에서 이야기되고 있다는 점을 들어서 16장과 20장도 마찬가지지만 본문에 나오는 귀환과 회복의 요소는 주전 587년 이전의 예언자의 메시지를 주전 587년 이후에 편집, 수정하면서 만들어진 것으로 보인다고 말한다.512) 그에 의하면 귀환과 회복의 메시지는 주전 587년 이전에는 나타나지 않았다는 것이다.513)

여기에 대한 논의는 잠시 뒤로 미루고 먼저 본문의 내용을 살펴보자.

14절 도입구
15~17절 새로운 엑소더스
    15절 예루살렘 거민들의 말(포로들을 비방)514)
    16절 하나님의 말씀(포로들을 위한 말씀)
    17절 새로운 엑소더스 약속

---

512) ibid., 71.

513) 그러나 에스겔이 예언생활을 시작한 주전 593년부터는 귀환과 회복의 기초적인 사상이 형성되기 시작했을 것으로 보인다. 에스겔이 593년에 바벨론에서 예언자로 부름 받았다는 것은 현실적으로는 그가 활동할 수 있는 정치적인 기반이 조성되었음을 보여준다. 바벨론의 유대인 포로공동체는 그를 중심으로 해서 견고해지기 시작했을 것이고 본국에 남아 있는 유대인들과 차별성을 부각하면서 막연하지만 귀환을 대비한 계획도 세웠을 것으로 보인다.

514) 메이는 이 구절이 포로들이 유다에 남아 있던 자들에 대해서 가지고 있던 반감의 표현이라고 말하면서 에스라 4장 1~3절과 에스겔서 33장 24~29절에 분명히 나타나는 것과 비교해 보고 후대의 것인 예레미야서 24장도 보라고 말한다. 그리고 그 땅에 남아 있던 자들에 대한 평가는 열왕기하 24장 14절을 보라고 말한다(H. G. May, 121).

18~20절 새로운 공동체
  18절 범죄하지 않을 것임
  19절 새 마음을 줄 것임
  20절 규례를 지켜서 계약관계가 회복될 것임
21절 범죄자는 심판할 것임

하나님은 이스라엘을 귀환시키시고(17절), 그들이 죄악을 제하여 버린다(18절). 그리고 그들에게 새로운 마음을 주셔서(19절), 그들로 하여금 하나님의 명령을 지켜 행하게 함으로써 그들은 내 백성이 되고 나는 그들의 하나님이 될 것이라고 말씀하신다(20절). 그러나 범죄한 자들은 행위대로 갚겠다고 말씀하신다(21절).

여기서 용서와 회개에 초점을 맞추어서 본문들을 살펴볼 때 18절("그 가운데 모든 미운 물건과 가증한 것을 제하여 버릴지라.")이 눈에 띈다. 18절을 살펴보기로 하자.

18ba	אֶת־כָּל־שִׁקּוּצֶיהָ	וַהֲסִירוּ
18bβ	מִמֶּנָּה וְאֶת־תּוֹעֲבוֹתֶיהָ	

이 구절의 주어는 하나님이 아니고 이스라엘 백성이다. 이스라엘 백성들은 현재 포로상태에 있다. 그들은 범죄함으로 인해서 하나님의 심판을 받았다. 그런데 앞으로 하나님이 그들을 귀환시켜서 새로운 공동체를 만들게 하실 것인데 그들은 모든 가증한 것들과 혐오스러운 것들을 제하여 버리고 하나님이 주시는 새 마음으로 규례를 지킴으로써 하나님과의 관계를 회복하는 삶을 살게 될 것이다. 여기서 보는 것처럼 이스라엘 백성들이 새로운 공동체를 건설함에 있어서 중요한 요건이 바로 가증한 것들과 혐오스러운 것들을 제하여 버리는 것이다. 이것은 곧 이스라엘 백성들이 회개한다는 표현 외에 다

른 것이 아니다. 그리고 이것은 현재적인 회개가 아니고 미래에 일어날 회개이며 또 구원 이후의 회개이다.

이렇듯이 18b에 회개가 표현되어 있고 19절에는 하나님이 새 마음을 주신다는 것이, 그리고 20a에는 율법준수, 20b에는 계약양식소가 나타난다.

얼핏 보아도 에스겔서 11장 14~21절은 에스겔서 36장 16~38절과 비슷하다. 에스겔서 11장 17~20절과 36장 24~28절을 비교해 보자.

11장 17~20절	36장 24~28절
새로운 엑소더스(17aβ - γ)	새로운 엑소더스(24a)
땅 점유(17b)	귀환(24b)
회개(이스라엘이 깨끗하게 함, 18)	용서(하나님이 깨끗하게 함, 25)
새 마음(19)	새 마음(26, 27a)
규례준수(20a)	규례준수(27b)
	정착(28a)
계약양식소(20b)	계약양식소(28b)

두 본문이 같은 형태를 갖고 있다. 각각의 요소가 거의 같은 순서로 배열되고 있다. 이것은 두 본문이 규범적인 형태를 따르고 있음을 보여준다. 그런데 좀더 세밀하게 살펴보면 차이가 난다. 11장 18절에는 이스라엘 백성들의 회개가, 36장 25절에는 하나님의 용서가 나타난다.

이런 점에서 에스겔서 11장 14~21절은 「회개」 예언의 전형적인 형태라고 할 수 있을 것이다. 그 문학구조를 밝혀 보도록 하자.

Ⅰ. 도입 14절~15aα

  A. 도입구 14절

  B. 호명 15aα 벤 아담아

Ⅱ. 포로상태에 대한 신학적 논쟁 15aβ~17절

  A. 문제제기 15절 예루살렘 거민들의 말(포로들을 비방)

  B. 하나님의 논박 16절

    1. 도입 16aα

      1) 논박으로 전환 16aαα לָכֵן

      2) 사자양식소 16aα

    2. 논박 16aβ~16b

      1) 포로상태는 하나님의 심판이다 16aβ-γ(흩으심의 양식소)

      2) 그러나 포로상태는 잠간이다 16b

Ⅲ. 구원사역 17~20a

  A. 귀환과 정착 17절

    1. 귀환 17a(이끌어내심 양식소)

    2. 땅주심 17b(땅주심의 양식소)

  B. 회개케 하심 18~20a

    1. 회개할 것임 18절

      1) 장소 18a 이스라엘 땅('그곳으로 가서')

      2) 회개행위 18b(우상제거)

    2. 마음을 변화시켜서 규례를 지키게 하심 19~20a

      1) 마음을 변화시키심 19절

        (1) 일치한 마음을 주심 19aα

        (2) 새 신을 주심 19aβ

        (3) 굳은 마음을 제하심 19bα

        (4) 부드러운 마음을 주심 19bβ

      2) 율례와 규례를 지키게 하심 20a

(1) 율례를 좇게 하심 20aα
(2) 규례를 지켜 행하게 하심 20aβ
Ⅳ. 결과 계약체결 / 관계회복 20b(계약양식소)
Ⅴ. 심판 21절 범죄자는 심판할 것임

문학적인 구조로 볼 때 본문은 「용서」 대신 「회개」가 나타난다는 점과 범죄자에 대한 심판이 마지막에 언급된다는 점을 제외하고는 에스겔서 36장 24~28절과 거의 같은 구조를 갖고 있다.

그런데 에스겔서 11장 14~21절은 21절로 인해서 분위기가 바뀐다. 14~20절까지는 하나님의 구원과 회복에 대한 이야기로 일관하는데 21절에서는 범죄한 자들을 용서하지 않으시겠다고 함으로써 「범죄 → 심판」의 전통적인 구조로 다시 돌아간다.

에스겔서 11장 21절에 이런 구절을 첨가한 의도가 무엇인가? 이 문제는 당시 이스라엘에 두 공동체가 있었음을 생각할 때 해결될 것으로 보인다. 에스겔서 11장을 통해서 우리가 알 수 있는 것은 예루살렘에 남아 있는 자들에게는 심판을 선언하고 바벨론에 포로로 끌려간 사람들에게는 구원을 선포함으로써 심판과 구원이 전혀 다른 공동체에게 주어진다는 것이다. 이런 측면을 감안하면 에스겔서 11장 14~21절은 36장 24~28절에 비해서 이른 시기에 만들어졌음을 알 수 있다.

⑧ 에스겔서 14장 1~11절

14장 2절과 12절에 예언도입구가 나오고 있어서 1~11절이 하나의 문학단위임을 알 수 있다.515) 1~11절은 4절과 6절에 사자문체가 나오고 8절 끝에는 인지양식소가 나와서, 1~3절, 4~5절, 6~8절,

9~11절로 나눌 수 있을 것이다.516) 본문을 보면 인칭과 여호와께서 말씀하시는 방식이 변화가 심하다.517) 주석가들은 본문이 많은 점에서 성결법전과 일치한다는 사실을 밝혀내고 사용된 어휘들을 면밀히 조사해서 본문형태를 법률양식으로 규정한다.518)

내용을 보면 1~5절에는 이스라엘의 장로들이 에스겔을 찾아왔을 때 에스겔에게 그들의 범죄를 지적하시는 하나님의 말씀이 기록되어 있고, 6~8절에는 현재적인 회개촉구(שׁוּבוּ)519)와 이스라엘의 범죄하나님의 심판예고가 기록되어 있다. 그리고 9~11절에는 범죄한 예언자를 심판하심으로 이스라엘 족속을 바르게 세워서520) '그들은 나의 백성이 되고 나는 그들의 하나님이 되게 하겠다.'는 하나님의 의지가 기록되어 있다. 침멀리는 이러한 하나님의 의지는 강렬한

---

515) R. M. Hals, 91.

516) 아이히로트는 1~3절과 4~11절로 나눈다(W. Eichrodt, 『Ezekiel』, 178~184).

517) 3절은 에스겔에게만 하신 말씀이고 4~5절은 에스겔이 장로들에게 전해야 할 말씀이고 6~11절은 예언자가 백성들에게 전해야 할 도덕적인 성격을 지닌 교훈을 담고 있다. 그런데 하나님이 하신 말씀이 거의 비슷하기 때문에 본문은 전체적으로 반복되는 양상을 보인다. 이러한 반복은 하나님이 예언자들에게 하신 말씀과 예언자가 장로들과 백성들에게 한 말이 근본적으로 일치하고 있음을 보여주려는 의도로 보인다(W. H. Brownlee, 201).

518) W. Zimmerli, 『Ezekiel 1』, 302. 침멀리는 성결법전과 제사문서의 법률부분과 비교해 보면 이것을 분명히 알 수 있다고 말한다. 그린버그는 에스겔 14장과 레위기 17장을 비교한다(Moshe Greenberg, 『Ezekiel 1−20: A New Translation with Introduction and Commentary』, AB., 22(Garden City, New York: Doubleday & Company, Inc., 1983), 252. R. M. Hals, 92.

519) 아이히로트는 14장 6절이 에스겔서에서는 최초의 회개촉구를 담고 있음을 지적하면서 에스겔의 선포가 새로운 방향, 즉 무자비한 징벌에서 하나님의 새로운 백성이 되는 희망으로 나아가고 있음을 보여준다고 말한다(W. Eichrodt, 『Ezekiel』, 182).

520) "하나님은 구원하시기 위해서 죽이신다."(W. Zimmerli, 『Ezekiel 1』, 309) 할스는 8절과 10절의 징계는 파문(excommunication)을 의미한다고 말한다. 그리고 파문은 어떤 공동체에 속한 소수의 사람들을 대상으로 하는 것인데 하나님은 전체 이스라엘에게 파문징계를 내리신다. 얼마나 우스운 일인가. 할스는 이것을 '아이러니'라고 보고 "구원을 받기 위해서 이스라엘은 파멸되어야 한다."고 말한다(R. M. Hals, 93).

연민으로 가득 차 있다고 말한다.521)

그러면 이제는 본문에 하나님의 용서나 미래적인 회개가 나타나는 지를 알아보기 위해서 11절("이는 이스라엘 족속으로 다시는 미혹하여 나를 떠나지 않게 하며 다시는 모든 범죄함으로 스스로 더럽히지 않게 하여 그들로 내 백성을 삼고 나는 그들의 하나님이 되려 함이니라. 나 주 여호와의 말이니라 하셨다 하라.")을 자세하게 살펴보기로 하자.

11aα	לֹא־יִתְעוּ עוֹד בֵּית־יִשְׂרָאֵל מֵאַחֲרַי	לְמַעַן
11aβ	וְלֹא־יִטַּמְּאוּ עוֹד בְּכָל־פִּשְׁעֵיהֶם	(לְמַעַן)
11bα	וְהָיוּ לִי לְעָם	
11bβ	וַאֲנִי אֶהְיֶה לָהֶם לֵאלֹהִים	
11bγ	נְאֻם אֲדֹנָי יְהוִה	

11a에서는 이스라엘 백성이 다시는 범죄하지 않도록 하겠다는 것을 말하고 11b에서는 계약관계의 회복을 말한다. 하나님의 심판의 궁극적인 목표가 바로 계약관계의 회복에 있음을 보여준다.522) 그런데 이러한 하나님의 사역은 예레미야서 31장 31~34절이나 에스겔서 36장 16~38절과 내용적으로는 동일하지만 하나님의 용서나 미래적인 회개, 새 계약, 새 마음들의 요소는 보이지 않는다. 이런 점에서 본문은 상당히 초기의 것으로 여겨진다.

본문을 읽으면서 우리의 관심을 끄는 것은 본문 기자의 수사법이다. 침멀리는 이스라엘 백성에게는 가능성이 전무하다고 말한다. 그리고 6절에서 하나님은 회개를 촉구하시지만 그것은 이스라엘이 회

---

521) W. Zimmerli, 『Ezekiel 1』, 309.
522) ibid.

개할 가능성이 있어서가 아니고 하나님의 신비롭고 깊이를 측량할 수 없는 뜻에 의한 것이라고 말한다.[523] 범죄한 이스라엘이 회개할 가능성이 없다면 그들은 심판을 당할 수밖에 없다. 그런데 이 심판은 이스라엘이 하나님의 구원을 체험하는 계기가 된다. 만약 하나님이 이스라엘을 심판하지 않으시면 회개의 가능성이 없는 이스라엘은 여전히 범죄 가운데 있을 것이다. 그리고 하나님의 구원을 체험할 수 없을 것이다. 그런데 그들이 심판을 당해서 어려움을 당하고 있을 때 하나님이 그들을 건져 주실 때 그들은 하나님의 구원을 체험케 되는 것이다. 그들의 상태가 좋아져서가 아니고 하나님이 이스라엘을 심판하심으로 이스라엘을 구원하고 그들을 새롭게 하실 계기를 마련해 놓으셨기 때문이다. 그래서 이것을 간단하게 말하면 '구원받기 위해서 심판당한다'는 것이 된다. 본문 기자의 수사법을 여실히 볼 수 있다. 하나님의 심판을 구원의 계기로 받아들이려는 모습이 보인다.

그러면 본문의 형성연대를 알아보자. 쿡은 '이스라엘 집'이 포로공동체뿐만 아니고 전체 이스라엘을 가리키는 것이라고 말한다.[524] 그러나 침멀리는 본문이 「예루살렘 ‑ 유다」에 대한 것이 아니고 예루살렘의 실제 상황에 대해서는 전혀 무관심하다는 점과 하나님이 공동체 전체가 아닌 우상숭배자들과 거짓예언자들[525]을 심판하신다는 점을 들어서 본문이 포로상황을 강력하게 반영하고 있다고 말한다. 그리고 포로들의 순종을 촉구하고 있다는 점에서 주전 587년 이전이나 이후일 것으로 본다. 얼마 지나지 않으면 예루살렘에 귀환할 수 있

---

523) ibid.
524) G. A. Cooke, 150.
525) 참예언자와 거짓예언자에 대해서는 김중은, 「참예언자와 거짓예언자의 영성비교연구」, 기독교사상 396호(35 / 12, 1991년), 81~97쪽을 보라.

을 것으로 생각했던 포로들의 희망이 주전 587년 사건으로 인해서 완전히 무너진 이후에 포로들 사이에서는 우상숭배가 만연해서 가장 위험한 요인이 되었다는 것이다.526) 브라운리는 에스겔서 8장 10절과 비교해서 에스겔서 14장 1~11절이 에스겔서 8장 1절보다 시대적으로 앞서며527) 예언자가 활동을 시작한 첫해인 주전 592년이나 591년, 아마도 길갈과 여리고의 축제가 끝난 주전 591년 늦은 봄이나 여름으로 생각한다.528)

그런데 여기서 말하는 '우상숭배'라는 것이 도대체 무엇인가? 사람들이 행하는 여러 가지 종교행태 가운데서 어느 것을 우상숭배로 보고 또 어디까지를 우상숭배로 규정했을까? 그러한 규정은 누구에 의해서 정해졌을까? 본문을 보면 우상숭배자들과 거짓예언자들을 분명히 지목하고 있는데 그들은 어떤 규정에 의해서 그렇게 규정되었을까? 에스겔이 그러한 위치로 부상한 것은 아닌가? 에스겔은 장로들이 공개적으로 우상숭배를 하고 있다고 말하지는 않는다. 그들의 성향이 그렇다고 말할 뿐이다. 그들은 일종의 '혼합종교'적인 성향을 갖고 있었던 것으로 보인다.529) 그린버그는 그들이 여호와께 문의하러 온 것은 그들이 자신들을 진정한 여호와신봉자로 생각했기 때문이라고 말하는데530) 쿡은 그들이 그저 습관적으로 어떤 정보를 얻으려는 마음으로 왔을 뿐이라고 말한다.531) 그러나 쿡의 견해와는 달리 그들은 어떤 일을 계획하고 그것을 시행하기 전에 에스겔에게 자

---

526) W. Zimmerli, 『Ezekiel 1』, 306.
527) 에스겔 14장에는 장로들이 우상을 세울 생각을 하고 있는데 8장에서는 이미 우상을 세웠기 때문이다(W. H. Brownlee, 201).
528) ibid.
529) Moshe Greenberg, 『Ezekiel 1-20』, 253.
530) ibid.
531) G. A. Cooke, 150.

문을 구하러 온 것으로 생각된다.

그리고 추정이기는 하지만 본문은 주전 587년의 예루살렘의 함락 이후에 포로공동체가 재정비에 들어갔음을 암시하는 것으로 보인다. 바벨론 왕이 팔레스타인의 소요를 진압하고 시드기야가 바벨론 왕에 의해서 소환을 당함으로써 유다와 팔레스타인에 대한 바벨론의 통치가 확고해진 593년에 소명을 받은 이래로 바빌론 정착을 주장해 온 에스겔은 유다의 몰락을 계기로 그때까지 예루살렘 귀환을 주장하던 무리들을 핵심부에서 몰아내고 포로공동체를 재정비하려는 계획을 세웠는지도 모른다. 그래서 본문은 예루살렘 멸망 직후의 어수선한 상황을 반영하며 포로공동체가 하나의 공동체로 정비되지 않아서 공동체 전체에 대한 용서나 회개의 사상이 아직 나타나지 않은 것으로 보인다.

⑨ 에스겔서 22장 1~16절

할스는 본문을 하나의 문학단위로 보고 3aγ~16절을 징벌예언 (3aγ~5), 세 개의 범죄목록(6~12절), 징벌선언(13~16a) 등 세 부분으로 나눈다.[532] 침멀리는 13~16절이 원래 부분인 12절까지에 덧붙여진 것으로 본다.[533] 본문은 하나님의 심판예언인데 15절("내가 너를 열국 중에 흩으며 각 나라에 헤치고 너의 더러운 것을 네 가운데서 멸하리라.")이 우리의 관심을 끈다.

15aα	בַּגּוֹיִם	אוֹתָךְ	וַהֲפִיצוֹתִי
15aβ	בָּאֲרָצוֹת	_____	וְזֵרִיתִיךְ
15b	מִמֵּךְ	טֻמְאָתֵךְ	וַהֲתִמֹּתִי

---

532) R. M. Hals, 155f.
533) W. Zimmerli, Ezekiel 1, 455.

15a는 '흩어버리심의 양식소'로 에스겔서의 전형적인 표현이다. 비슷한 문장이 에스겔서 36장 19절에도 나온다. 그리고 15b는 무엇을 말하는가? 침멀리는 본문의 문맥에 의하면 에스겔서 36장 20절과는 달리 본문의 문맥에 의하면 더러움을 제거하는 것이 끔찍한 심판을 말하는 것으로 본다.534) 이스라엘 백성이 '이방에 흩어지는 것'과 '더러움의 제거'가 동시에 일어난다. 이방에 흩어지는 하나님의 심판을 더러움의 제거의 기회로 보는 것, 즉 이방을 더러움 제거의 장소로 여기는 이러한 형태는 귀환 후의 용서와 회개를 말하는 본문에 비하면 이른 시기의 것이라고 할 수 있을 것이다. 그리고 하나님이 이스라엘로 인해서 열방들 앞에서 모독을 당한다는 것은 에스겔서 36장 16~38절과 연결되는 매우 중요한 요소이다.

침멀리는 본문이 예루살렘 함락 이전에 형성되었다고 본다.535) 침멀리는 13~16절을 후대의 첨가로 에스겔 자신이나 그의 제자들에 의해서 덧붙여진 것으로 생각한다.536) 아이히로트는 13~16절을 후대의 첨가로 본다. "에스겔의 제자들이 이스라엘의 포로들에게 이러한 해석을 할 때 그들의 스승을 깊이 이해하고 있음을 보여주었다는 것을 알아야 한다."537)고 말한다.

침멀리가 15절의 더러움 제거를 용서가 아닌 하나님의 냉정한 심판으로 보았다면 13~16절은 주전 598년의 예루살렘 1차 함락과 587년의 예루살렘 함락 사이에 만들어졌을 것으로 보인다.

---

534) ibid., 459. 에스겔서 24장 1~14절과 유사한 것으로 본다.
535) W. Zimmerli, 『Ezekiel 1』, 456.
536) ibid., 459.
537) W. Eichrodt, 『Ezekiel』, 312.

⑩ 에스겔서 37장 20~23절

에스겔서 37장 15절과 38장 1절에 예언도입구가 나타나고 있어서, 37장 15~28절이 하나의 문학적인 단위임을 알 수 있다. 20~23절이 속한 에스겔서 37장 15~28절에는 이스라엘의 통일에 대한 예언이 기록되어 있는데 침멀리는 15~19절, 20~24a절, 24b~28절로 나눈다.[538]

아이히로트는 37장 15~28절의 묘사가 너무나 생생해서 문학적인 창작물로 보기 어렵다고 말하고[539] 대부분의 학자들은 확장된 몇 부분을 제외하고는 에스겔의 것으로 본다.[540] 특히 15~19절이 에스겔 자신의 것이라는 데 대해서는 이의가 없다.[541] 침멀리는 20~24a이 15~19절보다 조금 후에 에스겔 자신이나 그의 제자들에 의해서 기록된 것으로 본다.[542] 그리고 15~19절은 예레미야의 통일관(예레미야서 3장 6절 이하. 30장 이후)을 그대로 이어받고 있는데 21~24a는 주전 587년의 사건으로 바뀐 상황을 보다 사실적이고 신중하게 평가하는 모습을 보여준다고 말한다.[543] 남북 이스라엘을 통일하려는 생각은 요시야에 의해서 강하게 나타났으며 유다 멸망 직전까지 이어져 왔으나 유다의 멸망으로 남북 이스라엘이 모두 멸망해 버림으로써 통일의 주체가 될 만한 공동체가 없어져서 결국 통일염원은 포기되고 새롭게 모인 사람들이 그 공동체가 분열되지 않도록 하나님이 지켜 주시기를 간구하면서 '한 나라 한 왕'을 강조하고 국가의 내적 갱신에 관심을 갖게 되었다는 것이다.[544]

---

538) W. Zimmerli, 『Ezekiel 2』, 272.
539) W. Eichrodt, 『Ezekiel』, 512.
540) H. G. May, 270.
541) W. Zimmerli, Ezekiel2, 272.
542) ibid., 275.
543) ibid., 276.
544) ibid.

침멀리의 생각대로라면 통일에 대한 염원은 유다의 멸망으로 사라졌으며 587년 이후에는 새로운 공동체, 즉 바벨론의 유대인공동체의 결속을 강화하고자 한 것으로 볼 수 있을 것이다. 그렇다면 새로움을 강조하는 본문들은 그러한 상황에서 만들어졌다고 보아야 할 것이다. 그 공동체는 귀환해서 만들어 갈 새로운 국가에 대한 비전을 가졌으며 그것은 과거의 죄를 용서받음으로 시작된다고 보았을 것이다.

여기서는 에스겔서 37장 20~23절을 살펴보려고 하는데 본문이 속한 15~23절의 내용과 구성은 다음과 같다.

15절 도입구
이렇게 하라①(16~17절)
16절 막대기 두개에 이름을 쓰고
17절 하나로 묶어라.
이렇게 말하라①(18~19절)
18절 백성들이 질문할 때(상황설정)
19절 이스라엘을 통일시키려고 한다.
이렇게 하라②(20절)
20절 두 막대기를 들어 보이고.
이렇게 말하라②(21~23절)
21절 새로운 엑소더스 / 귀환시키겠다.
22절 그래서 한 나라로 만들겠다.
23절 그들이 깨끗하게 살아갈 것이다.

상당히 조직적으로 짜여져 있는 본문에는 이스라엘의 통일이 강조되지만 새로운 엑소더스와 귀환 그리고 하나님의 용서와 계약관계회복들도 나타난다. 우리에게 중요한 것은 23절이다. 23절을 자세하게 살펴보기로 하자.

23a　　그들이 다시는 더럽히지 않을 것이다.

23bα　내가 그들을 죄에서 구해줄 것이다.[545)]

23bβ　내가 그들을 깨끗하게 해줄 것이다.[546)](וְטִהַרְתִּי אוֹתָם)

23bγ-δ 그들은 내 백성이 되고 나는 그들의 하나님이 될 것이다(계약양식소).[547)]

하나님이 이스라엘 백성들을 죄에서 구해 주고 깨끗하게 해 줌으로써 하나님과 이스라엘 백성 사이의 계약관계가 회복된다. 관계회복이라는 하나님의 구원사역을 가능케 해 주는 것이 바로 이스라엘 백성들을 죄에서 구해 주고 깨끗하게 해 주는 것이다. 죄에서 구해 주고 깨끗하게 해 주는 것은 하나님의 용서를 말하는 에스겔서의 독특한 표현이다. 23b에 하나님의 용서가 나타나는데 특히 23bβ가 טהר 라는 용서 어휘를 갖는다.

⑪ 에스겔서 37장 24~28절

본문은 다음과 같이 구성되어 있다.

24aα　　내 종 다윗 왕이 통치할 것임

24aβ　　한 목자가 그들 모두를 통치할 것임

24bα-γ　그들이 내 율례와 규례를 지키고 행할 것임

25aα-γ　내 종 야곱에게 약속한 땅에 그들이 정착할 것임

25bα　　그들과 후손들이 영원히[548)] 거할 것임

25bβ　　내 종 다윗이 영원히 그들의 지도자가 될 것임

26a　　　영원한 평화의 계약을 맺을 것임

26bα-β　그들에게 주고 많게 할 것임

---

545) 24bα-γ에는 이스라엘이 하나님의 율례와 규례를 지키고 행할 것이라고 기록되어 있다.

546) 28aγ에는 하나님이 '이스라엘을 거룩하게 하는 분'(מְקַדֵּשׁ אֶת־יִשְׂרָאֵל)으로 명명된다.

547) 이것은 27aβ-b에도 나오는데 순서가 바뀌어 있다.

548) 본문에는 '영원히' 또는 '영원한'이라는 말(עוֹלָם)이 다섯 번 나타난다(25절(2), 26절(2), 28절).

28bγ	그들 가운데 영원히 내 성소를 둘 것임
27aα	내 거처가 그들과 함께 있을 것임
27aβ	나는 그들에게 하나님이 되고
27b	그들은 나에게 백성이 될 것이다(계약양식소)
28aα-γ	세상나라가 나를 알게 될 것이다(인지양식소)
28b	내 성소가 그들 가운데 영원히 있게 될 때에.

에스겔서 37장 24~28절은 15~23절과는 조금 다르게 율법준수, 정착, 계약체결, 영원한 성소, 인지양식소들이 나타난다. 영원한 성소가 특히 강조된다. 그리고 계약양식소는 순서가 다르긴 하지만 23절과 27절에 나타난다. 그러나 24~28절에는 23절에 나타나는 하나님의 용서의 요소는 찾아볼 수 없다. 이것은 본문이 20~23절을 전제하고 있기 때문인 것으로 보인다.

그러면 에스겔서 36장 24~28절과 37장 20~23절 그리고 37장 24~28절을 비교해 보자.

36: 24~28	37: 20~23	37: 24~28
새로운 엑소더스	새로운 엑소더스	---
귀환	귀환	---
---	통일(한 나라, 한 임금)	다윗 왕(통일)
---	범죄치 않을 것임	---
용서	용서	---
새 마음을 줌	---	---
규례준수	---	규례준수
정착	---	정착
---	---	다윗 왕
---	---	영원한 계약

─ ─ ─	─ ─ ─	성소
계약양식소	계약양식소	계약양식소
─ ─ ─	─ ─ ─	인지양식소

본문은 규범적인 형태인 에스겔서 36장 24~28절에 비해서 축약된 형태를 보인다. 36장 24~28절에 나오는 '새 마음을 줌', '규례준수', '정착'이 빠져 있고 36장 24~28절에는 없는 통일에 대한 언급이 나온다. 그러나 기본적으로는 두 본문이 동일한 순서를 갖고 있다는 점이 주목된다. 본문은 기본적인 형태에 통일의 요소를 집어넣어서 그것을 부각시키고자 한 것으로 보인다. 그래서 에스겔서 36장 24~28절에 비해서 조금 후의 것으로 보인다. 본문이 통일을 강조하고 있다는 점으로 보아서 여호야긴의 복권에 의한 회복 프로그램 중의 하나인지도 모른다. 그러나 보다 구체적인 회복 프로그램이 제시되지 않는 것으로 보아 에스겔서 36장 16~38절의 완결된 형태보다는 앞선 것으로 보인다.

⑫ 연구결과

에스겔서 36장 24~28절을 포함해서 모두 12개의 구원예언을 살펴본 결과를 정리해 보기로 하겠다.[549) 이 연구결과는 결론적이거나 확정적인 것이 아니고 잠정적이고(앞으로의 연구를 위한) 가설적인 차원의 것으로 구원예언의 발전사를 더 깊이 연구하는 계기가 되기를 바라는 마음에서 제시한다.

---

549) 「용서」와 「회개」가 나타나는 구원예언들을 유형별로 나눌 때 이 12개의 본문 외에 Ⅱ장에서 살펴본 이사야서 30장 19~26절, 31장 4~9절, 예레미야서 33장 4~9절, 에스겔서 6장 8~10절, 미가서 7장 18~20절도 포함시키려고 한다. 모두 17개의 본문 가운데서 「용서」나 「회개」의 요소가 나타나지 않는 예레미야서 23장 1~8절, 32장 36~41절, 에스겔서 14장 1~11절, 37장 24~28절은 제외한다. 그래서 분류대상 본문들은 모두 13개이다.

1. 「용서」와 「회개」의 요소를 갖는 구원예언들은 다음과 같이 나뉜다.

① 「용서」 예언(「용서」와 「회개」 중에서 「용서」만 나타나는 형태): 정형적인 형태가 에스겔서 36장 24~28절에 나타난다. 이외에 이사야서 14장 1~2절, 예레미야서 31장 31~34절, 33장 4~9절, 에스겔서 22장 1~16절, 37장 20~23절, 미가서 7장 18~20절이 이 유형에 속한다.

② 「회개」 예언(「용서」와 「회개」 중에서 「회개」만 나타나는 형태): 정형적인 형태가 에스겔서 11장 17~20절에 나타난다. 이외에 에스겔서 6장 8~10절이 이 유형에 속한다.

③ 「용서 → 회개」 예언: 정형적인 형태가 앞으로 연구하게 될 에스겔서 36장 29~32절을 비롯한 네 개의 본문에 나타난다.

2. 그리고 「용서 → 회개」 예언양식은 다음과 같이 나뉜다.

가. 불완전한 형태

① (「용서」) → 「회개」 예언: 이사야서 30장 19~26절과 31장 4~9절이 이 유형에 속한다.

② 「용서」 → (「회개」) 예언: 이사야서 27장 7~9절이 이 유형에 속한다.

나. 완전한 형태

③ 「용서 → 회개」 예언: 에스겔서 본문들 외에 예레미야서 24장 4~7절이 이 유형에 속한다.

3. 그리고 하나님의 용서와 인간의 회개는 그 행위발생의 시기와 장소설정에 따라서 다음과 같이 나뉜다.

① 하나님의 용서(와 인간의 회개)를 심판(특히 포로압송) 직후의 이방 땅으로 설정하는 경우. 이런 내용을 담은 구원예언은 포로기 직전 또는 직후, 포로기 초기에 나타난 것으로 보인다. 바벨론 포로기뿐만 아니고 아시리아 포로기 초기에도 이러한 구원예언이 나타났을 것이다. 이사야서 27장 7~9절, 에스겔서 22장 1~16절, 6장 8~10절이 여기에 속한다.

② 하나님의 용서(와 인간의 회개)를 귀환 자체나 귀환 직후의 이스라엘 땅으로 설정하는 경우. 이런 내용을 담은 구원예언은 포로기 중기와 후기에 나타난 것으로 보인다. 이사야서 14장 1~2절, 예레미야서 24장 4~7절, 33장 4~9절, 에스겔서 11장 17~20절, 37장 20~23절이 여기에 속한다.

③ 하나님의 용서(와 인간의 회개)를 불분명한 먼 미래의 이스라엘 땅으로 설정하는 경우. 이런 내용을 담은 구원예언의 형성시기는 본문의 내용을 통해서 확정해야 한다. 이사야서 30장 19~26절, 31장 4~9절, 예레미야서 31장 31~34절, 미가서 7장 18~20절이 여기에 속한다.

4. 이 예언양식들을 발전사적인 측면에서 보면 포로기 초기에서 중기에 이르는 기간에 「용서」와 「회개」 예언양식들과 「용서 → 회개」 예언의 불완전한 형태((「용서」) → 「회개」나 「용서」 → (「회개」) 형태)가 나타나고, 포로기 후기에 들어와서 완전한 「용서 → 회개」 예언양식이 나타나는 것으로 추정할 수 있겠다.

8) 에스겔서 36장 29~32절

(1) 본문이해

29내가 너희들을 너희들의 모든 더러운 것들로부터 구해 주겠다. 그리고 곡식들에게 명해서 그것들을 많게 할 것이며 너희들에게 기근을 내리지 않겠다. 30그리고 나무의 열매와 논밭의 소산을 많게 해서, 너희들이 열국 가운데서 기근의 불명예를 다시는[550] 당하지 않게 할 것이다. 31그러면 너희들이 너희들의 악한 길들과 선하지 못한 너희들의 행위들을[551] 기억하고[552] 너희들의 죄들과 너희들의 가증스러움들로 인해서 너희들이 너희 목전에서 진절머리를 낼 것이다.[553] 32너희들을 위해서 내가 이런 일을 하는 것이 아니다. 주 여호와[554]의 말씀이다. 너희들에게 알려질 것이다. 너희들의 길[555]로 인해서 부끄러워하고 수치스러워 해라. 이스라엘 집아.

본문은 다음과 같이 구성되어 있다.

29a　　　더러움에서 구해줌(והושעתי)
29bα-β　식량을 풍부하게 해줌(a) 긍정
29bγ　　기근이 일어나지 않게 함(b) 부정
30a　　　식량을 풍부하게 해줌(a) 긍정

---

550) 칠십인역 바티칸 사본은 שוד를 생략했다.
551) מעלל은 예레미야서의 특수어휘인데, 에스겔서에는 여기에만 나타난다.
552) 시리아역에서는 שם을 첨가하고 있다.
553) 칠십인역은 προσοχθιείτε κατὰ πρόσωπον αὐτών으로 번역했는데 칠십인역의 에스겔서에서는 προσοχθιζειν이 여기에만 사용되었다.
554) 칠십인역의 바티칸 사본은 κύριος Κύριος로 번역했다. 그러나 33절에는 αδων αι Κυριος로 옮겼다. 고대 라틴역에서는 Adonai Dominus로, 불가타에서는 Dominus Deus로 옮겼다.
555) 시리아역은 מדרכיכם 다음에 הרעים ולא תמותו를 첨가했다. 아마도 31절의 אתדרכיכם הרעים……אשר לא טובים에 맞추려고 한 것인지도 모르겠다.

30b	기근이 일어나지 않게 함(b) 부정
31a	범죄를 기억함(וזכרתם)
31b	죄악을 견딜 수 없어 함(ונקטתם)
32aα	하나님의 사역의 근거논증(부정: לא למענכם)
32aβ	종결어(נאם אדני יהוה)
32aγ	인지양식소(יודע לכם)
32bα	회개촉구(בושו והכלמו)
32bβ	호명(בית ישראל)

29~31절은 하나님의 구원사역을 32aα는 구원사역의 근거논증을 32aβ-γ는 구원사역의 결과를 언급한다.

그리고 32절은 22절의 내용을 반복하고 있으며 하나님의 행동의 근거를 논증한다. 그리고 현재의 회개의 촉구가 나타나고 있다는 점이 특이하다. 본문은 בית ישראל로 끝난다. 하나님은 이스라엘 백성들이 회개할 것을 촉구하면서 그들을 부르는 것으로 말을 맺는다. 이것은 강력한 수사적인 기법이다. 32b의 시점(時點)이 불분명하지만 하나님이 현재 구원예언을 듣고 있는 이스라엘 백성들에게 간절한 마음으로 회개를 촉구한다는 것을 보여주는 대목이다. 에스겔서 36장 16~38절에서 하나님은 자신에 대해서 열정적으로 말씀을 하시지만 이스라엘 백성들에 대해서는 감정을 절제하는 모습을 볼 수 있다. 그런데 32절 마지막 부분에서 이스라엘 백성들에 대한 하나님의 감정이 드러난다.

(2) 하나님의 사역(使役): 구원－용서와 회개

「용서 → 회개」의 관계를 밝히려는 본 연구에서 에스겔서 36장 29~32절은 매우 중요하다. 왜냐하면 본문에 「용서 → 회개」가 나타나

264 용서와 회개

기 때문이다. 먼저 29절을 살펴보기로 하겠다. 29a는 שׁע 동사를 사용하는데 그 다음에는 מכל טֻמְאוֹתֵיהֶם이 나온다. שׁע는 구원을 의미한다. 그리고 에스겔서에서 '더러움'은 에스겔서에서는 이스라엘의 범죄 또는 이스라엘이 처한 심판의 상황을 의미하기 때문에 우리는 더러움에서의 구원을 말하는 29절을 단순한 하나님의 구원사역으로만 볼 수가 없다. 더러움에서의 구원은 하나님의 용서의 은유적인 표현이다. 그리고 미래에 일어날 일이지만 하나님의 용서에 이어서 물질적인 복이 주어진다. 그래서 기근은 사라진다.

하나님의 회복의 양상이 이러한 풍요로움으로 나타나는 것은 호세아서 1장과 2장에서도 볼 수 있다. 기근은 칼과 온역과 함께 하나님의 전형적인 심판으로 나타난다(에스겔서 6장 12, 16, 17, 11, 12절, 7장 15절, 12장 16절, 14장 13, 21절, 34장 29절). 하나님은 기근이 일어나지 않게 하겠다고 말씀하신다.

그런데 하나님의 용서 다음에 회복의 구체적인 양상으로 식량문제가 언급된 것은 무슨 이유인가? 29~38절에는 하나님이 이스라엘을 회복시키시는 모습이 세 가지 측면에서 묘사되고 있다. 하나는 식량을 풍족히 주셔서 기근이 다시는 일어나지 않게 하시겠다는 것이고 다른 하나는 폐허가 된 곳을 다시 일으키시겠다는 것이다. 그리고 마지막 하나는 이스라엘 땅에 인구가 많아지도록 하시겠다는 것이다.

29~32절, 33~36절 그리고 37~38절이 이스라엘을 회복하시는 하나님의 모습을 각기 하나씩 언급하고 있는 셈이다. 이것은 의도적인 것인가? 29~32절과 33~36절 그리고 37~38절은 이스라엘 공동체가 직면한 문제들을 언급하는 것인가? 그렇다면 29~32절은 이스라엘이 식량문제로 인해서 어려움을 당할 때 기록된 것인가? 아니면 과거에 일어난 기근의 문제를 상기하면서 기록한 것인가?

이것들은 이스라엘이 고토에 새로운 국가를 건설하려고 할 때 부딪힐 수 있는 구체적인 모습들이다. 사람들이 처처에서 몰려들 때 그들을 당장 부양할 곡식과 살 터전을 마련해 주는 것, 대대적인 건축공사, 그리고 가능한 많은 사람들을 확보해 나가는 일들. 이 모든 것들이 이스라엘이 회복되었을 때를 상정하는 프로그램들이다.

그리고 이러한 하나님의 구원과 회복의 결과로 인간들은 미래에 회개를 하게 된다. 31절을 보자.

31a	וּזְכַרְתֶּם אֶת־דַּרְכֵיכֶם הָרָעִים וּמַעַלְלֵיכֶם אֲשֶׁר לֹא טוֹבִים
31b	וּנְקֹטֹתֶם בִּפְנֵיכֶם עַל עֲוֹנֹתֵיכֶם וְעַל תּוֹעֲבוֹתֵיכֶם

קוט는 구약성경에서 모두 8번 사용되었다(시편 95편 10절, 119편 158절, 139편 21절, 욥기 8장 14절, 10장 1절, 에스겔서 6장 9절, 20장 43절, 36장 31절). 이 단어는 에스겔서에서 회개의 의미로 사용되었다. 이 가운데 זכר와 קוט가 결합되어 나타나는 경우는 에스겔서 6장 9절,556) 20장 43절, 36장 31절이다. זכר와 קוט가 결합되어 나타나는 이 '미래적인 회개양식소'는 에스겔서의 독특한 형태라고 할 수 있을 것이다. 조금 다른 형태도 있다. 에스겔서 16장 61절에는 זכר와 כלם이, 63절에는 זכר가 בוש와 결합되어서 나타난다.

그러나 인간으로 하여금 회개케 하는 것이 하나님의 궁극적인 목적이 아님을 명심해야 한다.557) 하나님의 사역은 여기에 머물지 않는다.

여기서 무엇보다 중요한 것은 물질적인 복과 기근탈피가 회개 이

---

556) 에스겔서 6장 9절은 Ⅱ장에서 다루었다.
557) W. Eichrodt, 『Ezekiel』, 504.

후에 나타나는 것이 아니고, 회개에 선행한다는 사실이다.

이처럼 에스겔서 36장 29~32절에 「용서 → 회개」의 구조가 나타난다.

용 서

29a   더러움에서 구해줌(וְהוֹשַׁעְתִּי:용서)

      29bα-β 식량을 풍부하게 해줌(a)

      29bγ   기근이 일어나지 않게 함(b)

      30a   식량을 풍부하게 해줌(a)　　(구원 / 회복)

      30b   기근이 일어나지 않게 함(b)

회 개

31a   범죄를 기억함(זְכַרְתֶּם: 회개)

31b   죄악을 견딜 수 없어 함(נְקֹטֹתֶם: 회개)

(3) 하나님의 사역: 회개촉구

본문은 32b에서 분위기가 바뀐다. 그리고 32b는 32a까지와는 잘 어울리지 않는 것으로 보인다. 31절에서는 미래에 있을 회개를 말하고 있는데 32b에서는 회개하도록 촉구함으로써 갑자기 변한다. 이것을 어떻게 보아야 할 것인가?

32b를 자세히 살펴보기로 하자.

בּוֹשׁוּ וְהִכָּלְמוּ מִדַּרְכֵיכֶם בֵּית יִשְׂרָאֵל׃

먼저 보쉬<בּוֹשׁ>와 칼람<כָּלַם>이 함께 쓰인 곳은 이사야 41장 11절, 45장 16, 17절, 50장 7절, 54장 4절, 예레미야서 3장 25절(명사형), 6장 15절, 8장 12절, 14장 3절, 22장 22절, 31장 19절, 51장 51절 (명사형), 에스겔서 16장 52절(명사형), 16장 63절(명사형), 32장 30절, 시편 35편 4절, 109편 29절(명사형. 순서가 바뀌어 있음), 에스라서 9장 6절 등이다. 이사야서에서는 제2이사야서에서만 사용되었는데 다섯 개 구절에서 모두 이스라엘이 수치와 욕을 당하지 않을 것이라는 의미로 쓰였다. 예레미야서 3장 25절, 22장 2절, 51장 51절에서는 심판의 상황에서, 6장 15절과 8장 12절에서는 과거의 범죄에 대한 무감각함을 나타내는 말로, 14장 3절에서는 가뭄의 상황에서, 31장 19절에서는 회개의 상황에서 과거의 범죄를 부끄러워하는 뜻으로 쓰였다. 에스겔서 16장 52절과 32장 30절에서는 심판의 상황에서, 16장 63절은 회개의 상황에서 사용되었다. 시편 35편 4절과 109편 29절에서는 원수를 물리쳐 달라는 탄원에서 에스라서 9장 6절에서는 회개의 상황에서 사용되었다. 보쉬<בוש>와 칼람<כלם>이 회개의 상황에서 사용된 것은 예레미야서 31장 19절과 에스겔서 16장 63절 그리고 에스라서 9장 6절이다. 그러나 회개촉구의 명령으로 사용된 곳은 에스겔서 36장 32b가 유일하다.

하나님은 이스라엘의 회개를 촉구하신다. 그런데 회개의 시점(時點)이 문제가 된다. 이것은 과연 현재적인 회개의 촉구인가 아니면 미래에 그렇게 하라는 말인가? 매우 불분명하다. 하지만 이 불분명함(ambiguity)을 '양면성'을 갖는 문학적인 기법으로 생각할 수 있겠다. 내재된 저자는 미래적인 회개를 이야기하면서도 동시에 현재적인 회개를 촉구하는 것으로 볼 수 있겠다.

(4) 문학구조

본문의 문학구조는 다음과 같다.

Ⅲ. 하나님이 이스라엘을 구원하시는 구체적인 모습들 22~38절

　C. 구원사역 ② 29~32절:「용서 → 회개」

　　1. 구원사역: 용서와 회개 29~31절

　　　1) 용서와 구원 29~30절

　　　　(1) 용서하심 29a(더러움에서 구해줌: וְהוֹשַׁעְתִּי)

　　　　(2) 구원하심 29b~30절

　　　　　① 식량을 풍부하게 해 주심 29bαβ(a)

　　　　　② 기근이 일어나지 않게 해 주심 29bγ(b)

　　　　　③ 식량을 풍부하게 해 주심 30a(a)

　　　　　④ 기근이 일어나지 않게 해 주심 30b(b)

　　　2) 용서의 결과: 회개케 하심 31절

　　　　(1) 범죄를 기억함 31a(זכרתם)

　　　　(2) 죄악을 견딜 수 없어 함 31b(נקטתם)

　　2. 구원사역의 근거논증 32aα(부정:לא למענכם)

　　3. 구원사역의 결과 32aβ-γ

　　　1) 도입구 32aβ(נאם אדני יהוה)

　　　2) 결과 32aγ 하나님을 알게 됨(인지양식소: יִוָּדַע לָכֶם)

　　4. 종결구 32b

　　　1) 회개촉구하심 32bα

　　　　(1) בושו 32bαα

　　　　(2) והכלמו 32bαβ

　　　2) 호명 32bβ(בית ישראל)

(5) 비교연구

예레미야서 24장 4~7절의 문학구조를 밝히면서 언급했듯이 에스
겔서 36장 29~32와 예레미야서 24장 4~7절은 세부적인 면에 있어

서는 차이가 나지만 문학구조에 있어서 상당히 유사하다. 우선 「용서 → 회개」의 형태를 근간으로 한다는 점이 같고 또 용서를 언급한 다음에 구원의 구체적인 모습을 언급하는데 그것들이 네 가지이고 긍정(a) - 부정(a') - 긍정(b) - 부정(b')의 순서로 되어 있다는 점도 비슷하다. 그리고 인지양식소가 나타나는 것도 같다. 그러나 에스겔서 36장 29~32절에는 계약양식소가 나타나지 않고 예레미야서 24장 4~7절에는 구원사역의 근거논증이 나타나지 않는다. 이러한 사실들은 예레미야서 24장 4~7절과 에스겔서 36장 29~32절이 거의 같은 시기에 기록되었지만 에스겔서 36장 29~32절이 조금 뒤에 만들어졌을 가능성을 시사한다. 그렇다면 예레미야서 24장 4~7절은 포로기 초기가 아닌 중기에 만들어진 것으로 추정할 수 있겠다.

9) 에스겔서 36장 33~36절

(1) 본문이해

33주 여호와께서 이렇게 말씀하셨다. 내가 너희들을 너희들의 모든 죄악에서 깨끗하게 하는 그날에 내가 도시들에 사람이 거주하게 할 것이며 폐허들이 건축될 것이다. 34그리고 지나가는 모든 사람들이 보기에 황무지였지만558) 그 황폐한 땅이 경작될 것이다. 35그래서 그들이 이렇게 말할 것이다. 이559) 황폐한 땅560)이 에덴동산처

---

558) אשר חחת는 에스겔서에서 여기에만 나타난다.
559) 이 단어는 구약성경 가운데서 여기에만 사용되었다. 열왕기하 4장 25절에서는 여성형인 הרבה가 사용되었다. 그리고 이 구절의 배열순서가 특이하다(G. A. Cooke, 396).
560) 탈굼은 '이스라엘'을 첨가한다.

럼561) 되었구나. 폐허가 되고 황폐하고562) 파괴되었던 도시들이 요새가 되어 사람들이 거하게 되었구나. 36그래서 너희들 주변에 남아 있던 나라들이 나 여호와563)가 파괴된 곳들을 건축하고 황폐된 곳에 씨를 뿌리는 것을564) 알게 될 것이다. 나 여호와는 말하고 행한다.

33~36절은 황폐의 동의어들의 반복565)에 의해서 다른 부분과 구별된다.566) 33~36절은 베이욤 타하리<ביום טהרי>라는 도입구로 시작하는데 이것은 그 앞에서 이야기한 깨끗케 하겠다는 약속을 더 설명해 준다. 여기에 두 부분으로 된 논증양식이 나타나는데 뒷부분에 인지양식소가 두 개의 확장된 형태로 나타난다. 33~36절은 개인적인 선포(2인칭복수)로 시작했다가 사실적인 묘사(3인칭)로 나아간다.567)

33a가 코 아마르 아도나이 야훼<כה אמר אדני יהוה>로 시작하고 있

---

561) 칠십인역은 כגן עדן을 ὡς κῆπος τρυφής로 번역을 하는데 에스겔에서는 에덴동산을 가리킬 때 칠십인역은 παραδεισος를 사용하기도 한다(28장 13절, 31장 8절, 9절, 창세기 2장 15절, 3장 23절 이하, 요엘 2장 3절).

562) 시리아역에서는 הנשמות를 생략하는데 시리아역은 동의어가 반복되는 경우에는 종종 이런 경향을 보인다(G. A. Cooke, 396).

563) כי אני יהוה를 칠십인역 바티칸 사본은 ὅτι ἐγώ Κύριος로, 알렉산드리아 사본은 ὅτι ἐγώ εἰμι Κύριος로 번역했는데 ὅτι ἐγώ εἰμι Κύριος는 이 구절 외에는 바티칸 사본의 에스겔서 28~39장의 전형적인 번역이다(28장 23절, 29장 6절, 37장 6절)(ibid.).

564) 칠십인역과 시리아역, 불가타는 נבנה앞에 접속사 ו를 붙이는데 이것은 본문을 더욱 분명하게 하려는 것으로 보이고 실제로 우리말로 번역을 해 보면 접속사가 없어도 접속사를 집어넣을 수밖에 없음을 알게 된다. 그래서 그냥 놔두어도 무방하다고 여겨진다.

565) 33 חרבות
　　34 הנשמה　שממה
　　35 הנשמה　חרבות　הנשמה
　　36 הנשמה
　　본문에서 הנשמה가 모두 4회 사용되었다. 이것은 33~36절의 통일성과 아울러 이 구절들이 16~32절과는 별개임을 보여주는 것이다.

566) 33절과 37절은 כה אמר אדני יהוה로 시작한다. 이것은 한 묶음의 본문 중에서 보다 작은 묶음을 구분할 때의 근거가 된다.

567) W. Zimmerli, 『Ezekiel 2』, 245.

고, 36c는 하나님의 결연한 의지로 되어 있어서 이 문단이 독립된 문단임을 보여준다. 그리고 확신과 신뢰의 촉구로 문단을 맺고 있다.

본문의 내용을 보면 다음과 같다.

33aα 사자문체(כה אמר אדני יהוה)

33aβ 깨끗케 할 때(시간.ביום טהרי)

33bα 도시에 사람들이 거주케 함(והושבתי)

33bβ 폐허재건(ובנו)

34a   폐허경작(העבד)

34b   경작되기 이전의 상황

35a   경작되기 이전의 상황(인용: 지나가는 자들의 말)

35b   재건 이후의 상황(인용)

36a   인지양식소(……כי אני יהוה בניתי……נטעתי……וידעו)

36b   하나님의 의지표명(말한 것을 행하는 자)

본문의 서사기법들을 살펴보기로 하자. 반복에 의한 점층법이 33b에서 35절까지 나타나는데 하나님은 파괴된 모습과 재건된 모습을 대조하고 그것을 더 강화하기 위해서 사람들이 하게 될 말을 직접 인용한다. 그래서 본문에는 파괴의 동의어들과 재건의 동의어들이 반복해서 나타나고 있다. 그리고 재건될 모습을 직유법을 써서 묘사하며 에덴동산에 비유한다. 그런 다음 하나님은 이 예언을 반드시 이룰 것임을 36절에서 두 번 반복해서 강조한다. 하나님은 파괴와 파멸의 하나님이 아니고 건설하고(בנה) 심는(נטע) 하나님으로 알려지게 될 것이라고 확신하신다. 33~35절은 하나님의 구원사역을 말하고, 36절은 그 결과를 말한다.

(2) 하나님의 사역(使役): 구원 - 용서와 회복

본문의 상황설정은 '하나님이 이스라엘 백성을 깨끗하게 하시는 날'이다. 물론 이것은 구체적이지는 않다. 그러나 37~38절에 비하면 하나님의 사역의 시점(時點)이 분명하게 언급된다는 점에서 독특하다. 여기에는 새로운 엑소더스와 귀환의 어휘는 나타나지 않는다. 본문 기자는 죄에서 정결케 하는 것을 하나님의 구원사역으로 표현한다. 새로운 엑소더스와 귀환의 날을 '하나님이 이스라엘 백성을 깨끗하게 하시는 날'로 함축해서 표현한다. 하나님이 이스라엘을 깨끗하게 하시겠다는 것은 이스라엘이 더러운 상태에 있다는 것을 암시한다. '더러움'은 에스겔서에서 '죄'의 동의어로 쓰인다는 사실은 17~19절을 다루면서 이미 확인한 바 있다. 그래서 '깨끗케 하심'은 에스겔서에서는 용서의 의미를 갖는다. 이렇게 보면 본문에서는 새로운 엑소더스와 귀환을 하나님의 용서의 사건으로 이해하는 것이다. 그리고 복잡한 언급은 모두 생략한 채 황폐해진 이스라엘의 재건을 말한다. 이것은 본문이 에스겔서 36장 16~32절에 언급된 것을 전제하고 있음을 의미한다. 본문이 첨가된 것은 분명하지만 그러나 이러한 첨가가 아주 후대의 작업은 아니다.

이스라엘의 재건을 이야기하는 본문에는 황폐의 동의어들이 많이 사용되고 있다. חרב는 모두 43회 사용되었는데 에스겔서에서는 8회 사용되었고 예레미야서에서는 7회 사용되었다. 닢알 분사복수형은 에스겔서 36장 35, 36절에서만 쓰였다. הנשמות는 모두 5회 쓰였는데, 시편 69편 26절을 제외하고는 모두 에스겔서에 사용되었다(32장 15절, 36장 34, 35, 36절). 그리고 그 복수형은 6회 사용되었다(이사야서 54장 3절, 아모스서 9장 14절, 예레미야서 33장 10절, 에스겔서 29장 12절, 30장 7절, 36장 35절). 36장 35절에서는 복수형이 통일되

게 나타나는데 36절에서는 단수형 נְשַׁמָּה가 나타난다. שְׁמֵמָה와 נְשַׁמָּה가
사용된 것을 비교해 보면 에스겔서 35장에는 שׁממה가 많이 사용되고
있고 36장에는 נשׁמה가 사용되었다.

황폐케 함은 하나님의 심판이고, 이것을 회복하는 것은 구원이다.
본문에서 하나님의 구원사역을 가장 잘 보여주는 말은 바나<בנה>와
나타<נטע>이다. 바나<בנה>와 나타<נטע>의 결합된 형태가 36절에 나
타난다. 이러한 형태는 예레미야서 24장 6절,[568] 29장 5절,[569] 42장
10절,[570] 에스겔서 28장 26절, 36장 36절, 전도서 2장 4절[571] 등에
나타난다.[572] 이 가운데서 에스겔서 28장 26절이 속한 28장 25~26
절과 36장 33~36절을 비교해 보자.

에스겔서 28장 25~26절

에스겔서 28장 25~26절은 다음과 같이 짜여 있다.

25aα 사자문체

---

568) 예레미야서 24장 4~7절에는 귀환과 여호와를 아는 마음을 주심과 계약양식
   이 나온다. בנה와 נטע는 귀환 후의 정착상황에서 사용되었는데 이 동사들의
   주어는 하나님이다. 그래서 집을 짓고 포도원을 가꾸는 1차적인 의미가 아닌
   은유로 사용되었다.
569) 예레미야서 29장은 바벨론의 유대인 포로들에게 보낸 예레미야의 편지인데 여기
   서 בנה와 נטע는 바벨론에 정착하라는 권고 가운데 나온다. 여기서는 집을 짓고
   전원을 가꾸라는 내용으로 되어 있다.
570) 예레미야서 42장 10절은 24장 6절과 비슷한데 이집트로 내려가려는 사람들에
   게 이스라엘 땅에 머물라는 하나님의 말씀이다. 24장 6절과 마찬가지로 하나
   님이 주어이고 이스라엘을 위한 하나님의 역사하심을 은유적으로 표현할 뿐
   이스라엘이 집을 짓고 포도원을 가꾸는 것으로 사용되지 않았다.
571) 집들을 짓고 포도원을 가꾸는 것으로 되어 있다.
572) 이종록, 「포로공동체」, 신학과 문화 창간호(1992), 장로회대전신학교 교수논문
   집, 12쪽.

25aβ 이스라엘 집을 민족들로부터 불러 모을 때(시간)

25aγ 그곳에 흩어진(25aα수식)

25aδ 민족들 보기에 내가 거룩하게 될 것이다.

25bα 그들이 그들의 땅에 거하게 될 것이다.

25bβ 내가 내 종 야곱에게 준(25bα수식)

26aα 그들이 거기에 평안히 거할 것이다.573)

26aβ 집을 지을 것이다.

26aγ 포도원을 가꿀 것이다.

26aδ 평안히 거할 것이다.

26bα 주변 국가를 심판할 때에.

26bβ 인지양식소

아이히로트는 본문이 새로운 도입구로 시작하고 있다는 점에서 앞부분과는 독립된 것으로 본다.574) 새로운 엑소더스와 귀환 그리고 정착, 이방의 심판들이 나오고 있어서 유대인들이 여러 곳에 흩어져서 살던 상황을 전제한다고 말한다.575)

침멀리는 본문이 에스겔 자신의 것이 아니며, 에스겔서 형성과정 중에서 상당히 후대의 것으로 본다.576) 할스는 28장 20~26절이 에스겔 34장, 38~39장과 관계가 깊은 점을 들어서 25~28장은 33~39장과 같은 시기에 완성된 것으로 본다.577) 쿡은 시돈이 두로와 더불어 자유를 얻기 위해서 노력하던 때 곧 두로가 포위되기 전(前)이나 포위된 후(두로의 포위는 주전 573년에 끝났다)에 선포되었을 것으로 본다.578)

---

573) 이스라엘 집이 그 땅에서 안전하게 거할 것이라는 약속은 34장 28절, 38장 11, 14절, 39장 26절 등에 반복되어 나타난다.

574) W. Eichrodt, 『Ezekiel』, 397.

575) H. G. May, 222.

576) W. Zimmerli, 『Ezekiel 2』, 100.

577) R. M. Hals, 203.

이제 바나<בנה>와 나타<ונטע>가 나타나는 28장 26절("그들이 그 가운데 평안히 거하여 집을 건축하며 포도원을 심고 그들의 사면에서 멸시하던 모든 자를 내가 국문할 때에 그들이 평안히 살며 나를 그 하나님 여호와인 줄 알리라.")과 36장 36절을 비교해 보기로 하자.

28장 26절

a וישבו עליה לבטח ובנו בתים ונטעו כרמים

b וישבו לבטח בעשות שפטים בכל השאטים אתם מסביבותם

c: וידעו כי אני יהוה אלהיהם

36장 36절

a וידעו הגוים אשר ישארו סביבותיכם כי אני יהוה

b בניתי הנהרסות נטעתי הנשמה

c: אני יהוה דברתי ועשיתי

겉으로 보기에 두 구절이 유사한 형태를 갖고 있음을 알 수 있다. 28장 26a와 36장 36b가 대응되고 28장 26bc와 36장 36a가 대응된다. 그러나 집을 짓고 포도원을 가꾸는 것을 말하는 상투적인 표현의 28장 26절과는 달리 36장 36절은 폐허의 동의어들을 사용해서 폐허재건을 강조하고 있다. 이것은 귀환 후의 정착과정에서 하려는 회복 프로그램을 암시한다. 그래서 28장 26절보다는 36장 36절이 더 구체적이다.

이스라엘의 회복과 재건을 묘사하는 또 하나 중요한 어휘는 에덴<עדן>이다. 에덴<עדן>은 구약성경에 모두 14번 쓰였는데, 창세기에

---

578) G. A. Cooke, 320f.

6번,[579] 에스겔서에 6번,[580] 이사야서에 1번,[581] 요엘서에 1번[582] 나온다. 창세기와 에스겔서에서 에덴<עֵדֶן>은 6번씩 사용되었기 때문에 이 단어는 창세기와 에스겔서의 특징적인 어휘라고 할 수 있을 것이다.[583] 이스라엘의 회복과 재건으로 인한 풍요로움을 실감나게 묘사하는 데 에덴<עֵדֶן>만큼 적절한 단어가 또 어디 있겠는가?

그리고 에스겔서 36장 33~36절은 17~32절을 전제하고 새로운 엑소더스와 귀환을 언급하지 않으며 그것들을 '내가 너희들을 너희들의 모든 죄에서 깨끗하게 할 때에'라는 말로 요약한다. 그리고 에스겔서 28장 25~26절은 인지양식소로 끝나지만 36장 33~36절은 인지양식소 다음에 하나님의 강력한 의지표명이 덧붙여져 있다. 이것은 하나님의 역사하심이 28장 26절보다는 더 분명하게 드러남을 알려 준다. 이런 점에서 에스겔서 36장 33~36절이 28장 25~26절보다 후에 생겨났음을 알 수 있다.

(3) 문학구조

본문의 문학구조는 다음과 같다.

Ⅲ. 하나님이 이스라엘을 구원하시는 구체적인 모습들 22~38절
    D. 구원사역 ③ 33~36절: 「용서」 이후

---

579) 주로 2~4장에서 쓰였다. 2장 8절, 10절, 15절, 3장 23절, 24절, 4장 16절.
580) 28장 13절, 31장 9절, 16절, 18절(2번), 36장 35절. 31장에서 4번 쓰였다.
581) 51장 3절.
582) 2장 3절.
583) 월러스는 창세기 2~3장과 에스겔서 28장과 31장의 문학적인 의존성을 이야기하는 학자들도 있지만 에덴동산 이야기는 널리 퍼져 있던 것으로 창세기와 에스겔서 사이에는 문학적인 의존성이 없다고 말한다(Howard N. Wallace, "Eden, Garden of", ABD. V.2, 282.

1. 도입구 33aα(사자양식소: כה אמר אדני יהוה)
2. 구원사역 33aβ~36절
   1) 때 33aβ 깨끗케 할 때(용서: ביום טהרי)
   2) 폐허재건
      (1) 도시에 사람들이 거주케 하심 33bα(והושבתי)
      (2) 폐허재건 33bβ(ובנו)
      (3) 폐허경작 34a(תעבד)
         ① 경작되기 이전의 상황 34b~35a
            ㄱ. 경작되기 이전의 상황 34b
            ㄴ. 경작되기 이전의 상황 35a(지나가는 자들의
               말 인용)
         ② 재건 이후의 상황－에덴동산처럼(직유법) 35b(인용)
3. 구원사역의 결과 36a 하나님을 알게 됨(인지양식소)
   1) 누가: 주변 나라들이 알게 될 것이다 36aα
   2) 누구를 36aβ－γ
      (1) 여호와는 파괴된 것을 재건하고 36aβ
      (2) 황폐한 곳에 씨를 뿌리는 자임을 36aγ
4. 종결구 / 확약 36b 하나님의 의지표명(말한 것을 반드시
   행하는 자)

10) 에스겔서 36장 37~38절

(1) 본문이해

37주 여호와께서 이렇게 말씀하셨다. 다시금[584] 이스라엘 집이 그

들이 행해야 할 바를 나에게 물을 수 있게 하겠다. 나는 그들을 많게 해서 사람으로585) 떼를 이루게 하겠다. 38그 절기 때의 거룩한 양떼처럼 예루살렘의 양떼처럼 폐허가 되었던 도시들이 사람의 떼586)로 가득 차게 될 것이다. 그러면 그들이 내가 여호와인 줄 알게 될 것이다.

37a는 כה אמר אדני יהוה로 되어 있어서 새로운 문단이 시작됨을 알려 준다. 37~38절이 하나의 단락이 되는 것은 37~38절의 중심단어가 צאן이라는 것에서 알 수 있다. צאן은 37절에 1회, 38절에 3회 사용되었다.

37~38절은 두 부분으로 된 논증양식이다. 여호와의 약속(37절)은 כְּ나 כֵּן 같은 수사적인 비교를 통해서 강화되고(38절), 마지막에 인지양식소가 따라 나온다.

본문의 내용구조를 살펴보기로 하자.

37aα	사자문체	(כה אמר אדני יהוה)
37aβ	하나님께 문의허용	(אִדָּרֵשׁ)
37b	인구증가(직유법:	כְּצֹאן……ארבה)
38aα−β	인구증가(직유법:	כְּצֹאן……כְּצֹאן)
38b	인지양식소	(וידעו כי־אני יהוה)

---

584) עוד זאת는 20장 27절에서도 20장 27~29절의 부차구절을 이끌며 나타난다(W. Zimmerli, 『Ezekiel 2』, 244).

585) 아이히로트는 אדם을 문장 안에서의 위치에서 볼 수 있는 것처럼 오해를 막기 위해서 의도적으로 첨가해 놓은 것으로 본다(W. Eichrodt, 『Ezekiel』, 493).

586) 아이히로트는 צאן을 삭제하는데 צאן אדם을 '인간양'(human sheep)이나 '사람의 무리'(flocks of men)로 번역하는 것이 적합하지 않다고 생각해서이다. 이것은 새롭게 창조된 모습을 비유로 표현하려는 좋지 않은 의도의 결과라고 말한다 (ibid., 494).

본문은 ① 이스라엘이 하나님께 문의하는 것을 허용하신다는 것과 ② 하나님이 인구를 많게 하시고 ③ 그래서 그들이 여호와를 알게 될 것이라는 내용을 담고 있다. ①과 ②는 하나님의 구원사역이고 ③은 그 결과이다.

(2) 하나님의 사역(使役): 구원 - 용서와 회복

본문에는 33~36절과는 달리 상황설정이 되어 있지 않다. 하나님의 사역의 시점(時點)이 밝혀져 있지 않다는 말이다. 그 이유는 무엇인가? 이것은 본문이 33~36절을 전제하고 있기 때문인가? 즉, 33~36절에 첨부되었기 때문인가? '그렇다'고 할 수 있을 것이다. 하나님의 회복의 구체적인 모습을 말하면서 29~32절과 33~36절에서는 언급하지 않은 것을 제시하고자 했는지도 모른다. 24~28절에 29~32절이 첨가되고 다시 33~36절과 37~38절이 첨가됨으로써 24~38절은 전체적으로 일정한 틀을 가진 회복 프로그램으로 나타난다. 그리고 구체적인 회복 프로그램은 「용서 → 회개」의 틀에 근거해서 전개된다.

본문에도 하나님은 이스라엘을 용서하시고 회복하시는 하나님으로 나타난다. 37b를 보면 하나님은 이스라엘 백성이 하나님과 다시 관계를 맺을 수 있는 길을 열어 놓으신다. 하나님은 이스라엘 백성들이 범죄하자 그들이 하나님께 나아와 문의할 수 있는 가능성을 막아버렸다. 이제 그것을 다시 풀어주시겠다는 것이다.587) 이것은 하나님이 이스라엘의 죄를 용서해 주신다는 것으로 이해할 수 있을 것이다.

---

587) 여기에 דרשׁ의 수동형인 닢알형이 사용된다. אדרשׁ는 모두 에스겔서에서만 쓰였는데 14장 3절, 20장 3절, 31^{2}절, 36장 37절에서 사용되었다.

그리고 나서 하나님께서 이스라엘 성들을 많아지게 하고 성읍들을 사람으로 가득 차게 하시겠다고 말씀하신다. 그런데 인구증가를 묘사할 때 절기[588)에 희생제사를 드리는 양떼에 비유(직유법 사용)하고 있다. 이러한 묘사는 이스라엘 사람들에게 아주 친근하고 익숙해서 쉽게 연상할 수 있는 장면이고 그러는 만큼 인구증가의 약속이 현실성을 갖는 것이다. 그리고 제사 장면을 상징적으로 표현함으로써 하나님과 이스라엘 백성의 관계회복을 분명하게 느끼게 해 준다.

하나님의 구원사역은 하나님이 어떤 분인지를 사람들에게 명확히 알리는 것에 궁극적인 목적이 있다. 하나님이 이스라엘을 용서하시고 구원하시는 동인은 하나님의 이름이 모독을 당했다는 것이다. 그래서 하나님은 이스라엘을 용서하시고 그들을 구원해서 새로운 엑소더스를 하게 하시고 그들에게 복을 줌으로써 하나님과 새로운 계약 관계를 유지하게 함으로써 하나님이 결코 무능하지 않고 전지전능하신 온 세계의 하나님이심을 만천하에 입증하고자 하신다. 그렇기에 '그들이 내가 여호와인 줄 알게 될 것이다.'는 것은 매우 중요한 의미를 갖는다.

(3) 문학구조

본문의 문학구조는 다음과 같다.

Ⅲ. 하나님이 이스라엘을 구원하시는 구체적인 모습들 22~38절
    E. 구원사역 ④ 37~38절: 「용서」 이후
        1. 도입구 37aα(사자양식소: כה אמר אדני יהוה)
        2. 구원사역(37aβ~38절)

---

588) 구약시대의 절기와 축제에 대해서는, 강사문, 「고대 이스라엘의 삼대 명절(חג)과 기독교 축제」, 장신논단 제1집(1985년), 183~210을 보라.

　1) 하나님께 문의허용 37aβ
　　(1) 다시금 37aβα
　　(2) 나에게 물을 수 있게 하겠다 37aββ(אִדָּרֵשׁ)
　　(3) 그들이 행해야 할 바를 37aβγ
　2) 인구증가
　　(1) 인구증가 ① 37b(직유법: כְּצֹאן……אַרְבֶּה)
　　(2) 인구증가 ② 38a
　　　① 수식 38aα(직유법: כְּצֹאן……כְּצֹאן, 38aβ 수식)
　　　② 인구증가 38aβ
　3. 구원사역의 결과 38b 하나님을 알게 됨(인지양식소)

11) 연구결과

　1. 지금까지 살펴본 것처럼 에스겔서 36장 16~38절은 분명히 2
4~28절을 거쳐서 29~32절에서 결정된 「용서 → 회개」의 틀을 가지
며 이것을 근간으로 엮어진다. 「용서」와 「회개」가 나타나는 구원예
언은 발전사적으로 볼 때 포로기 초기와 중기에 「용서」 예언과 「회
개」 예언과 「용서 → 회개」의 불완전한 형태가 나타나고 그 다음 포
로기 후기에 「용서 → 회개」의 완전한 형태가 나타난 것으로 보인다.
　2. 에스겔서 11장 17~20절에 정형적인 「회개」 예언형태가 나타나
고 36장 24~28절에는 정형적인 「용서」 예언형태가 나타난다. 그리
고 에스겔서 36장 29~32절에 완전한 형태의 「용서 → 회개」 예언이
나타난다. 「용서 → 회개」 예언의 형태는 다음과 같다.

용 서

29a   더러움에서 구해줌(והושעתי: 용서) ┐
           29bα-β 식량을 풍부하게 해줌(a)   │ (구원 / 회복)
           29bγ   기근이 일어나지 않게 함   │
 (b)   ┘
           30a   식량을 풍부하게 해줌(a)

회 개

31a   범죄를 기억함(וזכרתם: 회개)

31b   죄악을 견딜 수 없어 함(ונקטתם: 회개)

3. 에스겔서 36장 16~38절은 전체적으로 문학적인 통일성을 보이지만 이러한 통일성은 본문이 처음부터 하나의 문학단위로 만들어졌음을 말하지는 않는다. 본문은 형성시기가 다른 여러 부분으로 이루어져 있는 것으로 보이기 때문이다. 첫째 부분(17~19절)은 이스라엘의 범죄와 하나님의 심판 그리고 둘째 부분(20~21절)은 그로 인한 하나님의 이름의 수난을 말하고 셋째 부분(22~23절)은 하나님이 새로운 엑소더스를 일으키시는 동인을 제시하고 있으며 넷째 부분(24~28절)은 새로운 마음을 주심을 다섯째 부분(29~32절)은 「용서 → (기근을 없앰) → 회개」의 모습을 그리고 여섯째 부분(33~36절)은 폐허된 이스라엘의 재건을 일곱째 부분(37~38절)은 인구증가를 말한다. 그런데 이러한 하나님의 구원사역에서 중요한 것이 바로 하나님의 용서로 인해서 촉발되(고 용서 이후에 나타나)는 인간의 회개(「용서 → 회개」)의 틀이다. 이 틀에 기초해서 하나님의 사역이 이야기되는 것이다.

4. 본문 전체의 문학적인 구조는 다음과 같다.

Ⅰ. 도입구 16절 하나님의 말씀이 임함

Ⅱ. 하나님이 이스라엘을 구원하시는 이유: 과거의 이스라엘의 범죄와 심판, 그 결과(17~21절)

  A. 도입구 17aα 호명: 에스겔을 부르심('벤 아담아')

  B. 과거의 범죄와 심판 17aβ~19절

    1. 범죄 17aβ~17b

      1) 상황 17aβ 이스라엘이 자기 땅에 머물 때

      2) 범죄함 17aγ 죄를 지었다.

      3) 비유 17b 그들의 죄는 월경의 더러움처럼 되었다.

    2. 심판 18~19절

      1) 심판 ① 18a 그래서 하나님이 진노를 쏟으셨다.
         원인 18b 그들의 죄(흘린 피와 우상숭배)에 대해서

      2) 심판 ② 19a 그들을 각국과 열방에 흩으셨다.

      3) 종합 19b 그들이 범죄한 만큼 벌을 주었다.

  C. 그 결과와 대책 20~21절

    1. 결과: 하나님 이름의 수난 20절

      1) 상황: 이스라엘 백성이 이방으로 들어감 20aα(ויבוא)

      2) 결과: 하나님의 이름을 모독함 20aβ(ויחללו)

      3) 강조: 이방 사람들의 말 인용 20b(באמר, 하나님의 무능함 암시)

    2. 대책 21절

      1) 하나님이 자신의 이름을 아끼심 21a(ואחמל)

      2) 21a를 수식 21b(모독당한: אשר חללוהו)

Ⅲ. 하나님이 이스라엘을 구원하시는 구체적인 모습들 22~38절

  A. 구원사역의 동기 22~23절: 「용서」의 동인

1. 도입구 22aα-β

    1) 전환 22aα(לכן)

    1) 임무부여 22aβ(אמר לבית־ישראל)

    2) 사자양식소 22aγ(כה אמר אדני יהוה)

2. 구원사역의 이유 22

    1) 호명 22aγ 이스라엘 집이여

    2) 논증 22aδ~22b

       (1) 부정적인 논증 22aδ(לא למענכם)

       (2) 긍정적인 논증 22b(כי אם־לשם־קדשי)

    3) 하나님의 굳은 의지 23a(וקדשתי את־שמי הגדול)

3. 구원사역의 결과 23b

    1) 하나님을 알게 됨 23bα(인지양식소:וידעו הגוים כי־אני יהוה)

    [종결문체 23bβ(נאם אדני יהוה)]

    2) 때 23bγ(거룩하게 하실 때: בהקדשי)

B. 구원사역 ① 24~28절: 「용서」

  1. 구원사역 24~28a

    1) 귀환케 하심 24절

       (1) 이끌어내심의 양식소 24a

         ① 나라들로부터 취하고 24aα(לקחתי)

         ② 모든 땅들로부터 모아서 24aβ(קבצתי)

       (2) 이끌어들이심의 양식소 24b(הבאתי) 너희들의 땅으로……

    2) 용서하심 25절

       (1) 정결예식 25a(זרקתי)

         ① 깨끗한 물을 뿌려서 25a

         ② 너희들이 깨끗해질 것이다 25a

       (2) 정결케 하심 25b(אטהר)

         ① 너희들의 모든 더러운 것들로부터 25bα

② 너희들의 모든 우상들로부터 25bβ

③ 너희들을 깨끗하게 할 것이다 25bγ

3) 마음을 변화시켜서 규례를 지키게 하심 26~27절

　(1) 마음을 변화시키심 26~27a

　　① 새 마음을 주심 26aα(נתתי)

　　② 새 영을 주심 26aβ(אתן)

　　③ 돌의 마음을 제하고 26bα

　　④ 몸의 마음을 주심 26bα(נתתי)

　　⑤ 하나님의 영을 주심 27a(אתן)

　(2) 법과 규례를 지키게 하심 27b(עשיתי)

　　① 내 율례를 따르고 27bα

　　② 내 법들을 준수하며 27bβ

　　③ 행하게 하겠다 27bγ

4) 정착케 하심 28a ישבתי

　(1) 장소 28aα 그 땅에

　(2) 수식 28aβ 조상들에게 준

2. 구원사역의 결과: 계약체결 / 관계회복 28bα-β(계약양식소)

C. 구원사역 ② 29~32절: 「용서 → 회개」

1. 구원사역: 용서와 회개 29~31절

　1) 용서와 구원 29~30절

　　(1) 용서하심 29a(더러움에서 구해줌: והושעתי)

　　(2) 구원하심 29b~30절

　　　① 식량을 풍부하게 해주심 29bα-β(a)

　　　② 기근이 일어나지 않게 해주심 29bγ(b)

　　　③ 식량을 풍부하게 해주심 30a(a)

　　　④ 기근이 일어나지 않게 해주심 30b(b)

　2) 용서의 결과: 회개케 하심 31절

(1) 범죄를 기억함 **31a**(וכרתם)

(2) 죄악을 견딜 수 없어 함 **31b**(ונקטתם)

2. 구원사역의 근거논증 32aα(부정: לא למענכם)

3. 구원사역의 결과 32aβ-γ

1) 도입구 32aβ(נאם אדני יהוה)

2) 결과 32aγ 하나님을 알게 됨(인지양식소: יִוָּדַע לָכֶם)

4. 종결구 32b

1) 회개촉구하심 32bα

(1) בושו 32bαα

(2) והכלמו 32bαβ

2) 호명 32bβ(בית ישראל)

D. 구원사역 ③ 33~36절: 「용서」 이후

1. 도입구 33aα(사자양식소: כה אמר אדני יהוה)

2. 구원사역 33aβ~36절

1) 때 33aβ 깨끗케 할 때(용서: ביום טהרי)

2) 폐허재건

(1) 도시에 사람들이 거주케 하심 33bα(והושבתי)

(2) 폐허재건 33bβ(ונבנו)

(3) 폐허경작 34a(תֵעָבֵד)

① 경작되기 이전의 상황 34b~35a

ㄱ. 경작되기 이전의 상황 34b

ㄴ. 경작되기 이전의 상황 35a(지나가는 자들의 말 인용)

② 재건 이후의 상황-에덴동산처럼(직유법) 35b(인용)

3. 구원사역의 결과 36a 하나님을 알게 됨(인지양식소)

1) 누가: 주변 나라들이 알게 될 것이다 36aα

2) 누구를 36aβ-γ

　　　　(1) 여호와는 파괴된 것을 재건하고 36aβ

　　　　(2) 황폐한 곳에 씨를 뿌리는 자임을 36aγ

　　4. 종결구 / 확약 36b 하나님의 의지표명(말한 것을 반드시 행하는 자)

　E. 구원사역 ④ 37~38절: 「용서」 이후

　1. 도입구 37aα(사자양식소: כה אמר אדני יהוה)

　2. 구원사역(37aβ~38절)

　　1) 하나님께 문의허용 37aβ

　　　(1) 다시금 37aβα

　　　(2) 나에게 물을 수 있게 하겠다 37aββ(אדרש)

　　　(3) 그들이 행해야 할 바를 37aβγ

　　2) 인구증가

　　　(1) 인구증가 ① 37b(직유법: כצאן……ארבה)

　　　(2) 인구증가 ② 38a

　　　　① 수식 38aα(직유법: כצאן……כצאן, 38aβ 수식)

　　　　② 인구증가 38aβ

　　3. 구원사역의 결과 38b 하나님을 알게 됨(인지양식소)

　5. 22~23절은 하나님의 구원사역의 이유와 구원사역의 결과를 언급하는데 구원사역의 이유는 17~21절을 요약하는 것으로 보이고 구원사역의 결과(하나님을 알게 될 것임: 인지양식소. 24~28절에는 계약양식소가 나타난다)는 24~38절을 이루는 네 부분들에 나오는 구원사역의 결과를 종합하는 것으로 보여서 22~23절이 17~21절과 24~38절을 이어 주는 가교역할을 한다.

　6. 이 문학구조에서 보는 대로 하나님이 이스라엘을 구원하시는 구체적인 모습들을 묘사하는 22~38절은 다섯 부분으로 이루어지는데 「용서 → 회개」의 문학구조를 갖는 29~32절이 가운데에 위치한

다. 이러한 문학구조적인 특징으로 인해서 22~38절은 「용서 → 회개」를 중심으로 엮였음을 알 수 있다. 그리고 29~32절을 중심으로 해서 그 앞부분과 뒷부분에서 내용의 변화를 보인다. 앞부분인 24~28절은 인간의 내면적인 측면(정결케 됨과 마음의 변화)에 관심을 기울이고 뒷부분인 33~36절과 37~38절은 외면적인이고 실제적인 측면(도시재건과 인구증가)에 관심을 기울인다. 29~32절에는 이 두 가지 요소가 함께 나타난다(내적인 변화와 식량문제 해결).

7. 그리고 이 다섯 개 부분들은 세부적인 면에서는 차이를 보이지만 골격은 '구원사역＋구원사역의 결과'의 형태로 이루어져 있으며 특히 구원사역의 결과는 계약관계회복을 언급하는 24~28절을 제외하고는 하나님을 알게 될 것임(인지양식소)으로 되어 있다.

8. 22~38절을 이루는 다섯 개 부분들을 「용서」와 「회개」를 기준으로 해서 보면 22~38절은 전체적으로 다음과 같은 구조를 보인다.

        a 「용서」의 동인   22~23절
        b 「용서」   24~28절
        c 「용서 → 회개」   29~32절
        d 「용서」 이후   33~36절
        d' 「용서」 이후   37~38절

9. 16~38절을 이루는 일곱 개 부분들을 「용서」와 「회개」를 기준으로 해서 보면 16~38절은 전체적으로 다음과 같은 문학구조를 보인다.
    Ⅰ. 하나님이 이스라엘을 「용서」하시는 이유 17~21절
        A. 과거의 범죄와 심판 17~19절

　　B. 그 결과와 대책 20~21절
　Ⅱ. 하나님이 이스라엘을 「용서」하시는 구체적인 모습들 22~38절
　　A. 「용서」의 동인 22~23절
　　B. 「용서」 24~28절
　　C. 「용서 → 회개」 29~32절
　　D. 「용서」 이후 33~36절
　　E. 「용서」 이후 37~38절

　10. 에스겔서 36장 16~38절을 구성하는 각 부분은 각기 다른 시기에 만들어졌을 것으로 보인다. 먼저 첫째 부분인 17~21절은 이스라엘의 과거사를 범죄의 역사로 규정함으로써 하나님의 심판을 정당화하고 그 심판으로 인해서 오히려 하나님의 이름이 수난을 당함으로써 그것을 회복하기 위해서 하나님이 이스라엘을 구원시키셔야 한다고 말하는데 이것은 분명히 포로기 중기의 상황을 반영한다. 이러한 사실은 포로기를 더 이상 죄씻음과 회개의 장으로 여기지 않는다는 점에 근거한다. 이처럼 포로기가 이스라엘 백성의 신앙훈련의 장도 아니고 회개의 장도 아니며 오히려 이스라엘의 포로 기간이 길어질수록 하나님께 이롭지 않다는 인식은 포로기 초기가 아닌 중기에나 나타난 것으로 보인다. 그리고 하나님의 사역의 동인을 찾으려고 하고 그에 대한 신학적인 근거들을 제시하는 것 역시 이스라엘의 포로기 중기의 상황을 보여주는 것으로 생각되며 구체적인 회복의 프로그램이 제시되는 것은 그 후의 것, 즉 포로기 후기 초반의 것으로 보인다. 그래서 에스겔서 36장 17~32절의 각 부분은 포로기 중기부터 만들어지기 시작했으며 주전 561년 여호야긴의 복권으로 시작하는 포로기 후기에 들어서면서 「용서」의 동인과 「용서」와 「용서 → 회개」를 말하는 17~32절이 엮어지고 그 다음부터 고레스의 칙령이 선포되는 주전 539년 사이에 「용서」 이후를 더 구체적으로 말하는 3

3~36절과 37~38절이 차례로 첨가된 것으로 추정한다. 그러니까 3
7~38절이 가장 나중에 첨가되었다. 이처럼 에스겔서 36장 16~38절
을 구성하는 각 부분이 각기 다른 시기에 만들어졌는데 현재의 형태
대로 만들어지는 기간은 길게 잡아서 주전 561~539년으로 추정할
수 있겠다.

11. 에스겔서에 나오는 연대에 따르면 에스겔은 주전 593년에 예
언사역을 시작해서(에스겔서 1장 1절, 2절) 주전 571년에 마친 것으
로 볼 수 있다(에스겔서 29장 17절). 에스겔이 언제 세상을 떠났는
지는 정확히 알 수 없지만 571년 이후 사역에 대한 언급이 없는 것
으로 보아서 571년경에 사역을 중단했거나 아니면 세상을 떠난 것으
로 추정된다. 그래서 이스라엘 구원에 관한 신학적인 작업과 기본적
인 회복 프로그램들은 에스겔에 의해서 시작되었고 571년 이후에는
제자들이 이어받았으며 주전 561년의 여호야긴의 복권을 계기로 해
서 더 구체화시켰을 것이고 에스겔서 36장 16~38절은 그들의 이러
한 프로그램을 신학적으로 지원하는 역할을 했을 것이라는 게 잠정
적인 결론이다.

2. 기타 본문들

이제는 용서와 회개의 특수문학형태(「용서 → 회개」)를 갖는 에스
겔서 본문들 가운데서 16장 59~63절과 20장 40~44절 그리고 39장
25~29절을 연구하려고 한다. 앞부분에서 에스겔서 36장 16~38절을

자세하게 다루면서 「용서→회개」에 관한 여러 가지 사실들을 살펴보았기 때문에 여기서는 이 세 본문에 「용서→회개」의 문학형태가 나타나는지를 확인하는 데 초점을 맞추도록 하겠다.

각각의 본문을 다룰 때 먼저 각 본문을 이해하는 작업(본문제시, 내용구조 파악)을 한 다음 그 본문에 「용서」와 「회개」가 나타나는지를 살펴보고 본문의 문학구조를 밝히고 필요한 경우에는 다른 본문들과 내용구조를 비교연구하려고 한다.

1) 에스겔서 16장 59~63절

(1) 본문이해

59나 주 여호와가 말하노라. 네가 맹세를 멸시하여 언약을 배반하였은즉 내가 네 행한 대로 네게 행하리라. 60그러나 내가 너의 어렸을 때에 너와 세운 언약을 기억하고 너와 영원한 언약을 세우리라. 61네가 네 형과 아우를 접대할 때에 네 행위를 기억하고 부끄러워할 것이라. 내가 그들을 네게 딸로 주려니와 네 언약으로 말미암음이 아니니라. 62내가 네게 내 언약을 세워서 너로 나를 여호와인 줄 알게 하리니 63이는 내가 네 모든 행한 일을 용서한 후에 너로 기억하고 놀라고 부끄러워서 다시는 입을 열지 못하게 하려 함이니라. 나 주 여호와의 말이니라 하셨다 하라.

본문은 에스겔 16장의 마지막 부분이다. 브라운리는 16장을 2~43절과 44~63절로 나눈다.589) 침멀리는 본문을 별개의 구절로 보지

않고 그 앞에 나오는 구절들의 결론으로 본다.[590] 아이히로트는 16
장 44~63절을 첨가로 보고[591] 59~63절을 독립된 구절로 본다.[592]
그린버그는 16장을 A(3~43절)와 B(44~58절) 그리고 C(59~63절)로
나눈다.[593] 그린버그는 다가오는 징벌을 말하는 A(함락 이전)가 핵
심부분이고 B(함락 이후. 징벌이 이미 일어난 것으로 되어 있으며,
세 자매들이 동등한 입장에서 다루어지고 있다)와 C(예루살렘이 우
월한 입장을 차지한다. B보다 더 후대)는 A에 첨가된 것으로 보는
비평가들의 견해를 소개한다.[594] 본문의 형성시기에 관해서는 뒤에
서 언급하겠다.

본문의 내용구조를 살펴보기로 하자.

59aα 주 여호와께서 말씀하셨다(사자양식소: 도입)
Ⅰ
59aβ 네가 행한 대로 내가 행할 것이다
59bα-β 네가 서약과 *계약*을 파기했다(59aβ 보충 설명)
Ⅱ
60a   그러나 내가 *계약*을 기억하고(전환, וְזָכַרְתִּי)[595]
60b   영원한 *계약*을 맺을 것이다
61aα   그러면 너는 네 길들을 기억하고(וְזָכַרְתְּ)

---

589) W. H. Brownlee, 243. 브라운리는 44~63절을 44~52절과 53~63절로 나누
　　　는데, 그 이유는 44~52절은 예루살렘이 아직 포위당하고 있을 때 에스겔이
　　　예루살렘에서 말하는 것이고, 53~63절은 예루살렘의 멸망을 전제하고 있기
　　　때문이라고 말한다(ibid., 244).
590) W. Zimmerli, 『Ezekiel I』, 352.
591) W. Eichrodt, 『Ezekiel』, 215.
592) ibid., 216.
593) Moshe Greenberg, 『Ezekiel 1－20』, 292.
594) ibid., 304.
595) 하나님의 기억하심(60a)과 이스라엘의 기억함(61aα)이 대응되고 있다.

61aβ 부끄러워할 것이다(וְנִכְלַמְתְּ).

61aγ 네 자매들을 취해서

61bα 그들을 네게 딸들로 줄 때에(61aα-β 수식).

61bβ 그러나 네 *계약* 때문은 아니다.

Ⅲ

62a 내가 너와 *계약*을 세우겠다.

62b 그러면 내가 여호와인 줄을 네가 알게 될 것이다(인지양식소).

63aα 네가 기억하게 하고(תִּזְכְּרִי)

63aβ 부끄러워하게 하고(וָבֹשְׁתְּ)

63aγ 네 입을 다시 열지 못하도록 하기 위해서

63bα 네가 너를 용서할(בְּכַפְּרִי) 때에(63a수식)

63bβ 주 여호와의 말씀이다(종결어).

내용구조를 보면 Ⅱ와 Ⅲ이 거의 같은 형태로 되어 있음을 알 수 있다. 그리고 본문을 보면 '계약'이라는 말과 '기억하다', '부끄러워하다'는 말이 Ⅱ와 Ⅲ에서 사용되고 있다. Ⅰ에서는 과거의 범죄를 이야기한다. 이스라엘의 계약파기를 강조한다. 그리고 계약에 대한 말을 여러 번 반복하고 있다.596)

(2) 용서사상

본문에 하나님의 용서가 나타나는가? 살라흐<סלח>의 동의어인 카파르 <כפר> 동사가 63bα에 나온다(63절: לְמַעַן תִּזְכְּרִי וָבֹשְׁתְּ‧‧‧‧‧‧בְּכַפְּרִי־לָךְ לְכָל־אֲשֶׁר עָשִׂית). 그리고 '모든 죄를 용서한다'는 의미로 전치사 콜<כל>이 쓰였다.

---

596) 이것은 이스라엘의 어떤 특정한 계약파기행위를 암시하는 것인가? 물론 유대 멸망의 원인을 하나님과 맺은 계약파기로 이해한 것으로 생각할 수 있지만 그달리야 살해사건과 계속되는 유대의 반란시도를 배경으로 하고 있는지도 모른다.

또 넓은 의미의 하나님의 용서의 한 표현이라고 할 수 있는 자카르<זכר>(60절)도 쓰였는데 이것은 63절의 자카르<זכר>와 대응된다. 이스라엘이 파기한 계약을 하나님이 기억하고 또 계약을 세우는 것(60절과 62a에 나온다)은 이스라엘을 용서하시는 행위이다. 하나님이 계약을 세우는 것 자체가 「용서」는 아니지만 본문의 문맥에서 보면 하나님은 이스라엘이 계약을 파기한 것을 범죄로 규정하고 그 죄에 상응하는 벌을 내리겠다고 말씀하신다. 계약파기가 범죄이고 그로 인해서 이스라엘이 심판을 받았다면 하나님이 그 계약을 기억하시고 다시 계약을 세우시는 행위는 이스라엘을 용서하시는 행위라고 추론할 수 있는 것이다.[597]

(3) 회개사상

본문에는 전형적인 '회개양식'이 나타난다. 회개의 의미를 갖는 기억하다(자카르<זכר>), 부끄러워하다(보쉬<בוש>, 칼람<כלם>)는 단어가 사용되었다. 63절을 다시 보자.

63절   למען תזכרי ובשת······בכפרי־לך לכל־אשר עשׂית

하나님께서 이스라엘 백성들을 귀환시키고 용서하시는 것은 그들로 하여금 회개하는 마음을 갖도록 하기 위해서(레마안<למען>)이다. 이것은 36장 32절에도 분명히 명시되어 있다. 16장 63절에 사용된 세 단어 자카르<זכר>, 보쉬<בוש>, 칼람<כלם>이 36장 31, 32절에 사용되었다.

---

[597] "하나님과 계약상황 속에 있음을 다시 깨닫게 된 것이 이미 완벽한 용서의 결과라고 보았다."(P. Ricoeur, 87)

그러면 본문에서 용서와 회개의 관계는 어떠한가? 본문을 보면 분명히 용서가 회개보다 앞서고 있다. 그리고 하나님께서 이스라엘을 용서하시는 동인이 분명하게 밝혀져 있고 그것이 또 이스라엘의 회개와 연결되어 있어서 매우 중요한 구절이라고 할 수 있을 것이다. 하나님께서는 이스라엘을 용서하시는데 이것은 이스라엘을 용서하신 후에 이스라엘을 부끄럽게 하기 위해서라고 말씀하신다. 하나님께서 이스라엘을 용서하시고 구원하시는 목적이 분명하게 기록되어 있다. 그러나 대부분의 학자들은 이 점을 간과한다.

하지만 그린버그만은 예외이다.

부끄러움이 회개를 이끌어 내고 그럼으로써 하나님이 죄를 소멸하는 일반적인 순서가 여기서 뒤바뀌어 있다는 것은 주목할 만하다.[598]

그린버그는 밀그롬[599]이 이 구절을 '예언자들의 전형적인 가르침'(uniform teaching of the prophets)으로 보면서 회개가 죄를 소멸시킨다고 말한 것은 잘못이라고 지적한다.[600] 그린버그의 이러한 지적은 매우 정확하고 타당한 것이라고 할 수 있을 것이다.

할스는 첨가부분인 44~58절과 59~63절의 메시지가 "부끄러워하고 수치를 담당하라"(52, 54, 61, 63절)는 것 이상이 아니라고 말한다.[601] 할스는 현재적인 회개의 촉구와 「회개 → 용서」의 구조에서만 생각을 함으로써 본문이 갖고 있는 「용서 → 회개」의 사상에 대해서는 전혀 주의를 기울이지 못하는 것이다. 그는 또 이렇게 말한다.

---

598) Moshe Greenberg, 『Ezekiel 1−20』, 292.

599) J. Milgrom, 『Cult and Conscience』(Leiden: E. J. Brill, 1976), 120. M. Greenberg, 『Ezekiel 1−20』, 292에서 재인용.

600) M. Greenberg, 『Ezekiel 1−20』, 292.

601) R. M. Hals, 111.

"인지양식소(62절)와 더불어 그 앞의 61절과 그 뒤의 63절에 나오는 예루살렘의 기억함은 에스겔이 그녀('예루살렘': *역주*)의 참담한 과거와 용서받은 미래 사이를 연결해 주는 것으로 묘사하는 유일한 요소이다."[602] 이렇게 말하는 것을 보면, 할스는 본문의 중심점을 제대로 파악하지 못했다고 판단된다.

(4) 문학구조

지금까지 살펴본 것들을 토대로 해서 본문의 문학구조를 알아보자.

Ⅰ. 도입구 59aα 주 여호와께서 말씀하셨다(사자양식소).

Ⅱ. 징벌예고와 그 이유

    A. 징벌예고 59aβ 네가 행한 대로 내가 행할 것이다.

    B. 징벌이유 59bα-β 네가 서약과 *계약*을 파기했다(59aβ를 보충 설명함).

Ⅲ. 용서와 회개 ① 60aα~61bα

    A. 전환 60aα 그러나

    B. **용서: 계약체결 / 관계회복** 60aβ~60b

        1. 계약기억하심 60aβ 내가 *계약*을 기억하고(וְזָכַרְתִּי)

        2. 계약체결 60b 영원한 *계약*을 맺을 것이다

    C. **회개 61aαβ 용서의 결과**

        1. 기억함 61aα 그러면 너는 네 길들을 기억하고(וְזָכַרְתְּ)

        2. 부끄러워함 61aβ 부끄러워할 것이다(וְנִכְלַמְתְּ)

    D. 시기 61aγ~61bα

        1. 61aγ 네 자매들을 취해서

        2. 61bα 그들을 네게 딸들로 줄 때에(61aαβ수식).

---

602) ibid., 112.

E. 용서의 근거 61bβ   그러나 네 *계약* 때문은 아니다.

Ⅳ. 용서와 회개 ② 62～63bα

　A. **용서: 계약체결 / 관계회복** 62a   내가 너와 *계약*을 세우겠다.

　B. 회개 62b～63a

　　1. 용서의 결과 62b   그러면 내가 여호와인 줄을 네가 알게 될 것이다(인지양식소).

　　2. 용서의 목적 63a   회개

　　　1) 기억하게 하고 63aα(תִּזְכְּרִי)

　　　2) 부끄러워하게 하고 63aβ(וָבֹשְׁתְּ)

　　　3) 네 입을 다시 열지 못하도록 하기 위해서 63aγ

　C. 시기 / 용서 63bα   네가 너를 **용서할**(בְּכַפְּרִי) 때에(63a수식).

Ⅴ. 종결어 63bβ   주 여호와의 말씀이다

이 구조를 보면 본문에 「용서 → 회개」의 전형적인 문학구조가 분명하게 나타나는 것을 알 수 있다.

(5) 비교연구

본문을 더 잘 이해하기 위해서 본문의 내용구조를 예레미야서 31장 31～34절과 에스겔서 36장 16～38절과 비교해 보자.

예레미야서 31: 31～34	에스겔서 16: 59～63	에스겔서 36: 16～38
과거의 범죄 (계약파기)—	과거의 범죄	과거의 범죄와 심판 하나님이름수난/아끼심 구원의 동인(긍정, 부정) 인지양식소 ————————

예레미야서 31: 31~34	에스겔서 16: 59~63	에스겔서 36: 16~38
		새로운 엑소더스 귀환 용서 새 마음 규례준수 정착 계약양식소
새 계약 ——————— 법을 마음에 둠 계약양식소 온전한 하나님지식 용서	영원한 계약 *회개* *회개 이전의 회복* 구원의 동인(부정) ——————— 계약체결약속 인지양식소 *회개* *회개 이전의 용서*	——————— 용서 식량문제 해결 *회개* 구원의 동인(부정) 회개촉구 ——————— 폐허재건 인지양식소 ——————— 인구증가 인지양식소

과거의 범죄, 인지양식소, 하나님의 구원사역의 동인(부정), 「용서
→회개」를 말하는 점들이 본문을 예레미야서 31장 31~34절보다는
에스겔서 36장 16~38절과 가까운 것으로 보이게 한다. 그래서 본문
은 예레미야서 31장 31~34절보다는 후대의 것으로 보이지만 새로
운 엑소더스와 귀환, 정착, 폐허재건, 인구증가들의 요소가 나타나지
않는 것으로 보아 에스겔서 36장 16~38절보다는 이전의 것으로 판
단된다.

침멀리는 에스겔서 16장의 기본 틀이 주전 587년 이전에 기록된 것으로 보지만603) 본문은 후대의 해석첨가 부분으로 에스겔의 제자들이 에스겔의 기본 정신을 이어받아서 기록한 것으로 본다.604)

브라운리는 16장 44∼63절이 16장 2∼43절보다 상당히 후대에 기록된 것이지만 다른 학자들이 주장하는 것처럼 에스겔의 제자들이 기록한 것으로는 보지 않는다.605) 그는 에스겔이 16장 44∼63절을 그가 가장 오래 살았던 이집트의 디아스포라들에게 선포했을 것이라고 생각한다. 그러나 주전 568∼567년에 그가 디아스포라에서 돌아온 이후에 예루살렘에서 선포했을 수도 있다고 말한다.606)

아이히로트는 본문이 두 번째 포로압송 직후의 몇 년 동안에 형성되었을 것으로 본다.607) 그리고 할스는 본문을 후대의 첨가로 보지만 포로기 이후의 회복 시대로는 보지 않고 587년 이후의 시대로 본다.608)

과연 본문의 저작연대는 언제일까? 앞에서 지적한 것처럼 본문에는 새로운 엑소더스와 귀환에 대한 이야기는 없다. 이런 점에서 본문은 새로운 엑소더스와 귀환들을 이야기하는 에스겔 36장 16∼38절보다는 빠른 시기에, 즉 아직 새로운 엑소더스와 귀환과 회복에 대한 계획이 구체화되기 이전인 주전 580∼570년 사이에 기록된 것으로 보인다.

---

603) W. Zimmerli, 『Ezekiel 1』, 348.
604) ibid., 353.
605) W. H. Brownlee, 244.
606) ibid.
607) W. Eichrodt, 『Ezekiel』, 216.
608) R. M. Hals, 110f.

2) 에스겔서 20장 40~44절

(1) 본문이해

40나 주 여호와가 말하노라. 이스라엘 온 족속이 그 땅에 있어서 내 거룩한 산, 곧 이스라엘의 높은 산에서 다 나를 섬기리니 거기서 내가 그들을 기쁘게 받을지라. 거기서 너희 예물과 너희 천신하는 첫 열매와 너희 모든 성물을 요구하리라. 41내가 너희를 인도하여 열국 중에서 나오게 하고 너희의 흩어진 열방 중에서 모아낼 때에 내가 너희를 향기로 받고 내가 또 너희로 말미암아 내 거룩함을 열국의 목전에서 나타낼 것이며 42내가 너희 열조에게 주기로 맹세한 땅, 곧 이스라엘 땅으로 너희를 인도하여 들일 때에 너희가 나를 여호와인 줄 알고 43거기서 너희의 길과 스스로 더럽힌 모든 행위를 기억하고 이미 행한 모든 악을 인하여 스스로 미워하리라. 44이스라엘 족속아 내가 너희의 악한 길과 더러운[609] 행위대로 하지 아니하고 내 이름을 위하여 행한 후에야 너희가 나를 여호와인 줄 알리라. 나 주 여호와의 말이니라 하셨다 하라.

에스겔서 20장은 그 사상과 언어에 있어서 신명기와 성결법전과 많은 공통점을 보인다. 쿡은 어떤 사람들은 23절과 41절에 언급된 추방과 모집이 전반적인 포로가 이미 일어났음을 암시하고 있어서 에스겔 20장이 주전 586년 이후에 기록되었을 것으로 보지만 분명치는 않다고 말한다.[610] 그리고 40~44절은 11장 14~21절과 17장 22~24절처럼 심판예언에 이어서 나오는 구원예언인데 이 예언들은 후대 사람에 의해서 기록되었거나 아니면 에스겔 자신이 그전에 기록한 심판예언에 대응시키기 위해서 기록한 것으로 생각한다.[611] 20

---

609) 44bβ의 הַנִּשְׁחָתוֹת(닢알형)는 이곳과 창세기 6장 11절 이하에만 사용되었다(cf. 스바냐서 3장 7절, 시편 14편 1절)(M. Greenberg, 『Ezekiel 1-20』, 376).

610) G. A. Cooke, 213f.

611) ibid., 222.

장 1절은 본문을 포함한 에스겔서 20장의 연대를 주전 591년으로 생각하게 한다.

에스겔서 20장은 이스라엘이 과거에 범죄했음에도 불구하고 하나님이 용서하신 이야기를 하다가 현재의 이스라엘의 범죄로 인해서 하나님(의 이름)이 모독을 당하는 상황을 말하면서 하나님이 이스라엘을 심판하실 것이라는 이야기를 한다.

에스겔서 20장은 39절에서 전환을 한다. 39절은 매우 모호한 내용을 담고 있지만 20장의 내용전개를 심판예언에서 구원예언으로 전환하는 기능을 하며 하나님이 이스라엘의 끈질긴 범죄마저도 이겨내신다는 것을 확증시켜 주는 것으로 보인다.[612]

40~44절은 심판 이후의 구원예언이다. 본문의 내용구성은 다음과 같다.

> 40aα 내 거룩한 산에서[613](장소)
> 40aβ 여호와의 말씀이다.
> 40aγ 온 이스라엘 집이 거기서 나를 섬길 것이다.
> 40bα 하나님이 그들을 기뻐하심(받아들임)
> 40bβ 하나님이 그들에게 제사를 요구하심
> 41aα 하나님이 그들의 제사를 받아들임
> 　41aβ 새로운 엑소더스를 할 때(시간: 41aα의 시제)

---

612) R. M. Hals, 136.

613) 하나님이 직접 '‏הר קדשי‎'라는 말을 하신 것은 구약성경에서는 이곳이 유일하다. 이 말은 이사야서에서 주로 나타난다(11장 9절, 56장 7절, 57장 13절, 65장 11절, 25절, 66장 20절, 시편 2편 6절, 요엘서 2장 1절, 4장 17절, 오바댜서 16절, 스바냐서 3장 11절). 에스겔서에서는 ‏הר מרום ישראל‎라는 표현을 사용한다(W. Zimmerli, 『Ezekiel 1』, 417).

41aγ 새로운 엑소더스를 할 때(시간: 41aα의 시제)

41b 하나님의 거룩함을 드러내실 때(시간: 41aα의 시제)

42aα 그들이 하나님을 알게 됨(인지양식소)

42aβ 귀환시킬 때(시간: 42aα의 시제)

42b 하나님이 주시겠다고 약속하신 땅으로(42aβ의 장소)

43a 그들이 자신들의 죄를 기억할 것임(וזכרתם)

43b 그들이 자신들의 죄를 혐오할 것임(ונקטתם)

44aα 그들이 하나님을 알게 됨(인지양식소)

44aβ 하나님이 역사하실 때(시간: 44aα의 시제)

44aγ 하나님의 이름 때문에(44aα의 조건)

44baβ 그들의 범죄대로 하지 않고(44aα의 조건)

44bγ 이스라엘 집아(호명)

44bδ 여호와의 말씀이다.

(2) 용서사상

에스겔서 20장 40~41절에 나오는 하나님의 사역들을 무엇이라고 규정하면 좋겠는가? 그것들은 모두 하나님의 구원사역들인데 본문을 꼼꼼히 읽어 보면 단순히 하나님의 구원사역만을 나열하는 것 같지는 않다. 이 점을 알아보기 위해서 라차<רצה>라는 동사를 눈여겨보기로 하자. 라차<רצה>는 40절과 41절에 나오는데 40b에서는 라차<רצה>와 다라쉬<דרש>가 함께 나온다. 라차<רצה>는 제사전문용어이고 다라쉬 <דרש>는 예언적인 용어이다. 다라쉬<דרש>는 1, 3, 31절에서 부정적인 의미로 사용되었는데 본문에는 긍정적인 의미로 사용되고 있다.614)

라차<רצה>는 '받기를 즐겨하다', '기쁘게 맞아들이다'의 의미를 갖기 때문에 라차<רצה>의 사전적인 의미만을 볼 때에는 본문에 하나님

---

614) W. Zimmerli, 『Ezekiel 1』, 417.

의 용서가 언급되지 않았다고 해야 할 것이다. 그런데 이 라차<רצה> 는 하나님의 마음의 변화를 보여준다. 이스라엘에 맺혔던 하나님의 마음이 풀어지신 것을 뜻한다. 하나님은 이스라엘의 범죄로 인해서 그들에게 진노하시고 그들이 드리는 제사를 받지 않으셨다. 라차<רצה>는 이러한 하나님의 마음이 바뀌신 것을 보여준다. 그래서 하나님이 귀환한 이스라엘 백성들의 제사를 기쁘게 받아들인다는 것에서 하나님의 용서를 유추해 볼 수 있다고 생각된다. 이렇게 40절과 41절의 문맥을 통해서 본다면, 즉 텍스트언어학의 측면에서 본다면 라차<רצה>를 넓은 의미의 용서에 포함시킬 수 있겠다. 그리고 이 라차<רצה>로 인해서 40절과 41절에 언급된 하나님의 구원사역들은 모두 하나님의 「용서」라고 칭할 수 있을 것이다.

(3) 회개사상

43~44절에는 에스겔서의 전형적인 회개용어들인 자카르<זכר>(43a)와 쿠트<קוט>(43b)가 나타난다(야다<ידע>도 42, 44절에 나온다). 그래서 본문에 회개사상이 나타난다고 생각된다. 그러나 할스는 본문이 '회개할 자유'의 부름을 함축하고 있다는 침멀리의 말615)이 전적으로 잘못이라고 말하면서 본문은 회개에 대해서는 전혀 말하고 있지 않으며 범죄에서 나타나는 연대성과 굳건한 은혜에서 나타나는 연속성에 대해서 말하고 있다고 주장한다.616) 그는 본문이 말하는바 과거와 현재를 연결시켜 주는 유일한 고리는 '네가 할 수 있다'는 것이 아니고 '내가 하겠다'는 것이라고 말한다.617) 할스는 회개가 인간의 능동성을 강조하기 때문에 하나님의 절대적이고 주권적인 사역을 강조하는 본

---

615) ibid., 406(R. M. Hals, 143에서 재인용).
616) R. M. Hals, 143.
617) ibid.

문과는 맞지 않다고 생각해서 본문에 회개사상이 없다고 말한 것으로 보인다. 그러나 그는 인간의 현재적인 회개촉구와 하나님에 의해서만 가능한 종말론적인 회개와는 근본적으로 다르다는 사실을 알지 못한다. 할스가 '회개' 개념이 본문에 나타나는 것을 부정한 것은 종말론적인 용서의 개념을 사용하지 않기 때문이다. 본문에 분명히 나타나고 있는 회개사상을 부정하는 것은 어불성설이다.

(4) 문학구조

지금까지 연구해 온 것들을 토대로 해서 본문의 문학구조를 밝혀 보도록 하겠다.

Ⅰ. 용서약속: 제사 40~41절
  A. 제사장소 40aα 내 거룩한 산에서
  (도입구 40aβ 여호와의 말씀이다)
  B. 섬김 40aγ
    1. 섬김 40aγ 온 이스라엘 집이 거기서 나를 섬길 것이다.
    2. 결과 40bα 하나님이 그들을 기뻐하심(받아들이심: 용서)
  C. 제사 40bβ~41b
    1. 요구 40bβ 하나님이 그들에게 제사를 요구하심
    2. 수납 41aα 하나님이 그들의 제사를 받아들임(용서)
    3. 시기 41aβ~41b
      1) 41aβ 새로운 엑소더스를 할 때(시간: 41aα의 시제)
      2) 41aγ 새로운 엑소더스를 할 때(시간: 41aα의 시제)
      3) 41b 하나님의 거룩함을 드러내실 때(시간: 41aα의 시제)
Ⅱ. 용서의 결과: 회개 42~44bα(회개양식)
  A. 하나님을 알게 될 것임 42절

    1. 하나님을 알게 될 것임 42aα(인지양식소)

    2. 상황 42aβ~42b

        1) 시기: 귀환시키실 때 42aβ(42aα의 시기)

        2) 장소: 하나님이 주시겠다고 약속하신 땅으로 42b(42aβ

           의 장소)

  B. 회개할 것임 43절

    1. 죄기억 43a 그들이 자신들의 죄를 기억할 것임(וּזְכַרְתֶּם)

    2. 죄혐오 43b 그들이 자신들의 죄를 혐오할 것임(וּנְקֹטֹתֶם)

  C. 하나님을 알게 될 것임 44aα~44baβ

    1. 하나님을 알게 될 것임 44aα(인지양식소)

    2. 상황 44aβ~44baβ

        1) 시기 44aβ 하나님이 역사하실 때(44aα의 시기)

        2) 조건 44aγ~44baβ

            (1) 하나님의 이름 때문에 44aγ(44aα의 조건)

            (2) 그들의 범죄대로 하지 않고 44baβ(44aα의 조건)

Ⅲ. 종결어 44bγδ

  A. 호명 44bγ 이스라엘 집아

  B. 종결어 44bδ 여호와의 말씀이다.

  이 문학구조에서 보는 대로 에스겔서 20장 40~44절은 전형적인
「용서→회개」 구조를 갖는다. 본문은 귀환을 고대하는 이스라엘 백
성들에게 확신을 불어넣어 주기 위해서 기록된 것으로 보인다.

(5) 비교연구

  침멀리는 과거의 행위를 혐오함으로써 참된 회개가 일어나게 되
며618) 기억·혐오·인식의 3단계는 에스겔서 6장 8~10절에도 나타

난다는 점을 지적한다.[619] 그러나 「용서 → 회개」의 구조에 대해서는 더 이상 논급하지 않는다. 그리고 에스겔서 6장 8~10절에는 회개만 나타날 뿐 하나님의 종말론적인 용서는 나타나지 않기 때문에 본문과는 내용이 조금 다르다는 점은 언급하지 않는다.

그린버그도 역시 마찬가지이다. 그는 기억하고 혐오한다는 복합적인 감정이 6장 9절에서도 나타나는데 6장 9절과 20장 43절은 포로기에 일어날 일이 아니고 회복 후에만 이루어질 일이라고 말함으로써[620] 다른 학자들보다 「용서 → 회개」의 구조를 조금 자세하게 이야기하지만 역시 6장 8~10절과 본문과의 차이점은 이야기하지 않는다.

본문의 특성을 더 잘 알기 위해서 본문내용을 에스겔서 16장 59~63절과 36장 16~38절과 비교해 보기로 하겠다.@@1368

에스겔서 16: 59~63	에스겔서 20: 40~44	에스겔서 36: 16~38
과거의 범죄		과거의 범죄와 심판
	거룩한 산에서 섬김	하나님이름수난/아끼심
	하나님이 제사요구	구원의 동인(긍정, 부정)
	제사수용(용서)	인지양식소
	새로운 엑소더스	새로운 엑소더스
	하나님의 거룩함	귀환
영원한 계약	인지양식소	용서
회개	귀환	새 마음
회개 이전의 회복	회개(죄기억, 혐오감)	규례준수
구원의 동인(부정)	인지양식소	정착

---

618) W. Zimmerli, 『Ezekiel 1』, 417.
619) ibid.
620) M. Greenberg, 『Ezekiel 1-20』, 376.

에스겔서 16: 59~63	에스겔서 20: 40~44	에스겔서 36: 16~38
	하나님의 이름	계약양식소
계약체결약속		
인지양식소		용서
회개		식량문제 해결
회개 이전의 용서		회개
		구원의 동인(부정)
		회개촉구
		폐허재건
		인지양식소
		인구증가
		인지양식소

여기서 보는 것처럼 에스겔서 16장 59~63절보다는 20장 40~44절이 더 진전된 형태를 보이고 그리고 20장 40~44절보다는 36장 16~38절이 더 진전된 형태를 보인다. 이러한 내용구조 비교를 통해서 본문형성의 순서는 ① 16장 59~63절 ② 20장 40~44절 ③ 36장 16~38절로 생각할 수 있겠다.

3) 에스겔서 39장 25~29절[621)

(1) 본문이해

25그러므로 나 주 여호와가 말하노라. 내가 이제 내 거룩한 이름

---

621) 아이히로트는 본문이 에스겔 34~37장에 묘사된 하나님의 구원성취의 요약으로 본다(W. Eichrodt, 『Ezekiel』, 529).

을 위하여 열심을 내어 야곱의 사로잡힌 자를 돌아오게 하며 이스라엘 온 족속에게 긍휼을 베풀지라. 26그들이 그 땅에 평안히 거하고 두렵게 할 자가 없게 될 때에 부끄러움을 품고 내게 범한 죄를 뉘우치리니622) 27곧 내가 그들을 만민 주에서 돌아오게 하고 적국 중에서 모아내어 열국 목전에서 그들로 인하여 나의 거룩함을 나타낼 때에라. 28전에는 내가 그들로 사로잡혀 열국에 이르게 하였거니와 후에는 내가 그들을 모아 고토로 돌아오게 하고 그 한 사람도 이방에 남기지 아니하리니 그들이 나를 여호와 자기들의 하나님인 줄 알리라. 29내가 다시는 내 얼굴을 그들에게 가리지 아니하리니 이는 내가 내 신을 이스라엘 족속에게 쏟았음이니라. 나 주 여호와의 말이니라.

본문은 26a를 어떻게 읽느냐에 따라서 「용서」의 본문으로도 볼 수 있고 또 「용서→회개」의 본문으로도 볼 수 있다. 본문은 「용서→회개」의 본문들인 에스겔서 16장 59~63절, 20장 40~44절, 36장 16~38절과 내용과 형태에 있어서 상당히 유사하다.623) 그래서 본문의 구조상 26a가 「회개」의 의미를 갖고 있는 것으로 볼 수밖에 없고624) 또 본문이 33장에서 39장의 결론에 해당하기 때문에 이런 사

---

622) NRSV와 NJB는 'they forget their disgrace…'로 번역을 한다. LB와 SB도 같은 의미로 옮긴다. 'Sie aber sollen ihre Schmach und alle ihre Sunde, ……, vergessen……'(LB). 'Alors ils oublieront leur opprobre……'(SB). 이에 비해서 Vulgata는 'et portabunt confusionem suam……'으로 번역한다. 그리고 LXX는 καὶ λήμψονται τὴν ἀτιμίαν으로 번역한다. 공동번역은 '이렇게 이스라엘이 고향에 돌아와 아무런 위협도 받지 않고 마음 놓고 살게 되어야 **그동안 받아오던 수치를 벗고 나를 배신하며 저지른 모든 죄를 벗게 될 것이다.**'(고딕체는 필자가 첨가한 것이다)로 번역한다. 이러한 다양한 번역을 통해서 우리는 26a의 뜻이 상당히 모호하다는 것을 알 수 있다.

623) 이러한 사실은 '(5) 비교연구'에서 살피게 될 것이다.

624) '(3). 회개사상'에서 살피겠지만 26a를 본문비평하기보다는 '텍스트언어학'(text-linguistics)에 의해서 본문을 이해하려고 한다.

실에 근거해서 26a를 「회개」로 읽을 수 있을 것이다. 이러한 점들로 인해서 본문을 「용서 → 회개」의 유형에 속하는 것으로 보았다.

먼저 본문의 내용을 살펴본 다음 본문에 용서사상과 회개사상이 어떻게 나타나는지를 찾아보기로 하자.

25aα 사자문체(도입)
25aβ 야곱을 회복시키겠다.[625]
25aγ 이스라엘 모든 집[626]에 자비를 베풀겠다.
25b   나의 거룩한 이름을 아낄 것이다.
26a   그들이 회개할 것이다.
26bα 정착할 때(26a수식)
26bβ 정착할 때(26a수식)
27aα 새로운 엑소더스를 할 때
27aβ 새로운 엑소더스를 할 때
27b   하나님의 거룩함을 보여줄 것이다.
28aα 인지양식소: 하나님을 알게 될 것이다.
28aβ 하나님: 심판하신 분(28aα수식)
28aγ 하나님: 귀환케 하신 분(28aα수식)
28b   완전한 귀환
29a   다시는 얼굴을 돌리지 않겠다.
29bα 영을 부어줌(29a수식)
29bβ 종결어

---

625) 본문은 미래에 일어날 구원을 이야기하는데 하나님의 사역은 여러 나라를 위한 것이 아니고 오직 이스라엘만을 위한 것이다(W. Eichrodt, 『Ezekiel』, 529).
626) 이스라엘과 유다를 가리킨다(H. G. May, 282).

(2) 용서사상

이제는 본문에 하나님의 용서가 어떻게 나타나고 있는지 알아보기로 하겠다. 라함<רחם> 동사가 나오는 25aγ를 보자.

25aγ   וְרִחַמְתִּי כָּל־בֵּית יִשְׂרָאֵל

하나님은 25절에서 이스라엘 백성을 귀환케 하고 그들을 불쌍히 여기고 또 하나님 자신의 이름을 열심히 지키겠다고 말씀하신다. 여기에 귀환과 불쌍히 여기심 그리고 하나님의 이름이라는 에스겔서의 「용서」본문의 전형적인 요소들이 나타난다. 불쌍히 여기심(라함<רחם> 동사)은 에스겔서 20장 40절과 41절에 나오는 라차<רצה>처럼 하나님의 마음의 변화를 뜻한다. 이스라엘 백성에 대한 하나님의 마음이 풀렸다는 것이다. 그래서 불쌍히 여기심이 바로 하나님의 '용서'를 뜻하는 것은 아니지만 본문의 문맥 속에서는 귀환이라는 하나님의 구원사역과 연결되면서 하나님의 용서로 보인다. 이러한 형태는 28b와 29a에서도 나타난다.

그리고 25b에 하나님 사역의 근거가 나오고 있다. 하나님이 그러한 일들을 하신 것은 바로 자신의 거룩한 이름을 아끼기 때문이다. 이것은 에스겔서 36장 16~38절을 연상케 하는데 에스겔서 36장 16~38절처럼 하나님의 강력한 의지가 표명된다. 하나님은 먼저 이스라엘의 귀환을 말한 다음 그들을 용서하고 하나님의 이름을 지키겠다고 말씀하신다. 이것은 에스겔서 36장 16~38절의 핵심내용이다. 그래서 에스겔서 39장 25~29는 36장 16~38을 요약하고 있다고 할 수 있겠다.

(3) 회개사상

이제는 본문에 회개사상이 나타나는지를 알아보기로 하자. 본문에 회개사상이 나타나는지를 알기 위해서는 무엇보다도 26a를 어떻게 읽을 것인지를 결정해야 한다. 앞에서 언급한 것처럼 26a를 어떻게 읽느냐에 따라서 본문의 의미가 달라지기 때문이다. 26a 중에서도 맨 앞에 나오는 나수<וְנָשׂוּ>를 무엇으로 보느냐가 관건이다.627) 그래서 대부분의 학자들이 본문비평에 관심을 기울인다. 그러나 단순한 본문비평으로는 이 구절을 이해하는 데 한계가 있다. 물론 본문비평도 문맥을 고려하겠지만 단어의 뜻을 밝힘으로써 그 단어가 속한 문장을 이해하는 것보다는 그 문장이 속한 문단의 문맥을 파악하고 그 문맥에 근거해서 문장과 단어의 뜻을 결정하는 좋겠다. 그래서 ‘텍스트언어학’적인 개념을 사용해서 26a를 읽어 내려고 한다.

그러면 26a를 좀더 자세하게 살펴보자.

26a וְנָשׂוּ אֶת־כְּלִמָּתָם וְאֶת־כָּל־מַעֲלָם אֲשֶׁר מָעֲלוּ־בִי

나수<וְנָשׂוּ>를 정확하게 이해하기 위해서는 26a에 나오는 켈림마<כְּלִמָּה>라는 단어의 용례를 살펴보아야 하는데 이 단어는 구약성경에서 모두 30회 사용되었다.628) 그런데 이 단어는 에스겔서에서만 13회나 사용되어서 이 단어가 에스겔서의 특징적인 어휘임을 알 수 있다. 이 단어는

---

627) 한글성경개역과 표준새번역은 이스라엘 백성의 ‘회개’의 의미로 번역을 한다.
628) 이사야서 30장 3절, 45장 16절, 50장 6절, 61장 7절, 예레미야서 3장 25절, 20장 11절, 51장 51절, 에스겔서 16장 52절(2회), 54절, 63절, 32장 24, 25, 30절, 34장 29절, 36장 6, 7, 15절, 39장 26절, 44장 13절, 미가서 2장 6절, 시편 4편 3절, 35장 26절, 44장 16절, 69장 8, 20절, 71장 13절, 109장 29절, 잠언서 18장 13장, 욥기 20장 3절.

에스겔서 16장, 32장, 36장에서 주로 사용되었다. 그런데 이 단어가
사용된 본문들을 살펴보면 나사<נָשָׂא>와 같이 사용되는 것을 알 수 있
다. 이러한 사실들에 의해서 나사<נשׂא>와 켈림마<כלמה>가 결합된 형
태는 에스겔서의 독특한 형태라고 할 수 있을 것이다. 그래서 26a의
나수<נָשׂוּ>는 나사<נשׂא>에서 파생된 것으로 보아야 할 것이다.629)

이렇게 말을 해도 26a의 의미는 아직도 모호하다. 나사<נשׂא>와 켈
림마<כלמה>가 결합되어 나타날 때 대부분이 회개를 촉구하는 명령형
으로 사용되고 또 구원예언보다는 심판예언에서 많이 발견된다. 과
연 이 구절을 어떻게 해석해야 할 것인가? 본문의 전개과정을 통해
서 이 구절이 의미하는 바를 명확하게 밝혀 보도록 하자.

25절에는 '귀환'과 '하나님의 용서'와 '지키심'들이 언급되고 있다.
그리고 26절 이후에는 이스라엘의 귀환 후의 일이 언급된다. 이스라
엘의 귀환 후의 삶은 하나님의 용서 이후의 삶이다. 그래서 논리적
으로 생각해 보면 '그들이 그들의 수치를 잊는다'나 '수치를 벗는다'
로 번역하는 것보다 개역이나 표준새번역이 번역하는 것처럼, 26a가
이스라엘 백성들의 미래적인 회개를 말하고 있다고 보아야 할 것이
다. 하나님의 용서를 언급하고 나서 이스라엘 백성들이 그들의 수치
를 잊는다거나 수치를 벗는다고 말하는 것은 적절치 못하다고 생각
된다. 그리고 26a를 이스라엘 백성들이 과거에 범한 그들의 죗값을
귀환과 용서받음 이후에 새삼스럽게 치러야 된다는 것으로는 볼 수
가 없다. 그래서 26a의 웨나수 에트-켈림마탐<וְנָשׂוּ אֶת־כְּלִמָּתָם>은
'그들이 수치스러워 할 것이다'로 읽어야 하는 것이다.

---

629) Walter Baumgartner und Johann Jakob Stamm, 『Hebräisches und Aramäisches
Lexikon zum Alten Testament von Ludwig Koehler und Walter Baumgartner,
Lieferung Ⅲ נבט—ראה』(Leiden: E. J. Brill, 1983), 683b.

지금까지 살펴본 것처럼 문장구성이 모호하고 문법적으로도 불분명하다고 해도 26a는 본문의 문맥에 의해서 「회개」의 의미를 갖는 것으로 이해할 수밖에 없는 것이다. 이렇게 해서 본문이 용서와 회개의 특수문학형태, 즉 「용서 → 회개」의 문학형태를 갖는 것으로 판단된다.

우리가 앞에서 살펴본 것처럼 에스겔서에서 「회개」의 정형적인 형태는 자카르<זכר>, 쿠트<קוט>, 칼람<כלם>, 보쉬<בוש>(그리고 야다<ידע>) 등을 사용한다. 이것은 에스겔서 6장 8~10절에서 살펴보았다. 그런데 39장 25~29절을 통해서 우리는 이러한 정형적인 「회개」의 형태와 나사<נשא>와 켈림마<כלמה>가 결합되어서 사용되는 회개촉구 또는 「회개」의 형태가 있음을 알게 되었다.

(4) 문학구조

지금까지 연구해 온 것들을 토대로 해서 본문의 문학적인 구조를 밝혀 보기로 한다.

Ⅰ. 도입구 25aα(사자문체)
Ⅱ. 구원약속: 용서와 회개 25aβ~26절
　A. 용서 25aβ~25b
　　1. 귀환케 하실 것임 25aβ
　　2. 용서하실 것임 25aγ 이스라엘 모든 집에 자비를 베풀겠다.
　　3. 하나님이 자신의 이름을 아끼실 것임 25b
　B. 용서의 결과: 회개할 것임 26절
　　1. 회개할 것임 26a 수치스러워 할 것임(ונשאו את־כלמם)
　　2. 회개시기 26b

1) 귀환할 때 26bα(26a 수식)

2) 정착할 때 26bβ(26a 수식)

Ⅲ. 구원의 결과: 하나님을 알게 될 것임 27~28절(ידע 동사)

A. 시기 27aα 새로운 엑소더스를 할 때

27aβ 새로운 엑소더스를 할 때

B. 목적 27b 하나님의 거룩함을 보여줄 것이다.

C. 결과 28절 하나님을 알게 될 것이다(인지양식소).

1. 하나님: 심판하신 분 28aβ(28aα 수식)

2. 하나님: 귀환케 하신 분 28aγ~28b(28aα 수식)

Ⅳ. 구원약속 29a~29bα

A. 외면하지 않을 것임 29a 다시는 얼굴을 돌리지 않겠다.

B. 영을 부어주심 29bα(29a 수식)

Ⅴ. 종결어 29bβ

이렇게 보면, 본문은

a 도입구

b 구원약속: 용서와 회개

c 구원의 결과(하나님을 알게 될 것임)

b' 구원약속

a' 종결어

로 되어 있어서 전체적으로 교차대칭구조를 갖고 있다.

그러면 에스겔서 39장 25~29절은 언제 어디서 만들어졌을까? 에스겔서 39장 25~29절을 다른 본문들과 비교해 보면 이스라엘의 귀환이 강조되고 있어서(28절), 본문은 귀환이 점점 확실해져 가는 포

로기 후기에 포로들에게 확신을 주기 위해서 기록되었다고 추정할
수 있다.

(5) 비교연구

　본문의 내용을 더 잘 이해하기 위해서 본문의 내용 구성요소들을
에스겔서 16장 59~63절, 20장 40~44절, 36장 16~38절의 내용 구
성요소들과 비교해 보겠다.

16장 59~63절	20장 40~44절	36장 16~38절	39장 25~29절
과거의 범죄		과거의 범죄와 심판	
	거룩한 산에서 섬김	하나님이름	
	하나님이 제사요구	구원의 동인	
	제사수용(용서)	인지양식소	
		———————	
	새로운 엑소더스	새로운 엑소더스	
	하나님의 거룩함	귀환	귀환
영원한 계약	인지양식소	용서	용서(자비 베풂)
회개	귀환	새 마음	하나님이름
회개 이전 회복	회개(죄기억, 혐오감)	규례준수	회개
구원의 동인	———————	정착	－정착
———————	인지양식소	계약양식소	새로운 엑소더스
계약체결약속	하나님의 이름	———————	거룩하심

　여기서 보는 것처럼 에스겔서 39장 25~29절은 다른 본문들과 공
통되는 요소들을 많이 갖는다. 계약양식소를 제외한 기본적인 요소
들은 거의 다 나타난다.

4) 연구결과

1. 지금까지 에스겔서에 나타나는 「용서 → 회개」의 본문들인 16장 59~63절과 20장 40~44절 그리고 39장 25~29절을 살펴보았다. 이 세 본문에는 공통된 요소들이 여럿 나타나고 있다(이끌어내심의 양식소, 이끌어들이심의 양식소, 용서양식소, 회개양식소, 하나님의 이름, 계약양식소, 인지양식소).

2. 이 공통요소들 가운데서 「회개」는 다른 요소들에 비해서 훨씬 더 전형적인 형태를 갖고 나타난다.

16장 61절:	זכר +			כלם + ידע
16장 63절:	זכר +	בוש +		כלם
20장 43, 44절:	זכר +		קוט +	ידע
(39장 26~28절:		וְעָשׂוּ אֶת־כָּל־מֶהֶם +		ידע)

그래서 에스겔서의 이 본문들은(39장은 변형된 형태를 보이지만) '결과로서의 회개', 즉 용서 / 구원 이후에 나타나는 회개를 강조한다고 할 수 있겠다.

3. 그리고 이 세 본문에는 살라흐<סלה>는 나타나지 않지만 「용서」의 의미를 갖는 다른 어휘들이 사용되었다. 그것들은 카파르<כפר>(16장)와 라차<רצה>, 바아소트...레마안 쉐미<בעשותי......למען שמי>(20장), 라함<רחם>(39장) 등이다. 그렇기 때문에 이 본문들에서 우리는 인간의 회개를 촉발시키는 하나님의 구원사역을 「용서」로 규정할 수 있다.

4. 이렇게 보면 이 세 본문에 「용서」와 「회개」의 요소들이 모두

나타나는 것이다. 세 본문 가운데서 가장 전형적인 「용서 → 회개」
형태는 에스겔서 20장 40~44절에서 나타난다.

　Ⅰ. 용서: 제사 40~41절
　Ⅱ. 회개 42~44bα(회개양식)
　　A. 하나님을 알게 될 것임 42절
　　B. 회개할 것임 43절
　　　1. 죄기억 43a 그들이 자신들의 죄를 기억할 것임(וּזְכַרְתֶּם)
　　　2. 죄혐오 43b 그들이 자신들의 죄를 혐오할 것임(וּנְקֹטֹתֶם)
　　C. 하나님을 알게 될 것임 44aα~44bβ
　Ⅲ. 종결어 44bγ−δ

　5. 그래서 위의 세 본문은 에스겔서 36장 16~38절과 더불어 용서
와 회개의 문학양식, 즉 하나님의 용서와 구원의 결과로서 나타나는
회개의 구조(「용서 → 회개」)를 갖는다.

Ⅳ장 결 론

　　본 연구의 연구목적은 에스겔서에 하나님의 구원사역 또는 죄용서의 결과로서의 회개사상과 이것을 표현해 주는 문학구조(「용서 → 회개」)가 나타나는지를 알아내는 것이다. 지금까지의 연구를 통해서 밝혀진 사실들을 정리해 보겠다.

　　1. '용서(容恕)'와 '회개(悔改)'는 성경 기자들에 따라서 여러 어휘에 의해서 다양하게 표현된다. 「용서」와 「회개」의 동의어들을 찾아내는 작업을 통해서 여러 본문에서 나타나는 하나님의 사역과 인간의 행위를 「용서」와 「회개」로 명명한다.

　　2. Ⅱ장에서 살펴본 것처럼, 통상 '용서하다'로 직접 번역할 수 있는 살라흐<סלח> 외에도 문장 속에서 용서의 의미를 갖는 단어들이 여럿 있다. 에스겔서에서는 타하르<טהר>, 카파르<כפר>, 라함<רחם>, 라차<רצה>, 야샤<ישׁע>, 로 자카르<לא זכר> 등이 넓은 의미의 죄용서를 표현하는 데 사용되었는데, 중요한 관련 본문은 16장 63절(카파르<כפר> 동사), 20장 40, 41절(라차<רצה> 동사), 36장 25절, 36절(타하르<טהר> 동사), 29절(야샤<ישׁע> 동사), 39장 25절(라함<רחם> 동사)이다.

3. 회개는 ‘회개하다’로 직접 번역할 수 있는 슈브<שוב>와 니함<נחם>
외에도 회개의 구체적인 모습을 보여주는 자카르<זכר>와 보쉬<בוש>
그리고 칼람<כלם>과 쿠트<קוט> 등으로도 표현되며, 이 단어들은 에스
겔서에서 야다<ידע>와 결합해서 독특한 문학양식을 이룬다.

6장 9, 10절:	זכר +	קוט +	ידע
16장 61절:	זכר +		כלם + ידע
16장 63절:	זכר +	בוש +	כלם
20장 43, 44절:	זכר +	קוט +	ידע
36장 31절:	זכר +	קוט +	(ידע)
(39장 26~28절:	ותשו את־כלמתם +		ידע)

여기서 보는 것처럼 에스겔서에서 용서 이후의 회개는 (자카르<זכר>)
+(쿠트<קוט>, 칼람<כלם>, 보쉬<בוש>)+(야다<ידע>)의 형태로 나타나는
것을 알 수 있다(39장에는 변형된 형태가 나타난다). 이러한 독특한
회개문학형태는 에스겔서에만 나오고, 6장 8~10절을 제외하고는 모
두 이스라엘 백성들이 이방에서 포로생활을 하면서 귀환을 기다리는
상황에서 발생했다. 우리는 이것을 ‘회개양식’으로 명명할 수 있을 것
이다. 여기서 보는 것처럼 에스겔서의 이 구절들은 ‘결과로서의 회개’,
즉 용서 / 구원 이후에 나타나는 회개를 강조한다고 할 수 있겠다.

4. 「용서」와 「회개」가 함께 나타나는 본문들은 에스겔서 36장 1
6~38절 외에, 에스겔서 16장 59~63절, 20장 40~44절, 39장 25~29
절이다. 이 네 개의 본문에서 우리는 「용서 → 회개」 문학양식을 발
견한다.

5. 이 본문들에는 다음 요소들이 나타난다.

  a. 귀환양식
    ① 이끌어내심의 양식소
    ② 이끌어들이심의 양식소
    ③ 정착케 하심의 양식소
  b. 용서와 회개양식
    ①「용서」양식소
    ②「회개」양식소
  c. 하나님과 이스라엘의 관계양식
    ① 하나님의 이름
    ② 계약양식소
    ③ 인지양식소

  6.「용서」와「회개」가 나타나는 구원예언양식들을 발전사적인 측면에서 보면 포로기 초기와 중기에「용서」와「회개」예언양식들과 불완전한 형태의「용서 → 회개」예언양식들((「용서」) →「회개」나「용서」→(「회개」) 형태)이 먼저 나타나고, 그 다음 포로기 후기에 완전한 형태의「용서 → 회개」예언양식이 나타난 것으로 보인다.

  7. 에스겔서 36장 24~28절에는 이스라엘 백성들이 이방 땅에서 포로생활을 하던 가운데 선포되는 구원예언 가운데「용서」예언의 전형적인 형태(구원사역-구원사역의 결과 '인지양식소 또는 계약양식소')가 나타난다.

  1. 구원사역 24~28a
    1) 귀환케 하심 24절
      (1) 이끌어내심의 양식소 24a
        ① 나라들로부터 취하고 24aα(לקחתי)

② 모든 땅들로부터 모아서 24aβ(קבצתי)

(2) 이끌어들이심의 양식소 24b(הבאתי) 너희들의 땅으로……

2) 용서하심 25절

(1) 정결예식 25a(זרקתי)

① 깨끗한 물을 뿌려서 25a

② 너희들이 깨끗해질 것이다 25a

(2) 정결케 하심 25b(אטהר)

① 너희들의 모든 더러운 것들로부터 25bα

② 너희들의 모든 우상들로부터 25bβ

③ 너희들을 깨끗하게 할 것이다 25bγ

3) 마음을 변화시켜서 규례를 지키게 하심 26~27절

(1) 마음을 변화시키심 26~27a

① 새 마음을 주심 26aα(נתתי)

② 새 영을 주심 26aβ(אתן)

③ 돌의 마음을 제하고 26bα

④ 몸의 마음을 주심 26bα(נתתי)

⑤ 하나님의 영을 주심 27a(אתן)

(2) 법과 규례를 지키게 하심 27b(עשיתי)

① 내 율례를 따르고 27bα

② 내 법들을 준수하며 27bβ

③ 행하게 하겠다 27bγ

4) 정착케 하심 28a ישבתי

(1) 장소 28aα 그 땅에

(2) 수식 28aβ 조상들에게 준

2. 구원사역의 결과: 계약체결 / 관계회복 28bα−β(계약양식소)

8. 그리고 에스겔서 36장 29~32절에는 「용서 → 회개」의 전형적인

형태가 나타난다.

용 서

29a	더러움에서 구해줌(וחושעתי: 용서)	
29bα – β	식량을 풍부하게 해줌(a)	
29bγ	기근이 일어나지 않게 함(b)	(구원 / 회복)
30a	식량을 풍부하게 해줌(a)	
30b	기근이 일어나지 않게 함(b)	

회 개

31a　　　　범죄를 기억함(זכרתם: 회개)

31b　　　　죄악을 견딜 수 없어 함(נקטתם: 회개)

9. 신학적인 측면에서 보면 '하나님의 은혜', 특히 죄를 용서하시는 하나님의 은혜는 범죄한 인간의 삶이 지속될 수 있는 유일한 원동력이라고 할 수 있을 것이다. 그런데 지금까지 많은 구약학자들이 하나님의 은혜를 지나치게 포괄적으로 이해함으로써 인간의 회개와 하나님의 용서의 관계를 모호하게 만들거나 아니면 인간의 회개와 하나님의 용서가 엮어 내는 다양한 형태를 대체로 「회개→용서」의 구조에서만 설명해 왔다.

10. 그러나 비록 특정한 시기이기는 하나 용서와 회개의 특수문학 형태인 「용서→회개」 구조로 인간의 범죄와 하나님의 은혜의 관계를 설명하려는 신학을 전개한 때가 있었다.

11. 바벨론 포로기를 중심으로 해서 용서와 회개의 요소들이 나타나는 문학적인 형태가 변화되었다. 바벨론 포로기는 중요한 사건들

을 기준해서 포로기 초기(598~581년)와 포로기 중기(580~562년)와 포로기 후기(561~538년)로 나눌 수 있는데 여호야긴이 복권하는 것으로 시작되는 포로기 후기에 들어가면서 「용서 → 회개」라는 문학형태가 굳어진 것으로 보인다. 그런데 용서와 회개사상의 분명한 전환은 예레미야서에서 나타나기 시작하고 에스겔서에 들어와서 분명한 형태를 갖추게 되었다고 할 수 있을 것이다. 그래서 하나님의 죄용서 이후에 나타나는 인간의 회개(「용서 → 회개」)라는 특수한 문학형태는 다른 예언서들보다 에스겔서에서 분명하게 나타난다.

12. 「용서 → 회개」의 문학구조는 주전 562년 느부갓네살의 사망으로 인한 561년 여호야긴의 복권을 계기로 해서 뚜렷하게 형성되었으며 539년 고레스의 칙령에 의한 포로들의 예루살렘 귀환에서 정점에 이른다. 그래서 「용서 → 회개」의 문학구조는 561~539년에 명확한 형태를 갖춘 것으로 보인다. 당시 바벨론의 유대인 포로 공동체는 시대의 변화에 따라서 새롭게 시작될 그들의 미래 공동체가 하나님의 죄용서함을 받아서 회개하는 공동체로 생각했다. 그들의 회복 프로그램은 하나님의 죄용서와 이로 인한 이스라엘의 극적인 회개라는 틀 속에서 전개되었다. 이것은 여호야긴의 복권과 당시의 국제정세의 변화가 이스라엘의 회개에 의한 것이 아니었기 때문에 그 당시의 상황을 「회개 → 용서」라는 기존의 신학적인 구조로는 이야기할 수 없었음을 보여준다. 「회개 → 용서」의 틀을 극복하기 위해서 제시된 「용서 → 회개」는 현재적인 것이 아니고 미래적인 것이며 또 이스라엘을 각 시대별로 구분해서 그들의 결단과 책임을 촉구하는 것이 아니고 전 이스라엘을 공시적으로 보는 관점에서 이야기된다.

13. 이것이 지금까지 해 온 작업의 결과이다. 에스겔 이후에 죄·심판·회개·용서의 관계가 어떻게 이해되었는지는 앞으로 연구할

과제이다. 그러나 예레미야서630)를 거쳐서 에스겔서에 들어와 분명한 형태를 갖춘 「용서 → 회개」 사상이 그 이후에는 어떻게 되었는지 잠깐 언급하는 것도 좋을 듯하다. 포로기 말기, 즉 고레스의 칙령으로 인한 유대인 포로들의 귀환을 예견하는 상황에서는 「범죄 → 심판」을 전제하는 「용서 → 회개」의 틀마저 사라지게 된다. 그리고 바벨론에서 포로생활을 하던 유대인들은 고레스의 칙령선포를 통해서 놀라운 하나님의 용서를 체험하게 되었다.631) 그러다가 포로기 이후에 예루살렘 공동체가 형성되면서부터는 「용서 → 회개」가 사라지고 다시 「회개 → 용서」의 형태를 갖게 된 것으로 보인다.

14. 「용서 → 회개」라는 문학구조는 '「용서 → 회개」의 신학'을 반영하는데 이것은 인간의 회개불가능성을 인식하게 되면서 그러한 상황을 뛰어넘기 위해 제시되었으며 당시 상황을 설명해 낼 수 없는 기존의 '「회개 → 용서」의 신학'을 극복하려는 것이었다.632)

---

630) 예레미야서 24장 4~7절.

631) 우리는 이러한 모습을 제2이사야서의 어느 구절에서 본다. 그래서 필자는 주전 561년 이후에서 제2이사야 등장 이전 시기 동안에 용서와 회개의 특수문학형태인 「용서 → 회개」의 분명한 틀이 생겨난 것으로 추정한다. 이사야서 52장 1~12절을 예로 들어보자. 본문은 1~2절, 3~6절, 7~10절, 11~12절로 나누어진다. 1~2절은 이스라엘에 대한 구원선포이다. 그리고 3~6절에는 중요한 사상들이 나타나는데 3절은 구원선포이고, 4절은 이스라엘 백성들이 까닭 없이 포로가 되었다고 말하고 5절은 그들을 잡아간 사람들이 "내 이름을 항상 더럽히도다."라고 말씀하신다. 6절은 "내 백성이 내 이름을 알리라."고 말한다. 본문은 이스라엘의 죄에 대해서 언급하지 않는다. 죄를 언급하지 않을 뿐만 아니라 이스라엘 백성은 죄가 없다고 말한다. 이것은 매우 독특한 사상이다. 그래서 여기에는 회개나 용서와 같은 요소가 나타날 여지가 없다. 그리고 이스라엘 백성이 하나님의 이름을 더럽힌 것이 아니고 포로로 잡아간 사람들이 하나님의 이름을 더럽힌다고 말한다. 그래서 본문은 에스겔서 36장 16~38절의 사상과는 다르다. 7~10절은 구원선포와 귀환의 모티프가 나타난다. 11~12절에는 출애굽 모티프가 나타난다. 이런 점에서 본다면 본문은 에스겔서 36장 16~38절보다 늦게 만들어진 것으로 보인다. 이러한 것들은 필자가 세우는 가설이고 분명한 사실을 밝혀내기 위해서는 앞으로 더 연구해야 할 것이다.

15. 지금까지 살펴본 것처럼 인간의 회개가 없음에도 나타나는 하나님의 용서, 인간의 회개를 촉발시키는 하나님의 용서를 인간의 회개보다 앞세우는 이 놀라운 신학과 이 신학사상을 표현해 주는 용서와 회개의 특수문학형태는 바벨론 포로기 중기에서 후기로 넘어가는 무렵 여호야긴의 석방을 전후해서 일어난 이스라엘의 현실적인 체험에서 비롯되었으며 포로기 후기에 분명한 문학형태를 갖추게 되었다. 그리고 포로기 이후에는 다시 「회개→용서」의 구조에 흡수되었다.

16. 이 사상은 다시 묵시문학에서 인간의 모든 가능성을 부정하는 종말론적인 신앙과 희망으로 표출되었고 기독교로 넘어와서 예수 그리스도의 사건 속에서 완성된 것으로 볼 수 있을 것이다.633) "우리가 아직 죄인 되었을 때에 그리스도께서 우리를 위하여 죽으심으로 하나님께서 우리에게 대한 자기의 사랑을 확증하셨느니라."(로마서 5장 8절)

---

632) 물론 그렇다고 해서 「회개→용서」의 신학이 전적으로 포기된 것은 아니다. 인간의 범죄와 하나님의 심판과 용서의 문제는 원칙적으로 「회개→용서」의 틀에서 이야기될 수밖에 없고 하나님의 심판이 갖는 양면성으로 인해서 「회개→용서」와 「용서→회개」를 오갈 수밖에 없는 것이기 때문이다.
633) "The story of Jesus is the answer to Ezekiel."(J. Duncan M. Derrett, "Impurity and Idolatry: John 13, 11, Ezekiel 36, 25", Biblia e Oriente 34(1992), 92.

<h1 style="text-align:right">참고문헌</h1>

일러두기: 한 저자의 책이 2권 이상인 경우, 그리고 논문이 2편 이상인 경우에는 책명과 논문의 알파벳순으로 기재한다.

Ⅰ. 한국서(韓國書)

1. 성경

개역
공동번역
표준새번역

2. 참고도서들

강사문, 「고대 이스라엘의 삼대 명절(ᴊᴨ)과 기독교 축제」, 장신논단 제1집(1985년), 183~210.

강사문, 「구약의 헤렘(ḥerem) 사상에 대한 연구」, 교회와 신학 제20집(1988년), 18~19.

강사문, 「복에 대한 성서적 이해」, 교회와 신학 23, 장로회신학대학교, 1991, 17~47.

강사문, 「신약성경에 나타난 구약인용문 연구」, 장신논단 제8집(1992년), 7~34.

강사문, 「살인금지에 대한 연구」, 교회와 신학 제22집(1990년), 77~97.

김영일, 「가난한 자들에 대한 이사야의 이해」, 신학사상 63(1988년 겨울), 939~942.

김영일, 「아모스서에 나타난 이스라엘의 예배언어」, 신학사상 65(1989년 여름), 259~290.

김욱동, 『대화적 상상력-바흐친의 문학이론』, 서울: 문학과 지성사, 1988.

김정우, 「새 창조에 나타난 성령의 사역: 새언약의 영-에스겔 36: 22~32」, 신학지남 241(1994. 가을. 겨울호), 55~76.

김중은, 「참예언자와 거짓예언자의 영성비교연구」, 기독교사상 396호(35 / 12, 1991년), 81~97.

김중은, 「레위기 연구서설」, 기독교사상 365호(33 / 5, 1989년), 212~225.

김중은, 「레위기의 5대 제사」, 기독교사상 366호(33 / 6, 1989년), 222~235.

김중은, 「제사장의 제사지침과 이스라엘의 제사예배 시작」, 기독교사상 367호(33 / 7, 1989년), 221~235.

김중은, 「레위 청정법」, 기독교사상 368호(33 / 8, 1989년), 223~235.

김중은, 「속죄일과 속죄의 피」, 기독교사상 370호(33 / 10, 1989년), 229~241.

김중은, 「거룩한 백성의 일상생활 윤리지침」, 기독교사상 371호(33 / 11, 1989년), 228~241.

김중은, 「제사장의 윤리지침」, 기독교사상 372호(33 / 12, 1989년), 213~223.

박동현, 『주께서 나를 이기셨으니-설교를 위한 예레미야서 연구』, 서울: 한국성서학연구소, 1995.

박찬기 외, 『수용미학』, 서울: 고려원, 1992.

신기철, 신용철 편저, 『새 우리말 큰 사전』, 하(ㅇ-ㅎ), 서울: 주식회사 삼성이데아, 1988[12].

여홍상 엮음, 『바흐친과 문화이론』, 현대의 문학이론 24, 서울: 문학과 지성사, 1995.

왕대일, 「땅에 대한 구약성서적 이해-브루지만의 The Land를 중심으로」, 기독교사상 312호(29 / 9, 1984년), 19~31.

왕대일, 「생명경외의 성서적 근거」, 기독교사상 403호(36 / 7, 1992년), 7~17.

왕대일, 「시내산 전승단락(출 19: 1~민 10: 10)의 맥락에서 본 레위기 11~15장」, 기독교사상 394호(35 / 10, 1991), 113~143.

이달, 「21세기를 맞이하는 신약성경연구」, 대한예수교장로회총회교육부 편, 21세기와 예수 그리스도, 교육자료 17, 서울: 한국장로교출판사, 1995, 95~106.

이동수, 「수사비평의 의의-호세아서를 중심으로」, 교회와 신학 제24집(1992), 장로회신학대학교.

이명섭 편,『세계문학비평용어사전』, 서울: 을유문화사, 1985, 1993.

이상섭,『문학비평용어사전』, 서울: 민음사, 1976, 1992.

이종록,「독자중심의 독서이론－성경읽기에의 적용에 대한 제안」, 신학과 문화 4집(1995), 417～429.

이종록,「아모스 2: 6～16연구」, 신학이해 제9집(1991), 호남신학대학, 90～103.

이종록,「포로공동체」, 신학과 문화 창간호, 1992, 장로회대전신학교 교수논문집.

이종록,「회개의 종말론적인 이해에 대한 연구」, 미간행석사학위논문, 장로회신학대학교, 1989.

임우기,「'매개'의 문법에서 '교감'의 문법으로－'소설문체'의 비판적 검토」, 문예중앙 1993 여름호, 356～398.

장영일,「구약의 종말론(Ⅰ)」, 장신논단 제7집(1991년), 7～35.

장영일,「구약의 종말론(Ⅱ): 부활사상」, 장신논단 제9집(1993년), 247～271.

장영일,「신명기에 나타난 이스라엘 제의의 중앙화」, 교회와 신학 제24집(1992년), 30～59.

장영일,「'하나님 나라'와 중보자: 유형론적 고찰(Ⅰ)」, 교회와 신학 제26집(1994년), 124～149.

정중호,「에브라임은 어리석은 비둘기－호세아 4～10장」, 그말씀, 1994년 9월호, 137～147.

정중호,『이스라엘역사』, 서울: 대한기독교서회, 1994.

차봉희, 편저,『독자반응비평』, 서울: 고려원, 1993.

차봉희,『수용미학』, 서울: 문학과 지성사, 1985.

차봉희,『현대사조 12장』, 12장총서, 서울: 문학사상사, 1981.

텍스트연구회 편,『텍스트언어학 1』, 서울: 서광학술자료사, 1993.

텍스트연구회 편,『텍스트언어학 2』, 서울: 도서출판 박이정, 1994.

홍성호,『문학사회학－골드만과 그 이후』, 현대의 문학이론 23, 서울: 문학과 지성사, 1995.

Ⅱ. 외국서(外國書)

1. 성 경

『Biblia Hebraica Stuttgartensia』(=BHS)
『Biblia Sacra Vulgata』(=Vulgata)
『Lutherbibel erklärt』(=LB)
『The New Jerusalem Bible』(=NJB)
『New Revised Standard Version』(=NRSV)
『La Sainte Bible』(=SB)
『Septuaginta』, ed. by Alfred Rahlfs.

2. 참고도서들

Abrahams, M. H., 『A Glossary of Literary Terms』, 최상규 역, 『문학용어사전』, 서울: 대방출판사, 1985, 1987.

Ackroyd, P. R., 『Exile and Restoration—A Study of Hebrew Thought of the Sixth Century B.C.』, Philadelphia: The Westminster Press, 1968.

Allen, L. C., 『The Book of Joel, Obadiah, Jonah and Micah』, NICOT, Grand Rapids, Michigan: William B. Eerdmans Publishing Company, 1976.

Allen, 『Ezekiel 1−19』, WBC 28, Dallas, Texas: Word Books, Publisher, 1994.

Allen, 『Ezekiel 20−48』, WBC 29, Dallas, Texas: Word Books, Publisher, 1990.

Albertz, R., 『Religionsgeschichte Israels in alttestamentlicher Zeit』(1992), John Bowden, tr., 『A History of Israelite Religion in the Old Testament Period, Volume I: From the Beginnings to the End of the Monarchy』, OTL, Louisville, Kentucky: Westminster John Knox Press, 1994.

Albertz, 『Religionsgeschichte Israels in alttestamentlicher Zeit』(1992), John Bowden, tr., 『A History of Israelite Religion in the Old Testament Period, Volume Ⅱ: From the Exile to the Maccabees』, OTL, Louisville, Kentucky:

Westminster John Knox Press, 1994.

Alter, R., 『The Art of Biblical Narrative』, New York: Basic Books, Inc., Publishers, 1981.

Anderson, B. W., 『Understanding the Old Testament』, Englewood Cliffs, New Jersey: Prentice-Hall, 1986.

Anderson, "Exodus Typology in Second Isaiah", in Anderson, B. W. and Harrelson, W., ed., 『Israel's Prophetic Heritage, Essays in Honor of James Muilenburg』, New York: Harper & Brothers, Publishers, 1962, 177~195.

Atkins, G. D. & Morrow, L., 『Contemporary Literary Theory』, Macmillan, 1989.

Aune, D. E., "Repentance", 『The Encyclopedia of Religion, v.12』(1987), 337~342.

Bakhtin, M. M. & Medvedev, P. N., 『ormal'nyi metod v literaturovedenii kriticheskoe vvedenie v sotsiologicheskuiu poetiku』, Wehrle, A. J., tr., 『The Formal Method in Literary Scholarship-A Critical Introduction to Sociological Poetics』, Cambridge: Harvard University Press, 1985.

Baltzer, D., 『Ezechiel und Deuterojesaja』, BZAW 121, Berlin and New York: Walter de Gruyter, 1971.

Bar-Efrat, S., 『Narrative Art in the Bible』, Shefer-Vanson, D., ed., Sheffield: The Almond Press, 1989.

Barr, J., 『The Bible in the Modern World』, London: SCM Press, 1973, 1990.

Barstad, H. M., "No Prophets? Recent Developments in Biblical Prophetic Research and Ancient Near Eastern Prophecy", JSOT 57, 1993, 39~60.

Barth, H., 『Die Jesaja-Worte in der Josiazeit』, WMANT 48. Neukirchen-Vluyn: Neukirchener, 1977.

Barton, J., "Form Criticism(OT)", ABD v.2, 838~841.

Baumgartner, W., 『Hebräisches und Aramäisches Lexikon zum Alten Testament von Ludwig Koehler und Walter Baumgartner, Lieferung I א—טבה』, Leiden: E. J. Brill, 1967.

Baumgartner, 『Hebräisches und Aramäisches Lexikon zum Alten Testament von Ludwig Koehler und Walter Baumgartner, Lieferung II נבט—טבח』, Leiden: E. J. Brill, 1974.

Baumgartner, W. und Stamm, J. J., 『Hebräisches und Aramäisches Lexikon zum Alten Testament von Ludwig Koehler und Walter Baumgartner, Lieferung Ⅲ 『ראה−נבט』, Leiden: E. J. Brill, 1983.

Bleek, F., 『Einleitung in die Heilige Schrift, Erster Teil: Einleitung in das Alte Testament』, 4th ed., Julius Wellhausen, Berlin: G. Reimer, 1878.

Blenkinsopp, J., 『A History of Prophecy in Israel−From the Settlement in the Land to the Hellenistic Period』, Philadelphia: The Westminster Press, 1983.

Boadt, L., "Ezekiel,Book of", ABD v.2, 714∼720.

Boadt, "Textual Problems in Ezekiel and Poetic Analysis of Paired Words", JBL 97 / 4, 1978, 351∼363.

Bodine, W. R., ed., 『Linguistics and Biblical Hebrew』, Winona Lake, Indiana: Eisenbrauns, 1992.

Bright, J., 『Covenant and Promise−The Prophetic Understanding of the Future in Pre−Exilic Israel』, Philadelphia: The Westminster Press, 1976.

Bright, 『A History of Israel』, Philadelphia: The Westminster Press, 1981.

Bright, 『Jeremiah−A New Translation with Introduction and Commentary』, AB., Garden City, New York: Doubleday & Company, Inc., 1965, 1981.

Brinker, K., 『Linguistische Textanalyse』, 이성만 옮김, 『텍스트언어학의 이해』, 서울: 한국문화사, 1994.

Brownlee, W. H., 『Ezekiel 1−19』, WBC 28, Waco, Texas: Word Books Publisher, 1986.

Brueggemann, W., 『A Commentary on the Book of Jeremiah 1−25: To Pluck Up, To Tear Down』, International Theological Commentary, Grand Rapids, Michigan: Wm. B. Eerdmans Publishing Co., 1988.

Brueggemann, 『The Land: Place as Gift, Promise, and Challenge in Biblical Faith』, Philadelphia: Fortress Press, 2nd edition, 1982.

Budd, P. J., 『Numbers』, WBC. 5, Waco: The Word Books, 1984.

Bürger, P., 『Vermittlung−Rezeption−Funktion: Ästhetische Theorie und Methodologie der Literaturwissenschaft』(1979), 김경연 역, 『미학이론과 문예학 방법론』, 현대의 문학이론 9(서울: 문학과 지성사, 1987, 1991).

Buss, M. J., ed., 『Encounter with the Text: Form and History in the Hebrew

Bible』, Phialdelphia: Fortress Press, 1979.

Carley, K. W., 『Ezekiel among the Prophets』, Studies in Biblical Theology, Second Series 31, Nashville: Alec R. Allenson Inc., 1974.

Carroll, R. P., 『Jeremiah:A Commentary』, OTL., Phialdelphia: The Westminster Press, 1986.

Childs, B. S., 『The Book of Exodus—A Critical, Theological Commentary』, OTL., Phialdelphia: The Westminter Press, 1974.

Childs, 『Introduction to the Old Testament as Scripture』, Philadelphia: Fortress Press, 1979, 1980.

Chong—Hyon, Sung, 『Vergebung der Sünden—Jesu Praxis der Sündenvergebung nach den Synoptikern und ihre Voraussetzungen im Alten Testament und frühen Judentum』, Tübingen: J. C. B. Mohr(Paul Siebeck), 1993.

Clements, R. E., "The Ezekiel tradition:prophecy in a time of crisis", in Coggins, R., Phillips, A. and Knibb M., ed., 『Israel's Prophetic Tradition, Essays in Honour of Peter R. Ackroyd』, Cambridge: Cambridge University Press, 1982, 119~136.

Clements, 『Jeremiah,Interpretation—A Bible Commentary for Teaching and Preaching』, Atlanta: John Knox Press, 1988.

Cooke, G. A., 『A Critical and Exegetical Commentary on the Book of Ezekiel』, ICC, Edingburg: T & T Clark, 1936, 1970.

Cook, S. L., "Innerbiblical Interpretation in Ezekiel 44 and the History of Israel's Priesthood", JBL 114 / 2(1995), 193~208.

Davis, E. F., 『Swallowing the Scroll—Textuality and the Dynamics of Discourse in Ezekiel's Prophecy』, JSOTS 78, Sheffield: The Almond Press, 1989.

de Beaugrande, R. & Dressler, W., 『Introduction to Text Linguistics』, London and New York: Longman Inc., 1981, 1983.

Derrett, J. D. M., "Impurity and Idolatry: John 13, 11, Ezekiel 36, 25", Biblia e Oriente 34(1992), 87~92.

Detweiler, R., ed., 『Reader Response Approaches to Biblical and Secular Texts』, Semeia 31, Decatur, Georgia: Scholars Press, 1985.

Dietrich, E. K., 『Die Umkehr.Bekehrung und Busse im Alten Testament und im

Judentum bei besondere Berucksichtigung der neutestamentlichen Zeit』, Stuttgart: Verlag von W. Kohlhammer, 1936.

Driver, G. R., "Ezekiel:Linguistic and Textual Problems", Biblica 35, 1954, 145~159, 299~312.

Driver, S. R., 『A Critical and Exegetical Commentary on Deuteronomy』 Edinburgh: T & T Clark, 1895, 1978.

Duhm, B., 『Das Buch Jesajah』, Göttingen: Vandenhoeck & Ruprecht, 1892, 1968.

Durham, J. I., 『Exodus』, WBC. 3, Waco, Texas: The Word Books Publisher, 1987.

Durlesser, James Arthur, "The Rhetoric of Allegory in the Book of Ezekiel", Ph. D. Dissertation, University of Pittsburgh, 1988.

Eichrodt, W., 『Der Prophet Hesekiel』, Quin, C., tr., 『Ezekiel−A Commentary』, London: SCM Press Ltd., 1970, 1980.

Eichrodt, 『Theologie des Alten Testaments,Teil 2 / 3』, Baker,J., ed., 『Theology of the Old Testament v.2』, London: SCM Press Ltd., 1967, 1982.

Eslinger, L., 『Into the Hands of the Living God』, JSOTS 84, Sheffield: The Almond Press, 1989.

Even−Shoshan, A., 『A New Concordance of the Old Testament using the Hebrew and Aramaic Text』, 2nd Edition, Jerusalem: Kiryat Sefer Publishing House Ltd., 1989.

Fairbairn, P., 『Commentary on Ezekiel』, Grand Rapids, Michigan: Kregel Publications, 1989(reprint).

Fishbane, M., "Sin and Judgment in the Prophecies of Ezekiel", in Mays, J. L. & Achtemeier, P. J., ed., 『Interpreting the Prophets』, Philadelphia: Fortress Press, 1987, 170~187.

Freedman, D. N.,and Willoughby, B. E., "נשא", TWAT V, 626~643.

Hans W. Frei, H. W., 『The Eclipse of Biblical Narrative−A Study in Eighteenth and Nineteenth Century Hermeneutics』, New Haven and London: Yale University Press, 1974.

Fuchs, H. F., "עבר", TWAT V, 1015~1033.

Galambush, J., 『Jerusalem in the Book of Ezekiel−The City as Yahweh's Wife』, SBL Dissertation Series 130, Atlanta: Scholars Press, 1992.

Gerleman, G., "רצה rṣh Gefallen haben", THAT Ⅱ, 810~813.

Girdlestone, R. B., 『Synonyms of the Old Testament—Their Bearing on Christian Doctrine』, Grand Rapids, Michigan: Wm. B. Eerdmans Publishing Company, 1897, 1978.

Gordon, R. P., "Micah vii 19 and Akkadian kabāsu", VT 28, 1978, 355.

Gottwald, N. K., 『The Hebrew Bible: A Socio—Literary Introduction』, Phialdelphia: Fortress Press, 1985.

Gowan, D., 『Eschatology in the Old Testament』, Philadelphia: Fortress Press, 1986.

Gray, G. B., 『A Critical and Exegetical Commentary on Numbers』, Edinburgh: T & T Clark Ltd., 1903, 1976.

Gray, 『A Critical and Exegetical Commentary on the Book of Isaiah Ⅰ—XXVⅡ』, ICC. 16, Edingburg: T & T Clark Ltd., 1912, 1980.

Greenberg, M., "The Design and Themes of Ezekiel's Program of Restoration", Mays, J. L. & Achtemeier, P. J., ed., 『Interpreting the Prophets』, Philadelphia: Fortress Press, 1987, 215~236.

Greenberg, 『Ezekiel 1—20: A New Translation with Introduction and Commentary』, AB. 22, Garden City, New York: Doubleday & Company, Inc., 1983.

Greenberg, "The Vision of Jerusalem in Ezekiel 8~11: A Holistic Interpretation", in Crenshaw,J.L. & Sandmel, S., ed., 『The Divine Helmsman: Studies on God's Control of Human Events, Presented to Lou H. Silverman』, New York: Ktav, 1980.

Gross, W., "Die Herausführungsformel—Zum Verhältnis von Formel und Syntax", ZAW 86(1974), 425~453.

Haag, H., 『Was lehrt die literarische Untersuchungen des Ezekiel —Textes?』, Freiburg in der Schweiz: Paulusdruckerei, 1943.

Halpern, D. J., "Merkabah Midrash in the Septuagint", 『JBL』 101/3. 1982, 351~363.

Hals, R. M., 『Ezekiel』, FOTL. XIX., Grand Rapids, Michigan: W. B. Eerdmans Publishing Company, 1989.

Hanson, P. D., 『The People Called—The Growth of Community in the Bible』,

San Francisco: Harper & Row, Publisher, 1986.

Hayes, J. H. & Hooker, P. K., 『A New Chronology for the Kings of Israel and Judah and its Implications for Biblical History and Literature』, 정중호 옮김, 『이스라엘과 유다 역사-신연대기』, 서울: 대한기독교서회, 1991.

Hayes, J. H. and Irvine, S. A., 『Isaiah-The Eight-Century Prophet: His Time and His Preaching』, Nashville: Abingdon Press, 1987.

Healey, J., "Repentance-A. Old Testament", ABD v.5, 671~672.

Heinisch, P., 『Theologie des Alten Testaments』, Heidt, W., tr., 『Theology of the Old Testament』, Collegeville, Minnesota: The Liturgical Press, 1950.

Hillers, D. R., 『Micah』, Hermeneia, Phialdelphia: Fortress Press, 1984.

Hobbs, T. B., 『2 Kings』, WBC. 13, Waco,Texas: The Word Books, Publisher, 1985.

Holladay, W., 『Jeremiah 1-A Commentary on the Book of the Prophet Jeremiah, Chapters 1-25』, Philadelphia: Fortress Press, 1986.

Holladay, 『Jeremiah 2-A Commentary on the Book of the Prophet Jeremiah, Chapters 26-32』, Hermeneia, Minneapolis: Augsburg Fortress Press, 1989.

Holscher, G., 『Hesekiel, der Dichter und das Buch』. BZAW 39, Giessen, 1924.

Hossfeld, F. L., 『Untersuchungen zu Komposition und Theologie des Ezechielbuchs』, Wurzburg: Echter Verlag, 1977, 1983^2.

House, P. R., 『Beyond Form Criticism-Essays in Old Testament Literary Criticism』, Sources for Biblical and Theological Study v.2, Winona, Indiana: Eisenbrauns, 1992.

Hurvitz, A., 『A Linguistic Study of the Relationship between the Priestly Source and the Book of Ezekiel-A New Approach to an Old Problem』, Paris: J. Gabalda et CIE, Editeurs, 1982.

Hyatt, J. P., "Introduction and Exegesis, Jeremiah", IB 5.

Iser, W., 『Der Akt des Lesens. Theorie ästhetischer Wirkung』. 1976, tr., 『The Act of Reading:A Theory of Aesthetic Response』, Baltimore and London: The Johns Hopkins University Press, 1978.

Iser, 『Der implizite Leser: Kommunikationsformen des Romans von Bunyan bis

Becket』, 1972, tr., 『The Implied Reader: Patterns of Communication in Prose Fiction from Bunyan to Becket』, Baltimore and London: The Johns Hopkins University Press, 1974.

Jenni, E. und Westermann, C., 『Theologisches Handwörterbuch zum Alten Testament Band Ⅰ אב—מרי』, München: Chr. Kaiser Verlag, 1978.

Jenni, 『Theologisches Handwörterbuch zum Alten Testament Band Ⅱ תרפים—נאם』, München: Chr. Kaiser Verlag, 1978.

Johnson, A. M., ed. and tr., 『Structuralism and Biblical Hermeneutics—A Collection of Essays』, Pittsburg, Pennsylvania: The Pickwick Press, 1979.

Joyce, p., 『Divine Initiative and Human Response in Ezekiel』, JSOTS 51, Sheffield: Sheffield Academic Press, 1989

Kaiser, O., 『Das Buch des Propheten Jesaja, Kapitel 1—12』, Bowden, J., tr., 『Isaiah 1—12: A Commentary』, London: SCM Press Ltd., 1983.

Kaiser, 『Der Prophet Jesaja: Kap. 13—39』, Wilson, R. R., tr., 『Isaiah 13—39: A Commentary』, OTL, London: SCM Press Ltd., 1974, 1978.

Keil, C. F., 『Introduction to the Old Testament』, v.1, Douglas, G. C. M., tr., Edinburgh: T & T Clark, 1869(reprint by Hendrickson Publishers, Inc., 1988).

Klein, R. W., 『Ezekiel: The Prophet and his Message』, Columbia, South Carolina: University of South Carolina Press, 1988.

Klein, 『Israel in Exile—A Theological Interpretation』, Phialdelphia: Fortress Press, 1979.

Knight, D. A., "Wellhausen and the Interpretation of Israel's Literature", Douglas A. Knight, ed., 『Julius Wellhausen and His Prolegomena to the History of Israel』, Semeia 25, Chico, CA: Scholars Press, 1983.

Knight, D. A. and Meyers, C., ed., 『Ethics and Politics in the Hebrew Bible』, Semeia 66, Atlanta, GA.: Scholars Press, 1995.

Knoppers, G. N., 『Two Nations under God: The Deuternomistic History of Solomon and the Dual Monarchies, Volume 1—The Reign of Solomon and the Rise of Jeroboam』, Harvard Semitic Museum Monographs 52, Atlanta, Georgia: Scholars Press, 1993.

Koch, K., 『Die Propheten Ⅰ: Assyrische Zeit』, Kohl, M., tr., 『The Prophets』, v.1, 『The Assyrian Period』, Philadelphia: Fortress, 1983, 1989[4].

Koch, 『Die Propheten Ⅱ: Babylonisch−persische Zeit』, Kohl, M., tr., 『The Prophets. v.2, The Babylonian and Persian Periods』, Philadelphia: Fortress, 1982, 1984[4].

Koch, 『Was ist Formgeschichte?』(1974), 허혁 역, 『성서주석의 제방법−양식사학이란 무엇인가?』 왜관, 분도출판사, 1975, 1984.

Köberle, J., 『Sünde und Gnade im Religiösen Leben des Volken Israel bis auf Christum −Eine Geschichte des Vorchristlichen Heilsbewusstseins』, München: C.H. Beck'sche Verlags−buchhandlung, 1905.

Köhler, L., 『Theologie des Alten Testaments』, Tübingen: J. C. B. Mohr. Paul Siebeck, 1966.

König, E., 『Theologie des Alten Testaments−kritisch und vergleichend dargestellt』, Stuttgart: Chr. Belser A. G., Verlags−buchhandlung, 1921, 1923[3,4].

Kselman, J. S., "Forgiveness. Early Judaism", ABD 2, 831~833.

Lang, B., 『Ezechiel』(Ertrage der Forschung 153). Darmstadt: Wissenschaftliche Buchgesellschaft, 1981.

Lang, "כפר", TWAT Ⅳ. 303~318.

Lapide, P., "Schuld und Umkehr im Judentum", von Sievernich, M., und Seif, K. P., 『Schuld und Umkehr in den Weltreligion』, Mainz: Matthias− Grünewald−Verlag, 1983.

La Sor, W. S., Hubbard, D. A., Bush, F. W., 『Old Testament Survey−The Message, Form, and Background of the Old Testament』, Grand Rapids: Wm. B. Eerdmans Publishing Company, 1982, 1990[2].

Lemke, W. E., "Life in the Present and Hope for the Future", in Mays, J. L. & Achtemeier, P. J., ed., 『Interpreting the Prophets』, Philadelphia: Fortress Press, 1987, 200~214.

Levenson, J. D., 『Theology of the Program of Restoration of Ezekiel 40−48』, Missoula: Scholars Press, 1976.

Limburg, J., 『Hosea−Micah』, Interpretation−A Bible Commentary for Teaching and Preaching, Atlanta: John Knox Press, 1983.

Lindblom, J., 『Prophecy in Ancient Israel』, Philadelphia: Fortress Press, 1962, 1976.

Lust, J., ed., 『Ezekiel and His Book－Textual and Literary Criticism and their Relationship』, BETL LXXIV, Leuven: Leuven University Press, 1986.

Mandelkern, S., 『Veteris Testamenti Concordantiae Hebraicae Atque Chaldaicae』 (『קונקורדנציה לתנ"ך』).

Maass, F., "טהר thr rein sein", THAT Ⅰ, 646～652.

Maass, "כפר kpr sühnen", THAT Ⅰ, 842～857.

Martin, J. D., 『Davidson's Introductory Hebrew Grammar』, 27th Edition, Edingburgh: T & T Clark, 1993.

Matties, G. H., 『Ezekiel 18 and the Rhetoric of Moral Discourse』, Atlanta: Scholars Press, 1990.

May, H. G., "The Book of Ezekiel", IB v.6, 262～266.

Mays, J. L., 『Micah－A Commentary』, OTL., London: SCM Press Ltd., 1976, 1980.

McGregor, L. J., 『The Greek Text of Ezekiel－An Examination of its Homogeneity』, Septuagint and Cognate Studies 18. Atlanta, Georgia: Scholars Press, 1985.

Milgrom, J., 『Cult and Conscience』, Leiden: E. J. Brill, 1976.

Milgrom, "Repentance in the OT", IDBS 736～738.

Miller, J. M. & Hayes, J. H., 『A History of Ancient Israel and Judah』, Phialdelphia: The Westminster Press, 1986.

Miller, J. W., 『Das Verhältnis Jeremias und Hezekiels sprachlich und theologisch untersucht』, Assen: Van Gorcum, 1955.

Miller, P. D. Jr., 『Sin and Judgment in the Prophets－A Stylistic and Theological Analysis』, Chico: Scholars Press, 1982.

Milne, P. J., 『Vladimir Propp and the Study of Structure in Hebrew Biblical Narrative』, Sheffield: The Almond Press, 1988.

Montgomery, J. A., ed. Gehman, H. S., 『A Critical and Exegetical Commentary on the Books of Kings』, ICC., Edinburg: T & T Clark, 1951, 1976.

Mowvley, H., 『Reading the Old Testament Prophets Today』, Atlanta: John Knox Press, 1979.

Newsom, C. A., "A Maker of Metaphors:Ezekiel's Oracles Against Tyre", in Mays, J. L. & Achtemeier, P. J., ed., 『Interpreting the Prophets』, Philadelphia: Fortress Press, 1987.

Nicholson, E. W., 『The Book of Prophet Jeremiah Chapters 1−25』, The Cambridge Bible Commentary on the New English Bible, Cambridge: Cambridge University Press, 1973.

Nicholson, 『The Book of Prophet Jeremiah Chapters 26−52』, The Cambridge Bible Commentary on the New English Bible, Cambridge: Cambridge University Press, 1975.

Noth, M., 『Das vierte Buch Mose, Numeri』, Martin, J. D., tr., Numbers−A Commentary, London: SCM Press, 1968.

Noth, 『Das zweite Buch Mose: Exodus』, 출애굽기, 국제성서주석, 서울: 한국신학연구소, 1981.

Noth, 『Geschichte Israels』, Ackroyd, P. R., 『The History of Israel』, New York: Harper & Row, Publishers, 1960.

Oehler, G. F., tr. Day, G. E., 『Theology of the Old Testament』, New York: Funk & Wagnalis Publishers, 1883.

Oswalt,J.N., 『The Book of Isaiah』: Chapters 1−39, NICOT., Grand Rapids, Michigan: Wm. B. Eerdmans Publishing Company, 1986.

Patte, D., 『What is Structural Exegesis?』 Philadelphia: Fortress Press, 1976, 1979(한국어 역: 이승식 옮김, 『구조주의적 성서해석이란 무엇인가?』 서울: 한국신학연구소, 1987).

Polzin, R. M., 『Biblical Structuralism: Method and Subjectivity in the Study of Ancient Texts』, Philadelphia: Fortress Press, 1977.

Powell, M. A., 『What is Narrative Criticism?』, 이종록 옮김, 성경이야기연구−『서사비평이란 무엇인가?』 서울: 한국장로교출판사, 1993.

Procksch, O., 『Theologie des Alten Testaments』, Gütersloh: C. Bertelsmann Verlag, 1950.

Quanbeck, W. A., "Repentance", IDB 4(1962, 1982[13]).

Raitt, T. M., 『A Theology of Exile:Judgment / Deliverance in Jeremiah and Ezekiel』, Philadelphia: Fortress Press, 1977.

Rendtorff, R., 『Das Alte Testament: Eine Einführung』, Neukirchen−Vluyn: Neukirchener Verlag, 1983.

Renteria, T. H., "The Elijah / Elijah Stories:A Socio−cultural Analysis of Prophets and People in Ninth−Century B.C.E. Israel", in Coote, R.B., ed., 『Elijah and Elisha in Socioliterary Perspective』, Atlanta, Georgia: Scholars Press, 1992.

Ringgren, H.."טהר", TWAT Ⅲ., 306~315.

Ricoeur, P., 「La symbolique du mal」(1960), 양명수 옮김, 『악의 상징』, 현대의 지성 78, 서울: 문학과 지성사, 1994².

Sa−Moon Kang, 『Divine War in the Old Testament and in the Ancient Near East』, BZAW 177, Berlin: Walter de Gruyter, 1989. Sarna, N. M., 『Exploring Exodus−The Heritage of Biblical Israel』, New York: Schocken Books, 1986.

Schmidt, W. H., 『Einführung in das Alte Testament』, Berlin: Walter de Gruyter, 1982.

Schökel, A., "מחה", TWAT Ⅳ, 804~808.

Schottroff, W., "זכר zkr gedenken", THAT Ⅰ, 507~518.

Seebaß, H., "בושׁ", TWAT Ⅰ, 568~580.

Seilhamer, F., 『The New Covenant in Jeremiah 31: 31−34 and its Place in the Covenant−Treaty Tradition of Israel and the Ancient Near East』, Springfield: New World Press, 1976.

Seitz, C. R., "Theology in Conflict: Reactions to the Exile in the Book of Jeremiah", Ph. D. Dissertation, Yale University, 1986.

Simian−Yofre,H., "נחם", TWAT, V, 366~384.

Soggin, J. A., 『Storia d'Israele,dalle origini alla rivolta di Bar−Kochba, 135 d.C.』, Bowden, J., tr., 『A History of Ancient Israel−From the Beginnings to the Bar Kochba Revolt, A.D. 135』, Phialdelphia: The Westminster Press, 1984.

Soggin, "שׁוב sub zurückkehren", THAT Ⅱ, 884~891.

Soulen, R. N., 『Handbook of Biblical Criticism』(Atlanta: John Knox Press, 1976, 1978

Sowinski, B., 『Textlinguistik: Eine Einführung』, 박종식 옮김, 텍스트언어학, 밀양, 태화출판사, 1992.

Sperber, A., 『A Historical Grammar of Biblical Hebrew—A Presentation of Problems with Suggestions to their Solution』, Leiden: E. J. Brill, 1966.

Stähli, H.—P., "עבר ʻbr vorüber—, hinübergehen", THAT Ⅱ, 200~204.

Stamm, J. J., 『Hebräisches und Aramäisches Lexikon zum Alten Testament von Ludwig Koehler und Walter Baumgartner, Lieferung Ⅳ תשׁע—ראה』, Leiden: E. J. Brill, 1990.

Stamm, "סלח slḥ vergeben", THAT Ⅱ, 150~160.

Stoebe, H. J, "נחם nḥm pi. trösten", THAT Ⅱ, 59~66.

Stoebe, "רחם rḥm sich erbarmen", THAT Ⅱ, 761~768.

Stoebe, "רפא rpʼ heilen", THAT Ⅱ, 803~809.

Stolz, F., "נשׂא nśʼ aufheben,tragen", THAT Ⅱ, 109~117.

Stolz, "בושׁ boš zuschanden werden", THAT Ⅰ, 269~272.

Thompson, J. A., 『The Book of Jeremiah』, NICOT., Grand Rapids, Michigan: W. B. Eerdmans Publishing Company, 1980, 1985.

Todd, J. A., "The Pre—Deuternomistic Elijah Cycle", in Coote, R. B., ed., 『Elijah and Elisha in Socioliterary Perspective』, Atlanta, Georgia: Scholars Press, 1992.

Todorov, T., 『Quʼest—ce que le structuralisme?—Poetique』(1973), 곽광수 역, 『構造詩學』, 서울: 문학과 지성사, 1977, 1992.

Tov, E., 『Textual Criticism of the Hebrew Bible』, Minneapolis: Fortress Press, 1992.

Trible, P., 『Rhetorical Criticism—Context, Method, and the Book of Jonah』, Minneapolis: Fortress Press, 1994.

Tucker, G. M., 『Form Criticism of the Old Testament』, Philadelphia: Fortress Press, 1971.

Tuell, S. S., 『The Law of the Temple in Ezekiel 40—48』, Harvard Semitic Monographs 49, Atlanta, Georgia: Scholars Press, 1992.

Unterman, J., 『From Repentance to Redemption－Jeremiah's Thought in Transition』, JSOTS 54, Sheffield: JSOT Press, 1987.

Unterman, "Redemption(OT)", ABD v.5, 650～654.

van Dijk, T. A., 『Textwissenschaft Eine inter－disziplinare Einführung』(Tübingen, 1980), 정시호 역, 『텍스트학』, 대우학술총서 · 번역 76, 서울: 민음사, 1995.

Vanhoye, A., "L'utilisation du livre d'Ezechiel dans l'Apocalypse", Biblica 43., 1962, 436～476.

von Rad, G., 『Das fünfte Buch Mose: Deuteronomium』, Barton, D., tr., 『Deuternomy: A Commentary』, London: SCM Press, 1966.

Wagner, S., "כלם", TWAT IV, 196～208.

Wallace, H. N., "Eden, Garden of", ABD v.2, 281～283.

Wallace, M. I., 『The Second Naivete－Barth, Ricoeur, and the New Yale Theology』, Studies in American Biblical Hermeneutics 6, Macon: Mercer University Press, 1990.

Watts, J. D., 『Isaiah 1－33』, WBC. 24, Waco, Texas: The Word Books, Publisher, 1985.

Weiss, M., 'Die Methode der "Total－Interpretation"－Von der Notwendigkeit der Struktur－Analyse für das Verhältnis der biblischen Dichtung', in VTS Congress Volume, Uppsala 1971(Leiden: E. J. Brill, 1972), 88～112.

Westermann, C., 『Prophetische Heilsworte im Alten Testament』, Göttingen: Vandenhoeck & Ruprecht, 1987.

Westermann, 『Theologie des Alten Testaments』, Stott, D. W., 『Elements of Old Testament Theology』, Atlanta: John Knox Press, 1982.

Wildberger, H., 『Jesaja, 2 Teilband: Jesaja 13－27』, BKAT X / 2., Neukirchen－Vluyn: Neukirchener Verlag, 1978.

Wildberger, 『Jesaja－1 Teilband. Jesaja 1－12』, Neukirchen－Vluyn: Neukirchener Verlag, 1980.

Wilson, R. R., 『Prophecy and Society in Ancient Israel』, Philadelphia: Fortress Press, 1980.

Wilson, "Prophecy in Crisis:The Call of Ezekiel", in Mays, J. L. & Achtemeier, P. J., ed., 『Interpreting the Prophets』, Philadelphia: Fortress

Press, 1987, 157~169.

Wolde, E. V., "A Text-Semantic Study of the Hebrew Bible,Illustrated with Noah and Job", JBL 113 / 1., 1994, 19~35.

Wolff, H. W., 『Dodekapropheton4 -Micha』, BKAT. ⅩⅣ / 4., Neukirchen-Vluyn: Neukir-chener Verlag, 1982.

Würthwein,E., "μετανοεω, μετανοια", Kittel, G. ed., 『Theologisches Wörterbuch zum Neuen Testament』, Band 4, Bromiley, G.W., tr., 『Theological Dictionary of the New Testament』, v.Ⅳ., Grand Rapids, Michigan: Wm. B. Eerdmans Publishing Company, 1967, 1977.

Ziegler, J., "Zur Textgestaltung der Ezechiel-Septuaginta", Biblica 34, 1953, 435~455.

Zima, P. V., 『Literaturische Asthetik:Methoden und Modelle der Literaturwissenschaft』, 허창운 역, 『문예미학』, 서울: 을유문화사, 1993.

Zima, 「Pour une sociologie du texte littéraire」(1978), 이건우 역, 『문학텍스트의 사회학을 위하여』, 현대의 문학이론 4(서울: 문학과 지성사, 1983, 1994)

Zima, 『Textsoziologie-Eine kritische Einführung』, 허창운 옮김, 『텍스트사회학-비판적 개론』, 서울: 민음사, 1991.

Zimmerli, W., 『Ezekiel 1』, Ⅰ. Teilband, Clements, R. E., tr., 『Ezekiel 1-A Commentary on the Book of the Prophet Ezekiel Chapters 1-24』, Hermeneia, Phialdelphia: Fortress Press, 1979.

Zimmerli, 『Ezekiel 2』, Ⅱ. Teilband, Martin, J. D., tr., 『Ezekiel 2-A Commentary on the Book of the Prophet Ezekiel Chapters 25-48』, Hermeneia, Phialdelphia: Fortress Press, 1983.

Zimmerli, "Ezechiel / Ezechielbuch", TRE 10(1982), 766~781.

이종록

■ 약　력
 ● 장로회대전신학대학교 교수(1989~1996)
 ● 한일장신대학교 교수(1997~현재)

■ 주요저서
『새로운 엑소더스를 향하여』(한국장로교출판사, 1997)
『삶이 있는 성경읽기』(한국장로교출판사, 1999)
『이 뼈들이 능히 살겠느냐?』(한국성서학연구소, 2000)
『여호와삼마를 향하여』(한국성서학연구소, 2001)
『디지털 에스겔－디지털 시대에 대한 신학적 접근』(한국장로교출판사, 2001)
『새시대에 만나는 성경의 인물들』(한국장로교출판사, 2002)
『새로운 삶을 소망하는 성경읽기』(한국장로교출판사, 2002)
『성서로 읽는 디지털 시대의 몸 이야기』(책세상, 2004)
『아름다운 말 한마디를 나누러 가고 싶다』(대한기독교서회, 2004)
『말씀·삶·해석』(한국성서학연구소, 2006)
『성서와 반제국주의』(한국학술정보, 2006)

용서와 회개

- 초판 인쇄　　2007년 9월 10일
- 초판 발행　　2007년 9월 10일

- 지 은 이　　이종록
- 펴 낸 이　　채종준
- 펴 낸 곳　　한국학술정보㈜
　　　　　　　경기도 파주시 교하읍 문발리 526-2
　　　　　　　파주출판문화정보산업단지
　　　　　　　전화　031) 908-3181(대표) · 팩스　031) 908-3189
　　　　　　　홈페이지　http://www.kstudy.com
　　　　　　　e-mail(출판사업팀사업부)　publish@kstudy.com
- 등　　　록　　제일산-115호(2000. 6. 19)
- 가　　　격　　32,000원

ISBN　　　978-89-534-7481-9 93230 (Paper Book)
　　　　　　　978-89-534-7482-6 98230 (e-Book)